Markus Somm

Warum die Schweiz reich geworden ist

Markus Somm

Warum die Schweiz reich geworden ist

Mythen und Fakten eines Wirtschaftswunders

Stämpfli Verlag

Für meine Familie: Sophie, Max, Paula, Marie, Hans und Anita

Autor und Verlag danken der AVINA STIFTUNG für den Werkbeitrag.

Impressum
Bibliografische Information der Deutschen Nationalbibliothek www.dnb.de.
© Stämpfli Verlag AG, Bern · 2022

3. unveränderte Auflage · 2022

Korrektorat · Benita Schnidrig, Stämpfli Verlag AG, Bern
Umschlag · Nino Angiuli, Basel
Bilder auf dem Umschlag · Johannes Schiess, Appenzeller Weberpaar bei der Arbeit am Handwebstuhl, um 1830; Aquarell; und Arbeiterinnen in der Lebensmittelfabrik von Maggi Kempthal, Schweiz: Fassonnierung von Maggi-Suppenstangen, Mai 1913. Foto: Nestlé Historical Archives, Vevey
Gestaltung · Stephan Cuber, diaphan gestaltung, Liebefeld

Der Stämpfli Verlag wird vom Bundesamt für Kultur
für die Jahre 2021–2024 unterstützt

ISBN 978-3-7272-1288-8
Printed in Germany

Inhalt

Einleitung 7
Warum wir es uns nicht mehr leisten können, die Wurzeln des Schweizer Wohlstands zu verkennen.

Das Wirtschaftswunderland 14
Berge, Schutt, Geröll: Kaum ein Land in Europa hat schlechtere Voraussetzungen als die Schweiz.

Warum Textilien? 34
Kleider sind wie Nahrungsmittel lebensnotwendig – und doch haftet ihnen etwas Überflüssiges, ja Frivoles an. Ausgerechnet der nüchternen Schweiz bringen sie Glück.

Die Glaubensspaltung und ihre Folgen 43
In Locarno unerwünscht, in Zürich geduldet, dann beneidet: Wie protestantische Flüchtlinge aus dem Tessin ihre neue Heimat an den Welthandel anschliessen.

Im Samt- und Seidenfieber 69
Zürich steigt innert weniger Jahre zu einer der bedeutendsten Seidenstädte Europas auf, geradeso wie Basel und Genf.

Aufstieg einer Dynastie 89
Die Werdmüller sind die ersten einheimischen Kapitalisten. Die besten Imitatoren und die besten Originale zugleich.

Triumph der Baumwolle 114
St. Gallen – der heimliche Riese. Schon im Mittelalter hat seine Leinenindustrie Europa beherrscht, dann erobert seine Stickerei die Welt.

Die dunkle Hinterlassenschaft der Sklaverei 130
*Wenn die Schweiz auch keine Kolonien hat – sie ist in die Sklaverei
verstrickt. Verdankt sie ihr gar den Aufstieg?*

Escher Wyss oder wie die Schweiz zur Maschine findet 168
*Hans Caspar Escher – verhinderter Architekt, gerissener Werkspion,
glänzender Industrieller – gründet die erste schweizerische Weltfirma.*

Land der Unternehmer 230
*Schon 1830 hat sich die Schweiz zu einem Industrieland verwandelt.
Es ist eines der ersten in Europa. Es holt England ein.*

Bilanz 240
Warum die Schweiz? Eine Analyse.

Ausgewählte Literatur 273
Anmerkungen 277
Personenverzeichnis 293

Einleitung

Im September 2020 überklebten ein paar junge linke Aktivisten das Schild des Escher-Wyss-Platzes in Zürich mit dem Namen von Rosa Parks, einer amerikanischen Bürgerrechtlerin. Sie wollten damit gegen eine angebliche Verstrickung von Alfred Escher in die Sklaverei protestieren.[1] Escher (1819–1882), ein berühmter Staatsmann und Unternehmer des 19. Jahrhunderts, stand in der Kritik, weil zwei seiner Onkel mit Sklaven eine Kaffeeplantage auf Kuba betrieben hatten. Insgesamt besassen sie rund neunzig Sklaven. Als einer der Onkel 1845 starb, beerbte ihn Eschers Vater. Er verkaufte die Plantage und strich das Geld ein. Gut möglich, dass irgendetwas davon schliesslich bei Alfred landete, als er Jahre später das Erbe seines Vaters antrat.[2] Ob der Vater beim Verkauf der Plantage überhaupt einen Gewinn realisiert hatte, ist offen, zumal er seinen Brüdern einst das Geld für den Kauf des Betriebs vorgestreckt hatte. Wenn, dann war es unter dem Strich vermutlich ein kleiner Betrag, bestimmt nicht so gross, dass damit der Gotthardtunnel hätte finanziert werden können, wie ein deutscher und ein niederländischer Historiker vor kurzem behauptet haben.[3] Alfred Escher hatte seinerzeit den Bau der Eisenbahn durch den Gotthard initiiert. Wusste er von den Sklaven? Sicher, denn er hatte, so weiss man heute, seinem Vater beim Verkauf der Plantage geholfen. Das war alles. Darüber hinaus, so Joseph Jung, der beste Kenner seiner Biografie, war er nicht involviert gewesen: «Dieser war nun aber nie in seinem Leben auf Kuba, noch hat er je Sklaven gehalten.»[4]

Offensichtlich unterlagen die Jungsozialisten aber einem Irrtum: Der Platz in Zürichs Westen heisst Escher-Wyss-Platz, weil sich hier früher der Standort der Firma Escher Wyss befand. Alfred Escher hatte nie etwas mit dem Unternehmen zu tun. Der Gründer dieser einstigen Zürcher Weltfirma, Hans Caspar Escher (1775–1859), war zwar mit ihm verwandt, aber so weit aussen, dass man Escher Wyss beim besten Willen nicht vorhalten konnte, mit kubanischen Sklaven Geld verdient zu haben. Der letzte gemeinsame Vorfahr war ein Urururur-Grossvater von Alfred Escher gewesen. Er hatte von 1626 bis 1710 gelebt.

Dieser Protest am falschen Objekt ist vielleicht symptomatisch für den Stand der Debatte: Warum ist die Schweiz so reich geworden? Symptomatisch, weil manche Leute Alfred Escher nicht mehr von Escher Wyss unterscheiden können. Symptomatisch aber vor allem, weil immer neue, wildere Theorien aufkommen, wenn es darum geht, die Karriere der Schweiz zu erklären.

Tatsächlich wirkt diese Karriere auf den ersten Blick sonderbar. Das kleine Land mitten in den Alpen verfügt über keine nennenswerten Rohstoffe, es liegt fernab von den Meeren, Berge und Täler herrschen vor, von Zivilisation, so möchte man meinen, war lange nichts vorhanden. Mit rechten Dingen konnte das doch nicht zu- und hergegangen sein.

Jahrelang hatte es geheissen, das Bankgeheimnis habe den Reichtum der Schweiz begründet. Oder man führte ihn auf die Tatsache zurück, dass das Land im 20. Jahrhundert von keinem Weltkrieg verwüstet worden war, was die Schweizer, schlau und eigensüchtig, wie sie waren, mit allerlei schmutzigen Geschäften zu verhindern wussten – besonders während der Gewaltherrschaft der Nazis in Deutschland. Die Unterstellung wurde nie belegt, doch blieb sie haften. Zu eingängig, da moralisch aufgeladen, schien diese Erzählung, die begreiflich machte, was so schwer zu begreifen war.

Neuerdings ist die Sklaverei in den Vordergrund gerückt. Historiker, aber auch Politiker gehen davon aus, dass die Schweiz – obschon ohne Kolonien – eben doch aus dem Kolonialismus und dessen grauenhaftester Institution, der Sklaverei, Nutzen gezogen hat. Wenn auch selten der ganze Wohlstand des Landes damit erklärt wird, so doch ein wesentlicher Teil davon, zumal die gleichen Leute den Kapitalismus des Westens insgesamt mit diesem Unrecht in Zusammenhang bringen. Wohl erscheint diese These so plausibel, weil sie vom schlechten Gewissen lebt, das die Europäer und Nordamerikaner gelegentlich befällt, wenn sie sich die bedrückenden Verhältnisse in der Dritten Welt vor Augen halten: Warum sind wir so reich – und diese ist so arm?

Den meisten dieser Theorien ist eines gemeinsam: Sie unterschätzen das Land. Zum einen, was die ungeheure Wirtschaftskraft der Schweiz anbelangt, zum andern verkennen sie, wie lange schon die Schweiz darüber verfügt. Ein Bankgeheimnis allein genügt nicht, um eine der leistungsfähigsten

Exportindustrien der Welt hervorzurufen – die hier war, bevor man überhaupt von Schweizer Banken gesprochen hatte. Der Reichtum der Schweiz war schon in ausserordentliche Höhen gestiegen – Jahre vor dem Ersten Weltkrieg, als Europa in eine dreissigjährige Periode der Selbstzerstörung abglitt. Und die Sklaven in Amerika lieferten Rohstoffe nach Europa, zu einem Zeitpunkt, da die Schweiz längst industrialisiert war. Die Sklavenarbeit stellte nicht die blutige Voraussetzung ihres Aufstiegs dar.

Tatsächlich beginnt die Geschichte der reichen Schweiz viel früher, als den meisten heute bewusst ist, und die Ursachen ihres erstaunlichen Aufstiegs sind andere als jene, von denen man gemeinhin so hört. Bereits zu Beginn des 18. Jahrhunderts wiesen einzelne Gegenden der Schweiz einen so hohen wirtschaftlichen Entwicklungsstand auf, wie ihn in Europa nur wenige andere Regionen erreichten. Es gab hier zahllose Produktionsstätten und Handelshäuser, und schweizerischen Unternehmern und Kaufleuten begegnete man auf den wichtigen Marktplätzen des Kontinents, es wurden Rohstoffe aus aller Welt eingeführt, verarbeitet, veredelt und in rauen Mengen nach Europa und Übersee verkauft. Export war König. Wenn es ein Land gab, das zu den frühen Pionieren des Kapitalismus und der Globalisierung zählte, dann die Schweiz, der Aussenseiter und Sonderling unter den Nationen.

Es ist diese sehr weit zurückreichende Tradition des wirtschaftlichen Erfolgs, die zu einem massgeblichen Teil erklärt, warum es diesem Land schon so lange so gut geht. Je nachdem, welche Statistik man heranzieht, gehört die Schweiz nach wie vor zu den fünf reichsten Ländern der Erde, gemäss Internationalem Währungsfonds lag sie im Jahr 2021 mit einem Bruttoinlandprodukt pro Kopf von rund 95 000 $ auf Rang 2, gemäss Weltbank auf Rang 4, während die UNO sie auf Rang 3 verortete.[5] Noch sind vergleichbare Zahlen für das 18. Jahrhundert nicht greifbar, auch wenn die Wissenschaftler sich darum bemühen, diese historischen Daten zutage zu fördern, aber mit Sicherheit ergäbe sich ein ähnliches Bild: Die Schweiz hätte sich schon zu jener Epoche in den vorderen Rängen wiedergefunden. Es trifft nicht zu, dass sie bis noch vor wenigen Jahrzehnten ein Armenhaus gewesen ist.

Das wirkt heute umso bemerkenswerter, als die Schweiz im 18. Jahrhundert politisch gesehen das vielleicht rückständigste Staatswesen des Kontinents darstellte: Was als alte Eidgenossenschaft in die Geschichte eingegangen ist, war eine einmal fröhliche, dann zerstrittene, immer chaotische, oft handlungsunfähige Ansammlung von dreizehn souveränen Orten, den Vorläufern der heutigen Kantone – jeder für sich ein eigener Mikrostaat. Hinzu kamen ein paar Verbündete, die «zugewandten Orte», sowie viele gemeinsam verwaltete Untertanengebiete; im grossen Ganzen entsprachen die Aussengrenzen dieser alten Eidgenossenschaft jenen der aktuellen Schweiz. Das war jedenfalls kein moderner Staat, sondern ein Relikt aus dem Mittelalter, das man in Europa belächelte oder für überholt hielt. Wie lange noch hatte es Bestand? Zumal es sich auch militärisch und aussenpolitisch um einen Zwerg handelte, der stets unter der berechtigten Paranoia litt, bald von den Riesen in der Nachbarschaft überwältigt zu werden. Wenn je ein Kleinstaat seit Jahrhunderten überlebt hatte, dann die Schweiz – aber für immer? Als gegen Ende des 18. Jahrhunderts das unglückliche und viel umfangreichere Polen von den drei Grossmächten Preussen, Russland und Österreich kaltblütig aufgeteilt wurde, gab es in der Schweiz viele Melancholiker, die sich fragten, ob dies nicht auch der Eidgenossenschaft widerfahren könnte.

Anarchie, Ohnmacht, Streitsucht: All dies hat der damaligen Schweiz wohl nicht sonderlich gut getan, aber sie auch nicht allzu stark behindert. Ich möchte in diesem Buch die «Karriere eines Landes» schildern. Dabei erzähle ich die Geschichten von Unternehmern, die reüssierten oder scheiterten, ich folge Kaufleuten auf ihren verschlungenen Wegen auf den Weltmärkten oder ihrem Höllenritt in den Abgrund, ich berichte von Werkspionen aus bester Familie, die in Italien Geschäftsgeheimnisse stahlen, und sich trotzdem für gute Protestanten hielten, last, but not least beschreibe ich einen Triumph: Seit der Reformation kamen Tausende von Flüchtlingen und Einwanderern in der Schweiz an. Zuerst freundlich empfangen, dann abgelehnt, oft schikaniert, verzweifelten die einen, während die anderen sich doch durchsetzten und ganze Industrien ins Leben riefen, die sonst wohl nie in der Schweiz entstanden wären. Wenn sie starben, wurden sie als Bürger in ihrer neuen Heimat begraben, angesehen und betrauert. In dieser Hinsicht war das Land eine Krisengewinnlerin, aber eine, die sich dafür nicht zu rechtfertigen hatte. Inmitten von Kriegen und Verfolgungen seit gut fünfhundert Jahren blieb vielleicht kein anderes Land in Europa trotzdem vernünftig und friedlich. Man zahlte dafür allerdings einen Preis: den Preis einer unheroischen Existenz – und erhielt dafür ein gutes Leben. Die meisten Einwohner der Schweiz zogen das Letztere wahrscheinlich vor.

Wann fing diese Karriere an? Streng genommen vor etwa 135 bis 25 Millionen Jahren, dann wurden die Alpen aufgefaltet, ein Gebirge, ohne das die Geschichte der Schweiz – auch ihre Wirtschaftsgeschichte – kaum zu verstehen ist. Ein solcher Ansatz wäre sicher allzu exzentrisch. Stattdessen möchte ich mich auf eine etwas spätere Periode konzentrieren: auf die Jahre zwischen 1500 und 1830. Ich komme darauf, weil ich so eine Vorgeschichte, ein Heldenepos, eine Tragödie und ein Happy Ending zugleich erzählen kann.

Wenn man davon ausgeht, dass die industrielle Revolution das zentrale Ereignis jeder Wirtschaftsgeschichte darstellt, dann gibt es nur ein Vorher und ein Danach.

In den Jahren um 1780 waren in England ein paar phänomenale und entscheidende Innovationen gemacht worden: Spinnmaschinen, mechanische Webstühle und Dampfmaschinen steigerten über Nacht die Produktivität der englischen Industrie. Weil niemand so billig so viel zu produzieren vermochte, stürzten die Preise für viele Güter in den Keller, insbesondere Textilien, und England eroberte die Welt – nicht mit Truppen, sondern mit Maschinengarn. Wer mitzog, konnte viel Geld verdienen, wer zu spät kam, den bestrafte der Markt. Das Maschinenzeitalter brach an.

Davon war auch die Schweiz stark betroffen, ja vielleicht kein anderes Land so stark wie sie. Hier stand eine der grössten vorindustriellen Textilbranchen Europas. Unruhe in den Alpen. Man hatte viel zu verlieren. Vor der industriellen Revolution war die Schweiz schon reich gewesen – nachher war sie noch reicher, in den Jahren dazwischen war sie in die Armut versunken. Wie war das möglich? Wie überstand ein Land, das wirtschaftlich schon höchst entwickelt war, die industrielle Revolution, von der es zunächst ruiniert zu werden drohte, aus der es danach aber Nutzen zog wie wenige sonst?

England war vorangegangen und hatte alle seine Konkurrenten aus dem Feld geschlagen. Kaum hatten sich die Europäer auf dem Kontinent von diesem Schock erholt, setzte allerdings eine Aufholjagd ein, an deren vorderster Spitze sich die Schweiz bewegte. Ausgerechnet während der napoleonischen Zeit, da schier endlose Kriege nahezu ganz Europa verwüsteten, nachdem Revolution und Fremdherrschaft auch die Schweiz zerlegt hatten, wurden im Land die ersten Maschinen aufgestellt, es schossen mechanische Spinnereien in die Höhe, es wurde eine der ersten Maschinenfabriken des Kontinents gegründet. Die Firma hiess Escher Wyss. Das Jahr war 1805.

1830 hatte sich die Schweiz zu einem modernen Industrieland verwandelt. Ein früher Vorreiter der Industrialisierung. Und das englische Parlament, etwas beunruhigt, schickte 1835 einen Experten ins Land, der herausfinden sollte, warum die Schweizer Unternehmer den Engländern jetzt auf sämtlichen Weltmärkten so wirkungsvoll Konkurrenz machten.

Ich breche meine Erzählung deshalb um 1830 ab. Eine erste Etappe war erreicht, die entscheidende wohl. Was nachher folgte, baute darauf auf, innert weniger Jahrzehnte entstanden die meisten jener Firmen, die wir heute noch kennen. Sulzer, BBC, Nestlé, die Basler Chemie, schliesslich Banken und Versicherungen. 1848 wurde der moderne Bundesstaat ins Leben gerufen. Zu jenem Zeitpunkt zählte die Schweizer Textil- und Maschinenindustrie bereits seit Jahren zu den modernsten der Welt.

Um dieses Buch zu schreiben, begab ich mich nicht ins Archiv und betrieb keine eigene Forschungsarbeit. Ich stütze mich weitgehend auf Sekundärliteratur. Diese allerdings ist unerschöpflich. Was Reformation, industrielle Revolution, Sklaverei und napoleonische Zeit anbelangt sowieso, aber auch was mein engeres Erkenntnisinteresse betrifft: Zur schweizerischen Wirtschaftsgeschichte liegen zahllose, ausgezeichnete Werke vor – wenn auch vielleicht die meisten ihren Fokus auf eine Zeit richten, die nach meinem Untersuchungszeitraum liegt. Ich nenne bloss die wichtigsten: Eine nach wie vor souveräne Übersicht bietet Jean-François Bergier in seiner «Wirtschaftsgeschichte der Schweiz»[6], die er schon in den 1980er Jahren publiziert hat. Unverzichtbar, um den frühen Durchbruch der schweizerischen Textilindustrie zu erfassen, ist Walter Bodmers Abhandlung zum Thema: «Die Entwicklung der schweizerischen Textilwirtschaft im Rahmen der übrigen Industrien und Wirtschaftszweige» aus dem Jahr 1960, ferner Peter Dudziks «Innovation und Investition» (1987) sowie Ulrich Pfisters Standardwerk zur zürcherischen Protoindustrie, «Die Zürcher Fabriques», das 1992 erschienen ist.

Zwar gilt Leo Weisz als ein Aussenseiter unter den Historikern, mehr Wirtschaftsjournalist als Wissenschaftler, trotzdem oder vielleicht gerade deshalb zeichnete ihn ein scharfer Blick für Zusammenhänge aus, die andere übersahen, speziell ausgeprägt war sein Gespür für vergessene Anekdoten. Seine vielen Bücher sind eine Fundgrube. Mehr als das hinterliess natürlich Hans Conrad Peyer, einer der grossen Wirtschaftshistoriker unseres Landes, ich profitierte besonders von seiner «Verfassungsgeschichte der alten Schweiz» sowie von seiner rigoros quellenbasierten Studie: «Von

Handel und Bank im alten Zürich». Das Gleiche gilt für Rudolf Brauns «Das ausgehende Ancien Régime in der Schweiz» und Ulrich Menzels «Auswege aus der Abhängigkeit». Von keinem Autor habe ich vielleicht mehr über den schweizerischen Sonderweg gelernt. Glänzend ist schliesslich Joseph Jungs «Das Laboratorium des Fortschritts. Die Schweiz im 19. Jahrhundert», worin er sich vorwiegend um die Zeit nach 1830 kümmert. Wir steuern gewissermassen die Vorgeschichte bei.

Zum Schluss noch drei Hinweise auf die internationale Literatur, die ich konsultiert habe: Die amerikanische Ökonomin Deirdre McCloskey legte unlängst eine Trilogie zur Geschichte des westlichen Kapitalismus vor, «The Bourgeois Era», die wenig Fragen offenlässt. Ebenso umfassend ist die Arbeit von Pim de Zwart und Jan Luiten van Zanden, zwei niederländischen Autoren: «The Origins of Globalization. World Trade in the Making of the Global Economy, 1500–1800». Last, but not least schrieb Thomas McCraw mit «Prophet of Innovation» eine brillante Biografie über Joseph Schumpeter, den vielleicht anregendsten Theoretiker, wenn es darum geht, ein Phänomen zu erklären, das auch dieses Buch über weite Strecken prägt: den Unternehmer, den schöpferischen Zerstörer. Ohne solche eigenwilligen, oft unbeliebten, immer interessanten Menschen hätte auch die Schweiz nie jene Karriere zustande gebracht, die ich jetzt erzähle.

Nachdem die Jungsozialisten den Escher-Wyss-Platz umgetauft hatten, schlugen die Jungfreisinnigen, also junge rechte Aktivisten, zurück. Sie nahmen sich ihrerseits die Strassenschilder linker Prominenz vor. In der Spiegelgasse überklebten sie eine Gedenktafel, die daran erinnerte, dass Lenin, der russische Revolutionär, hier einmal gelebt hatte: «Alfred-Escher-Strasse» hiess es nun.

Im Gegensatz zu Escher hatte Lenin tatsächlich die Sklaverei in Russland wieder eingeführt. Kaum an der Macht, liess er Konzentrationslager einrichten, wo politische Gegner, Adlige, Popen, oder einfach vorlaute Vertreter der «Bourgeoisie» versklavt wurden. Die meisten überlebten nicht.

Markus Somm
im September 2021

Das Wirtschaftswunderland

Im Mai 1744 erfuhr Hans Conrad Gossweiler, dass die Seidenernte in Italien dieses Jahr besonders gut ausfallen würde. Deshalb wartete er mit seinen Bestellungen zu. Sicher würde der Preis für die Rohseide weiter fallen, dachte sich der Zürcher Seidenfabrikant, so dass es ungeschickt gewesen wäre, jetzt schon einzukaufen. Da auf dem Seidenmarkt aber nie etwas «sicher» war, liess Gossweiler seinen Lieferanten in Italien keine Ruhe. Fast jede Woche schrieb er ihnen einen Brief. Er erkundigte sich nach dem Preis, fragte nach der Ernte, wollte alles wissen über die Politik. Zu Recht, wie sich schon im Juni herausstellte, als man ihm mitteilte, dass die Ernte doch nicht so üppig werden würde. Allgemein rechnete man jetzt damit, dass die Preise so hoch liegen würden wie vor einem Jahr, also ziemlich hoch, zumal die Nachfrage inzwischen deutlich angezogen hatte. Den meisten Fabrikanten mangelte es an Rohstoffen, die Lager gähnten vor Leere. Ausserdem herrschte Krieg in Europa. Der österreichische Erbfolgekrieg (1740–1748) ergriff immer mehr Länder, bis so gut wie alle grossen Mächte daran beteiligt waren. Das musste den Preis für die Seide beeinflussen, keine Frage, bloss wusste niemand, in welche Richtung. Was sollte Gossweiler tun? Kaufen oder warten? Viel stand auf dem Spiel. Denn Seide war teuer, als Rohstoff genauso wie als Endprodukt, und wer schon zu teuer einkaufte, ging unter. Gossweiler behielt die Nerven. Im August schliesslich hatte sich die Lage wieder geändert, denn offenbar hatten die Seidenraupen Italiens doch viel mehr Seide abgesondert als erwartet, der Preis sank mit einem Ruck, und Gossweiler kaufte endlich ein. Er bestellte in Bergamo und Verona.

In der Regel fuhr er nicht selbst nach Italien, um seine Seide zu holen, sondern er setzte auf Spediteure, die er gut kannte, wie etwa die Firma Paravicini in Chiavenna oder Huber in Walenstadt. Sie erledigten den Transport. Sie packten die Seide in Bergamo und Verona auf Kutschen, verluden sie aufs Schiff, wo immer ein Fluss oder ein See sich als

Transportweg anbot, und nutzten diesen einzigen wirklich bequemen Verkehrsweg so lange als möglich, bis es in die Berge ging, wo man nur mehr mit Maultieren vorwärtskam. Rund zwei Wochen später traf die Ware in Zürich ein. Hier gab sie Gossweiler sogleich an seine zahlreichen Arbeiter weiter, die allerdings nicht in Zürich tätig wurden, sondern in Männedorf und Stäfa. Es waren Bauern, die nebenbei in ihren Kellern Seide spannen und woben. Heimarbeiter nannte man sie: Männer, Frauen, oft Kinder, die gegen einen geringen Lohn die rohe Seide in weiches, kostspieliges Tuch verwandelten. Kaum hatten sie ihre Arbeit verrichtet, tauchte ein Mitarbeiter von Gossweiler auf, sammelte die fertige Ware ein und spedierte sie per Schiff nach Zürich zurück. Von hier aus verschickte sie Gossweiler in alle Welt: nach Frankreich, nach Spanien, nach Holland, nach Frankfurt und Leipzig, ja selbst nach Russland und Nordamerika. Gossweiler, der sich wohl zu Recht als den besten Seidenspinner von Zürich bezeichnete, betrieb ein hochrentables Unternehmen. Dabei erwarb er sich ein Vermögen und Respekt, sein Geschäft war kapitalistisch und globalisiert, als es diese Begriffe noch gar nicht gab.

Hans Conrad Gossweiler lebte von 1694 bis 1760 in Zürich. Er war ein typischer Kaufmann und Fabrikant dieser Stadt, wie es damals im 18. Jahrhundert viele gab, ja Zürich war dank ihnen zu einer der reichsten Städte Europas aufgestiegen – was man zwar nicht gerade zur Schau stellte, aber im Stillen sehr wohl genoss. Wie Gossweiler produzierten die Zürcher Fabrikanten Seidenstoffe, zunehmend auch solche aus Baumwolle, sie importierten aus Italien, aus dem Nahen Osten oder aus der Karibik ihre Rohstoffe, liessen sie auf dem Land von Heimarbeitern veredeln und lieferten ihre Waren in alle Herren Länder.

Es hatte sich ein Wirtschaftswunder zugetragen, das auch die Zeitgenossen verblüffte. Es war eine kapitalistische Zitadelle entstanden in einem Europa, wo die meisten Menschen noch als Bauern ihr Leben fristeten – mehr schlecht als recht, nur knapp sich über dem Subsistenzniveau durchbringend, was sie erwirtschafteten, brauchten sie sogleich auf. Jede Missernte, jeder Krieg stürzte sie in Not, es drohte der Hungerstod. Im Kanton Zürich kam das ebenfalls vor, doch immer seltener. Bald schien es undenkbar.

1723 war in Paris ein «Lexikon des Handels» erschienen, wo alle wichtigen Länder und Städte der damaligen Weltwirtschaft behandelt wurden. Der Autor hiess Jacques Savary des Brûlons. Unter dem Stichwort «Zurich» hatte er geschrieben: «Die Zürcher haben aus ihrem Staat ein veritables Peru gemacht, obwohl sie über keinerlei Gold- oder Silberminen verfügen»[7], womit Savary sehr viel Reichtum andeutete, denn Peru galt dank seiner Minen als ein Land von unermesslichen Schätzen. Es gehörte zu jener Zeit den Spaniern. «Doch im Gegensatz zu den harten Spaniern, die aus Peru so viel Gold und Silber herausgezogen haben, was sie auf Kosten des Blutes der armen Indianer taten, die sie in den Minen zur Arbeit zwangen, haben die Herren von Zürich ihren Staat und ihre Untertanen allein mit ihren Fabriken reich gemacht.»[8] Savary musste es wissen. Er war hauptberuflich Generalinspektor des französischen Zolls und hatte die vielen Waren aus Zürich zu kontrollieren, die in Frankreich auftauchten.

Zürich stand nicht allein, ganz im Gegenteil, seit gut einem Jahrhundert hatte sich in vielen Regionen der damaligen Schweiz – der sogenannten alten Eidgenossenschaft – immer mehr Industrie ausgebreitet. Ob in Basel oder Genf, ob in St. Gallen und der gesamten Ostschweiz, in Glarus, im Aargau: Überall war die Industrie gewachsen, bis sie, im Ausland lange kaum beachtet, im 18. Jahrhundert europäische Dimensionen angenommen hatte. Diese Schweiz des Ancien Régimes, wie man sie später auch bezeichnen sollte, ein merkwürdiges Relikt aus dem Mittelalter, erwies sich zugleich als eines der modernsten Länder, was seine Wirtschaft anbelangte.

Um 1780 war es zum wichtigsten Zentrum der europäischen Textilindustrie aufgestiegen. In diesem Jahr betrug der schweizerische Export 3 Millionen £, im Jahr 1800 5 Millionen £, was in beiden Fällen etwa zwei Prozent des gesamten Welthandels entsprach.

Wenn wir uns vor Augen halten, dass die Weltbevölkerung sich zu jener Zeit auf etwa eine Milliarde Menschen belief und die Eidgenossenschaft bloss 1,7 Millionen Einwohner davon beherbergte, wird deutlich, als wie überproportional wir diesen schweizerischen Anteil am Welthandel einzuschätzen haben: 1,7 Millionen sind 0,17 Prozent im Verhältnis zu einer Milliarde, die Schweizer lieferten also mit zwei Prozent rund zwölf Mal mehr Waren, als ihre Bevölkerungszahl hätte annehmen lassen. Was für eine erstaunliche Exportleistung – besonders für ein Land, das in den Augen der meisten Europäer noch kurz zuvor nur eines zu exportieren gewusst hatte: die brutalsten und teuersten Söldner der Weltgeschichte. Doch im 18. Jahrhundert sah alles anders aus. Aus einer Nation der Söldner war ein Land der Fabrikanten, Kaufleute und Arbeiter geworden.

Der Umfang dieser frühen Industrie war gewaltig. Die Behörden des Kantons Zürich hatten im Jahr 1787 alle Arbeitskräfte zählen lassen, die in der Baumwollindustrie untergekommen waren. Es handelte sich um den führenden Sektor. Man ermittelte 34 000 Spinner und nahezu 6500 Weber, insgesamt arbeiteten wohl 50 000 Menschen in der Produktion von Baumwollstoffen, was einem Drittel aller Arbeitskräfte im Kanton entsprach. Angesichts der Tatsache, dass ausserdem 4000 Leute in der Seidenherstellung ihr Geld verdienten, kann man ermessen, wie ausgeprägt sich der Kanton Zürich schon industrialisiert hatte. Alles in allem betrug dessen Bevölkerung 1792 rund 175 000 Einwohner.

Ähnlich sah es in den übrigen Industrieregionen aus. So wurden im Aargau etwa zur gleichen Zeit rund 30 000 bis 40 000 Leute registriert, die in der Baumwoll- und in der Leinenweberei tätig waren, was ebenfalls einem Drittel der Erwerbsbevölkerung gleichkam; der heutige Kanton gehörte damals zu weiten Teilen zu Bern.

Auch Basel zählte zu diesen produktiven, modernen Gebieten, allein im Kanton, der damals sowohl Basel-Stadt als auch Baselland umfasste, standen über 2300 Webstühle, auf denen das allerseits begehrte, exquisite Seidenband hergestellt wurde. Längst hatte sich diese Luxusbranche ebenso ins Elsass, in das Badische und in das Fricktal ausgedehnt.

Seidenbänder stiessen zu jener Zeit auf eine stabile Nachfrage, besonders der Adel verbrauchte sie in rauen Mengen, um sich standesgemäss zu schmücken oder aufzuputzen, wie man das nannte. Ob am Hut oder am Kleid, an den Strümpfen oder am Hemd: Nie durfte ein Seidenband fehlen. Paris, die neue Hauptstadt der Mode, liebte Basel. Basel liebte Paris.

Dass ausgerechnet das protestantische Basel sich an diesem Luxusprodukt bereicherte, entbehrte nicht der Ironie, denn die Politiker und Pfarrer der Stadt taten alles, um den eigenen Bürgern mit strikten Sittenmandaten das Seidenband zu verleiden; nur sehr eingeschränkt war dessen Einsatz erlaubt. Man exportierte nach Frankreich, was man selbst nicht benutzen durfte. Nicht alle hielten sich daran.

«Die alten Sittengesetze Basels», hiess es in einem Lexikon des 19. Jahrhunderts, «waren von merkwürdiger Strenge. So mussten sonntags alle in schwarzen Anzügen zur Kirche gehen, Frauen und Mädchen durften sich das Haar nicht von Männern ordnen lassen, nach zehn Uhr abends wurden keine Wagen in die Stadt gelassen, und niemand durfte einen Bedienten hinten auf seinem Wagen haben. Mit der Frömmigkeit ging aber der

‹Handelsgeist› Hand in Hand, und Basel ist deshalb auch ‹Wucherstadt› genannt worden. Fünf Prozent galt als mindester ‹christlicher Zins›, und wer seine Kapitalien zu geringerem Zinsfuss auslieh, wurde als staatsgefährlich verfolgt.»[9]

Nirgendwo aber war die Wirtschaft wohl stürmischer gewachsen als im Glarnerland, in einem von der Natur ungnädig behandelten, faktisch aus wenig mehr als einem einzigen Tal bestehenden Minikanton: 1794 belief sich die Glarner Bevölkerung auf rund 22 000 Einwohner. Davon waren sage und schreibe zwei Drittel in der Industrie tätig, bloss ein Drittel kümmerte sich noch um die traditionelle Landwirtschaft. Damit gehörte Glarus im 18. Jahrhundert zu den am meisten industrialisierten Regionen der Welt.

Vorangegangen war ein aussergewöhnlicher, ja überstürzter Strukturwandel: Seit undenklichen Zeiten hatten sich die Glarner der Viehzucht, der Alpwirtschaft und den Solddiensten für fremde Staaten gewidmet, doch Anfang des 18. Jahrhunderts war zuerst die Baumwollspinnerei, dann der Zeugdruck aufgekommen, also das Bedrucken von Textilien, wofür die Glarner Unternehmer schliesslich weltberühmt werden sollten. Wie so oft hatte die Industrialisierung gleichzeitig eine markante Zunahme der Bevölkerung bewirkt: Im 14. Jahrhundert dürften bloss 4000 Menschen im Glarnerland gelebt haben. 1700 war ihre Zahl auf 10 000 angestiegen, um sich bis 1794 mehr als zu verdoppeln. Mit anderen Worten, in knapp hundert Jahren war der Kanton so stark gewachsen wie in den vorhergehenden dreihundert Jahren zusammen.

«Diese Bevölkerung», stellte Johann Gottfried Ebel, ein deutscher Besucher, 1797 fest, «steht in keinem Verhältnis mit den nutzbaren Grundstücken des Landes, und man kann daher mit Recht sagen, dass der Kanton Glarus für seine Bewohner zu klein ist.»[10] Ebel stammte aus Preussen; von der Ausbildung her ein Arzt, bereiste er in den 1790er Jahren wiederholt die Schweiz und verfasste Reiseberichte, die dem ausländischen, besonders dem deutschen Touristen das Alpenland näherbringen sollten. Ebel fuhr fort: «Mit der Einführung neuer Erwerbszweige [der Textilindustrie] wurden die Ehen häufiger und fruchtbarer, die Güter der Familien zerfielen in kleinere Teile und deren Zerstückelung erreichte bei steigender Menschenvermehrung den höchsten Grad.»[11]

Wenn man bedenkt, dass zu jener Zeit die Linthebene, jenes weite Gebiet zwischen Walen- und Zürichsee, das den Zugang zum Glarnerland beherrscht, noch nicht entsumpft und melioriert war, wird deutlich, als wie aussergewöhnlich die Frühindustrialisierung in diesem abgeschnittenen Tal mitten im Gebirge zu beurteilen ist. Der Sumpf erschwerte den Verkehr von Personen und den Transport von Gütern, der Sumpf begünstigte auch die Malaria, die regelmässig ausbrach und die Menschen heimsuchte. In der Tat: Das Glarnerland war ein verwunschener Ort. Ein Krachen, von dem man zuletzt erwartet hätte, dass er sich je zu einem so bedeutenden Standort der Textilindustrie heranbilden würde. Ein Wunder, ein Zufall? Weder das eine noch das andere.

Verwunschen, abgeschnitten, vom Schicksal bestraft: Das Gleiche lässt sich von einem zweiten Minikanton in den Voralpen sagen, dessen Entwicklung nicht weniger verblüffend verlaufen war: Appenzell Ausserrhoden hatte sich im 18. Jahrhundert ebenfalls zu einem Schwerpunkt der Textilindustrie verwandelt. Von den 35 000 Menschen, die seinerzeit dort lebten, arbeiteten 11 000 für den Export von Stoffen, nur eine Minderheit fand noch in der Landwirtschaft ihr Auskommen. Wenn Appenzell Ausserrhoden auch das eindrücklichste Beispiel der Industrialisierung in der Ostschweiz darstellte, so war es doch keine Ausnahme: Ob Toggenburg, Fürstenland, Thurgau oder das Rheintal: Überallhin hatte sich die Textilindustrie ausgedehnt, in konzentrischen Kreisen war sie jedes Jahr gewachsen, und in der Mitte lag die Stadt St. Gallen, wo die Unternehmer residierten, die dieses Geschäft – Import, Produktion und Export – im Wesentlichen dirigierten. Hatten die St. Galler zuerst jahrhundertelang die Leinenindustrie des gesamten Bodenseeraumes dominiert, waren sie zu Anfang des 18. Jahrhunderts auf die Baumwolle umgestiegen, dann erfanden sie die Stickerei, die sie bis zum Ersten Weltkrieg überaus reich machen sollte. Allein im stockkatholischen Appenzell Innerrhoden rührte sich wenig. Hier gab es kaum Industrie.

Last, but not least hatte sich in der Schweiz, insbesondere in Genf und Neuenburg, eine weitere Industrie etabliert, die das Land bis auf weiteres ebenso prägen sollte: die Uhrenindustrie, deren Produkte in ganz Europa auf beachtlichen Absatz stiessen. 10 000 Uhrmacher gingen in der Westschweiz dieser Tätigkeit nach – die kaum jemand sonst beherrschte.

Die Schweiz, ein Industriestaat avant la lettre. Für die spätere Geschichte des Landes sollte sich dieser sehr frühe Start als ausserordentlich folgenreich herausstellen. Gewiss, das war keine Industrie, wie wir uns das heute vorstellen. Noch fehlten weitgehend die Maschinen, es überwog Handarbeit, ebenso trug sich der grösste Teil der Produktion in der Heimindustrie zu: Tausende von Heimarbeitern, kleine Bauern und Bäuerinnen im Nebenberuf, stellten die Textilien auf ihren Höfen her, selbst die meisten Uhrmacher tüftelten, schliffen und schraubten zuhause; Fabriken, wie wir sie kennen, kamen selten vor.

Es hatte eine «Industrialisierung vor der Industrialisierung» stattgefunden, wie die Wirtschaftshistoriker diesen Wandel heute in Worte fassen. Die Menschen bewegten sich zwischen agrarischem Gestern und industriellem Morgen, im rasenden Stillstand sozusagen, was sich im Fall der Schweiz allerdings als entscheidender Vorzug erweisen sollte. Die Schweiz galt als ein Pionier dieser sogenannten Protoindustrie, deshalb wuchs sie auch zum Pionier der darauffolgenden industriellen Revolution heran.

Zwar sahen sich lange nicht alle Kantone in der damaligen alten Eidgenossenschaft von dieser Entwicklung betroffen. In manchen war die Zeit stehen geblieben, und man lebte dort, als wäre das Mittelalter nie vergangen. Wo die Industrie sich aber festgesetzt hatte, und das waren eben doch viele Regionen, brach eine neue Ära an. Alles wurde anders, vieles modern, den meisten ging es besser, lange bevor die Französische Revolution von 1789 ganz Europa aus den Angeln heben sollte.

Den meisten Zeitgenossen war dies bekannt, zumal sie wie etwa der oberste französische Zollinspektor Jacques Savary mit den Folgen dieses Wirtschaftswunders zu tun hatten. Später geriet dieser vorzeitige Durchbruch in Vergessenheit, wie der deutsche Soziologe Ulrich Menzel feststellte: «Der Blick der Wirtschaftshistoriker, die sich mit den Anfängen der Industrialisierung beschäftigen, richtet sich in erster Linie auf England»[12], und wenn auf den Kontinent, dann allenfalls auf Frankreich: «Dabei wird vielfach übersehen, dass zumindest in *dem* Leitsektor der frühen Industrialisierung, der Textilindustrie, die Schweiz im dritten Viertel des 18. Jahrhunderts das führende Land in Europa war und zwischen 1750 und 1780 eine erste Hochkonjunktur erlebte.»[13] Mit Blick auf die Konkurrenz kommt Menzel zum Schluss: «Die schweizerische Baumwollindustrie ist älter als die englische und die Seidenindustrie älter als diejenige Lyons.»[14]

Wie war das möglich? Auf den ersten Blick gab es vielleicht kein Land in Europa, dem man einen solchen wirtschaftlichen Aufstieg weniger zugetraut hätte als der Schweiz. War es nicht ein Land mitten im Gebirge, wo es zu allem Elend nicht einmal Gold oder Silber oder Eisenerz gab wie in so vielen Bergregionen der Welt? Hätten die Schweizer wenigstens ein paar Rohstoffe aus ihren Felsen brechen können, wären sie wohl der Natur in einer besseren Position gegenübergestanden, stattdessen fanden sie nur Schutt, fettes Gras, Moos und Flechten. Sie bissen buchstäblich auf Granit.

Sie lebten überdies in einer Eidgenossenschaft der Isolation, ohne Meeranschluss, ohne Seehäfen, zwar mit Flüssen versehen, die sich allerdings nur teilweise mit Schiffen befahren liessen. Wer exportieren wollte, war stets auf die Gutmütigkeit seiner Nachbarn angewiesen. Zwei Drittel des Landes lagen in den Alpen oder im Jura, in unfruchtbarem und unwegsamem Gebiet. Das eine hintertrieb eine produktive Landwirtschaft, das andere erschwerte den Transport von Waren und machte ihn vor allen Dingen kostspielig, unzuverlässig und langsam. Wie konnte es sein, dass sich ausgerechnet diese Schweiz zum Standort einer leistungsfähigen Exportindustrie entwickelt hatte?

Vielleicht ist kein Thema in der schweizerischen Geschichte von mehr Belang, und womöglich ist keines unbekannter – was so verblüffend wirkt wie die Tatsache selbst. Bevor ich mich jedoch damit beschäftige, möchte ich diese Industrie des 18. Jahrhunderts beschreiben. Wenigen dürfte die sogenannte Heim- oder Hausindustrie vertraut sein. Sie war ein Wunder, sie war ein Elend – auch in der Schweiz setzte der Kapitalismus mit Licht und Schatten ein.

Kapitalismus im engsten Tal und im hintersten Krachen

Die Schweizer wurden zur Exportnation – und weil sie dem ersten Anschein nach dafür nicht die besten Voraussetzungen mitbrachten, verlegten sie sich auch auf ausgewählte Produkte – und stellten diese auf eine besondere Art her. Sie machten gewissermassen aus der Not eine Tugend. Es gab im Wesentlichen zwei Ansätze.

Der eine ist uns noch heute vertraut: hohe Qualität. Wenn der Export schon so teuer war, aus einem Land der Berge ohne Meer, dann machte es für die Schweizer Sinn, sich auf Dinge zu spezialisieren, die wenig wogen und daher billiger zu verfrachten waren, die aber gleichzeitig im Vergleich zu ihrem Gewicht unendlich viel Wert besassen. Uhren entsprachen diesem Anforderungsprofil bestens, und seit dem 16. Jahrhundert machten sich die Genfer Uhrenmacher deshalb auf, die Weltmärkte zu erobern. Es verging nicht viel Zeit, bis diese ausgesprochene High-Tech-Branche der frühen Neuzeit in die Juratäler ausgriff, nach Neuenburg und in den Berner Jura, bis die Schweizer im 18. Jahrhundert zu den weltweiten Marktführern für Uhren aufgerückt waren, was sie für lange Zeit bleiben sollten. Niemand sah sich in der Lage, so präzise Uhren zu fertigen, niemand traute sich zu, diese winzigen Zaubermaschinen zu übertreffen. Die Schweizer erzielten hohe Preise für hohe Qualität.

Den zweiten Ansatz wandte die Textilindustrie an. Er ist uns weniger geläufig. Leicht und wertvoll und von hoher Qualität waren zwar auch die Textilien, die in der Schweiz hergestellt wurden, nämlich Seide, Stickereien oder feine Baumwollstoffe – darin unterschied sich die Textilbranche nicht grundlegend von der Uhrenindustrie. Doch im Gegensatz zu dieser handwerklich anspruchsvollen Fertigung, wo gut bezahlte Facharbeiter eingesetzt wurden, stützten sich die Textilunternehmer vorwiegend auf Heimarbeiter, die zu sehr tiefen Löhnen spannen und woben. Noch lange sollte dieser Vorzug – aus Sicht der Unternehmer – die schweizerische Industrie prägen und überaus konkurrenzfähig machen, was sich heute, da Schweizer Konzerne längst die höchsten Saläre der Welt anbieten, kaum jemand mehr vorzustellen vermag.

Dass die Löhne so tief lagen, hing damit zusammen, wer für diese frühe Textilindustrie arbeitete, die Bauern und Bäuerinnen in abgelegenen, von der Natur keineswegs verwöhnten Gebieten, wo ihnen feuchte Täler, Hügel, steile Hänge und miserable, steinige Böden das Leben so schwer machten, dass sie dringend auf einen Nebenverdienst angewiesen waren. Die meisten verfügten ausserdem über wenig Land und nur eine geringe Anzahl von Tieren. Zwar lebten sie von der Landwirtschaft, aber mehr schlecht als recht. Die Heimarbeit, die sie für die Textilunternehmer ausführen durften, war kritisch. Ohne sie wären sie wohl verhungert. Und trotzdem blieb es ein Nebenverdienst, den sie in ihrer «Freizeit» neben der Landwirtschaft erzielten, in der Regel zuhause auf ihrem eigenen Bauernhof. Dass es schliesslich für sie ein Nebenverdienst war, kam dem Unternehmer zupass, es ermöglichte ihm, weniger zu bezahlen, als nötig gewesen wäre, wenn diese Arbeiter allein von ihrem Lohn hätten leben müssen.

Was bei oberflächlicher Betrachtung wie eine etwas altertümliche Form der Industrie anmuten mag, nahm in Tat und Wahrheit die Zukunft vorweg – die kapitalistische Zukunft, wo dem Unternehmer und dem Markt eine herausragende Bedeutung zukommen sollte.

Zwar benutzte man noch kaum Maschinen – es wurde von Hand gesponnen, von Hand gewoben, von Hand gebleicht, von Hand veredelt und gestickt, und doch haben wir es mit einer Produktion zu tun, die manch einem Zeitgenossen als revolutionär erschien: Modern war zuallererst die Art und Weise, wie die Arbeit aufgeteilt und vollzogen wurde. Man spricht in der Geschichtsschreibung vom «Verlagssystem», von einer Organisationsform, wo manchmal Hunderte von Arbeitern für einen einzigen Unternehmer tätig waren, in der Regel als Heimarbeiter, meistens auf dem Land, seltener in der Stadt. Wenn es Fabriken gab, dann einzig, um hier die anspruchsvollsten Veredelungsschritte am Produkt vorzunehmen, dafür stellten die Unternehmer ein paar Spezialisten ein. Heimarbeiter dagegen arbeiteten immer daheim, in ihren vier eigenen Wänden, wie der Begriff verrät.

Sie bekamen von ihrem Auftraggeber die Rohstoffe, manchmal auch die Halbfabrikate geradewegs nach Hause geliefert, wo sie sie in einem bestimmten Zeitraum verarbeiteten, nach dem die Ware wieder abgeholt wurde. In der Textilindustrie dauerte dies ein bis zwei Wochen, in der Uhrenindustrie zuweilen ein halbes Jahr. Die Heimarbeiter erhielten dafür einen Lohn, und ihre Erzeugnisse gingen überwiegend in den Export. Sie stellten Massengüter für einen Massenmarkt her. Auch das wirkt aus heutiger Sicht modern.

Der Begriff Verlagssystem geht auf die Tatsache zurück, dass die Unternehmer ihren Arbeitern den Rohstoff, manchmal auch das Arbeitsgerät «vorlegten», auslegten oder vorschossen; deshalb wurden diese Unternehmer auch Verleger genannt – mit den Verlegern der Gegenwart, also jenen Leuten, die einen Verlag betreiben, um Bücher auf den Markt zu bringen, hatten sie nichts zu tun.

Die Verleger stellten eine Kreuzung von Fabrikanten und Kaufmann dar. Die meisten Verleger des 18. Jahrhunderts waren in der Textilindustrie tätig. Es gab indessen auch solche, die Uhren, Musikdosen, Waffen, Spielzeug, Mützen, Strümpfe oder Taschen herstellen liessen. Und die Mehrheit, das ist genauso wesentlich, befand sich in der Stadt, während die Mehrheit der Leute, die für sie tätig waren, eben auf dem Land wohnte und dort für sie arbeitete. Häufig sicherten vorteilhafte Gesetze die starke Stellung der städtischen Verleger ab, manchmal hatten sie sich gar ein

Monopol für ihre Geschäfte geben lassen. Die städtischen Räte sorgten für ihre städtischen Unternehmer – nicht immer, aber oft genug.

In der Kreuzung von Fabrikanten und Kaufmann liegt wohl die folgenreichste Innovation des Verlagssystems, wenn man an den späteren Siegeszug des Kapitalismus denkt. Es wurde ein neuer wirtschaftlicher Typus geboren, der Unternehmer – für die einen ein Held oder gar ein «Titan», wie ihn der Ökonom Joseph Schumpeter beschreiben sollte, für die anderen das Böse schlechthin, der «Bourgeois», der Robber-Baron, wie ihn die Amerikaner denunzierten, ein Raubritter, der Bonze.

Eine Kreuzung von historischer Tragweite ohne Frage: Während der herkömmliche Kaufmann, wie man ihn seit der Antike kannte, in erster Linie Rohstoffe und Waren kaufte, lagerte, lieferte und verkaufte, wagte sich der jetzt als Verleger auftretende Unternehmer auch in die Produktion vor, ja am Ende unterwarf er sich die gesamte Wertschöpfungskette, sofern ihm das gelang.

Der Verleger kaufte den Rohstoff ein, liess ihn verarbeiten und verschickte das Produkt in die Welt hinaus. Um dazu in der Lage zu sein, musste er alles wissen, was den Kaufmann schon immer ausgezeichnet hatte – und manches darüber hinaus: Er durchschaute den Markt, wusste, wo man den billigsten und besten Rohstoff erhielt, hatte aber auch Kenntnis davon, was die Kunden sich wünschten, manchmal bevor diese selbst das erahnten; der neue Unternehmer kannte sich aus in Mode, Stil und Qualität und überblickte Angebot und Nachfrage. Indem er Rohstoffe aus aller Welt bezog und nach überallhin exportierte, glich der Verleger dem Fernhändler des Mittelalters. Wenn er sich aber von diesem Kaufmann deutlich abhob, dann darin, dass er eben auch über Produktionsmethoden, Arbeitskräfteangebot oder später Maschinen im Bilde sein musste. Wer als Verleger zu Erfolg gelangen wollte, kam nicht umhin, sich zum Universalgenie in Sachen Profit auszubilden. Er wagte viel, er wagte alles. Einmal stürzte er in die Hölle ab, das andere Mal stieg er in den Himmel auf: Wo immer er aber endete, meistens hatte er in der Zwischenzeit keinen Stein auf dem anderen gelassen. Wahrscheinlich trieb niemand die wirtschaftliche, aber auch gesellschaftliche Umwälzung des Westens im Zeichen von Industrie und Kapitalismus mehr voran als der moderne Unternehmer. Wie kein anderer stand er für die «schöpferische Zerstörung», wie Schumpeter den wirtschaftlichen Strukturwandel später charakterisierte.[15]

Mit dem Unternehmer wurde allerdings auch die wirtschaftliche Abhängigkeit von vielen Menschen zwar keineswegs erfunden, aber doch vertieft und auf eine bemerkenswerte Weise modernisiert. Zugegeben, Abhängige hatte es immer gegeben, ja auf die meisten Menschen traf dies seit Urzeiten zu, frei und unabhängig war so gut wie niemand: Die Kirche stützte sich auf Leibeigene, Klöster besassen Sklaven, der Adel herrschte über Bauern, die ihm Fronarbeit und den Zehnten schuldeten, Königinnen liessen sich bedienen, Bischöfe verwöhnen, und fast jeder Handwerksmeister beschäftigte ein paar Gesellen, während die Meistersfrau über Köchin und Magd kommandierte: Selbst Lohnarbeit war also schon im Mittelalter verbreitet gewesen – und doch führte das Verlagssystem jene spezielle Abhängigkeit von den Unternehmern und den Launen des Marktes ein, die so viele Intellektuelle später als «Ausbeutung» und «Entfremdung» geisseln sollten. Allen voran Karl Marx, der Wegbereiter des Kommunismus.

Und es stimmte ja. Der Heimarbeiter in seinem feuchten Keller, die Heimarbeiterin mit ihren klammen Fingern am Spinnrad waren dem Verleger auf Gedeih und Verderb ausgeliefert. Er bestimmte ihren Lohn – und da es lange Zeit mehr von jenen Leuten gab, die nach einem Nebenverdienst suchten, als Verleger, die nach diesen verlangten, besassen die kleinen Bauern in den engen Tälern und den hinteren Krachen schlechte Karten, um eine bessere Bezahlung für sich herauszuholen. War das nicht ungerecht? Und selbst wenn es sich um ein Verhältnis handelte, das nicht von heute auf morgen so einseitig gewesen war, so steckte im Verlagssystem doch der Keim des Kapitalismus. Kaum war der Verleger auf der historischen Bühne aufgetaucht, stiess er eine Entwicklung an, die auf lange Sicht kaum mehr aufzuhalten war. Lohnarbeit wurde nach ein paar Jahrhunderten im Westen zur Norm, das Kapital, will heissen die Finanzierung, sollte die gesamte Produktion durchdringen, und am Ende hing tatsächlich das Schicksal von zahllosen Arbeitern und deren Familien von den Fähigkeiten eines einzelnen Unternehmers ab – und wenn nicht von diesem allein, dann vom Markt, wo unsichtbare Kräfte über die Wohlfahrt ganzer Völker entschieden. Musste eine solche «kapitalistische Produktionsweise», wie sie Marx nannte, nicht unvermeidlich in die Revolution führen? Marx und mit ihm später Millionen von dessen Anhängern waren überzeugt davon. Es war ein Wirtschaftssystem, das sich leicht denunzieren liess, selbst wenn es sehr viel mehr Wohlstand schuf als jedes andere zuvor.

Zu Anfang, als sich das Verlagssystem in der Textilproduktion herausformte, gab es noch viele selbstständige Spinner und Weber – was damit zusammenhing, dass der Flachs der wichtigste Rohstoff für ihr Produkt darstellte. Flachs wuchs auch in der Schweiz, ja in gewissen Gebieten wie der Ostschweiz sogar besonders gut, und viele Spinner und Weber zogen es daher vor, ihn selbst anzupflanzen, um ihn daraufhin zu Leinwand zu verarbeiten. Für die Rohstoffbeschaffung waren sie auf keinen Verleger angewiesen, sondern dieser kam erst ins Spiel, wenn es darum ging, die fertige Ware zu exportieren. Noch handelte es sich um ein recht egalitäres Auftragsverhältnis.

Als im 16. Jahrhundert jedoch die Baumwolle in Europa auftauchte, ein Rohstoff, der aus dem Nahen Osten oder Indien eingeführt werden musste, nahm die Bedeutung des Verlegers zu. Nun sorgte er auch für den Rohstoff. Zunächst kaufte manch ein Spinner dem Verleger diesen noch ab, um ihm nachher die Ware wieder zu verkaufen. Das überbürdete ihm allerdings ein beträchtliches Risiko: Konnte er ahnen, wie sich die Nachfrage nach seinem Produkt auf dem Weltmarkt in zwei, drei Monaten entwickeln würde? Brach sie ein, blieb der Weber auf seinem Stoff sitzen und konnte ihn nur noch zu tiefsten Preisen losschlagen. Zog die Nachfrage unerwartet an, stand dem Spinner zu wenig Garn zur Verfügung, um aus den höheren Preisen Nutzen zu ziehen. Angesichts der Tatsache, dass er verhältnismässig viel Geld investiert hatte, um sich den Rohstoff zu beschaffen, wird verständlich, warum die Freiheit des Produzenten diesem selbst hin und wieder als eine bittersüsse Freiheit erschien: Fluch und Segen zugleich.

So war es nur eine Frage der Zeit, bis der Verleger dieses Risiko übernahm und die Heimarbeiter zu Lohnabhängigen machte. Nach und nach schwang er sich zum Herrn des gesamten Produktionsprozesses auf. Dabei war nichts entscheidender als der Umstand, dass er diesen auch durchgehend finanzierte. Er stellte das Kapital bereit und gab es nie mehr aus der Hand – er war der Kapitalist. So blieb der Rohstoff, dann das Zwischenprodukt wie etwa das Garn, das der Handspinner herstellte, oder schliesslich das vollendete Tuch, das der Weber ablieferte, stets im Besitz des Verlegers. Heimarbeiter waren Lohnarbeiter, sie wurden nicht als Selbstständigerwerbende betrachtet wie etwa ein Handwerksmeister, der als Schreiner sein Holz bestellte, es daraufhin verarbeitete und schliesslich den neuen Tisch einem Kunden verkaufte. Heimarbeiter besassen ihre Ware nicht, gleichzeitig wurde von ihnen aber oft erwartet, dass sie für Spinnrad, Webstuhl oder anderes Gerät selbst aufkamen, ebenso sorgten sie für ihren Arbeitsplatz, ohne dass der Verleger daran einen Beitrag geleistet hätte – in der Regel diente der Keller oder die Stube im eigenen Bauernhaus als solcher. Wenn Heimarbeit aus Sicht des Verlegers eine gute Einrichtung war, dann lag dies auch daran, dass er auf diese Weise zusätzlich Kosten einsparte. Heute würde man von Outsourcing sprechen.

Gleichwohl zogen auch die Heimarbeiter daraus Nutzen, denn bei aller Not, die sie dazu zwang, sich einem Verleger anzuvertrauen, wurden sie damit auch manch eine Sorge los. Zwar gaben sie ihre Selbstständigkeit auf und tauschten sie für eine manchmal drückende Abhängigkeit ein, dennoch, so scheint es, nahmen sie dies häufig nur zu gerne in Kauf. Von den Schwankungen des Marktes hatten sie wenig zu gewinnen – solange sie so gut wie ungeschützt damit umgehen mussten.

Für den Export zu arbeiten, erforderte Sachwissen, gute Nerven, Kapital und eine Risikofähigkeit, wie sie nur wenigen gegeben war – zumal in jener Epoche, der frühen Neuzeit, wo alles unsicher, alles prekär erschien: Informationen, das Reisen, der Transport, die Kreditbeziehungen, die Eigentumsgarantie, Geld. Dass unter solchen Umständen nur wenige sich in dieses Geschäft vorwagten und dass die meisten, die dies taten, ursprünglich Kaufleute gewesen waren, die sich neuerdings auch in Fabrikanten verwandelten, kann vor diesem Hintergrund nicht überraschen. Zuerst die Kaufleute, dann die Verleger, sie waren die frühen Virtuosen der Marktwirtschaft. Sie gehörten zu den Ersten, die sich der Brutalität der Preisbildung auf dem Markt ausgesetzt hatten, sie waren die Ersten, die die anonyme, mitunter unheimliche Macht von Angebot und Nachfrage für sich ausnutzten – oder daran zerbrachen. Reichtum und Bankrott lagen immer nah beieinander.

Glück und Elend des Verlagssystems

Das Verlagssystem war modern, weil es den Verleger in die Lage versetzte, sehr viel mehr produzieren zu lassen als je zuvor – ob es sich nun um Musikdosen handelte, Strümpfe, Taschen oder eben um Textilien. Der Ausstoss war enorm – besonders im Vergleich zum alten Gewerbe, wo der einzelne Handwerker alles selber machte und sich oft tagelang mit einem einzigen Produkt beschäftigte. Im Verlag dagegen fertigten Tausende von Heimarbeitern rastlos Waren in Mengen, wie das vorher, ob auf dem Bauernhof oder in der Handwerksbude, nicht vorstellbar gewesen war. Die zahllosen Arbeiter, die daran beteiligt waren, bildeten gleichsam ein menschliches Fliessband.

Darin zeigte sich Stärke und Schwäche des Verlagssystems zugleich. Der Faktor Mensch. Denn die Produktivität liess sich nicht unbegrenzt steigern. Noch gab es kaum Maschinen, noch stand die Handarbeit im Vordergrund, und nur wenige Innovationen – wie etwa der Einsatz des Spinnrades anstatt der Spindel – beschleunigten die Produktion. Keine Frage, je erfahrener und tüchtiger die Heimarbeiter waren, desto mehr lieferten sie, und desto schneller stellten sie ihre Ware fertig – ab einem gewissen Punkt war es jedoch nicht mehr möglich, noch mehr von ihnen zu erwarten.[16]

Hinzu trat ein zweiter kritischer Punkt: das numerische Verhältnis zwischen Spinnern und Webern. Um einen einzigen Weber mit ausreichend Garn zu versorgen, brauchte es in der Regel fünf Spinner. Es handelte sich hier um einen regelrechten Flaschenhals, eine Verengung, wodurch die Produktion in der frühen Textilindustrie empfindlich behindert wurde. Gab es zu wenig Spinner oder genauer Spinnerinnen (denn meistens übernahmen Frauen diese Aufgabe), und wurde deshalb zu wenig Garn ausgeliefert, sah sich der Weber gezwungen, untätig herumzusitzen. Aus lauter Verzweiflung reiste der eine oder andere dann selber in der Gegend herum, um das nötige Garn aufzutreiben.

Auf jeden Fall liess sich dieses Problem nicht leicht aus der Welt schaffen. Erst die Maschine bot Abhilfe – dann allerdings auf eine revolutionäre Art und Weise, die alles erschütterte. Solange diese Engpässe jedoch bestanden, stiess die Verlagsindustrie immer wieder an natürliche oder besser gesagt menschliche Grenzen. Wenn der Verleger die Produktionsmenge etwa ausdehnen wollte, weil sich die Nachfrage nach seinen Stoffen erhöht hatte, dann blieb ihm nichts anderes übrig, als mehr Leute einzustellen. Aus diesem Grund wuchs das Verlagssystem zusehends in die Breite, will heissen, Schritt für Schritt erfasste es ein Dorf nach dem andern, dann das ganze Tal, daraufhin die Region, bis schliesslich auch da das Angebot an Arbeitskräften ausgeschöpft war und man sich gezwungen sah, in die weitere Nachbarschaft auszuweichen.

In der Ostschweiz lässt sich dies gut nachvollziehen, der Prozess setzte schon im 15. Jahrhundert ein: Auf der Suche nach Arbeitskräften wandten sich die St. Galler Verleger zuerst in die nächste Umgebung ihrer Stadt. Nachdem dort niemand mehr zu finden war, drangen sie ins Rheintal vor, in den Thurgau, ins Fürstenland und ins Toggenburg, des Weiteren nach Appenzell Ausserrhoden und Glarus, ja selbst nach Graubünden. Doch irgendwann reichte auch hier das Reservoir nicht mehr aus, und man stellte Heimarbeiter im nahen Ausland an, in Vorarlberg vor allem, aber auch im Allgäu und in Oberschwaben, so dass die Ostschweizer Verlagsindustrie zu einer internationalen Arbeitsorganisation heranwuchs, die Zehntausenden von Menschen in der gesamten Bodenseeregion ein Auskommen bot.

«Wir haben es», urteilt Menzel, «bei den St. Galler Verlegern also mit einer Frühform multinationaler Unternehmer zu tun, die ihre Rohstoffe, Baumwolle und Farbstoffe, aus dem Nahen Osten, Brasilien und den Antillen bezogen, ihre Produkte in den Nachbarkantonen, in Österreich, Bayern, Baden und Württemberg herstellen liessen, um sie dann in Frankreich und dem übrigen europäischen Ausland abzusetzen.»[17]

Dass es nicht ganz anspruchslos war, ein solch gewaltiges, dezentrales Unternehmen zu überschauen und zu betreiben, liegt auf der Hand. Zwar blieb der Verleger stets die zentrale Figur, um die sich alles drehte, doch je mehr Heimarbeiter er unter Vertrag nahm, desto weniger sah er sich in der Lage, sie alle zu besuchen. Bald kamen deshalb Mittelsmänner oder eine Art Agent auf, die sich zwischen Verleger und Produzenten schoben, teils als Angestellte des Verlegers, teils als Selbstständige. Man nannte sie Fergger oder Trager, später auch Spediteure. Ihr Auftrag bestand darin, den vielen Heimarbeitern den Rohstoff ins Dorf zu bringen, um nach einer gewissen Zeit das verarbeitete Produkt einzusammeln. Handelte es sich dabei um das versponnene Garn, also ein Zwischenprodukt, leitete es der Fergger an die Weber weiter, wo er den vollendeten Stoff zwei, drei Wochen später wieder einzog. Gleichzeitig prüfte er dessen Qualität, zeigte und trug den Heimarbeitern neue Muster auf, bezahlte ihren Lohn und lieferte die Ware anschliessend in die Stadt, wo sie der Verleger an sich nahm, weiterveredelte, um sie dann in alle Welt zu exportieren.

Manchmal gelang es den Ferggern, ja selbst Heimarbeitern oder eigenständigen Webern, sich ebenfalls zu Unternehmern und Fabrikanten aufzuschwingen, was die Verleger in der Stadt natürlich gar nicht gerne sahen und mit allen Mitteln zu hintertreiben suchten. Aber dezentral hiess dezentral: Es fiel etwa den St. Gallern schwer, ihre Zwischenhändler und

Agenten in Ausserrhoden unter Kontrolle zu halten, zumal das Appenzellerland politisch von der Stadt unabhängig war, ja sich als einer der dreizehn Orte der Eidgenossenschaft eindeutig mächtiger fühlte, wogegen St. Gallen bloss ein zugewandter, also geduldeter Ort darstellte. Die reformierte Stadt war zwar eine unabhängige Stadtrepublik, aber sie besass keinerlei Territorium.

So entstanden in Appenzell Ausserrhoden bald eigenständige Unternehmen – die den St. Gallern das Leben schwer machten. Ähnliches trug sich in Arbon, Hauptwil oder Rorschach zu, ebenfalls Territorien, wo die St. Galler politisch nichts zu sagen hatten, entweder weil sie wie Rorschach dem Fürstabt von St. Gallen gehörten oder wie die beiden anderen Orte im Thurgau lagen, in einer Gemeinen Herrschaft der Eidgenossen. Politische Zerstückelung, ein Zustand, der die ganze damalige Schweiz kennzeichnete, bedeutete oft auch mehr Freiheit, obschon sie niemand bewusst hätte gewähren wollen.

Einen ungleich härteren Durchgriff besassen dagegen die Stadtzürcher Verleger. Ihre Stadt beherrschte ohnehin den ganzen Kanton. Wer dort auf dem Land, ob in Stäfa oder Wädenswil, einen eigenen Verlag in Konkurrenz zu einem in der Stadt aufziehen wollte, den traf die Staatsgewalt unerbittlich. Zwar bedienten sich die Stadtzürcher Verleger noch so gerne der Heimarbeiter auf dem Land, aber dass sich dort auch eigenständige Unternehmen herausbilden sollten, das war keineswegs erwünscht. Mit Vorschriften und diversen Schikanen wurde jede unternehmerische Initiative erstickt – jedenfalls war dies das Ziel. In der Realität erwies sich dies als leichter gesagt als getan. Elend der Regulierung. Die Tatsache, dass die Zürcher ihre Gesetze unablässig verschärften, zeigt, wie schwierig es war, den Unternehmern auf dem Land das Geschäft zu verderben.

Dass die Verleger in der Stadt – ob in Zürich, St. Gallen oder in Basel – sich bemühten, ihre privilegierte Stellung zu bewahren, ist verständlich, und doch entbehrt es nicht der Ironie. Man könnte das Verhalten der Verleger auch als verlogen bezeichnen. Denn sie selbst waren nur aufgekommen, weil sie sich den Gesetzen der Stadt entzogen hatten. In ihrem Fall den Gesetzen der Zünfte.

Zunftherrlichkeit versus Zunftzwang

Ursprünglich war das Verlagssystem im Mittelalter aufgekommen, insbesondere in Italien und in Flandern, den seinerzeit überlegenen Zentren des europäischen Gewerbes, und schon immer waren die Verleger damit in Konkurrenz zu den Zünften getreten. Diese setzten alles daran, das Handwerk für ihre Mitglieder in den Städten zu monopolisieren. Wäre es nach ihnen gegangen, hätte es nur ein Gewerbe gegeben, das zünftische, alles andere galt als des Teufels. Weshalb es kaum überrascht, dass die Beziehung zwischen Zünftern und Verlegern selten konfliktfrei blieb.

Die Zünfter bekämpften die Verleger, wo immer sie konnten, obschon Letztere selbst in den Städten ansässig waren – doch ihre Arbeiter waren es eben meistens nicht, was es ihnen erlaubte, sich viel agiler und unternehmerischer auf den Märkten zu bewegen, als dies den Zünften passte. Indem die Verleger sich auf Tausende von Heimarbeitern stützten, produzierten sie viel grössere Mengen viel billiger, viel schneller, vor allem nachfrageorientierter und oft sogar qualitativ hochwertiger als die gewissenhaften, aber gemütlichen Zünfter.

Im Allgemeinen bildete sich eine prekäre, wenn auch umstrittene Arbeitsteilung heraus: Während die Handwerker ihre Ware vorwiegend auf dem eigenen städtischen Markt verkauften, allenfalls auch in der näheren Umgebung, widmeten sich die Verleger von Anfang an dem Export und bedienten Märkte, die oft sehr weit weg von ihrem Firmenstandort lagen. Mehr schlecht als recht kam man so aneinander vorbei. Prekär war die Arbeitsteilung deshalb, weil die Zünfter sich nie sicher sein konnten, wie lange die Verleger sich nur auf den Export beschränkten. War es nicht denkbar, dass sie in den lokalen Markt drangen? War es ausgeschlossen, dass sie sich irgendwann auf Produkte verlegten, deren Herstellung sich die Zünfter vorbehalten hatten? Ihr Monopol schien immer bedroht, die friedliche Koexistenz blieb selten so friedlich, wie es den Anschein machte. Gross war die Angst bei den zünftischen Handwerkern, dass sie von den Verlegern einst aus dem Markt gedrängt würden.

Statt sich dieser tödlichen Gefahr aber zu stellen, regulierten die Zünfte lieber, als dass sie sich modernisierten. Wann immer ein neues Produkt oder eine neue Herstellungsmethode erfunden wurde, bemühten sie sich, diese entweder zu untersagen oder den engherzigen zünftischen Regeln zu unterstellen. Ein Beispiel aus Zürich veranschaulicht dies: Als die Zunft zur Gerwe, also die Organisation der Gerber, 1551 feststellte, dass vier Zürcher Bürger, die nicht ihrer Zunft angehörten, Felle auf eine neue, nämlich «romanische oder marquinische», also marrokanische, Art gerbten, verlangten sie vom Rat der Stadt unverzüglich eine Intervention. Es handle sich, so beklagte sich die Zunft, um keine «freie», also unzünftige, sondern «eine gemeine, offenbare Kunst», die auch die Gerber angeblich längst beherrschten. Daher sei die neue Methode dem Reglement der Zunft zur Gerwe zu unterwerfen und den vier Aussenseitern zu verbieten, sie weiterhin anzuwenden. Offensichtlich war die neue Methode der alten überlegen, ob preislich oder aus Qualitätsgründen muss offenbleiben, jedenfalls hielten sie die etablierten Gerber für lästig genug, dass sie sich vor dieser unliebsamen Konkurrenz schützen wollten.

Immerhin fällte der Rat ein salomonisches Urteil. Zwar durften die vier Aussenseiter ihr Geschäft weiter betreiben, ohne dass sie der Zunft zur Gerwe beitreten mussten, gleichzeitig erhielt die Zunft jedoch das Recht, die vier zu überwachen, insbesondere zwang man sie, sich künftig eine Qualitätskontrolle ihrer Produkte gefallen zu lassen. Alles in allem hatte die Zunft damit gewonnen. Denn unter dem Vorwand, die Qualität genüge nicht, liess sich jedes Produkt aus dem Markt drücken.

Ulrich Schmid hiess übrigens der eine Querulant. Er hatte das neue Verfahren in Strassburg einem Handwerker abgeschaut, eine Innovation ohne Frage – die er nun nicht mehr selber vermarkten durfte, sondern die im Dickicht der Zunftordnung hängen blieb.[18]

Wettbewerb war unter Zünftern nie erwünscht. Aus Prinzip. Im Vordergrund stand das «Auskommen» oder die «gerechte Nahrung» für jeden Zünfter, nicht mehr, aber auch nicht weniger. Um sich vor der Unbill des Marktes und dem Erfindungsgeist der Tüchtigen zu schützen, schrieben die Zünfte ihren Mitgliedern alles vor, in einem Detaillierungsgrad, der selbst einen zeitgenössischen Juristen, der sich ja einiges an Paragrafen gewohnt ist, beeindrucken dürfte: Es wurde festgesetzt, welche Arbeitsmethoden erlaubt waren, welche Werkzeuge, wie hoch der Lohn der Gesellen und Knechte zu liegen hatte, ebenso wie viele Mitarbeiter ein Meister überhaupt anstellen durfte, dann welche Qualität ein Produkt zu bieten hatte und vor allem natürlich zu welchem Preis und wo es zu verkaufen war. Wer davon abwich, wurde ermahnt, bestraft, zerstört. Nach dem Verständnis der Zünfter belebte Wettbewerb keinesfalls das Geschäft, sondern stürzte den ehrlichen Handwerker in den Ruin. Wenn es einen frühen antikapitalistischen und antimodernistischen Geist gab, dann wehte dieser in den Kirchen – und in den Zunftstuben.

Aber kann man es den Zünftern verdenken? Hinterher betrachtet, müssen wir feststellen: Sie lagen richtig. Wie heftig und verzweifelt, wie heroisch und hartnäckig sie sich der wirtschaftlichen Modernisierung auch verweigerten, am Ende trat genau ein, wovor sie sich so gefürchtet hatten. Die Verleger, die Unternehmer, die Industriellen bestätigten ihre tiefsten Ängste.

Man sollte diese Sorgen nicht kleinreden. In Anbetracht einer Epoche, in der Hungertod zu den ganz gewöhnlichen Alltagserfahrungen gehörte, hat es etwas Schäbiges, auf Menschen herunterzublicken, die alles daransetzten, ihr Einkommen abzusichern. Dass Wettbewerb, dass der Strukturwandel, dass neue Technologien und dass Einwanderer diesen prekären Wohlstand zu bedrohen vermochten, war keine eingebildete Krankheit, sondern häufig Realität: Es war aus Sicht eines zünftigen Handwerkers rational, die «Nahrung» für alle Mitglieder seiner Zunft zu schützen – und ausschliesslich für diese. Gewiss, heute wirkt das verstockt, wenn nicht xenophob, und das war es auch, gleichzeitig ist es ahistorisch und etwas wohlfeil, dieses Verhalten vierhundert Jahre später zu verurteilen oder zu verspotten – aus der Perspektive von uns Nachgeborenen, die wir in Gesellschaften leben, die mehr als hundert Mal wohlhabender sind als das neuzeitliche Zürich. Gemäss den historischen Statistiken des britischen Ökonomen Angus Maddison belief sich das BIP pro Kopf in der Schweiz im Jahr 1600 auf 750 $. 2021 betrug das BIP pro Kopf 83 000 $.[19]

Real ergab sich zwischen Zünftern und Verlegern, zwischen den Beschützern des Hergebrachten und den Champions des Neuen, eine ungemütliche Koexistenz. Beide Seiten fanden sich mit einer merkwürdigen, etwas opportunistisch bestimmten Rechtsunsicherheit ab: Wann immer ein neues Gewerbe oder ein neues Produkt auftauchte, das die Zünfter nicht interessierte, entging es der Regulierung, es blieb «unzünftig» oder «zunftfrei», und findige Unternehmer stürzten sich darauf. Sobald es diesen aber gelang, daraus einen Profit zu ziehen, traten die Zünfter auf den Plan und versuchten, nachzuholen, was sie versäumt hatten: Die neue Branche oder das neue Produkt sollte nun «zünftig» werden, was immer einen erheblichen Regulierungsschub nach sich zog, oft in solchem Ausmass, dass das neue Geschäft wieder einging, weil es kaum mehr rentabel betrieben werden konnte.

Warum Textilien?

Nirgendwo gab es vielleicht mehr Anreize für potenzielle Verleger, sich vom Zunftzwang zu befreien, als in der Textilproduktion. Wer innovativ war, wer Mut hatte, wer den Streit mit den Zünften nicht scheute, konnte mit Textilien reich werden. Sehr reich. Das lag an den besonderen Eigenschaften dieses Produktes. Um das zu verstehen, ist es nötig, sich gewissermassen auf die Urgeschichte der Bekleidung einzulassen. Nur im Wissen darum ist die Entwicklung der modernen Textilindustrie zu erklären – auch in der Schweiz.

Neben Lebensmitteln waren (und sind) Textilien wohl die wichtigsten, da unverzichtbaren Güter des täglichen Bedarfs. Die einen stillen Hunger und Durst, die anderen bieten Schutz vor Kälte und Hitze. Ohne sie kann der Mensch nicht überleben. Wir brauchen sie jahrein, jahraus; wir können nie über längere Zeit ohne Nachschub auskommen. Was bei Lebensmitteln offensichtlich ist, wird bei Textilien deutlich, wenn wir an alle übrigen gewerblichen Produkte denken, die der Mensch in früheren Epochen benötigte. Ob ein Tisch, ein Pflug, eine Waffe oder ein Kupfertopf: Diese Dinge schaffte man höchstens einmal an, bis sie nach Jahrzehnten des Gebrauchs möglicherweise zu ersetzen waren. Oft wurden sie gar vererbt. Kleider dagegen zerschlissen, zerrissen, trugen sich ab, so dass man sie viel öfter erneuern musste. Weil wir alle ständig auf Lebensmittel und auf Textilien angewiesen sind, hat es sich schon immer um Massengüter gehandelt, streng genommen sollte es möglich sein, schier unendlich viele Menschen damit zu beliefern. Unbegrenzt war nie die Nachfrage, sondern das mögliche Angebot.

Hier bestand von alters her ein wesentlicher Unterschied zwischen den beiden Produkten. Die meisten Lebensmittel verderben ziemlich rasch oder werden Beute von Schädlingen, insbesondere Frischwaren, weshalb sich deren Produktion, Vertrieb und Vermarktung bis ins 19. Jahrhundert nur schwer industrialisieren liessen: Kritisch war immer der Transport.

Wenn es zu lange ging, kam die Ware ungeniessbar an. Erst die Eisenbahnen und die Dampfschiffe, die sich im Zuge der industriellen Revolution ab 1820 durchsetzten, entschärften dieses Dilemma; selbstverständlich leisteten auch die einige Jahrzehnte später erfundenen künstlichen Kühlanlagen einen entscheidenden Beitrag dazu. Vorher liessen sich viele Lebensmittel kaum konservieren.

Im Gegensatz zu Lebensmitteln altern Textilien langsam, sie sind kaum verderblich, und sie lassen sich daher um den halben Globus verfrachten, ohne dass deren Qualität je litte, ausserdem sind sie leicht, was den Transport zusätzlich vereinfacht und verbilligt. Hinzu kommt ein weiterer Vorzug: Es erwies sich als vergleichsweise problemlos, Textilien für einen Massenmarkt zu produzieren, sobald die Arbeit intelligent organisiert wurde – wie es das Verlagssystem leistete. Das einzige Hindernis, das es noch wegzuräumen galt, stellten die Vorschriften der Zünfte dar.

In der Landwirtschaft fiel das ungleich schwerer – aus politischen, rechtlichen, aber auch wirtschaftlichen Gründen –, wir sprechen vom Europa des Mittelalters und der frühen Neuzeit. Gewiss, in der Antike wurde etwa Getreide durchaus für einen Massenmarkt angebaut, um die damaligen Millionenstädte Rom und Konstantinopel zu versorgen. Das meiste Getreide stammte aus Ägypten, der Kornkammer des Römischen Reiches, sowie aus Nordafrika und Sizilien. Hier wurde das Korn allerdings in riesigen Betrieben gewonnen, sogenannten Latifundien, also Gutshöfen im Besitz von vermögenden Aristokraten, wozu man Tausende von Sklaven einsetzte.

Es waren Dimensionen der Plantagenwirtschaft entstanden, wie sie in Europa eigentlich nie mehr wiederkehren sollten. Vielmehr glichen die römischen Latifundien den Plantagen, die die Europäer dann in Amerika einführten und mit afrikanischen Sklaven betrieben. Brutal und unmenschlich waren beide Institutionen, die antike wie die moderne Sklaverei, und beide produzierten in hohem Masse für den Markt. Wenn sich übrigens im Fall des ägyptischen Getreideexportes das Problem der Haltbarkeit von landwirtschaftlichen Gütern etwas weniger dramatisch darstellte, dann lag das auch daran, dass der Transport vom Nil über das Meer nach Rom führte. Das dauerte zwar noch lange genug, aber immerhin verfaulte das Korn seltener. Dafür schlugen Mäuse, Ratten und alle übrigen Schädlinge zu. Sie sollen jeweils bis zu 30 Prozent des Getreides weggefressen haben. Je mehr Zeit die Überfahrt in Anspruch nahm, desto weniger Korn kam in Rom an.

Es gibt noch einen weiteren Grund, warum Textilien zu einem der ältesten Handelsgüter schlechthin zählen. Sie sind lebensnotwendig, ohne Frage, aber es haftet ihnen paradoxerweise auch etwas scheinbar Überflüssiges, etwas Frivoles an: Sie stillen genauso das Bedürfnis nach sozialer Distinktion, das die Menschen bewegt. Kleider machen Leute. Textilien gelten von jeher als Gebrauchs- und Luxuswaren zugleich. Wenn ein König seinen Rang heraushob, dann gerne auch mit bestimmten Stoffen oder Pelzen, manchmal allein mit deren Farbe. Purpurrot etwa, ein in der Natur sehr rarer, leuchtender Farbstoff, den man unter erheblichem Aufwand aus der Purpurschnecke zog, war im antiken Rom den Senatoren vorbehalten, dann den römischen Kaisern, den mittelalterlichen Kaisern ebenfalls, schliesslich dem Papst und den Kardinälen.

Kleiderordnungen legten Hierarchien fest. Was den Königen recht war, war den Untertanen billig. Seide, teure Pelze, eine feine Verarbeitung, eine ungewöhnliche Glätte oder höherer Tragkomfort: Wer es sich leisten konnte, gönnte sich etwas Besseres, das oft nur auf dem Markt erhältlich war und das häufig genug aus einem fremden Land von weit her importiert werden musste. Seide stammte ursprünglich aus China, Baumwolle bezog man zuerst aus Indien und dem Nahen Osten, Pelze aus Russland und Sibirien, Wolle aus England.

Vor diesem Hintergrund überrascht es nicht, dass Textilien stets die Aufmerksamkeit von Kaufleuten erregt haben. Einige der berühmtesten kapitalistischen Dynastien Europas wie etwa die Medici in Florenz oder die Fugger in Augsburg machten ihre ersten Vermögen mit dem Kauf und Verkauf von Textilien. Mit Stoffen liess sich handeln und viel Geld verdienen, zumal bei einer gewissen Klientel, den Mächtigen und den Reichen – was in jenen frühen Zeiten eine Voraussetzung war, dass ein Kaufmann sich überhaupt dafür interessierte. Warum hätte er sich sonst darauf einlassen sollen? Der Fernhandel barg so viele Risiken, dass man nur Güter über weite Distanzen verschickte, die einen sehr hohen Profit abwarfen: also äusserst begehrte Luxusgüter oder unentbehrliche, aber seltene Rohstoffe wie Gewürze, Gold und Kupfer, Perlen, Elfenbein, Bernstein oder Drogen. Auch Sklaven gehörten dazu. Mit anderen Worten, dass der Kaufmann sich irgendwann in die Produktion von Textilien drängen würde, hatte etwas Zwangsläufiges. Er kannte die Abnehmer, er kannte die Produzenten, er kannte die Renditen. Was ihm zunächst noch fehlte, war der Massenmarkt, der Textilien in grosser Zahl aufnahm. Nur dann lohnte es sich für den Kaufmann, sich auch um die Produktion zu kümmern.

Masse oder Klasse? Ob sich für Textilien ein Massenmarkt herausbildete, hing einzig davon ab, wie viele Menschen sich in der Lage sahen, für ihre Kleider zu bezahlen. Über grosse Strecken der Menschheitsgeschichte war das nicht der Fall gewesen, die meisten Männer und Frauen fertigten ihre Kleider selbst. Dazu benutzten sie in der Regel Flachs, den man anpflanzte und dann zu Leinen verarbeitete, oder Baumwolle, wo das Gleiche geschah, sowie Wolle, die man von verschiedenen Tieren gewann, in erster Linie aber von Schafen.

Sobald jedoch grosse Städte und komplexere Zivilisationen heranwuchsen, gab es zusehends mehr Menschen, die ihre Kleider nicht mehr selber herstellen wollten oder konnten. Je urbaner und arbeitsteiliger eine Gesellschaft sich entwickelte, desto mehr stieg die Nachfrage nach edleren oder praktischeren Stoffen, die man auf dem Markt erwarb, produziert von darauf spezialisierten Spinnern, Webern und Schneidern, oft unter geradezu industriellen Produktionsbedingungen.

Auch die Textilindustrie ist so gesehen uralt. Es dürfte sie schon vor viertausend Jahren in Babylon und Ninive in Mesopotamien oder im alten Ägypten gegeben haben, genauso wie wir sie im antiken Griechenland, in Rom oder im alten China vorfinden. Weder aber, das sollte diese Vorläufer von der modernen Textilindustrie unterscheiden, weitete sie sich derart überwältigend aus wie in Europa seit dem späten Mittelalter, noch gab es je ernsthafte Ansätze zur Mechanisierung, wie dies Ende des 18. Jahrhunderts in England anfing. Diese industrielle Revolution war einzigartig. Nur im Westen trat sie zunächst auf, bevor sie die ganze Welt erfasste.

Städtische Revolutionen

In Europa wurden die Weichen im Mittelalter gestellt. Entscheidend war die Tatsache, dass die Bevölkerung sich nach mehreren Jahrhunderten des Rückgangs seit dem Jahr 1000 wieder vermehrte – und zwar rapide: Von 1000 bis 1300 verdoppelte sich die Zahl der Menschen auf unserem Kontinent beinahe, was gemessen an heutigen Veränderungsraten vielleicht wenig scheint, tatsächlich als beispiellos zu bewerten ist. 40 Millionen Menschen lebten um das Jahr 1000 in Europa, an die 80 Millionen waren es 1300, dreihundert Jahre später. Und sie alle benötigten Platz.

Das wirkte sich auf dem Land aus, indem immer mehr Wälder gefällt und unwirtliche oder höher gelegene Regionen erschlossen werden mussten, das zeigte sich in den Städten, die anschwollen – oder erst jetzt entstanden. Überall schossen sie wie Pilze aus dem Boden, sie vergrösserten sich, sie vervielfachten sich, sie wurden in Landstrichen gegründet, wo zuvor noch nie Städte existiert hatten, insbesondere im Norden und Osten. Gemäss neuesten Erkenntnissen hatte sich allein die urbane Bevölkerung in Europa in jener Epoche verzehnfacht.

Man spricht zu Recht von einer Renaissance der Städte. Renaissance, weil zu Zeiten des Römischen Reiches schon viele Städte in Europa bestanden hatten, diese aber mit dem Untergang des weströmischen Teils des Imperiums weitgehend verschwunden oder zur Bedeutungslosigkeit verkommen waren. Wenige Ausnahmen – die meisten lagen in Italien – bestätigten die Regel.

Wenn manchmal vom finsteren Mittelalter die Rede war, dann entsprang dies nicht nur der Arroganz der Nachgeborenen, sondern wies auch einen wahren Kern auf: Angesichts der Tatsache, dass es für gut fünfhundert Jahre, seit dem Ende Roms, kaum mehr Städte gegeben hatte in Europa, mangelte es auch an zuverlässigen Informationen über diese lange Zeit. Denn nirgendwo wird gemeinhin mehr überliefert als in den Städten, dort stehen die Bibliotheken und Archive, sie hinterlassen sehr viel mehr historische Quellen und Artefakte als ländliche Gebiete. Ohne Zweifel war um das Jahr 500 eine Zeit angebrochen, die in mancher Hinsicht bis heute im Dunkeln bleibt, da die Zeugen der Vergangenheit schweigen. Hätten nicht die Klöster einen Teil der Archivalien aufbewahrt, wir wüssten noch viel weniger. Vor dem Jahr 1000 war Europa agrarisch. Dann begann eine Urbanisierung sondergleichen.

Woran es lag, dass seit dem 11. Jahrhundert die europäische Bevölkerung dermassen zunahm, ist in der Forschung nicht zweifelsfrei geklärt. Sicher war die Klimaerwärmung ein Faktor, die Europa von 950 bis etwa 1300 erfuhr – wärmere Temperaturen verlängerten die Anbausaison und machten die Landwirtschaft ertragreicher, infolgedessen auch mehr Menschen ernährt werden konnten. Ebenso half, dass die Europäer zu jener Zeit militärisch zulegten und es ihnen gelang, die vielen Invasoren aus dem Osten (Ungarn), Norden (Wikinger) oder Süden (Araber) ein für alle Mal abzuwehren. Das schuf stabilere politische Verhältnisse, was das Bevölkerungswachstum ebenfalls begünstigte.

Als Folge davon setzte unter anderem eine sogenannte kommerzielle Revolution ein, zusehends mehr Menschen fanden ihr Auskommen auf dem Markt, mehr Menschen waren deshalb auch imstande, sich freizukaufen. Bis ins Jahr 1000 lebten noch sehr viele Europäer als Leibeigene auf dem Land, nicht als Sklaven zwar, aber doch abhängig und kaum beweglich. Das sollte sich in den kommenden Jahrhunderten, vor allem dank des Aufstiegs der Städte, nachhaltig ändern. «Stadtluft macht frei», hiess die Losung, unzählige ehemalige hörige Bauern und Leibeigene lösten sich von ihren Feudalherren und zogen in die Stadt. Das wiederum, die Befreiung, ermutigte die Menschen, noch grössere Familien zu gründen. Es stellte sich ein Circulus virtuosus ein, oder zu Deutsch: ein Engelskreis im Gegensatz zu einem Teufelskreis. Gutes führte zu Gutem.

Wie dem auch sei, für unseren Zusammenhang ist von Belang: Je urbaner eine Gesellschaft sich ausformte, desto mehr Leute gab es, die ihre Kleider nicht mehr selber herstellten, und desto eher stieg die Nachfrage nach industriell produzierten Textilien. In den Städten wohnten mehr Menschen, die sich das leisten konnten. Dort lebten auch viele Beamte, Kleriker, Händler, Dienstboten, Soldaten, Adlige oder Handwerker, die sich selber auf eine Tätigkeit spezialisiert hatten und deshalb gar keine Zeit mehr gehabt hätten, sich um ihre Kleider selbst zu kümmern, geschweige denn noch über das nötige Produktionswissen verfügten. Mit anderen Worten, die Renaissance der Städte bedeutete auch die Renaissance der Textilindustrie in Europa. Seit dem späten Mittelalter breitete sie sich aus, wo immer sie günstige Bedingungen vorfand. So auch in der Schweiz.

Inseln des Kapitalismus in einem Meer der Landwirtschaft

Günstige Bedingungen, so stellte sich bald heraus, hiess vorweg: Den Zünften gelang es nicht, den Verlegern das Geschäft zu vergällen, ja es gab wenige Orte in Europa, wo dies den Zünften und den Behörden, auf die sie sich stützten, so gründlich misslang wie in der alten Eidgenossenschaft. Hier triumphierte am Ende die Verlagsindustrie, als hätte es nie irgendeine Zunft gegeben. Das hatte sehr viel mit den Eigenheiten dieses kuriosen Landes in den Alpen zu tun.

Damit keine Missverständnisse entstehen: Die Schweiz war keineswegs das einzige Land, wo sich in den kommenden Jahrhunderten das

Verlagssystem festsetzen sollte, ganz im Gegenteil, in gewissen Gegenden war es sehr viel früher in Erscheinung getreten.

Was die Schweiz aber auszeichnete, war eine ausserordentliche Dichte an Verlegern und «verlegten» Heimarbeitern. Fast jede Region war davon betroffen, insgesamt war das Land der Hirten und Bauern spätestens im frühen 18. Jahrhundert zu einem Industrieland geworden – als dies Jacques Savary des Brûlons auffiel und er, der französische Generalinspektor des Zolles, es deshalb in seinem «Lexikon des Handels» notierte. Ein bisschen irrte er sich: Es war nicht Zürich allein, sondern ein grosser Teil der Schweiz war «Peru» geworden.

Wenn hier allerdings der Eindruck erweckt worden wäre, dass es sich beim Durchbruch des Verlagssystems um einen zielgerichteten, allgemeinen und vor allem unumkehrbaren Prozess gehandelt habe, dann gäbe dies die Realität nicht angemessen wieder. Vielmehr breitete sich diese neue, kapitalistische Produktionsweise je nach Region und Epoche unterschiedlich rasch und erfolgreich aus. Ebenso hielten sich Mischformen und Übergangsregimes, das Verlagssystem war nie eine einheitliche, gar regulierte oder alternativlose Einrichtung, keine Beschreibung wäre falscher: Sofern das Verlagssystem sich überhaupt entfaltete, stellte es die Ausnahme dar, nicht die Regel. Nur in bestimmten Regionen Europas setzte es sich durch, während die übrigen davon unberührt blieben. Zum Teil bis ins 19. Jahrhundert lebten dort die meisten Menschen von der traditionellen Landwirtschaft oder vom herkömmlichen Handwerk. Wo das Verlagssystem aber heraufzog, wälzte es die betroffenen Gesellschaften in einem Ausmass um, wie man das zuvor nie gekannt hatte.

Es waren Inseln des Kapitalismus, diese modern anmutenden Gewerberegionen in Europa, in einem Meer der Subsistenzwirtschaft. Die wichtigsten lagen zu Beginn in Italien und Flandern, später – hauptsächlich im 17. und 18. Jahrhundert – tauchte die Textilindustrie und das damit verbundene Verlagssystem auch in anderen Gebieten auf: namentlich Sachsen, in einzelnen Bezirken von Böhmen und Schlesien, ferner im Tal der Wupper, vorab in Barmen und Elberfeld (der heutigen Grossstadt Wuppertal). Weiter im Bergischen Land und am Niederrhein im Westen von Deutschland, darüber hinaus im Elsass und in Nordfrankreich. Last, but not least in England, vor allen Dingen in der Grafschaft Lancashire – und eben in grossen Teilen der Schweiz.

Alles blieb in Bewegung. Im Lauf der Jahrhunderte wandelte sich dieses grob skizzierte Bild der europäischen Wirtschaftsgeografie laufend um. Manche Regionen blieben auf Dauer konkurrenzfähig, andere verarmten, ohne dass immer ganz schlüssig zu erklären wäre, worauf dies zurückzuführen war. Aufstieg und Fall ganzer Landstriche, Triumph und Elend der Völker kennzeichneten jedenfalls die Geschichte des Verlagssystems.

Die Menschen, die daraufsetzten, wussten nie, wie lange der Aufschwung anhielt, wie lange sie von dieser frühen Industrie leben konnten. Erschien Norditalien noch im 15. und 16. Jahrhundert unübertroffen, was die Modernität seines Gewerbes anbelangte, so stieg es in der Folge ab und sollte erst im 19. Jahrhundert wieder den Anschluss finden, ein ähnliches Schicksal erlitt Flandern oder geraume Zeit später das Elsass und Schlesien, wogegen der Schweiz ein erstaunlich beständiger Erfolg beschieden war.

Oft hatte sich der Wandel wie ein Gewitter über einem Landstrich entladen, plötzlich, blitzartig änderte sich alles, manchmal lösten bloss ein paar Unternehmer das aus, wenn nicht eine einzige Person: «Im Jahr 1714 versuchte ein Glarner, seiner Magd und einigen Armen das Baumwollspinnen zu lehren; es verbreitete sich und erwuchs zuletzt zum wichtigsten Erwerbszweig des ganzen Landes»[20], berichtete Johann Gottfried Ebel 1797 in seinem Reisebuch über die Schweiz.

Eigentlich war es ein Zürcher gewesen, Andreas Heidegger, ein reformierter Pfarrer, der nach Glarus gewählt worden war und dort nichts als Armut antraf. Der Kanton befand sich wirtschaftlich am Ende. Not, Arbeitslosigkeit, Auswanderung plagten das Land, so dass Heidegger nach einem Ausweg für die Leute seiner neuen Kirchgemeinde suchte. Ausgerechnet der Zürcher hinterging zu diesem Zweck seine Heimatstadt: Er liess heimlich Spinnerinnen aus Zürich kommen, damit diese den Glarnern ihr Handwerk beibrachten. Das lag freilich gar nicht im Interesse von Zürich. Hatten sich die Behörden nicht seit Jahren bemüht, mit strengsten Gesetzen jeden Export von Fachwissen zu unterbinden? Heidegger kümmerte das wenig. Und so lernten die Glarnerinnen und Glarner innert kürzester Zeit das Spinnen, ja sie beherrschten es bald so gut, dass sie ihr Garn sogar nach Zürich lieferten – als ob es ihnen darum gegangen wäre, die Zürcher vollends zu demütigen. Heidegger machte später übrigens trotzdem Karriere in Zürich. Er wurde zuerst Diakon, dann Pfarrer an der Predigerkirche.

Wie es danach im Glarnerland weiterging, erzählte Ebel: «Auf das Spinnen der Baumwolle folgte bald das Weben der Mousseline [eines feinen, weichen Stoffes aus Baumwolle]. Seit 1757 ist diese Fabrikation auf den höchsten Gipfel gestiegen. Jung und Alt, Weiber und Männer sitzen am Spinnrade, im Tal so wie in den Sennhütten auf den Alpen.»[21]

Die Industrialisierung holte auch Leute zurück, die einst ausgewandert waren, weil sie sonst verhungert wären. «An einem Hause zwischen Linthdorf [Linthal] und der Pantenbrücke sah ich einen wahren Herkules das Spinnrad umdrehen. Dieser Glarner, über sieben Fuss hoch [2 Meter 10], war in seiner Jugend Torschreiber bei einem deutschen Fürsten.»[22] Als Torschreiber oder Torwächter wurden Steuerbeamten bezeichnet, die bewaffnet am Stadttor standen und von jedem Passanten, der in die Stadt wollte, eine Steuer oder den Zoll einzogen. Sie waren natürlich verhasst. «Diese Erwerbsarbeit war ihm bald zuwider, er kehrte in sein Vaterland zurück und vertauschte den Spiess mit dem Spinnrocken, welcher ihm seinen Unterhalt verschaffte.»[23] Alle waren von der neuen Industrie betroffen: «Kinder von 5–6 Jahren helfen schon ihren Eltern und verdienen einige Kreuzer.»[24]

Was sich im Glarnerland zutrug, ereignete sich in allen Regionen, manchmal genauso abrupt, öfter allmählicher über die Jahre hinweg, doch im Ergebnis glichen sich die Vorgänge: Das Verlagssystem wälzte alles um, nicht bloss die Wirtschaft, sondern auch die Demografie, die Kultur, die soziale Schichtung und meistens auch die politischen Verhältnisse. Wenn sich vor der industriellen Revolution beobachten liess, wie der Kapitalismus sich an den unmöglichsten Orten verbreitete, dann bot die Schweiz vielleicht die besten Belege.

Ausgerechnet die Schweiz. Viele Zeitgenossen bemerkten das nicht oder wussten kaum Bescheid. Wer es aber wusste, vermutete Unregelmässiges, Ungeheures, oder er kam aus dem Staunen nicht mehr heraus. Geradeso wie sich heute noch manche fragen, warum die Schweiz je zu einer Zitadelle des Kapitalismus aufgestiegen ist.

Diese Geschichte begann an vielen Orten, und sie liesse sich in vielen Versionen erzählen. Warum nicht in Locarno?

Die Glaubensspaltung und ihre Folgen

Mehr als sechzehn Wochen war Nicolao Greco im Kerker von Locarno gesessen, man hatte ihn verhört und befragt, gefoltert und gequält, und immer wieder hatte er beteuert: «Nicht unsere Frau im Himmel habe ich gemeint», also die heilige Maria, als er über sie geflucht habe, sondern bloss ihr Bild aus Holz, das «Würmer und Schaben» zernagten.[25] Doch niemand glaubte ihm. Zwei Zeugen gaben an, sie hätten es mit ihren eigenen Ohren gehört, wie Greco vor der Kirche mit einer Frau in Streit geraten sei und dabei sogar die Mutter Gottes angegriffen habe: «Diese Frau ist eine Hure», soll er gesagt haben, «tagein, tagaus besoffen, und wenn man sie kritisiert, dann geschieht doch nichts.»[26]

Da unterlag er aber einem Irrtum. Ein Mönch zeigte ihn beim Landvogt an, und weil Greco als Protestant bekannt war, ging es sogleich um sehr viel mehr als um Gotteslästerung. Blieb das Tessin katholisch, oder setzten sich am Ende die Reformierten durch? Kam es zum Bürgerkrieg unter den Eidgenossen? Greco, der Schuhmacher, kam unter die Räder.

Wir schreiben das Jahr 1554. Es waren erst ein paar Jahrzehnte vergangen, seit die Eidgenossen das Tessin erobert hatten – oder korrekter die ennetbirgischen Vogteien, wie man damals sagte. Ihre Herrschaft war noch frisch, und kaum hatten die Eidgenossen begonnen, das so fremdartige Gebiet im Süden zu verwalten, lagen sie sich in den Haaren: Die Ursache hatte einen Namen. Huldrych Zwingli und seine Reformation.

1519 war Zwingli als Leutpriester ans Grossmünster in Zürich gekommen. Ein Leutpriester kümmerte sich um die einfachen, einheimischen Leute. Wer nun meint, es handelte sich deshalb um eine unbedeutende Stelle, täuscht sich, im Gegenteil, Zwingli sprach zum Volk, und er sprach so gut und redete von so revolutionären Dingen, dass ihm die Zürcher zuerst ihr Seelenheil, dann ihren Kanton, schliesslich ihr Leben anvertrauten. Zwingli (1484–1531) sollte zu einem der einflussreichsten Männer der

Schweizer Geschichte werden – auch der Wirtschaftsgeschichte. Von Zürich aus verbreitete dieser charismatische, eigenwillige Pfarrer einen neuen Glauben, der in manchem den Ansichten von Martin Luther (1483–1546) entsprach, dem deutschen, ebenso rebellischen Mönch, der zu jener Zeit die katholische Kirche in Aufruhr versetzte. Doch Zwinglis Lehre unterschied sich in wesentlichen Fragen so grundlegend, dass daraus eine eigene Kirche entstand, die reformierte, die zwinglianische. Als Protestanten betrachteten sich beide, Zwingli und Luther, geliebt oder verstanden haben sie sich nie.

Die Glaubensspaltung, die Anfang des 16. Jahrhunderts fast ganz Europa wie ein Fieber ergriff, hatte sich früh auch in der Schweiz festgesetzt, vielleicht nirgendwo auf so engem Raum und nirgendwo so unversöhnlich. Hass und Rechthaberei. Denn nicht überall kam Zwinglis Botschaft gut an: Während die einen, besonders die Städter in Zürich, Schaffhausen, Basel, St. Gallen oder Bern, den neuen reformierten Glauben gerne annahmen, lehnten die anderen ihn ab, vor allem in der Innerschweiz, aber auch in Solothurn und Freiburg. Sie blieben katholisch. Seither gibt es zweierlei Eidgenossen, katholische und reformierte, und sie leben in katholischen oder reformierten Kantonen. Oft standen sie sich feindseliger gegenüber als ihren ärgsten gemeinsamen Feinden.

Am Ende erwiesen sich die Verhältnisse innerhalb der Schweiz als so zerfahren, dass sich die Eidgenossen, also jene brutalen Krieger, die noch vor kurzem halb Europa mit Angst und Schrecken erfüllt hatten, vorzugsweise mit sich selbst beschäftigten. Sie wirkten wie gelähmt: Entzweit im Glauben, aufgewühlt durch die Religion, verblendet in jedem Detail. Man stritt um Dörfer, man stritt um einzelne Familien, man achtete darauf, welcher Metzger die Katholiken bedienen durfte und welcher Bäcker die Reformierten, man stritt jahrhundertelang. Dass die Eidgenossenschaft dies überlebte, wirkt wie ein Wunder, wenn vermutlich auch kein göttliches.

Im Tessin gab es zu Anfang bloss wenige Protestanten. Doch je mehr sich die Reformation in Italien ausbreitete, desto mehr spürte man die Folgen auch im Tessin. Protestantismus in Italien? Das Land war natürlich ein Sonderfall. In Rom herrschte der Papst über einen eigenen Kirchenstaat, im Wesentlichen das heutige Mittelitalien, also ein ziemliches Territorium, was sich indirekt auf der ganzen Halbinsel bemerkbar machte. Wenn die katholische Kirche irgendwo eine Art Heimvorteil besass, dann in Italien, und es schien den Gewaltigen der römisch-katholischen Kirche nichts

Schlimmeres denkbar, keine Kränkung, keine Beleidigung, als dort, gewissermassen auf dem Heimmarkt, von den Protestanten bedrängt zu werden. Wer Italienisch sprach, wer in Italien lebte, dem elegantesten, führenden Land der damaligen westlichen Zivilisation, musste dem alten Glauben erhalten bleiben, koste es, was es wolle.

Deshalb führten die Päpste 1542 in Italien eine etwas mildere Variante der spanischen Inquisition ein. Mild? Sie war brutal genug. Bei dieser «Congregation der heiligen Inquisition gegen die ketzerische Verderbnis» handelte es sich um eine blutrünstige Einrichtung, einen Geheimdienst zur Aufspürung und Aburteilung von Ketzern, wo Priester und Mönche das Gewissen ihrer Opfer unter der Folter erforschten, bis sie gestanden, vom wahren Glauben abgefallen zu sein, womit die wenigsten zwar ihr Leben retteten, doch dem Vernehmen nach ihr Seelenheil. Die meisten starben auf dem Schafott mittels einer Hinrichtungsmethode, die sich danach richtete, wie schwer ihr Verrat wog. Das Repertoire der Henker war beachtlich.

Trotzdem fanden die Lehren und Bücher von Luther, Zwingli oder Jean Calvin (1509–1564), dem grossen Genfer Reformator, ihren Weg nach Italien. Besonders unter Gebildeten, aber auch unter Unternehmern und Handwerkern stiess der Protestantismus auf offene Ohren und Herzen, nicht zuletzt deshalb, weil dessen individualistische Auffassung des christlichen Glaubens wohl solche Leute vermehrt anzog, die selber dank eigener Leistung einen sozialen Aufstieg zustande gebracht hatten. Es war eine Religion der Tüchtigen. Es war eine Religion der Städter. Umso gefährlicher musste sie der katholischen Führung vorkommen. Innert Kürze bildeten sich in vielen Städten Italiens evangelische Gemeinden, nie offiziell, aber heimlich, im Verborgenen; Hochburgen, die darum von der Inquisition umso aufmerksamer überwacht wurden, lagen in Siena, Ferrara, Vicenza und Lucca, aber selbst in Mailand, Venedig, ja in Rom tauchten immer mehr Protestanten auf, sozusagen unter der Nase des Papstes. War es nicht höchste Zeit zurückzuschlagen? Es setzte eine systematische Unterdrückung ein, die am Ende fast jeden Protestanten aus Italien vertreiben sollte. Italien war katholisch – alles andere war unvorstellbar. So beschlossen es die Päpste, so setzten sie es durch.

Wie weit die Inquisition zu diesem Zweck zu gehen bereit war, wie grotesk sich ihre religiöse Polizeiarbeit manchmal auswirkte, offenbart ein Mandat, das der Erzbischof von Mailand und sein Grossinquisitor 1543 gemeinsam erliessen: «Niemand soll fortan, wäre es auch in einer ihm selbst gehörenden Kirche oder Wohnung, die Heilige Schrift predigen oder lesen ohne schriftliche Erlaubnis des Erzbischofs und Inquisitors, bei Strafe der Exkommunikation (...).»[27]

Lesen ist gefährlich. Hilfloser konnte die katholische Kirche ihr Dilemma nicht ausdrücken. Eine Organisation, die sich als eine Schriftreligion verstand, verbot ihren Anhängern, die Heilige Schrift auch nur zu lesen. Die beiden hohen Mailänder Kleriker fuhren fort: «Wer ketzerische, von der heiligen katholischen und apostolischen Kirche nicht erlaubte, bis auf diese Zeit von irgendeinem Erzbischof, Inquisitor oder Commissarius verbotene, besonders aber die unten bezeichneten Bücher besitzt [ein Verzeichnis war beigefügt], soll dieselben binnen Monatsfrist den obigen beiden Herren einhändigen, und ist in diesem Fall von jeder Strafe frei; später sind solche unbedingt verboten, und die Übertreter verfallen nicht nur in die bereits verwirkten, sondern noch in schwerere Strafen, je nach Ermessen der beiden Herren. Dem Angeber sind Verschwiegenheit und ein Drittel der Geldstrafe gesichert.»[28] Zeit der Verfolgung, Zeit der Denunzianten.

Wohin sich wenden? Wohin ins Exil? Manche italienischen Protestanten suchten nun in den ennetbirgischen Vogteien ihr Heil, um sich vor Gewalt und Tod zu schützen, ebenso im Veltlin und in der Landvogtei Chiavenna, zwei Regionen südlich der Alpen, die seinerzeit noch den Drei Bünden, dem heutigen Graubünden, gehörten. Diese Zufluchtsorte lagen nahe, im buchstäblichen Sinn: Sowohl im Tessin als auch im Veltlin sprach man Italienisch, die Kultur war lombardisch, was nicht erstaunt, angesichts der Tatsache, dass all diese Gebiete erst kurz zuvor von den Schweizern dem Herzogtum Mailand entrissen worden waren. Zudem hatten sich hier bereits evangelische Kirchen entfaltet, insbesondere im Veltlin bestand zeitweise ein Drittel der Bevölkerung aus Protestanten. Italienische Prediger waren gefragt, italienische Protestanten (meistens) willkommen.

So kam es, dass auch die evangelische Gemeinde von Locarno, eine kleine, feine Kirche, stetig wuchs. Nachdem sogar Giovanni Beccaria, ein berühmter protestantischer Theologe, hierher geflüchtet war, bildete sich um ihn bald ein Kreis intelligenter, junger Männer aus den besten, meist adligen Familien. Sie hiessen Muralto, Duno, Ronco und Orelli.

Nicolao Greco stammte nicht aus dem Adel, sondern war bloss ein Schuhmacher in Locarno. Offenbar hatte ihn die reformierte Lehre überzeugt, worauf er der evangelischen Gemeinde beigetreten war. Nie hatten er oder seine Arbeit zu einer Beanstandung Anlass gegeben, weder bei katholischen Kunden noch bei protestantischen. Was an jenem vermaledeiten Tage in ihn gefahren war, dass er die heilige Maria dermassen beleidigte, entzieht sich unserer Kenntnis. Vielleicht hatte er zu viel Wein getrunken, denn dass er überhaupt vor der (katholischen) Kirche Madonna del Sasso aufgekreuzt war, hatte damit zu tun, dass er dort einem Mönch Wein abzuliefern hatte, wie dies die Kirche von jeher vorschrieb. Womöglich hatte ihn, den arbeitsamen Protestanten, das verstimmt. Wie dem auch sei, es nahm mit ihm ein böses Ende.

Endlich wurde Greco den eidgenössischen Behörden vorgeführt. Zweifellos standen diese unter Druck. Zum einen von den benachbarten Mailändern, die schon lange mit Missvergnügen, ja Panik dem Treiben der Protestanten im Tessin zugesehen hatten. Bestand nicht die Gefahr, dass hier ein reformiertes Widerstandsnest heranwuchs, von wo aus jederzeit religiöse Agenten nach Italien geschleust werden könnten, um das Land und dessen katholischen Glauben zu unterwühlen? Ob in Mailand, Venedig oder im Vatikan, es galt die Devise: Wer als starrsinniger Protestant Italien verliess, verliess es für immer. Vor allen Dingen sollte er sich möglichst weit weg niederlassen, am liebsten wohl in der Hölle, und wenn das nicht praktikabel war, dann wenigstens auf der anderen Seite der Alpen. Aber sicher nicht im Tessin oder im Veltlin.

Die Mailänder wussten genau, wer von ihren Untertanen in Locarno Unterschlupf gefunden hatte. Ihnen sollte das Leben verleidet werden, bis sie weiterflüchteten. Für Greco, den kleinen Protestanten, drangen sie auf die Höchststrafe. Sollten die Eidgenossen dem nicht nachkommen, behielt man sich weitere Schritte vor. Das Herzogtum Mailand gehörte seinerzeit den spanischen Habsburgern. Spanien war eine Grossmacht und ausserdem sehr katholisch.

Zum anderen setzten sich die Eidgenossen selbst unter Druck. In Locarno regierte in jenen Tagen zwar ein Zürcher Landvogt, also ein Reformierter, den die Herabsetzung der heiligen Maria wohl weniger aus der Fassung gebracht, wenn nicht ganz kalt gelassen hatte. Gerne wäre er dem unglücklichen, dummen Greco zu Hilfe gekommen und hätte ihn verschont, doch die eigentlichen Herrscher im Tessin waren nicht die Zürcher noch die übrigen reformierten Eidgenossen, sondern die Katholiken, und zwar aus dem folgenden Grund.

Die alte Eidgenossenschaft bestand zu jener Zeit aus dreizehn gleichberechtigten Kantonen, besser gesagt Orten, wie die Zeitgenossen sie nannten: sieben katholischen, vier reformierten und zwei Kantonen, Glarus und Appenzell, die intern konfessionell gespalten waren und daher faktisch ohne Stimme an der Tagsatzung blieben. Fast alle Fragen drehten sich irgendwie um die Religion. Wer schon im Kanton sich darin uneins war, hatte an der Tagsatzung nichts auszurichten, dem obersten Organ der Eidgenossenschaft, wo alle Kantone vertreten waren. Also stand es jetzt sieben gegen vier: Den sieben katholischen Orten hatten die vier reformierten wenig entgegenzusetzen. Sie, allesamt Städte, nämlich Zürich, Bern, Basel und Schaffhausen, konnten jederzeit überstimmt werden. Zwar war man vor Jahren übereingekommen, das Tessin gemeinsam zu verwalten, tatsächlich aber kam den Katholiken ein Übergewicht zu. Deshalb war Greco verloren. Nicht nur er, wie sich bald zeigen sollte, sondern alle Protestanten im Tessin.

Grecos Schicksal war rasch besiegelt. Da es sich aber bei seinen Richtern um Eidgenossen handelte, glich die Urteilsfindung einem basisdemokratischen Verfahren, wo alle sich einmischten: Jeder Ort hatte einen Delegierten nach Locarno geschickt, und diese entschieden nun über Greco.[29] Dass er schuldig war, stand gar nicht zur Debatte, er hatte ja unter der Folter alles gestanden, man machte sich bloss Gedanken über die Strafe. Lebhaft und ungezwungen wurde über Grecos Körper verhandelt. Man solle ihn eine Stunde an den Pranger stellen, wurde vorgeschlagen, um ihn dann mit Ruten durch Locarno zu peitschen. Das stiess allgemein auf Zustimmung. Ob es nicht richtig wäre, fragte ein alter Delegierter aus Uri, auch die Art des Verbrechens zu berücksichtigen? Er regte an, dass man deshalb Grecos Zunge, die Tatwaffe sozusagen, auf einen Stock nagelte. «Diesen Zusatz mag ich wohl leiden»[30], sagte der Vorsitzende, Wendel Sonnenberg aus Luzern, und alles schien in bester Ordnung, bis sich die Aussichten für Greco auf einmal weiter verdüsterten. Wenn es darum gehe, den Schuhmacher wirklich zu bestrafen, so verlangten die Gesandten der katholischen Orte nun unvermittelt, dann sei ihm «aus der Welt zu helfen».[31] Also wurde «gemehret», wie das unter Eidgenossen hiess – und die Mehrheit war katholisch. Greco wurde zum Tod verurteilt.

Als man ihm die schlechte Nachricht überbrachte und einen Beichtvater anbot, sagte Greco: «Ich bedarf keinen. Ich habe Gott gebeichtet; der hat mir meine Sünden verziehen und wird mich geleiten und trösten (...).»[32] Kurz darauf wurde der Schuhmacher abgeführt, um ihn auf einem Platz in Locarno öffentlich hinzurichten. Er wurde geköpft. Das galt als Entgegenkommen. Sonst verbrannte man Ketzer. Wendel Sonnenberg, hiess es nachher, habe Tränen in den Augen gehabt.

Bürgerkrieg oder Exil?

Grecos Fall war keineswegs der Auslöser, aber doch Symptom der zunehmenden Spannungen in Locarno. Die Katholiken hassten die Reformierten, die Reformierten die Katholiken. Doch die einen befanden sich in der Mehrheit, und so wurde den Protestanten, einer kleinen Minderheit von vielleicht zweihundert Familien, das Leben zur Hölle gemacht, wo immer es ging. Was allerdings entscheidender war: die katholischen Orte und ihre mächtigen Verbündeten in Mailand und im Vatikan hatten Blut gerochen. Wenn es so leicht fiel, einen reformierten Schuhmacher zu exekutieren, obwohl der zuständige Landvogt selbst ein Reformierter war, dann lag wohl mehr drin. Protestanten im Tessin? Es galt, diese Anomalie für immer zu beseitigen. Die Protestanten hatten ihre Heimat zu verlassen.

So wuchs der Streit von Locarno zu einem Streit aller Eidgenossen heran. Wenn die Reformierten nicht nachgäben, so machten die Katholiken deutlich, dann bedeute das Krieg – eine Drohung, die die Katholiken umso selbstbewusster aussprachen, weil sie sich militärisch überlegen fühlten. Hatten sie die Reformierten nicht schon einmal vor gut zwanzig Jahren in einem Bürgerkrieg besiegt? Dass es ihnen dabei – in der Schlacht von Kappel im Jahr 1531 – sogar gelungen war, auch Zwingli, den Ketzer aller Ketzer, zu töten, hatte ihren Triumph zu einem totalen gemacht. Zwingli, ein ausgebildeter Theologe, war tollkühn genug gewesen, selber als Soldat an der Schlacht teilzunehmen. Nachdem er gefallen war, stürzten sich die Katholiken auf seine Leiche und zerrissen sie in Stücke. Hass und Rechthaberei. Niemand weiss, wo Zwinglis Überreste geblieben sind. Es gibt kein Grab.

Infolgedessen sahen sich die Reformierten gezwungen, den sogenannten zweiten Landfrieden zu unterzeichnen, der die Katholiken in ihre starke Position versetzte: In den Gemeinen Herrschaften, also den Untertanengebieten, war jeder herzlich oder weniger herzlich eingeladen, zum Katholizismus zurückzukehren, während man die Reformierten nur mehr duldete.

Da die evangelische Gemeinde von Locarno im Jahr 1531 noch gar nicht existiert hatte, widersprach ihre Existenz grundsätzlich dem Landfrieden: Ein protestantischer Vorstoss in neue Gebiete war darin nicht vorgesehen, sondern allein katholische Rückgewinne. Es war deshalb nur eine Frage der Zeit gewesen, bis die Katholiken dagegen einschritten. An mehreren Sitzungen der Tagsatzung wurde über Locarno debattiert, am Ende zwang man die Reformierten per Mehrheitsentscheid, ihre Glaubensbrüder im Süden im Stich zu lassen. Wer beim neuen Glauben bleibe, müsse wegziehen, wohin liess man offen, doch wurde den Reformierten eine Frist gesetzt. Bis die Fasnacht vorbei war, hatten sie zu packen, wobei sie ihr Eigentum in Locarno zurücklassen mussten. Zu allem Elend, das die Vertreibung nach sich zog, sollten die Emigranten auch eine faktische Enteignung hinnehmen.

Es war ein Debakel für die Reformierten in der Schweiz. Es war eine Schande. Im Ausland wurde dies mit Entsetzen registriert, ein deutscher Protestant schrieb Heinrich Bullinger, dem hochangesehenen Vorsteher der Zürcher Kirche: «Die ungereimte Handlungsweise der Berner, Basler und anderer eurer Landsleute in der Sache der Locarner und eines gewissen Schuhflickers ist für die Papisten [Anhänger des Papstes] eine wahre Wollust. Sie haben Ursache dazu. Ja, glaube mir, über den Abfall von ganz England frohlocken sie nicht so laut wie über dieses beklagenswerte locarnische Unglück.»[33] Vor kurzem war England zum Katholizismus zurückgekehrt, für immer, so schien es, tatsächlich erwies sich die Wende als von kurzer Dauer. Bald setzten sich die Protestanten endgültig durch.

Am längsten hatte sich Zürich gegen die Ausweisung der Locarner gestemmt und eine andere Lösung verlangt, doch Basel, Bern und Schaffhausen – und insgeheim wohl auch Zürich – waren nicht bereit, es auf einen Krieg ankommen zu lassen. Selbst die Locarner hatten das nicht gewünscht, wenn sie ihren reformierten Brüdern in der Deutschschweiz tapfer schrieben: «Mit Gottes Hilfe sind wir entschlossen, die erkannte Wahrheit und den Glauben an Christum nimmer zu verleugnen, sollten wir auch eines gewaltsamen Todes sterben müssen. Könnt ihr daher, fromme, gnädige Herren, uns helfen ohne Gefährdung des Friedens und eures Bundes [der Eidgenossenschaft], so nehmen wir eure Hilfe, als vom Herrn kommend, mit dem wärmsten Danke an. Wo nicht, dann flehen wir, dann beschwören wir euch aus Einem Munde: Stellet unsere Sache Gott anheim, und lasset die Verfolgung über uns ergehen eher als dass ihr einander befehdet.»[34] Lieber gingen sie unter, als dass sie einen Bürgerkrieg zwischen Eidgenossen hervorgerufen hätten. Angesichts der

Tatsache, dass Locarno keine fünfzig Jahre zur Schweiz gehörte, und das noch als Untertanenland, war das eine bemerkenswert patriotische Mitteilung.

Die Locarner bereiteten sich auf die Abreise vor. Insgesamt hatten sich rund 150 Leute dazu entschlossen. Einige wenige Familien waren davor zurückgeschreckt. Unter den Auswanderern gab es alles: Adlige, Handwerker, Knechte, Anwälte und Ärzte, Arme und Reiche, Männer, Frauen und Kinder. Dass Letztere mitdurften, war übrigens nicht selbstverständlich. Energisch hatte der päpstliche Legat die Tagsatzung aufgefordert, den Locarner Protestanten vor der Auswanderung alle Kinder wegzunehmen, um sie im wahren, katholischen Glauben zu erziehen. Das war allerdings selbst den katholischen Eidgenossen zu weit gegangen, man lehnte es ab. Auch die eine oder andere Ehe zerbrach, weil die Frau etwa nicht auswandern mochte oder der Mann in Locarno blieb, während die Frau alleine loszog, und dennoch hatte sich die überwiegende Mehrheit der Protestanten für die Emigration entschieden. Die evangelische Gemeinde in Locarno löste sich in Luft aus. Wer ausharrte, musste zum Katholizismus konvertieren. Angeführt wurde die Gruppe von Taddeo Duno und Martino Muralto, zwei Advokaten, und Giovanni Muralto, einem Arzt – alles Männer, von denen man bald in Zürich hören sollte.

Wenn man sich heute vorstellt, man müsste aus Locarno auswandern, um sich in einem anderen Kanton der Schweiz einzurichten, dann wäre das kaum der Rede wert. Vor fünfhundert Jahren handelte es sich um eine Tragödie: für die Familien, die ihre Heimat verloren, für die Hausbesitzer, die ihr Haus dem Zerfall überliessen, weil sie es nicht so kurzfristig verkaufen konnten, für die Handwerker und Händler, deren Geschäft ruiniert war, für die Italienischsprachigen, denen die Sprache abhandenkam, da sie kaum eine andere Sprache beherrschten, am wenigsten das krachende Schweizerdeutsch, das auf der anderen Seite der Alpen grassierte. Was später der Atlantik für jene Flüchtlinge bedeutete, die Europa verliessen, um sich in Amerika in Sicherheit zu bringen, waren im 16. Jahrhundert die Alpen. Noch schneite es. Unter diesen Umständen war den Frauen und Kindern der Übertritt nicht zuzumuten. Denn man reiste ja zu Fuss. Sack und Pack trug selber, wer sich kein Maultier leisten konnte. Also wandte man sich vorerst ins Misox, um auf besseres Wetter zu warten. Heinrich Bullinger schrieb an Jean Calvin: «Jetzt sind die Locarner auf der Wanderung begriffen. Betet für sie.»[35]

Die Glaubensspaltung und ihre Folgen

Währenddessen triumphierten die Katholiken. Sie schickten dem Papst eine Vollzugsmeldung, worin sie in den höchsten Tönen sich selber lobten. Sie, die katholischen Schweizer, seien es gewesen, «die in unseren Tagen gegen den verpestenden Aberwitz und fluchwürdigen Unglauben der Locarner so kräftig eingeschritten. Das grosse Verderben, das bereits über dem Nacken von Italien schwebte, das den allerheiligsten apostolischen Stuhl unmittelbar zu bedrohen schien, haben sie nicht nur unterdrückt, sie haben es zuletzt durch ihre Mannhaftigkeit und Frömmigkeit von Grund aus vertilgt.»[36]

Ursprünglich wären die meisten Locarner am liebsten ins bündnerische Veltlin oder nach Chiavenna gezogen und dort geblieben, wo sie sich bestimmt nicht so fremd gefühlt hätten wie jenseits der Alpen. Doch die Politiker des Grauen Bundes, des katholischen Bundes unter den Drei Bünden (die anderen zwei waren reformiert), wussten das zu hintertreiben, so dass bald einmal nur mehr Zürich als Destination in Frage kam. Alles wurde dem konfessionellen Gegensatz unterworfen, nichts blieb ohne Bezug zur Religion. Und Zürich gab sich grosszügig, zumal kein Geringerer als der weltberühmte Bullinger sich für die Locarner einsetzte, selbst wenn man neuerdings nicht das Beste über die Tessiner gehört haben wollte. Hatte man sie vorher stets ideell unterstützt, solange sie weit weg im Süden als Märtyrer des Glaubens durchhielten, sah die Sache anders aus, als unabwendbar schien, dass die verfolgten Brüder tatsächlich in Zürich auftauchen würden. Für wie lange? Sicher kehrten sie bald wieder einmal heim – so trösteten sich alle Seiten, die Zürcher und die Locarner, die schon am Heimweh litten, bevor sie überhaupt die Fremde betreten hatten.

Sie trafen in zwei Gruppen an der Limmat ein: eine erste, kleinere schon im März, eine zweite, grössere im Mai, nachdem sie zu Fuss die Bündner Pässe bei nach wie vor schwierigen Witterungsverhältnissen überwunden hatten. Insgesamt waren 147 Locarner nach Zürich gelangt, Männer, Frauen und Kinder. Was wie eine kleine Zahl von Leuten wirken mag, veränderte die Stadt. Sie war nachher nicht mehr wiederzuerkennen. Wenn es je einen Augenblick gegeben hat, da sich die Zürcher Wirtschaftsgeschichte in so wenigen Jahren von so wenigen Menschen in eine andere Richtung lenken liess, dann war das damals, im Jahr 1555, geschehen. Noch ahnte das keiner.

Zürich zählte zu jener Zeit rund 5000 Einwohner, und diese waren nicht besonders wohlhabend, im Gegenteil, die Stadt, politisch gesehen nach wie vor eine der gewichtigsten in der Eidgenossenschaft, hatte wirtschaftlich einen stetigen Niedergang erlitten. Von Industrie und Handel, wie sie gut hundert Jahre zuvor floriert hatten, war wenig übriggeblieben, gleichzeitig hatte Zwingli inzwischen den äusserst lukrativen Solddienst verboten, was sich überall bemerkbar machte, sowohl in der Stadt als auch im ganzen Kanton, in der Oberschicht genauso wie in der Unterschicht. Das Einkommen, das so viele junge, männliche Eidgenossen aus einer grausamen, aber lange als ehrenvoll angesehenen Berufstätigkeit auf den Schlachtfeldern des Kontinents bezogen, blieb künftig den Zürchern verwehrt. Wenn es sich um einfache Leute vom Land handelte, dann wurden sie jetzt arbeitslos, wenn es die jungen Männer aus der Elite der Stadt betraf, dann verloren diese nun jede Aussicht auf eine standesgemässe Karriere als Offizier im Ausland. Kleriker, was nun am meisten Prestige versprach in dieser frommen Stadt, konnte nicht jeder werden.

Als 1557 diverse Stellen in der Stadtverwaltung zu besetzen waren, meldeten sich jedes Mal sehr viel mehr Bewerber, als man brauchen konnte: Für das Amt des Stadtknechts, wie man damals den Polizisten nannte, stellten sich 19 Männer vor, als Überreiter (ein reitender Bote) wollten 14 arbeiten, und um eine Anstellung als Läufer bemühten sich gar 25 Zürcher. Insgesamt hatten 53 Leute vorgesprochen. 3 Stellen waren offen.

Armut breitete sich aus, die Stadt entvölkerte sich. Zwar hatte man einen neuen Glauben gefunden, aber einen Bürgerkrieg verloren – bislang lag nicht ganz auf der Hand, was die Reformation den Zürchern gebracht hatte.

157 Locarner versus 5000 Zürcher. So klein war ihre Zahl dann doch wieder nicht – oder immerhin gross genug, dass die Einwanderer nicht zu übersehen gewesen wären. Womöglich ist darin die Ursache zu suchen, dass ihre Integration die Stadt überaus stark beschäftigte, oft überforderte, manchmal irritierte, was sich nicht zuletzt daran ablesen lässt, dass die Behörden in den kommenden Jahren drei offizielle Enqueten in Auftrag geben mussten, um das Leben der Locarner in Zürich zu erforschen. Einmal ausgelöst durch eine Beschwerde, dann durch eine Klage oder aus Kummer: Eine so homogene Gruppe aus einem einzigen Ort mit einer fremden Sprache war jedenfalls noch nie aufzunehmen gewesen. Überdies handelte es sich hauptsächlich um Familien, die man nun irgendwie versorgen musste. Die Frage stellte sich umso dringender, als nur 36 Männer mitgekommen waren. Was geschah mit den Frauen, wer fütterte die

Kinder? Und für zwinglianische Zürcher nie ganz irrelevant: Wer soll das alles bezahlen?

Jetzt offenbarte sich die Schizophrenie einer Zunftstadt. Von Anfang an fürchtete man die Konkurrenz der Locarner sehr viel mehr als die Gefahr, dass diese verarmten und man sie am Ende noch finanziell unterstützen musste. Rigoros, kleinlich, ja mit destruktiver Energie hinderte man jeden Locarner daran, sich in einem Handwerk oder Gewerbe zu betätigen, das einer Zunft vorbehalten war. Was für ein Handwerk einer auch beherrschte, man zwang ihn, sich einen neuen Beruf zu suchen.

Aloisio Orelli und Giacomo Zareto hatten in Locarno als Seckler ihr Brot verdient,[37] also Taschen und Beutel aus Leder hergestellt, was die Zunft der Seckler in Zürich, die Saffran-Zunft, nicht zuliess. Bernardo Rozzolo war einst ein gefragter Buchbinder gewesen, auch für seine Künste bestand in Zürich kein Bedarf mehr. Francesco Appiani, einem Kürschner, verbot man, als solcher tätig zu werden. Ebenso sorgte die Zunft zur Schuhmachern dafür, dass weder Francesco Albertini oder Filippo Martinozzi noch Antonio Pagierano weiterhin als Schuhflicker arbeiten konnten – sie mochten ihr Handwerk noch so gut verstehen. Je fähiger der Immigrant, so muss man feststellen, desto sicherer bekämpfte man ihn. Gleiches widerfuhr dem Gerber Bartolomeo Orelli. Zwar liess die Zunft zur Gerwe ihn gerade noch arbeiten, aber nur als Taglöhner wie einen Knecht. An einen eigenen Betrieb war nicht zu denken. Dem Schneider Filippo Appiano verleidete man ebenfalls den Beruf. Enttäuscht zog er nach Genf weiter. Selbst wenn sich die Zürcher Zünfter ausnahmsweise kulant verhielten, schienen sie es sogleich zu bereuen: Dem Grempler Filippo Orelli, also einem Händler von Molkereiprodukten, bewilligte man zunächst etwas Kapital, doch kaum nahm er sein Geschäft auf, schloss man es wieder. Nur Stefano Pebbia hatte etwas mehr Glück. Er durfte als Fischer auch im Zürichsee fischen, doch blieb er «fest arm», wie es in der ersten, 1556 verfassten Enquete hiess.[38] Ob es an ihm oder an den Zürcher Fischen lag, ist offen. Den Lago Maggiore vermisste er vermutlich sehr.

Wäre es nach den Zürchern gegangen, dieser Eindruck stellt sich ein, hätten die Locarner entweder verhungern können oder abziehen dürfen. Zugleich gab es auch gute Nachrichten. Bullinger sah dazu, dass die Locarner sofort einen eigenen, italienischsprachigen Pfarrer erhielten, ebenso wurde die evangelische Gemeinde von Locarno in Zürich neu gegründet. Schliesslich traf auch Geld ein, das die übrigen reformierten Städte den

Zürchern überwiesen hatten – aus einer Mischung von Solidarität und schlechtem Gewissen wohl, zumal sie sich nicht dazu hatten entschliessen können, die Locarner aufzunehmen. Zürich war vorangegangen, Zürich hatte sich mit den Folgen herumzuschlagen.

Die Einheimischen murrten. Böse Geschichten kursierten in der Stadt. «Auf Kosten aller übrigen Bürger», hiess es, würden die Locarner «ihren Vorteil suchen».[39] Selbst wohlhabende Flüchtlinge hätten kostenlos Getreide und Holz bei der Stadt abgeholt. Gleichzeitig wollte man sie dabei beobachtet haben, wie sie im Schlachthaus «das beste Fleisch an sich zu bringen suchten»[40], indem sie viel höhere Preise bezahlten oder den einen oder anderen Metzger bestachen. Natürlich verhielten sich auch ihre Frauen und Dienstmägde unmöglich, «anstatt vor den Bänken stehen zu bleiben», drängelten sie vor, «um die schönsten Stücke auszulesen und wegzuhaschen».[41]

Gut vierhundert Jahre später, in den 1960er Jahren, wurde den italienischen Immigranten, die nun in die Schweiz kamen, ähnliche Vergehen in der Metzgerei vorgeworfen, wie der Zürcher Historiker Rudolf Braun in einer Studie herausfand. Er hatte unter anderem Schönenwerd im Kanton Solothurn untersucht. Besonders die Tatsache, dass und wie sich die Italiener das beste Fleisch aussuchten, gab zu reden, und manche Schweizer sahen dies mit gemischten Gefühlen, weil die Italiener genau Bescheid wussten, welches Fleisch vorzuziehen war. «Die Italiener sind Kenner; man kann ihnen keine Schweizer oder Tessiner Salami als Italiener-Salami andrehen»[42], stellte ein Metzger in Schönenwerd fest. «Beim Prüfen der Ware sind sie sehr kritisch. Sie beschweren sich schon beim Abschneiden des Fleisches; sie haben bessere Kenntnisse vom Fleisch als die Schweizerinnen.»[43]

Manche Vorurteile überdauern die Jahrhunderte. Vielleicht, weil in ihnen ein Körnchen Wahrheit steckt. Ob Italiener oder Tessiner: Was Fragen des Essens anbelangt, blieben sie seit 1555 den Deutschschweizern überlegen.

Aufsteiger und Versager

So sehr sich die Zünfte allerdings bemühten, die Tessiner Zuzüger wirtschaftlich auszuschliessen, sie erreichten das Gegenteil. Die Locarner machten aus der Not eine Tugend. Da ihnen keine andere Wahl blieb, verlegten sie sich zuerst auf den Handel. Damit erwarben manche nicht nur beträchtliche Reichtümer – was ihnen viele Zürcher dann auch wieder nicht gönnten –, sondern sie wälzten bald die gesamte Wirtschaft des Kantons um, indem sie eine moderne Textilindustrie und den Verlag nach Zürich brachten. Hatten sich das die Zünfte erhofft? Sicher nicht. Dialektik des Kapitalismus. Ausgerechnet die vermeintlich willkommenen Glaubensbrüder, die man wirtschaftlich dermassen benachteiligt hatte, stiegen am Ende zu den Herren der Stadt auf. Nicht alle, aber erstaunlich viele.

Ein gutes Beispiel stellt Aloisio Orelli dar, der Seckler aus Locarno. Auch ihm hatte man in Zürich den Beruf verwehrt. Ohne Aussicht, irgendwie seine Familie durchzubringen, sah er sich gezwungen, als Krämer sein Leben zu finanzieren. 1557 eröffnete er einen kleinen Laden. Er verkaufte Hüte, Kerzen oder Seifen, bis er in den Seidenhandel einstieg, und es entstand ein Unternehmen, das seine Nachkommen bis 1700 zum grössten Seidenexporteur Zürichs hochzogen. 1778 stellte die inzwischen regimentsfähige Familie mit Hans Heinrich von Orelli den ersten Bürgermeister. Damit war man ins sogenannte Regiment vorgestossen, in jene kleine Zahl von herrschenden Zürcher Familien, die zu jener Epoche Stadt und Kanton regierten. Die Orelli hatten mit anderen Worten den Olymp erstiegen. 1735 übernahm ein Orelli eine bekannte Druckerei, die im Jahr 1780 eine neuartige, periodische Publikation herausgeben sollte, man nannte sie die «Zürcher Zeitung», seit 1821 heisst sie «Neue Zürcher Zeitung» und gilt als eine der renommiertesten Zeitungen Europas. Aus der Druckerei war in den Jahren zuvor ein Verlag (im modernen Sinn) geworden. Er heisst heute Orell Füssli und gehört der Schweizerischen Nationalbank.[44] Wer weiss heute noch, dass die Orelli einst als Seckler aus Locarno gekommen waren? Vertrieben wegen ihres Glaubens, aus der Heimat verjagt wie Hunde, wurden sie aufgenommen in einer misstrauischen Stadt, die sie am Ende feiern und verehren sollte, als hätten sie immer hier gelebt. Amerika an der Limmat.

Nicht alle Locarner hatten so viel Glück. Die meisten scheiterten, und ihre Namen sind vergessen, und doch darf ihr Beitrag zum Wohlstand der Schweiz nicht unterschätzt werden. So gut wie alle verfolgten eine Karriere wie die Orelli: Denn was hatten die Locarner zu bieten, was den Zürchern fehlte? Wie vermochten sie sich zu differenzieren, um es in der Sprache des modernen Marketings auszudrücken? Was war ihr Alleinstellungsmerkmal?

Sie kannten Italien, das reichste Land der Epoche. Sie sprachen Italienisch und fanden somit mühelos den Weg zum wichtigsten Markt in Europa, der wiederum enger verbunden war mit der übrigen Welt als jedes andere Land des Kontinents. Wer mit dem Nahen Osten, Indien oder Afrika, ja mit China, Konstantinopel oder am Schwarzen Meer Handel trieb, kam an Italien kaum vorbei, noch beherrschten Venedig und Genua den westlichen Zugang zur Welt. Nicht mehr lange, aber noch lange genug: Die atlantische Weltwirtschaft, die bald heraufziehen sollte, da die Portugiesen den Seeweg nach Indien erschlossen und Christoph Kolumbus 1492 Amerika für die Europäer entdeckt hatten, war 1555 längst im Entstehen begriffen. Wenn es eine tragische Pointe in der italienischen Geschichte gibt, dann wohl die Tatsache, dass niemand die einst so privilegierte Stellung Italiens im Welthandel dermassen untergrub wie der Italiener Kolumbus. Er stammte aus Genua, der Herrin des Mittelmeers.

Für die Locarner, die man aus ihrer Heimat vertrieben hatte, blieb gerade die Heimat ihr wesentlicher Aktivposten. Ohne Probleme reisten sie allerdings nicht nach Italien. Zu Anfang waren sie als italienischsprachige Protestanten besonders unerwünscht. Kaum hatten sie Locarno verlassen, schloss das Herzogtum Mailand seine Grenzen. Hier regierten die spanischen Habsburger, die katholischen Könige schlechthin. An «Handel und Wandel», wie der freie Personenverkehr damals hiess, war nicht mehr zu denken, und Mailand, der zentrale Markt in Norditalien, war den Locarnern aus Zürich versperrt. Man wich auf Bergamo aus, das zu Venedig gehörte, und da die stolze Republik stets das Gegenteil davon machte, was die Habsburger taten, die in Mailand den Ton angaben, stiessen die Locarner auf venezianischem Territorium auf keinerlei Schwierigkeiten.

Da die Zürcher Obrigkeit aber rasch realisierte, dass der Handel mit Italien, den die Locarner nun aufzogen, das eigene Budget entlastete, nahm man mit den Mailändern das Gespräch auf. Innert Kürze wurde ein Abkommen erreicht. Allerdings hatte man den Umweg über Madrid gewählt, um in Mailand ans Ziel zu gelangen. Denn Philipp II., König von Spanien und der wahre Herr der Lombardei, hatte eben durch seine Gesandten an der Tagsatzung «seine besondere Liebe zur löblichen Eidgenossenschaft» ausgedrückt und versprochen, «Bündnis, Freundschaft und gute Nachbarschaft mit den Eidgenossen zu halten».[45] Wenn einer der mächtigsten Könige Europas sich schon so goldig um die Schweizer bemühte – er hoffte auf Söldner –, dann sollte man ihn beim Wort nehmen, dachten sich die Zürcher. Freundschaft und gute Nachbarschaft? Das musste auch für die Locarner aus Zürich gelten, und man brachte es tatsächlich fertig, dass der Herzog von Mailand, der Statthalter des spanischen Königs, die Grenzen wieder öffnete. Den Locarnern wurde freier «Handel und Wandel» im ganzen Herzogtum zugesichert, unter der Bedingung jedoch, dass sie sich nirgendwo auf ein «Argument» einliessen, womit ein Gespräch über die Religion gemeint war. Nach wie vor fürchteten sich die Mailänder vor dem Missionseifer der Protestanten.[46]

Wahrscheinlich zerbrachen sie sich für nichts und wieder nichts den Kopf, denn die Locarner, die nun nach Mailand fuhren, hatten anderes im Sinn als die Religion: Ohne Handel mit Italien wären sie in Zürich untergegangen. Jetzt aber, unter diesen günstigen Umständen, erschlossen sie nicht bloss den Zürchern, sondern den Schweizern insgesamt eine neue Welt.

Ein Zweites kam dazu. Vielleicht weil sie Aussenseiter waren, erkannten die Locarner Möglichkeiten, die die Zürcher bisher ausser Acht gelassen hatten. Denn neben dem reichen, aber unsicheren Italien gab es ja noch andere Märkte in Europa, insbesondere Frankreich, dessen gigantische Bevölkerung jeden Kaufmann anziehen musste. Und wer sich auskannte, wusste, dass gerade dieser Markt niemandem offener stand als den Eidgenossen.

Vor gut dreissig Jahren, 1521, hatten die eidgenössischen Orte mit Frankreich einen überaus vorteilhaften Soldvertrag abgeschlossen: Indem sie dem König fast exklusiv das Recht einräumten, in der Schweiz Söldner zu werben, bekamen sie als Gegenleistung zahlreiche wirtschaftliche Vergünstigungen. So wurde zwischen den beiden Ländern der freie Handel eingeführt, Schweizer Kaufleuten gewährte man die Erlaubnis, sich im Königreich so gut wie unbehelligt aufzuhalten, vor allem erhielten sie Handelsprivilegien in Lyon, der führenden französischen Handels- und Industriestadt jener Zeit.

Dass die St. Galler, Basler oder Schaffhauser diese Rechte nutzten, war selbstverständlich. In diesen Städten gab es bereits Kaufleute, die sich auf den Fernhandel verstanden. In Zürich dagegen fehlte es an diesen Kenntnissen, ebenso am entsprechenden Interesse, so dass erst die Locarner erfassten, welche Goldmine hier verborgen lag. Sie war unermesslich.

Wenn die Locarner schon oft genug auf Schwierigkeiten im Herzogtum Mailand stiessen, weil sie dem falschen Glauben anhingen, so wandten sie sich jetzt umso lieber Frankreich zu, dessen Markt genauso aufnahmefähig erschien. Ohne Zürcher Bürgerrecht aber fiel das schwer, zumal die Franzosen darauf bestanden, dass nur Eidgenossen – nicht deren Untertanen wie etwa die Tessiner – in den Genuss der erwähnten Vorrechte kamen. Oft geschah es deshalb, dass ein Locarner einen Zürcher Strohmann vorschob, um in Frankreich seine Geschäfte zu erledigen. Das bedeutete Aufwand, das stiftete Abhängigkeiten, das war illegal. Um sich das zu ersparen, bemühte sich darum jeder Locarner, kaum war er heimisch geworden, um das Zürcher Bürgerrecht. Natürlich hätte ihn das auch in Italien viel besser geschützt. Doch die Zürcher wollten davon lange nichts wissen. Nur wenigen gönnte man das Privileg, und auch dann blieben Locarner noch Locarner, also Zürcher mit einem fremd klingenden Namen.

Dabei hätten die Zürcher allen Grund gehabt, den Locarnern entgegenzukommen. Denn dank ihnen setzte jetzt ein Austausch ein, der die Zürcher Wirtschaft in jeder Hinsicht belebte. Die Locarner kauften in Italien Waren ein, an denen es in der deutschen Schweiz mangelte, und sie exportierten Dinge, die sich im Süden absetzen liessen. Das alles hatte es auch früher schon gegeben. Zürich war immer mit dem Süden verbunden gewesen, was sich aus seiner geografischen Lage ergab. Doch die Locarner intensivierten den Nord-Süd-Handel in einem Ausmass wie nie zuvor. Wie immer zogen daraus beide Seiten Nutzen, wenn auch Zürich sicher mehr davon hatte. Noch lag die kleine Stadt an der Peripherie. Deshalb löste dieser Handel dort weitaus mehr aus als in Norditalien, dem Zentrum der damaligen europäischen Wirtschaft. Es setzte in Zürich ein Aufschwung ein, der streng genommen nie mehr abriss.

Betrachten wir die Baumwollindustrie. Bereits im 15. Jahrhundert hatten die Zürcher damit begonnen, Baumwolle zu Tüchli zu verarbeiten. Zwar hatte man Baumwolle schon vorher gekannt und mit Leinen zum sogenannten Barchent verwoben. Neuerdings traute man sich aber zu, Stoffe aus reiner Baumwolle zu verfertigen, grob zwar, dennoch hübsch und kleidsam, weshalb diese klein geschnittenen Tüchli sich bald grosser Beliebtheit erfreuten, vorab bei den Frauen: Sie benutzten sie gerne als Hals- oder Kopftuch. Doch bei aller Popularität: Das Tüchli blieb ein regionales Phänomen. Es wurde vorwiegend in der Stadt selbst und deren Umgebung getragen. Exportiert wurde kaum. Vielleicht boten die Weber ja nur miserable Qualität oder machten viel zu wenige Tüchli, wir wissen es nicht, jedenfalls fühlten sich die Zünfter nie bedroht. Anders ist es kaum zu erklären, warum das neue Gewerbe keinen Zunftvorschriften unterstellt wurde. Man liess es für geraume Zeit so gut wie unreguliert – bis es zu spät war, einzugreifen, weil andere, soziale Überlegungen in den Vordergrund rückten.

Denn Zwingli hatte ja den Solddienst unterbunden und damit vielen jungen Zürchern eine populäre Erwerbsarbeit entrissen. Die Schweiz zählte zu jener Zeit fast eine Million Einwohner, viel zu viele, als dass die Bauern in der Lage gewesen wären, alle zu ernähren. Die temporäre Auswanderung der jungen Männer war so gesehen unabdingbar. Als im Kanton Zürich dieser Ausweg nicht mehr offenstand, stellten sich die negativen Auswirkungen dieses politisch (oder theologisch) erzwungenen Strukturwandels gleich als drastisch heraus, insbesondere auf dem Land waren die Folgen zu besichtigen. Not brach aus. Die Behörden standen unter Druck. Kam es zu Unruhen?

In dieser heiklen Situation schien das Tüchli-Gewerbe den Zürcher Räten umso erwünschter, zumal manche Bauern auf dem Land sich längst dieser Tätigkeit widmeten. Wäre es jetzt eine gute Idee gewesen, es durch allzu engherzige Vorschriften zu ruinieren? Die Frage stellen heisst sie beantworten. Wenn das Tüchli-Gewerbe Abhilfe brachte, indem es Arbeitsplätze schuf, dann hatten die Behörden nichts einzuwenden. Sie förderten es stattdessen, weil «sich viele arme Leute in der Stadt und auf dem Land durchbringen und verbessern mögen und das Geld in das Land [in den Kanton Zürich] kommt».[47]

Deshalb hielten sie die Zünfte auf Distanz, ja selbst auf Abgaben und Steuern wurde verzichtet. Es gab keinen Zunftzwang, das heisst, niemand wurde gezwungen, sich einer Zunft anzuschliessen, wenn er Tüchli herstellen wollte. Ebenso wenig schrieb man «Schauen» vor, also Inspektionen, wo streng über die Qualität eines Tüchlis gewacht worden wäre, was den Behörden oder Konkurrenten stets einen Vorwand verschafft hätte, das Gewerbe zu schikanieren.

«Die Kombination von geringer Regulierungsdichte sowie Steuerfreiheit und vergleichsweise hoher Qualität», urteilt der Zürcher Historiker Ulrich Pfister, «dürfte somit die langfristige Konkurrenzfähigkeit des Zürcher ‹Tüchligewerbs› als eines der ersten ausschliesslich Baumwolle verarbeitenden Gewerbes nördlich der Alpen massgeblich unterstützt haben.»[48] Jedermann konnte sich in dieser Branche versuchen. Ob sein Tüchli einen Kunden fand, lag an ihm, nicht an einer Behörde oder einer Zunft.

Das hatte Konsequenzen. Zum einen führte das liberale Regime dazu, dass viele Frauen in dieser Branche tätig wurden, selbst als Unternehmerinnen, weil keine (männlichen) Zünfter sie hinausdrängten. In den Zünften hatten Frauen in der Regel keinerlei Aussicht, je als Meisterin aufgenommen zu werden, es sei denn als Witwe eines Zunftbruders für eine begrenzte Zeit. Zum anderen liess dieser unregulierte Zustand viel mehr Innovationen zu, ob in der Produktion oder in der Arbeitsorganisation. Zum Dritten zog eine solche Branche natürlich Aussenseiter wie die Locarner an.

Zwar kümmerten sie sich kaum um die Herstellung der Tüchli, doch sie exportierten diese neuerdings nach Italien und eröffneten den Zürcher Tüchli-Webern ganz neue Perspektiven. Hatten sie vorher für die eigene Stadt und die nähere Umgebung produziert, fanden ihre Tüchli auf einmal Absatz in Bergamo, Venedig und Mailand. Denn die Locarner, die den Handel zwischen Zürich und Italien an sich brachten, waren ja darauf angewiesen, dass sie den Italienern etwas offerieren konnten, um damit andere begehrte Waren einzutauschen. Allzu viel Geld wollten sie dafür nicht einsetzen. Also verkauften sie Tüchli in Italien – und erhielten dafür Reis, Seifen, Würste, Federn, Kerzen, Waffen oder Getreide, alles Mögliche, vor allem aber brachten sie Rohstoffe zurück, die es in der Schweiz nicht gab: Baumwolle und Seide. Damit gelangten jene zwei Rohstoffe in die Stadt, die Zürichs wirtschaftliche Entwicklung für gut dreihundert Jahre bestimmen sollten.

King Cotton – König Baumwolle

Ursprünglich stammte die Baumwolle aus Indien. Vermutlich war die Pflanze vor Jahrtausenden in verschiedenen Regionen domestiziert worden, in Indien sehr früh, aber unabhängig davon ebenso im südlichen Afrika und in Amerika. Heute bestimmen vier Sorten den weltweiten Anbau. Die Pflanze, ein hoher Strauch, wächst nicht überall, sondern nur in warmen Zonen. Zudem ist sie giftig. Aber ihre Früchte, diese surreal wirkenden, weissen Büschel aus feinen Haaren, erwiesen sich als sehr geeignet, um daraus Garn zu spinnen und schliesslich Textilien zu fertigen. Da sich Stoffe aus Baumwolle in jedem Klima leichter und bequemer tragen liessen als solche aus Leinen oder Wolle, war es nur eine Frage der Zeit, bis sich die Baumwolle durchsetzte: Am Ende – nach der industriellen Revolution – hingen ganze Volkswirtschaften von ihr ab. «King Cotton» nannte man sie im Süden der USA. «König Baumwolle» herrschte über die ganze Welt.

Bis die Baumwolle diesen Status errang, vergingen allerdings Jahrhunderte. Nur langsam, wenn auch stetig breitete sie sich aus. Wohl war sie schon in der Antike in Europa aufgetaucht, doch blieb sie damals eine Luxusfaser, die sich nur die Reichsten leisteten, bald ging sie im Westen vergessen. Erst im späten Mittelalter kam sie in Europa von neuem auf, zuerst in Italien, vermittelt von den Arabern, die sie aus Indien einführten oder sie zunehmend selber in Syrien und Ägypten, in Spanien und Sizilien anpflanzten.

Die Italiener lernten schnell. Sie übernahmen von den Arabern nicht nur einen neuen, überlegenen Rohstoff, sondern kopierten Muster, Techniken, Stoffe und Maschinen. In der Folge dehnte sich bereits im 12. Jahrhundert in der Poebene eine gewaltige Textilindustrie aus, wo Tausende von Spinnerinnen und Webern die Baumwolle (und Wolle) verarbeiteten und ganz Europa damit belieferten. Mailand stieg zu deren Zentrum auf.[49]

Von Italien aus drang die Baumwolle in die übrigen europäischen Länder vor; die Konkurrenten lernten genauso schnell, wie man sie in Stoffe verwandelte, ob in Flandern, Süddeutschland oder auch in der Schweiz. Oft reicherten sie ihre einheimischen Stoffe an, indem sie sie mit Baumwolle verwoben. Es kamen Mischgewebe aus Baumwolle, Leinen und Wolle auf den Markt, die je nachdem anders hiessen: so etwa Barchent oder Schürlitz, Zwilch oder Drillich, Damast und Bombasin. Die Geschichte der Textilindustrie hat Hunderte von merkwürdigen Begriffen hinterlassen.

Aus klimatischen Gründen setzte sich jedoch der Anbau von Baumwolle allein im Süden Europas fest, und auch hier bloss in beschränktem Ausmass. Mazedonien, Griechenland, Malta, Zypern, Süditalien blieben die einzigen Gebiete, wo sie kultiviert wurde, ansonsten vertraute man auf den Import. Ende des 14. Jahrhunderts hatte sich Venedig das faktische Einfuhrmonopol für die begehrte Baumwolle aus der Levante gesichert. Es bestand bis ins 17. Jahrhundert und machte die ohnehin reichen Venezianer noch reicher.

Europas Liebesverhältnis zur Baumwolle entspann sich: Man lernte die Faser schätzen, man trug Baumwolle aus Eitelkeit oder praktischem Verstand, umso mehr als auch ihre Verarbeitung laufend perfektioniert und verbilligt wurde, was Kleider aus Baumwolle schliesslich für jedermann erschwinglich machte. Dazu leistete die oft gleichzeitig aufkommende Verlagsindustrie einen entscheidenden Beitrag – nicht von ungefähr, denn was für Zürich galt, liess sich in vielen alten Gewerberegionen feststellen. Da die Baumwolle ein neuer Rohstoff war, kümmerten sich die Zünfte zunächst kaum darum, und es entstand ein «unzünftiges» Gewerbe, ein Gewerbe ohne Regulierung durch die Zünfte, das sich eben gerade deshalb stürmisch zu entfalten vermochte. Wo die Zünfte das bemerkten und es mit allerlei Interventionen zu bändigen oder zurückzudrängen suchten, zerstörten sie es häufig, wie ausgerechnet in Italien, dessen einst so mächtige Baumwollindustrie im 17. Jahrhundert unterging. Gewiss, dafür gab es verschiedene Gründe, aber unsinnige Regulierungen und der Eifer der Zünfte trugen dazu bei.[50]

Wenn man den Durchbruch der Baumwolle in Europa Revue passieren lässt, wird leicht erklärlich, warum die Locarner in Zürich eine so enorme Bedeutung erhalten sollten. Italien war für Jahrhunderte der Ursprungsort fast jeder Innovation gewesen. Es stand der Welt (und deren Ideen und Möglichkeiten) wie kein anderes Land offen. Italien hatte eine leistungsfähige Textilindustrie herangezogen, von der die Schweizer nur lernen konnten. Indem die Locarner die Beziehungen zu diesem Land dermassen intensivierten und den Zürchern so einen viel grösseren Markt eröffneten, regten sie das Wachstum des heimischen Gewerbes an. Es muss sich wie ein unwirklicher Entwicklungsschub angefühlt haben: Bisher kaum beachtete Tüchler in Horgen, vergessene Weber in Stäfa, unterschätzte Unternehmerinnen in Zürich produzierten auf einmal für den Weltmarkt – ohne dass sie sich dafür besonders vorgewagt hätten. Das Risiko trugen die unbeliebten Zuzüger aus Locarno.

«Der Beitrag der protestantischen Flüchtlinge zum gewerblichen Aufschwung», hält Ulrich Pfister fest, «bestand wie anderswo um diese Zeit erst in zweiter Linie in der Einführung neuer Technologien, sondern vorab in der verstärkten ‹Kommerzialisierung bäuerlicher Technologien›.»[51] Weil dieses Risiko, das die Locarner einzugehen hatten, beträchtlich war, schlossen sie sich zu Handelsgesellschaften zusammen. Jeder Teilhaber schoss etwas Kapital ein, und man stand gemeinsam für Gewinn und Verlust gerade. So wurde das Risiko aufgeteilt. Diese moderne, an die Aktiengesellschaft erinnernde Betriebsform war in Italien längst gebräuchlich – und den Locarnern deshalb vertraut, wogegen sie den Zürchern bisher untersagt gewesen war. Man misstraute diesen abstrakten Konstrukten, wo kein einzelner Eigentümer auftrat, sondern ein Kollektiv von Kompagnons. Auch hier wurde den Zuwanderern nun erlaubt, was den Einheimischen verhasst war, im Wissen, dass sonst die Locarner in wirtschaftliche Schwierigkeiten geraten wären. Man musste die eigenen Regeln aufweichen – um härtere Folgen zu vermeiden.

Als Heinrich Bullinger seine Zürcher zur Solidarität mit den Glaubensbrüdern im Süden überredete, hätte wohl keiner daran gedacht, dass diese 147 Zuwanderer so vieles durcheinanderbringen würden. Alle Locarner, so musste es den Zürchern bald vorkommen, waren inzwischen Händler geworden, ganz gleich, was sie vorher getan hatten. Und sie lagen nicht falsch. Im Sommer 1557 wurde eine zweite Enquete vorgenommen – nachdem sich erneut ein Zürcher über die Locarner aufgeregt und eine Klage gegen sie eingereicht hatte.[52] Ausführlich listeten die Beamten auf, wie die Immigranten ihren Lebensunterhalt bestritten: Lodovico Ronco, Gianantonio Rosalino, Guarnerio Castiglione und Andrea Cevio hatten in Zürich und Winterthur Leder, Zwilch (ein Stoff) und Tierfette eingekauft, exportierten sie nach Mailand und brachten Reis zurück. Kurz darauf gründeten sie eine «Compagnie», um einen Warentransport nach Venedig und Mailand zu finanzieren, wo sie wiederum «Spezereien, Tuch, Barett, Schamlott, Seide und anderen Kram» erwarben. Zurück in Zürich, stiessen sie diese Luxusartikel en gros ab, ohne einen eigenen Laden zu besitzen. Ein Barett war ein Hut aus Samt, wogegen Schamlott als besonders mondän galt: Es handelte sich um einen Stoff, der aus Kamelhaar hergestellt wurde, ein Tier, das selbst in Italien nicht bekannt war. Das Tuch kam aus dem Orient.

Auch Giacomo Zareto, der Seckler, der genauso unfreiwillig seinen Beruf aufgegeben hatte, war im Handel untergekommen, «er reist viel ins Welschland [womit Italien gemeint war] und führt Unschlitt hin [Tierfette], um Barette und Seifen nach Zürich zurückzuführen». Die Gebrüder Verzasca verschoben Zwilch nach Mailand und verkauften Seifen und Reis in Zurzach, wo zu jener Zeit regelmässig eine Messe stattfand. Bartolomeo Orelli, der Gerber, exportierte ebenfalls Zwilch nach Mailand und importierte Reis. Selbst Aloisio Orelli genügte der eigene Laden nicht mehr, auch er versuchte sich im Import-Export: Nach Mailand schickte er Zwilch und Tierfette, zurück nach Zürich lieferte er Reis und «den Kram, den er im eigenen Geschäft» an den Mann oder die Frau zu bringen hoffte.

Über Filippo Orell, den Grempler, hiess es im Bericht: «Ist viel im Welschland, hat bisher Zwilch und Leder nach Mailand ausgeführt und dafür Reis eingetauscht.» Auch Andrea Cevio hatte sich in der lombardischen Hauptstadt mit Waren eingedeckt, namentlich: «Seide, Samt, Schürlitz [Barchent], Barett, Schlappen, Federn und anderen Kram», im Winter kaufte er überdies «Würste, Kerzen und Käse aus Piacenza» ein.

Für den weiteren Verlauf der schweizerischen Wirtschaftsgeschichte stellten sich aber nicht diese Kerzen, Würste oder Seifen als folgenreich heraus, die die Locarner aus Italien zurückbrachten, sondern die beiden textilen Rohstoffe Baumwolle und Seide. Denn über kurz oder lang beschränkten sich die Locarner nicht auf den Handel. Bald nahm sich der eine oder andere die Produktion vor. Sie riefen Betriebe ins Leben, um in Zürich Baumwolle oder Seide zu Stoffen zu verarbeiten. Es war der Beginn einer neuen Ära.

Ein Bombengeschäft

Zwar hatte es in Zürich im Mittelalter schon einmal ein berühmtes Seidengewerbe gegeben, und auch die Tüchli-Herstellung aus Baumwolle hatte sich verbreitet, bevor die Tessiner Flüchtlinge aufgetaucht waren – doch die Seidenindustrie war im 15. Jahrhundert spurlos verschwunden, während die Tüchli-Branche nie über den Stellenwert eines unzünftigen Handwerks hinauskam, wo die Einheimischen in der Regel für den engen, lokalen Markt tätig waren. Selten gelangte ein Tüchli weiter als bis nach Zurzach oder St. Gallen.

Von einem Geschäft im üblichen Sinne, von Renditen, von wachsenden Umsätzen dank wachsender Exporte konnte keine Rede sein – bis die Locarner kamen. Sie machten aus dem biederen Tüchli-Handel ein glänzendes Geschäft. Ein Bombengeschäft.

Dass die Zürcher das nicht selber fertiggebracht hatten, sondern gewissermassen auf die Locarner warteten, bis diese das für sie erledigten, lag nicht an Unfähigkeit oder an einem Mangel an Vorstellungskraft. Vielmehr waren diverse Schwierigkeiten zu überwinden – wofür man heute im Zeitalter des scheinbar grenzenlosen Onlinehandels, wie er von Giganten wie Amazon oder Zalando betrieben wird, kaum mehr Verständnis aufbringen mag.

Es lohnt sich indes, sich auf die Details einzulassen, weil so die Leistung der Tessiner umso besser eingeschätzt werden kann. Wir befinden uns in der frühen Neuzeit. Italien lag so weit weg wie heute womöglich Amerika. Konkret sahen sich die Zürcher Tüchli-Produzenten mit diesen Engpässen konfrontiert: Bevor die Locarner mit ihren Kenntnissen über Italien in Zürich den Nord-Süd-Handel an sich brachten, waren es italienische Kaufleute gewesen, die die Zürcher mit Rohbaumwolle versorgt hatten. Mehr schlecht als recht. Der Handel kam nie wirklich in Schwung. Denn so wie die Italiener die Schweizer kaum verstanden, so begriffen die Schweizer die Italiener nicht. Wenn die Schweizer überhaupt etwas wussten, dann hatten sie das in der Regel als Söldner gelernt, indem sie die Italiener auf einem Schlachtfeld massakriert oder deren Land geplündert hatten – nicht der allerbeste Ansatz, um Leute als Kunden und Lieferanten zu gewinnen. So wie die Italiener in Zürich herumirrten, so standen die Schweizer vor geschlossenen Türen, wenn sie in Italien etwas einkaufen oder absetzen wollten.

Es stockte der Verkehr, es brachen die Verbindungen ab. Allzu häufig herrschte Stillstand sowohl im Norden als auch im Süden, zumal es den Italienern allein schon schwerfiel, den Transport der Ware zu organisieren.

Darüber hinaus, und das stellte den zweiten Engpass dar, vermochten die Italiener in der Schweiz wenig zu entdecken, was sie mit Profit im reichen Italien hätten abstossen können. Die beiden wichtigsten und wirklich gefragten Exportprodukte, welche die Schweizer bisher nach Italien geliefert hatten – Söldner und Kühe –, begaben sich sozusagen von selbst dorthin. Niemand musste sie abholen. Ausserdem waren es die Schweizer in den Voralpen, die sich auf die Viehzucht konzentrierten, nicht die Zürcher.

Bis die Locarner auf den Plan traten, gestaltete sich der Zürcher Handel mit Italien deshalb recht einseitig: Die Schweizer verlangten nach Importen, waren aber kaum in der Lage, dafür zu zahlen – oder eigene Produkte zum Tausch anzubieten. Es brauchte den frischen Blick der Locarner. Dass sie die Tüchli als potenzielle Exportartikel erkannten, hatte zweifellos damit zu tun, dass sie um jeden Preis etwas finden mussten, das in Italien auf eine Nachfrage stiess. Ihre Existenz hing davon ab.

Oft war Baumwolle vorher in Zürich schwer aufzutreiben gewesen, und die Spinner sassen untätig herum. Oder es gab Baumwolle, aber der Preis überstieg ihre Möglichkeiten. Es fehlte das nötige Kapital. Wie konnte es anders sein? Wie kam ein kleiner Bauer im Säuliamt an so viel Bargeld heran? Das war der dritte Engpass. Und weil die Weber sich ebenso ausserstande sahen, für das Garn allzu viel Geld vorzuschiessen, ergab sich ein vierter Engpass, der die Produktion begrenzte und damit den Export erschwerte.

Manchmal griffen die Tüchli-Weber zu einem Mittel, das die Behörden gar nicht goutierten, weil es die Armut eher verschärfte denn linderte: Die Tüchli-Weber kamen auf die Idee, ihre Spinner anstatt mit echtem Geld mit «Blechzeichen» zu bezahlen, Pseudomünzen aus wertlosem Metall, das diese ihrerseits verwendeten, um sich bei einem Krämer mit dem Allernötigsten einzudecken. So weit, so gut, aber irgendwann reichte der Krämer dieses Spielgeld an die Weber zurück, sobald er ihnen ein Tüchli abkaufte, und die blieben buchstäblich auf ihrem Schrott sitzen. Wohlstand wurde so kaum geschaffen.

Erst die Locarner brachten eine Wende; eine Wende zum Kapitalismus zwar, aber eine, die wohl kaum ein Tüchli-Weber bedauerte. Ehe er sich's versah, arbeitete er für den Weltmarkt. Die vielen Engpässe, die ihn früher daran gehindert hatten, mehr Tüchli herzustellen, waren wie vom Erdboden verschwunden. Die Locarner sicherten den Spinnern und Webern den Import ihrer Rohstoffe ab, die Locarner schossen das nötige Kapital vor und verfrachteten die Tüchli nach Italien – ja bald nach überall hin.

Und geradeso wie sich die Locarner bei der Auswahl der Rohstoffe, bei der Organisation eines länderübergreifenden Fernhandels oder dem Aufbau von Handelsgesellschaften an italienische Vorbilder gehalten hatten, taten sie dies auch, als sie in die Produktion vorstiessen. Was sie aus ihrer Heimat oder besser gesagt aus Italien kannten, übertrugen sie nach Zürich. Dazu gehörte das Verlagssystem, was insofern ironisch ist, als in Locarno selbst überhaupt keine derartigen Betriebe vorhanden gewesen waren. Dort hatte niemand Stoffe aus Baumwolle oder Seide produziert. Ulrich Pfister stellt fest: «Durch den Export von Tuchen ins Haupteinkaufsgebiet von Rohbaumwolle und Rohseide [Italien] wurde einerseits die Herausbildung des Verlagssystems in der Baumwollverarbeitung und damit seit etwa 1590 die wesentlich rasantere Entwicklung dieser Branche im Vergleich zur Leinwandherstellung begünstigt. Andererseits erleichterte der ‹Tüchli›-Export die Entstehung der Seidenindustrie dadurch, dass er am Ort des Rohwareneinkaufs den Abschluss von Gegengeschäften möglich machte.»[53]

Keiner stürzte sich entschlossener in dieses Geschäft als Evangelista Zanino. Er war ein Flüchtling aus Locarno, den es ebenfalls nach Zürich verschlagen hatte. Keiner verdiente so viel, keinem stieg es so in den Kopf, keiner endete so tragisch. Zuerst ein Zauberer des Profits, dann ein Unternehmer einer neuen Ära, schliesslich ging er bankrott.

Doch schuf er wie kaum ein Zweiter die Grundlagen für den Aufstieg einer Stadt – seiner Stadt. 1567 erhielt er als erster Locarner das Zürcher Bürgerrecht. Nicht weil die Zürcher ihn so geliebt hätten, sondern ihnen vor Hass nichts anderes übriggeblieben war.

Im Samt- und Seidenfieber

Warum Andrea Cevio seine Tochter Lucrezia ausgerechnet dem jungen Evangelista Zanino zur Frau gegeben hatte, wusste niemand, wohl am wenigsten er selbst. Sicher hat er den Tag, an dem er sich dazu entschlossen hatte, immer wieder bedauert, denn er bekam mit seinem Schwiegersohn nur Scherereien. Zanino sollte sein Geld lange Zeit in der Samtweberei machen, was ironisch wirkt: Sein Wesen erinnerte an alles andere als an Samt. Vielmehr war er ein Streithahn, der jeden vor Gericht zog, ein Querulant, der jede Behörde zum Verzweifeln brachte, ein unsteter Ehemann, der nie zuhause war, aber er erwies sich auch als ein überaus begabter Unternehmer. Ein Kapitalist. Obwohl er heute weitgehend vergessen ist, hat Zanino in der Zürcher, ja der schweizerischen Wirtschaftsgeschichte Entscheidendes vollbracht, was für einen, der am Ende finanziell zusammenbrach, doch allerhand bedeutet.

    Als er aus Locarno fliehen musste, war Zanino 25 Jahre alt. Was er nach Zürich brachte, bestand in erster Linie aus dem Talent, die richtige Frau zu heiraten. Denn Cevio, der unglückliche Schwiegervater, gehörte zu den ganz vermögenden Locarnern, die ihre Heimat verlassen hatten, und auch in Zürich ging es ihm gut. Er stieg rasch in die besseren Kreise auf. Zanino diente sich ihm sogleich an – was nicht gegen Zanino spricht, sondern durchaus üblich war, unter den Locarnern sowieso, denn sobald sie in Zürich lebten, hielten sie zusammen wie Pech und Schwefel. Dass sie dies bei den Einheimischen nicht beliebter machte, versteht sich von selbst. Ob Zanino in Zürich je beliebt war? Wahrscheinlich nicht, denn waren die Locarner schon tüchtig genug, zu tüchtig jedenfalls für manchen Zürcher, so zeichnete sich Zanino durch einen ausgesprochenen Ehrgeiz aus, womit er selbst die Locarner verstörte. Zuerst arbeitete er als Botengänger für den Schwiegervater. Cevio war wie fast alle Locarner in den Import-Export-Handel eingestiegen, wo er schon bald ansehnliche Gewinne einstrich.

Wenn Zanino als Botengänger begann, so stellte er doch rasch klar, dass er nach Höherem strebte. Bevor er über das nötige Kapital verfügte, setzte er ziemlich freihändig jenes seines Schwiegervaters ein, um selber Handel zu treiben. Regelmässig fuhr er nach Italien. Dass die Mailänder die Locarner überwachten: Es kümmerte ihn nicht. Dass es ihm als reformiertem Locarner strengstens verboten war, sich in Locarno aufzuhalten: Es war ihm gleichgültig. Prompt wurde er schon im Herbst 1555 verhaftet. Es sah nicht gut aus. Um ihn zu bestrafen, konfiszierte der Vogt in Bellinzona all sein Gepäck, seine Waren und selbst das Pferd. Jetzt aber erinnerte Zanino die Behörden gerne an die Tatsache, dass er bloss als Angestellter eines mächtigen Schwiegervaters unterwegs gewesen war, ein Schwiegervater, der schon jetzt in Zürich als so mächtig galt, dass sich der Zürcher Rat sogleich beim Vogt in Bellinzona beschwerte, «das Weggenommene gehöre nicht dem Zanin, sondern seinem Schwiegervater Cevio. Man bitte darum um Herausgabe».[54]

Gleichzeitig wurden die drei Orte Uri, Schwyz und Unterwalden, also die eigentlichen Herren des Tessins, über das skandalöse Verhalten des Vogtes ins Bild gesetzt. Zwar dauerten die Verhandlungen recht lang, und doch kam Zanino am Ende wieder frei, ebenso erhielt er all seine Waren zurück. Es sollte nicht das erste und letzte Mal sein. Ob der Schwiegervater ihn je dafür getadelt oder gar gelobt hat, wissen wir nicht. Tollkühner als Zanino, diesen Eindruck gewinnt man, war wohl kaum ein anderer Locarner. Nur er wurde von den italienischen und eidgenössischen Behörden so oft schikaniert. Einmal Querulant, immer Querulant.

Zurück in Zürich, entfalteten sich seine Geschäfte immer besser. Bald betrieb er einen eigenen Laden, wo er den üblichen Kram aus Italien verkaufte, also Kerzen, Seifen, Käse aus Piacenza, aber auch allerlei Textilien. Selbstverständlich konnte ihn das auf Dauer nicht befriedigen, und als er sah, wie ein anderer Locarner in Zürich bereits eine Samtweberei eröffnet hatte, die ihn reich machte, kam auch Zanino auf den Gedanken, sich diesem Stoff zuzuwenden. Samt war ein wertvolles, teures Gewebe, das wie so viele Innovationen aus dem Orient nach Europa gelangt war, und so gut wie alle Zentren dieser Industrie befanden sich zu jener Zeit in Italien, namentlich in Mailand, Florenz und Lucca, berühmt war auch Como. Meistens fertigte man Samt aus Seide, später auch aus Baumwolle. Es handelte sich um eine besonders ingeniöse Methode, mit der man es fertigbrachte, dass Samt sich weich und fest zugleich anfühlte. Das machte den Stoff unerhört beliebt – die Herstellung aber auch schwierig.

Um in der Lage zu sein, in Zürich eine eigene Samtproduktion aufzuziehen, schickte Zanino seinen jüngeren Bruder Paolo, der nach wie vor in Locarno wohnte, zur Lehre nach Como. Hier lernte der nicht nur, wie man Samt wob – eine technisch anspruchsvolle Sache –, sondern ebenso, wie man Seide färbte. Auch das war den meisten Zürcher Handwerkern unvertraut. Kaum hatte Paolo seine Ausbildung abgeschlossen, holte ihn sein Bruder Evangelista nach Zürich, wobei er die Behörden gar nicht erst um Erlaubnis fragte, sondern hinterher die Begründung nachschob, die Locarner hätten dem armen Paolo, einem guten Protestanten, den «Besuch der Messe» aufzwingen wollen. Ob das stimmte? Vermutlich nicht, hatte Paolo zuvor doch ziemlich lange und völlig unbehelligt im nicht weniger katholischen Como gelebt. Aber natürlich wusste Evangelista Zanino nur zu gut, wie man die Zürcher erweichte. Paolo blieb.

Kurz darauf gründete Evangelista Zanino seine eigene Samtweberei. Ohne die Hilfe seines Bruders wäre das wohl nicht möglich gewesen. Paolo wusste, wie die beiden Webstühle zu bedienen waren, er schulte die ersten Arbeiter, die man allesamt aus Italien hergebracht hatte, und schon nach wenigen Jahren sollte Paolo als Werkstattchef neun Angestellten vorstehen. Für Zürcher Verhältnisse schien das grossartig. Zaninos Betrieb war die zweite Samtweberei in der Stadt, und auch diese machte ihren Besitzer reich: Wirtschaftshistorisch betrachtet war allerdings weit mehr von Belang, dass Evangelista Zanino seinen Betrieb wie einen Verlag organisierte. Er stellte Leute als Lohnarbeiter an, er kaufte den Rohstoff selber in Italien ein, er exportierte den Samt, wo immer er eine Nachfrage fand. Kurz, er war einer der ersten «Verleger» von Zürich, wenn nicht überhaupt der erste. An ihm kam niemand mehr vorbei. Sein Vorbild machte ihn legendär, selbst als er tot war und niemand mehr von ihm sprach. Es war ein erstaunlicher Erfolg – und Zanino gab nicht ab. Je mehr er verdiente, desto mehr Ideen für neue Unternehmen schienen ihm zuzufliegen, als ob er nie genug davon bekommen könnte.

Im Jahr 1565 schlug er dem Rat von Zürich noch Erstaunlicheres vor. Nachdem Mailand wieder einmal sein Territorium gesperrt hatte und die Locarner für ihre Geschäfte nach Bergamo ausweichen mussten, das weiter weg lag, was immer auch eine Verteuerung des Transportes nach sich zog, kam Zanino zur Überzeugung, dass es an der Zeit war, sich von den italienischen Abhängigkeiten zu befreien. Warum nach Bergamo fahren, um Rohseide zu beschaffen, wenn man Rohseide auch in der Schweiz herstellen konnte? Das schien einen Versuch wert. Zanino bat die Zürcher Behörden um Geld, mit der Absicht, so gut wie die gesamte Wertschöpfung der Seiden- und Samtproduktion nach Zürich zu ziehen. Deshalb verlangte er vom Rat nicht nur Subventionen, um eine «Seidenmühle» einzurichten, also eine Fabrik, wo er Stoffe aus Seide und Samt fertigen lassen wollte. Vielmehr schwebte ihm vor, in Zürich sogar eigene Seidenraupen zu züchten, um so Rohseide zu gewinnen.

Das war tollkühn, das war genialisch, dem Rat von Zürich verschlug es die Sprache – wie anders kann man sich das vorstellen, denn der Rat bewilligte so gut wie alles, was Zanino sich erwünscht hatte, als ob man einem Rausch erlegen wäre. Lag es an Zaninos Begeisterungsfähigkeit, lag es an seiner Rhetorik oder einfach daran, dass der Gedanke so fantastisch anmutete, dass er gerade deshalb die Politiker entzückte? Jedenfalls brachte Zanino bald eine Kolonie von Seidenraupen nach Zürich.

Um sie heimisch zu machen, kam er nicht umhin, Maulbeerbäume anzupflanzen, da Seidenraupen ausgesprochen wählerische Gäste waren. Sie ernähren sich ausschliesslich von den grünen Blättern dieses Baumes, der zwar aus gemässigten subtropischen Gegenden stammte, im Süden Europas jedoch schon lange kultiviert worden war. Aber in Zürich? Wider Erwarten gediehen die Bäume in ihrer neuen Heimat, auf einer Wiese in der Selnau, die im Besitz des Spitals gewesen war, bevor man sie Zanino günstig überlassen hatte. Nur die Raupen enttäuschten. Entweder gingen sie ein, ohne einen einzigen Seidenfaden hinterlassen zu haben, oder ihr Kokon war so unergiebig, dass kaum Seide herausschaute: Wenn Zanino 20 Kilogramm in einem Jahr erntete, dann durfte er sich glücklich schätzen.

Für seine Seidenmühle reichte das allerdings nirgendwo hin. Die neue Fabrik verbrauchte sehr viel mehr Rohstoffe als je zuvor, so dass ihm nichts anderes übrigblieb, als sich wieder nach Bergamo zu begeben, um Rohseide einzukaufen. Sein tollkühner Plan: Er hatte sich zerschlagen. Was der Stadtrat dazu meinte, ist nicht überliefert. Noch blieb das Vertrauen in Zaninos unternehmerisches Talent intakt.

Alles andere wäre auch merkwürdig gewesen. Denn Zaninos Seidenmühle lief wie geschmiert – die Seidenraupen mochten die Arbeit verweigern, solange ihnen das passte. Auch dieses Mal hatte Evangelista Zanino seinen Bruder Paolo mit dem Aufbau der neuen Fabrik beauftragt. Um ihn zu unterstützen, liess er aber zusätzlich seinen älteren Bruder Girolamo aus Locarno kommen, und gemeinsam zogen die beiden die Fabrik hoch. Sie entstand unmittelbar an der Limmat, an der Stelle, wo sich heute das Schweizerische Heimatwerk bei der Rudolf-Brun-Brücke befindet. Den Ort hatte eine grosszügige Stadt den Locarnern zugewiesen; oder auch nicht so grosszügig: Früher stand hier die Trotte des Klosters Oetenbach, das ganz in der Nähe mitten in der Stadt gelegen hatte. Als die Zürcher zum reformierten Glauben wechselten, wurde das Kloster zuerst geschlossen, dann enteignet, schliesslich dem Erdboden gleichgemacht. Die neunzig Mönche jagte man aus der Stadt. Was der katholischen Kirche gehört hatte, reichte die reformierte Stadt mit anderen Worten an die protestantischen Flüchtlinge aus dem Süden weiter – so gesehen entbehrte dieser Akt nicht der Logik, er offenbart allerdings, wie einschneidend, wie revolutionär der Umbruch der Reformation gewesen war. In der Schweiz dürften danach nie mehr so viele Eigentümer um ihr Eigentum gebracht worden sein.

Die Gebrüder Zanino kümmerte die Vergangenheit ihres Grundstücks allerdings wenig. Stattdessen errichteten sie nicht bloss eine Fabrik, sondern sie verlagerten die schon bestehende Samtweberei ebenfalls hierher, und weil man gerade am Bauen war, richteten sie darüber hinaus eine Färberei ein; was praktisch erschien, denn allfällige Giftstoffe liessen sich so bequem in den Fluss ableiten und zum Verschwinden bringen. Es handelte sich um die erste grössere Seidenmanufaktur in Zürich. Zanino begründete damit eine stolze Tradition, die bis ins 20. Jahrhundert fortdauern sollte. Zürich stieg innert weniger Jahre zu einer der bedeutendsten Seidenstädte Europas auf, wenn nicht der ganzen Welt. Zanino, der Pionier.

Als sich schliesslich herausstellte, dass Zanino auch mit seiner neuen Seidenmühle Erfolg hatte und Gewinne erwirtschaftete, schien es, als könnte dieser Mann nichts Falsches machen. Zanino, der Magier. Was er in die Hand nahm, verwandelte sich in Gold. War er nicht der beste Unternehmer?

Zünftige Schikanen

Dass dies nicht lange gut gehen konnte – in einer engherzigen, oft kleinlichen Zunftstadt, merkte Zanino nur zu bald. Es regte sich Widerstand. Nicht nur gegen ihn, sondern gegen alle Locarner. Schon 1558, als diese erst seit drei Jahren in Zürich lebten, ergriff man Massnahmen. Es wirkt grotesk: Nachdem ihnen jedes Handwerk verboten worden war und sie sich deshalb nolens volens auf den Handel verlegt hatten, fühlten sich die Zürcher trotzdem von ihnen belästigt, sobald sich abzeichnete, dass die Locarner richtig Geld verdienten. Neureich, tüchtig, vielleicht auch etwas zu aufdringlich für den üblichen Zürcher, was die Zurschaustellung des Wohlstands anbelangte, hatten sie begonnen, Häuser aufzukaufen, zum Teil an den besten Lagen.

Dr. Martino Muralto, der Arzt der Locarner, erwarb das Haus «Zur Löwengrube», Gianambrosio Rosalino das Haus «Zur Fortuna», Guarnerio Castiglione übernahm ein prächtiges Haus neben der «Krone». Das sorgte für böses Blut. Gerüchte machten die Runde. Hatte Castiglione nicht seiner Veltliner Magd aufgetragen, im eigenen Haus Brot zu backen? Als sich gar die Hinweise verdichteten, dass er seinen Backofen auch anderen Locarnern zur Verfügung stellte, war das Mass voll. Die Weggen-Zunft reklamierte, zumal sich bald zweifelsfrei nachweisen liess, dass Castiglione dies seinen Locarner Kollegen nur aus «Freundschaft» angeboten hatte, ohne daraus einen «Nutzen» zu ziehen. So verdarb er den Bäckern das Geschäft. Auch die einflussreiche Wirtezunft Zur Meisen schlug Alarm, nachdem sie festgestellt hatte, dass die Locarner ihre zahlreichen Gäste aus dem Tessin und Italien nicht etwa in einem Gasthaus einquartierten, sondern bei sich zuhause. Dass die Wirte sich über diese entgangenen Geschäfte ärgerten, ist verständlich, auch wenn wohl mehr hinter ihrem Protest steckte. Waren das wirklich Gäste – oder handelte es sich um eine Art von «illegalen» Einwanderern? Sans Papiers avant la lettre?

Eine weitere Untersuchung wurde angestrengt. Die dritte! Sie bestätigte den Verdacht: Manch ein Locarner liess Tessiner oder Italiener bei sich wohnen, zuweilen über mehrere Monate hinweg, wenn nicht Jahre. Insgesamt zählte man 56 Personen, die «die welsche Predigt besuchten», die aber keineswegs als «vertriebene Locarner» zu gelten hatten.[55]

Die Behörden sahen sich unter Druck. Umgehend gaben sie den murrenden Einheimischen recht: Den Locarnern wurde jetzt untersagt, Immobilien zu erwerben, und zwar sowohl Häuser als auch Geschäftslokalitäten, was man damit begründete, dass sie ja keine Stadtbürger seien. Wenn sich aber ein Locarner deshalb um das Bürgerrecht bemühte, wurde ihm das ebenfalls abgeschlagen, so dass er sich winden konnte, wie er wollte: Ein

Haus brachte ein Locarner vorderhand nicht mehr in seinen Besitz. Gleichzeitig wurden die erfolgreichsten Händler mehr oder weniger dazu genötigt, sich einer Zunft anzuschliessen, so auch Evangelista Zanino und dessen Schwiegervater Andrea Cevio oder Guarnerio Castiglione, Lodovico Ronco und Aloisio Orello. Alle kamen in der Zunft zur Saffran unter, der traditionellen Organisation der Krämer und Händler. Jede Familie hatte einen Stubenbeitrag von zwei Pfund zu leisten. Die Nachfahren von Orello, die von Orelli, sind übrigens noch heute auf der Saffran zünftig.

Das Ziel dieser verordneten Integration in die Zunftstadt war klar: Mit Unbehagen hatten die Einheimischen beobachtet, wie die Locarner im kaum regulierten Handel vorangekommen waren. Noch gereizter hatten sie festgestellt, wie einige, darunter Zanino, auch zu produzieren begannen. Dieser Expansion sollten nun Grenzen gesetzt werden. Mit Regulierungen suchte man den Zuzügern beizukommen, und doch haftete allem etwas Schizophrenes an. Denn die gleiche Zunftstadt hatte Zanino bedeutende Subventionen gewährt, damit er seine Fabriken ausdehnen konnte. Wahrscheinlich besass Zanino unter den Zürchern heimliche Förderer, die ihm auch ihr eigenes Kapital anvertraut hatten. Da diese befürchteten, ihr Geld zu verlieren, dürften sie auf den Rat Druck ausgeübt haben. Nicht Zanino wurde also besser behandelt, sondern in Tat und Wahrheit seine (Zürcher) Kreditgeber. Dies sollte sich wiederholen.

1568 erliess der Rat von Zürich eine «Samtweber-Ordnung». Neu sollten nur ausgebildete Meister das Recht haben, Stoffe aus Samt herzustellen, und keinem wurde erlaubt, mehr als zwei Webstühle zu betreiben. Ausserdem durften nur noch Kinder von Zürchern oder von Locarnern als Lehrlinge angestellt werden. Selbstverständlich steckten interessierte Kreise dahinter. Schon lange hatten die städtischen Weber und ihre Zunft, die Zunft zur Waag, gegen die Locarner intrigiert, die die neue Samtweberei in Zürich eingeführt hatten. Den Zünftern war nicht bloss der finanzielle Erfolg der Locarner ein Dorn im Auge. Besonders verhasst war ihnen das Verlagssystem, das von den Locarnern gleichzeitig in dieser Branche etabliert worden war – sie verabscheuten es umso mehr, als es längst auch Einheimische übernommen hatten. Es drohte ein Dammbruch. Dem sollte die Samtweber-Ordnung Abhilfe schaffen.

Tatsächlich hatte die Zunft auf den ersten Blick viel erreicht, aber das Wesentliche gerade nicht. Ausgerechnet für Zanino machte der Rat eine Ausnahme: «Da wir [der Rat von Zürich] aber dem Zanin mit grossen

Kosten eine Behausung zum Seidengewerb und Samtweben gebaut und zugerüstet haben, so wollen wir zum Nutzen unserer Landsleute, in deren Dienst dies veranlasst wurde, und damit Zanin sein Versprechen halten könne, ihm erlauben, auf sieben Stühlen Samt weben zu lassen, wozu er, wie er es versprochen, ebenfalls nur die Kinder unserer Bürger und Landleute brauchen und der Locarner; erst wenn diese nicht ausreichen, darf er auch fremde Gesellen anstellen (…).»[56] Abermals, so steht zu vermuten, hatten Zaninos Förderer ihn vor Schikanen beschützt. Zum letzten Mal.

Zaninos Aufstieg konnten die Zünfter so natürlich nicht abbremsen. Er stürmte weiter voran. Die Samtweberei als vielversprechende Branche dagegen hatten sie beschädigt, mit fatalen Konsequenzen. Schon in wenigen Jahren sollte sie eingehen. Sie überstand die Regulierungen nicht, die man ihr aufoktroyiert hatte; unter anderem lagen die festgeschriebenen Löhne zu hoch, so dass manch ein Unternehmer sich bald ausserstande sah, der Konkurrenz etwas entgegenzusetzen.

Ohne Perspektiven, ohne jede Unterstützung durch die Behörden kehrten viele Samtweber Zürich den Rücken, besonders die Locarner unter ihnen. Sie zogen nach Basel, wo sie von vorne anfingen. Noch war Basel wesentlich liberaler, und manche Locarner fanden hier beste Bedingungen, um sich zu entfalten. Wer von ihnen allerdings in Zürich blieb, sollte Karriere machen. Zanino, der Superstar, gehörte nicht zu ihnen.

Zaninos Fall

War es eine Intrige? Lag es daran, dass dieser Mensch sich schneller Feinde schuf, als er atmen konnte? Jedenfalls wendete sich Zaninos Glück. Er hätte es schon merken müssen, als er einmal mehr mit grandiosen Plänen beim Zürcher Rat vorsprach: Um die Mailänder, die er hasste, wirtschaftlich zu treffen, wollte Zanino in Zürich eine Wolltuchfabrikation aufziehen, ein damals äusserst rentables Geschäft, wie es besonders in Mailand, aber auch in Como blühte. Ein wesentlicher Teil des Mailänder Wohlstandes beruhte darauf. Alles hatte Zanino genau kalkuliert. Die Herstellung von 60 Ellen Wolltuch (rund 30 Meter) würde ihn 76 Gulden kosten, während er davon ausging, dass er das Tuch für 92 Gulden verkaufen konnte. Damit hätte er den Preis der Mailänder immer noch deutlich unterboten. Wollte er so billig produzieren, war allerdings höchste

Effizienz vonnöten. Deshalb plante er, mit zehn neuen Webstühlen die Produktion aufzunehmen, wofür er 20 Weber eingesetzt hätte. Diese wiederum sollten das Garn von 200 Spinnerinnen verarbeiten. Während Letztere in ihren eigenen Häusern arbeiteten, vornehmlich auf dem Land, wären die Weber in einer zentralen Fabrik in Zürich, einer sogenannten Walkmühle, zusammengezogen worden. Alles in allem ein hochmodernes Konzept.

Ohne Zweifel verschlang der Bau einer solchen Fabrik gewaltige Summen, und sicher bot Zanino deshalb seine ganze Kraft auf, um die Stadt für das Projekt zu gewinnen. Wäre es nach ihm gegangen, hätte sich Zürich mit einer Kapitaleinlage von 2000 Goldkronen daran beteiligt. Winkten nicht schöne Gewinne? So versprach er dem Rat. «Oder sollten wir Zürcher» – Zanino war inzwischen einer – «am Ende weniger fähig als die Mailänder sein, die so blendend am Wolltuch verdienten?» Zanino warb, er schwärmte, er drohte, er erinnerte den Rat daran, was er alles für seine neue Heimat getan hatte: «Ich habe viele Zürcher Töchter und Söhne in meinem Betrieb angelernt, damit das städtische Handwerk nicht zugrunde geht, dieweil viele Arme bei mir Arbeit fanden: Sie spinnen, weben, winden Seide ab und dergleichen, was ihnen Mus und Brot einbringt.»[57]

Zanino zeigte sich zuversichtlich, dass er das Zürcher Wolltuch überall abzusetzen vermochte, zumal er als Einwanderer und Neubürger den Wert eines Zürcher Bürgerrechts viel mehr zu schätzen wusste als ein Einheimischer. Er wollte das Wolltuch nicht nur in Italien verkaufen, sondern ebenso in Frankreich, wo die Schweizer Exporteure einen bevorzugten Status besassen. «Ich tue das alles aus Eifer und Liebe zu meiner Stadt Zürich», teilte er dem Rat mit, «in der Hoffnung, dass dies die Bürger auch merken.»[58]

Sie merkten es nicht. Zaninos Marketingtalent schien ausgebrannt. Sein Erfolg in Italien: Man war neidisch. Sein Plan für Frankreich: Davon mochte man nichts hören. Sein Einfluss in Zürich: Er zählte nichts mehr. Nachdem man ihm weitere Gutachten und Berechnungen, ja sogar Muster abverlangt und ihn so wochenlang hingehalten hatte, lehnte der Rat seine Geschäftsidee schliesslich ab. Zanino zeigte sich nicht amüsiert. Überliefert ist seine Reaktion im Wortlaut nicht, aber man liest, sie sei temperamentvoll ausgefallen, also grob, so grob, dass bald kein Zürcher mehr etwas mit ihm zu tun haben wollte. Hinterher stellte sich übrigens heraus, dass eben auch andere Kaufleute mit dem Gedanken gespielt hatten, sich auf die

Wolltuchproduktion zu verlegen; allerdings waren das «echte» Zürcher, die dem Rat ganz offensichtlich näherstanden. Mit anderen Worten, diese vielen Gutachten, die Zanino beizubringen hatte, waren womöglich Teil einer besonders hinterhältigen, offiziellen Werkspionage gewesen. Nichtsdestotrotz baute Zanino seine neue Walkmühle auf eigene Kosten. Ebenso betrieb er unverdrossen seine Samtweberei und die Seidenproduktion weiter. Alles florierte. Sein Niedergang wurde andernorts vorbereitet. Es sollte Jahre dauern, bis man zuschlug.

Plötzlich verlangte die Stadt einen horrenden Zins für die Wiese, die sie ihm seinerzeit für die Maulbeerbäume überlassen hatte – ob geschenkt, wie er nachwies, oder nicht, worauf der Rat beharrte, blieb ungeklärt. Zanino weigerte sich. Die Stadt grollte. Dann hintertrieb der Rat einen Hauskauf im stadtnahen Wiedikon, den Zanino bereits abgeschlossen hatte, und zwang ihn, das Haus der Gemeinde zurückzugeben. Zanino fluchte. Der Rat stellte sich taub. Bald verkaufte Zanino eines seiner übrigen Häuser in Wiedikon einem Deutschen, doch die Tinte der Unterschrift war kaum getrocknet, da hob der Rat den Vertrag auf und wies den Deutschen in dessen Heimat aus, nicht ohne Zanino aufzutragen, künftig nur noch Leute in seinen Häusern einzuquartieren, die schon in Wiedikon wohnten. Zudem schrieb man ihm einen «billigen» Mietzins vor, ganz gleich, ob er daran überhaupt noch etwas verdiente. Sein Ruf hatte gelitten. War er kein Mietwucherer? Und Zanino, der Locarner, verlor die Contenance. In den Amtsstuben erschrak man ob des unanständigen Tons. Einmal ein Südländer, immer ein Südländer.

Wenn Behörden jemandem das Leben verleiden möchten, dann können sie das auf unendlich vielfältige und geduldige Art und Weise tun. Zanino, das Opfer. Schliesslich wünschte man keinen Zins mehr für die Wiese, die dem Spital gehört hatte, nun sollte Zanino sie ganz abtreten, und zwar im Zustand, in dem er sie übernommen hatte. Kann eine Behörde bösartiger vorgehen? «Der Rat ist zum Schluss gekommen, dass Evangelist Zaninus die Maulbeerbäume auf dem Spitalmätteli am Bleicherweg in der Selnau ausgraben und auf sein Land umpflanzen solle, damit das Spital die Matte wieder übernehmen kann.»[59] Zanino hatte diese Bäume vor zwanzig Jahren gepflanzt. Er gab auf, riss die Bäume aus und verbrannte sie.

Kurz darauf, als hätte man ihn nicht schon genug gegängelt, kündigten ihm alle Gläubiger die Kredite und forderten ihr Geld zurück. Dass dies so kurzfristig und koordiniert geschah, im Lauf eines einzigen Jahres, nährt den Verdacht, dass mehr dahintersteckte. Die Zürcher Räte höchstpersönlich? Ein für alle Mal, so kommt es einem vor, wollte man dem Locarner den Garaus machen. Im Herbst 1586 ging Zanino in Konkurs. Fluchtartig reiste er ab. Ob seine Frau Lucrezia mitfuhr, ist unklar.

Warum haben die Zürcher Behörden einen Unternehmer, den sie so lange geradezu gehätschelt hatten, so fallen lassen? Zu beweisen ist die These nicht, aber es deutet vieles darauf hin, dass Zanino – abgesehen vom rauen Umgangston – sein wirtschaftliches Leben zu jenem Zeitpunkt verwirkt hatte, als er heimlich versuchte, sich in Basel eine neue Existenz aufzubauen. Von den Zürchern zermürbt, hatte er den Baslern anscheinend angeboten, für sie eine neue Textilfabrik aufzubauen, was den Zürchern zu Ohren gekommen sein muss. Eine unerwünschte Konkurrenz, eine tödliche Gefahr, ein Verrat. Deshalb musste Zanino zerstört werden.

Irgendwann kehrte er zurück. Sein jüngerer Bruder Paolo nahm ihn auf und gab ihm Arbeit. 1602 oder 1603 starb Evangelista Zanino in Zürich, so arm, wie er einst aus Locarno gekommen war. 1611 erscheint sein Name das letzte Mal in den Akten, und zwar im Zusammenhang mit seiner Lucrezia, der einst reichen Erbin, die nun ebenso mittellos als Sozialfall lebte. Die Stadt wies Melchior Orell an, «der Frau Lucrezia Zanino wegen grosser Armut 10 fl. [Gulden] zuzustellen, damit sie desto besser im Spital verarztet werden kann».[60] Wann sie starb, wissen wir nicht. Nachkommen gab es keine.

Ist es tragisch, ist es ironisch? Ausgerechnet einer der ersten bekannten Kapitalisten der späteren erzkapitalistischen Hochburg Zürich stieg auf wie eine Sonne, stürzte ab und verglühte wie ein Stern.

Die reformierte Internationale

Die Locarner in Zürich waren zu jener Zeit nicht die einzigen Glaubensflüchtlinge, die die Schweiz veränderten. Seit die Reformation Europa in zwei Lager gespalten hatte, erhöhten sich überall die Spannungen, es eskalierten die konfessionellen Gegensätze, manchmal kam es zu Krieg, immer gab es am Ende Verlierer – und die wurden gezwungen, ihre Heimat zu verlassen. Solches trug sich in England zu, in Frankreich sowieso, in Italien, in den Niederlanden und im Heiligen Römischen Reich Deutscher Nation. Ganze Bevölkerungen wurden dabei ausgetauscht.

Einmal traf das die Katholiken, die man vertrieb, dann die Protestanten. Weil die Schweiz mitten in Europa lag und es hier reformierte Städte gab, zog das Land wohl überdurchschnittlich viele protestantische Flüchtlinge an, sehr viel mehr als katholische jedenfalls. Das lag auch daran, dass die Schweiz ein unabhängiges Land ohne Monarchen war, eine Republik, wie sie den Protestanten oft eher behagte, sicher spielten die verschiedenen Sprachen auch eine Rolle. Wir haben das bei den Locarnern gesehen, wo manche ursprünglich gar keine waren, sondern Italiener, die zwar ihre Heimat, aber nicht ihren Sprachraum hatten aufgeben wollen. Das Tessin und das Veltlin erwiesen sich als Zwischenstationen auf einer längeren Flucht.

Die meisten protestantischen Glaubensflüchtlinge wandten sich nach Zürich, Basel und Genf, manche auch nach Bern, St. Gallen und Schaffhausen. Sie bevorzugten die Städte, was mit ihrem beruflichen Profil zusammenhing, denn viele hatten in ihren Ursprungsländern dem städtischen Bürgertum angehört. Es waren Kaufleute, Bankiers, Handwerker und Unternehmer, es gab indessen darunter auch manche Adlige und Patrizier: Wer zum reformierten Glauben neigte, das war die Regel, entstammte der Mittel- oder Oberschicht.

Vor diesem Hintergrund kann es nicht überraschen, dass sie in der Schweiz, wohin es sie auch immer verschlug, wirtschaftlich und kulturell so viel auslösten – nicht nur in Zürich, sondern in so gut wie allen reformierten Städten. Es setzte sich ein Brain-Drain in Gang, mit dem das vergleichsweise unterentwickelte Land begünstigt wurde – von einer Dramatik, wie man sich das kaum mehr vorzustellen vermag, zumal es so lange her ist. Um es auf moderne Verhältnisse zu übertragen, könnte man sich ausmalen, die Hälfte der Bewohner des Silicon Valleys sähe sich genötigt, in der Schweiz Zuflucht zu suchen – und bliebe. Wie würde sich dies auf die Innovations- und Kapitalkraft des Landes auswirken, um wie viel Prozent schnellte das Bruttoinlandprodukt in die Höhe? Gewaltige Effekte würden sich ergeben. Heute müsste man das niemandem erklären. Damals war es den Zeitgenossen wohl weniger bewusst, ja wie wir bei Zanino gesehen haben, gelegentlich hätte man sich in den einheimischen Kreisen diesen Brain-Drain ganz gerne erspart. War das Leben in der Zunft nicht gut genug?

Es gibt möglicherweise drei Gründe, warum die protestantischen Zuzüger in der Schweiz eine derart nachhaltige, fühlbare Wirkung entfalteten: Erstens handelte es sich wie angedeutet um überwiegend gut ausgebildete Leute, ehrgeizige und individualistische, oft gut vernetzte, bewährte Spezialisten des frühen Kapitalismus. Sie konnten schreiben, sie konnten rechnen, sie wussten, wie man zu Geld kommt. Darüber hinaus brachten sie Kenntnisse mit, die sich schwer mit Gold aufwiegen liessen: Natürlich kannten sie ihre Heimat besser als alle anderen, also auch deren Märkte. Wenn ein Locarner nach Mailand fuhr, wenn ein französischer Protestant in Lyon seine Geschäfte abwickelte: Er verfügte über einen komparativen Vorteil, den weder die Schweizer noch dessen ehemalige Landsleute so rasch zu kopieren vermochten. Nur der Exilant lebte in zwei Heimaten.

Ohne die Locarner hätte sich Zürich kaum je zu einem so wichtigen Handelsplatz für Waren aus Italien verwandelt, wäre kaum zu einem so bedeutenden Standort der Textilindustrie geworden, einer Industrie, die ganz überwiegend auf den Export setzte.

Zweitens kamen die Glaubensflüchtlinge aus Ländern, die seinerzeit zu den wirtschaftlich wettbewerbsfähigsten in Europa zählten: Sie wanderten aus Frankreich ein, aus Italien, aber auch aus den südlichen Niederlanden, dem heutigen Belgien, wobei zusätzlich gilt, dass es meistens die hochentwickelten Gebiete in diesen Ländern waren, denen die protestantischen Flüchtlinge den Rücken gekehrt hatten. So kamen in der Schweiz Protestanten aus den tüchtigsten Städten Frankreichs, Flanderns und Italiens an. Dass ihnen deshalb die aktuellsten Techniken und Produkte vertraut waren, dass sie genau jene Märkte durchschauten, auf die es ankam, stellte einen Vorzug dar, der kaum zu übertreffen war.

Drittens bildete sich eine Art reformierte Internationale heraus: Wer im Exil lebt, hat mehr Verständnis dafür, dass er sich mit anderen Emigranten zusammentun muss, um im neuen Umfeld zu bestehen; oft ergibt sich das wie von selbst: Auf der Flucht trennen sich Familien auf, so dass eine reformierte Genfer Familie auf einmal mit Verwandten in Holland in Kontakt steht, in Frankfurt oder in London. Dass diese internationalen Netzwerke Geschäfte erleichtern, liegt auf der Hand. Man erhielt besser Zugang zu Kapital im Ausland, man profitierte vom gegenseitigen Vertrauen, das die gemeinsame Religion stiftete, zumal man für diese einen hohen Preis bezahlt hatte – nämlich das Exil. Das verband. Wenn die Juden zur gleichen Zeit und noch in späteren Jahrhunderten ein unsichtbares, aber tragfähiges Beziehungsnetz untereinander pflegten, um zu überleben, dann taten das auch die Protestanten im Exil: Man bewegte sich selbstsicherer auf fremden Märkten, wenn ein Glaubensbruder einem beistand, der aus der gleichen Stadt in Frankreich kam, Man schloss als Locarner in Basel lieber einen Vertrag mit einem Locarner in Zürich ab, als sich auf das Wort eines fremdsprachigen Einheimischen zu verlassen.

Streng genommen dauerte das sogenannte konfessionelle Zeitalter vom Anfang des 16. Jahrhunderts bis zum Ende des Dreissigjährigen Krieges (1618–1648), doch wie in der Schweiz blieb der Kampf um die Religion auch in Europa noch für Jahrhunderte danach virulent.

Für die Schweizer bedeutete dies, dass sie es immer wieder mit protestantischen Flüchtlingen zu tun bekamen – über die Jahrhunderte hinweg bis zur Französischen Revolution, je nach konfessioneller Konfliktlage in Europa. Dabei wiederholte sich in der Schweiz als populärem Fluchtort immerzu das gleiche Muster: Aus konfessioneller Solidarität wurden die verfolgten Glaubensbrüder zwar aufgenommen, doch bald setzte eine gewisse Ernüchterung ein, Unwillen kam auf, schliesslich sah man zu, dass ja nicht alle blieben, und drängte die übrigen dazu weiterzuziehen. Die vermeintliche Symbiose im Zeichen des gemeinsamen Glaubens währte nicht allzu lange – und doch lange genug, dass die Immigranten in der Schweiz bleibende Spuren hinterliessen.

Was für die Locarner galt, traf auch auf die späteren Glaubensflüchtlinge zu, auf die protestantischen Italiener und Flamen genauso wie auf die Hugenotten, wie man die französischen Protestanten nennen sollte. Sie alle brachten Fähigkeiten und Ideen in die Schweiz, die es hier vorher so nicht gegeben hatte, sie machten das Land reich – und interessant. Wenn jemand aus den Perversionen der Epoche Nutzen zog, dann die Schweizer, ohne dass ihnen das wohl bewusst gewesen wäre: die religiöse Intoleranz, die jetzt in Europa heraufzog, die endlose Aneinanderreihung von Kriegen um den richtigen Glauben, Hass und Vertreibungen: Während ganze Gesellschaften unter dem Druck dieser Ereignisse niedergingen und sich kaum mehr davon erholten, schwang sich die Schweiz zum Industrieland auf. Dafür waren nicht allein die Immigranten verantwortlich, ganz und gar nicht, doch sie gaben entscheidende Impulse.

So gesehen war die Schweiz ein Krisengewinnler, ohne dass man ihr das vorzuwerfen bräuchte. Und wenn es unter diesen Krisengewinnlern einen besonders glücklichen gab, dann war das Genf, eine kleine, unscheinbare Stadt an einem grossen See.

Überstürzte Abreise aus Lucca

Es war fünf vor zwölf, als Francesco Turrettini seine Sachen packte und nach Lyon floh; wenige Tage später fertigte der Stadtrat von Lucca einen Haftbefehl auf ihn aus, wohl nicht ganz freiwillig, sondern auf Verlangen der römisch-katholischen Kirche, genauer ihrer Geheimpolizei, der heiligen Inquisition. Denn Turrettini, so meldete diese, stand im dringenden Verdacht, ein Protestant zu sein, also ein Ketzer. Sofort sollte er nach Rom zur Befragung überstellt werden, was in jener Epoche, wir schreiben das Jahr 1575, wie immer so vor sich gegangen wäre: Man hätte ihn gefoltert, bis er von seinem Irrglauben abgefallen wäre. Hätte er sich dann wieder als guter Katholik bekannt, hätte man ihn trotzdem weiter gemartert, in der Hoffnung, dass er noch mehr Protestanten aus Lucca verraten hätte, sofern er überhaupt noch hätte reden können – blutüberströmt und an sämtlichen Gliedern amputiert, wie er inzwischen gewesen wäre. Schliesslich würde man ihn töten, den guten Katholiken – mit umso besserem Gewissen, zumal er ja nun dank der Inquisition nicht in die Hölle fuhr. Seine Seele war gerettet.[61]

All dies war Turrettini bekannt, und schon Wochen zuvor hatte man ihn gewarnt. Deshalb hatte er, einer der bekanntesten Seidenhändler von Lucca, seine Lager sogleich aufgelöst und verkauft, was er noch abzusetzen vermochte. Den Rest überliess er seinem Bruder. Hätte er nur wenige Tage gezögert, er wäre nie in Lyon angekommen, geschweige denn in Genf, wohin er sich kurz darauf wandte – und die schweizerische Wirtschaftsgeschichte wäre vermutlich anders verlaufen. Als Turrettini 1628 in seiner neuen Heimat Genf starb, galt er als einer der reichsten Männer der Schweiz.

Turrettini war kein Einzelfall. In Genf hatten sich seit den 1550er Jahren zahlreiche Familien aus Lucca niedergelassen, allesamt protestantische Flüchtlinge, die meisten stammten aus den besten Kreisen der Stadt in der heutigen Toskana, manche von ihnen kennt man in Genf noch jetzt, es sind inzwischen klingende Namen der dortigen Bourgeoisie: Balbani, Micheli, Diodati, Mei, Burlamacchi, Calandrini oder eben Turrettini. Sie waren Patrizier, Seidenfabrikanten, Bankiers, Handwerker oder Pastoren und Juristen, und allen war das Missgeschick widerfahren, dass sie – aus Sicht der katholischen Mehrheit – dem falschen Glauben anhingen.

Tatsächlich war Lucca eine erstaunliche Stadt. Unabhängig, reich und frei seit Jahrhunderten, obwohl Florenz es dauernd bedrängte, stieg es seinerzeit zu einem frühen Zentrum des italienischen Protestantismus auf – von dem bis in die Gegenwart so gut wie nichts übriggeblieben ist. Was wohl kaum jemandem mehr bewusst ist, zumal Italien heute als Inbegriff des Katholizismus betrachtet wird. Dabei gab es eine Zeit, da der Protestantismus, vor allem in seiner reformierten und calvinistischen, durchaus schweizerischen Ausprägung, in Italien sehr viele Anhänger fand – besonders in den Städten, besonders unter den Kapitalisten, den Unternehmern und Kaufleuten. Vielleicht hätten sie sich sogar durchgesetzt oder immerhin überlebt, wäre nicht Rom und sein Papst so nah geblieben. In Lucca lehrten berühmte reformierte Theologen, und man legte Wert auf die Verbindung zu den übrigen reformierten Brüdern und Schwestern in ganz Europa, so besonders in Genf, Strassburg und Zürich. Selbstverständlich war es daher gar kein Zufall, dass Turrettini sich nach Genf absetzte.

Was folgte, war eine Geschichte, wie sie so oft vorkommt, weil eine herrschende Mehrheit eine kleine Minderheit derart als Provokation empfindet, dass sie diese Minderheit lieber totschlägt oder vertreibt, als sie zu dulden, ganz gleich, ob sie sich dabei selber ruiniert. Lucca war nie mehr das Gleiche. Nachdem es seine Protestanten zum Teufel gejagt hatte, stieg die Stadt ab, am Ende verlor sie die Unabhängigkeit. Inzwischen wird Lucca allein von Touristen bewundert, weil es sich kaum mehr verändert hat. Ein Monument falscher Politik, ein Museum, wo vergangener Glanz zu besichtigen ist. Neues kam nicht mehr hinzu.

Genf dagegen ist heute eine der reichsten Städte der Welt, und sein Aufstieg begann in jenen Jahren, da Lucca – oder besser gesagt die mächtige katholische Kirche – meinte, auf den Beitrag der Protestanten verzichten zu können. Natürlich hing das eine mit dem andern zusammen. Vielleicht ist das noch zu vornehm ausgedrückt. Was Lucca erlitt, war eine Art wirtschaftlicher Suizid. Wenn wir die beiden Städte betrachten, Genf und Lucca, dann fand ein Elitentausch statt, wobei sich dieser ausschliesslich auf Kosten Luccas vollzog. Es gab keine Genfer, die nach Italien zogen.

Rund dreihundert Protestanten aus Lucca waren geflohen, davon gehörten achtzig den herrschenden Kreisen an. Das waren nicht einfach Professionals, wertvoll und fähig genug, nein, es war ein beachtlicher Teil der Ruling-Class einer der seinerzeit erfolgreichsten Städte Europas, der sich an den Genfersee verschob. Die meisten waren im Seidengeschäft tätig gewesen, das Lucca seit Jahrhunderten betrieben hatte. Die Stadt zählte zu den führenden Seidenzentren des Südens. Wenn eine solche Elite über Nacht ihren Standort wechselt, dann kann man sich ausdenken, was das in jener Stadt auslöst, die sie aufnimmt.

Tatsächlich verwandelten die Lucchesen Genf zu einem neuen Lucca: Innert weniger Jahre entstand am Genfersee eine bedeutende Seidenstadt, so bedeutend, dass sie in den kommenden Jahrzehnten beinahe Lyon, die ewige Rivalin, überrunden sollte. Der Wandel war spektakulär – und beweist, wie entscheidend Humankapital sein kann, um diesen abstrakten, sperrigen Begriff zu verwenden, wo es um eine triviale Erkenntnis geht: Spitzenleute bringen Spitzenleistungen. Und sie sind rar. Wer sich ihrer Dienste versichert, gewinnt. Zuvor hatte es in Genf nicht viel gegeben, was mit Seidenproduktion zu tun gehabt hätte; die Stadt war regelrecht verarmt, bevor sie sich zu einer calvinistischen Hochburg entwickeln sollte.

1566, Turrettini zählte noch keine 19 Jahre, konvertierte er zum reformierten Glauben, was in jenen Tagen in Lucca nicht unüblich gewesen sein mag für einen, der aus einer der besten Familien kam. Sein Vater Regolo, ein Seidenkaufmann, hatte in der Stadt verschiedene hohe Ämter besetzt. Man kannte ihn, man schätzte ihn, er war vermutlich selbst ein Protestant. «Durch die Gnade Gottes», so schrieb sein Sohn Francesco später, «habe ich die Wahrheit erkannt – nach offenen Gesprächen mit meinen Freunden und meinen Eltern (...).»[62]

Noch blieb er in Lucca und baute ein eigenes Seidengeschäft auf, bis eben 1575 der Papst einen neuen Bischof schickte mit dem expliziten Auftrag, den Protestantismus in Lucca vollständig auszumerzen. Schon 1542 war der Vatikan zum Schluss gekommen, dass es in Italien keine «korruptere» Stadt gab als Lucca, wobei man mit korrupt nicht eine vermeintliche Bestechlichkeit unterstellte, sondern natürlich den Protestantismus meinte. Man befürchtete, die Stadt stehe kurz davor, ganz dem neuen Glauben zu verfallen. Ein Dorn im Auge war dem Papst besonders das ehemalige Kloster San Frediano, jetzt eine reformierte Akademie, die erste und letzte in Italien, eine «brillante Miniatur-Universität», wie sie der britische Historiker Philip McNair beschrieben hat,[63] aber ohne Zweifel gab es dem Stellvertreter Petri auch zu denken, dass so viele führende Lucchesen der römischen Kirche den Rücken gekehrt hatten. Sein Bischof, ein Bluthund offensichtlich, erwies sich als solid und effizient: Kurze Zeit, nachdem er in Lucca zu «wirken» angefangen hatte, löste sich die reformierte Gemeinde von Lucca wie in Luft auf, und deren Mitglieder flüchteten in alle Himmelsrichtungen. Bestimmt half dem Bischof, dass schon seit 1562 ein Dekret bestanden hatte, das jedem 300 Kronen versprach, der einen exkommunizierten Ketzer von Lucca tötete. Es war lebensgefährlich, ein protestantischer Lucchese zu sein.

Turrettini kam im Dezember 1575 in Genf an. Am 19. Dezember trat er in die dortige reformierte italienische Kirche ein.[64] In Genf tat er, was er am besten beherrschte. Er stürzte sich ins Seidengeschäft. Wenn es zu diesem Zeitpunkt dort bereits eine Seidenbranche gab, dann hing das damit zusammen, dass schon vor einigen Jahren Seidenproduzenten aus Lucca und anderen oberitalienischen Städten in Genf ansässig geworden waren. Sie hatten die neue Industrie etabliert. Sie blühte, sie brummte. Turrettini verlor keine Zeit: 1577 gründete er mit einer ebenso prominenten, patrizischen Familie aus Lucca, den Diodati, eine eigene Seidenhandelsfirma, die schon nach drei Jahren einen Gewinn von 150 Prozent auswies. In Genf nahm man davon Notiz. War ein neuer Star geboren? Trotzdem zog es Turrettini weiter. Kaum war der Gesellschaftsvertrag erloschen, wandte er sich nach Antwerpen, wo er nun Genfer Seide verkaufte, ganz sicher nicht der falsche Ort: Antwerpen galt zu jener Zeit als die allerwichtigste Wirtschaftsmetropole überhaupt. 40 Prozent des Welthandels gingen über Antwerpen. Hier sassen die Bankiers der Welt, die Händler Europas, die glücklichsten Menschen, Protestanten, Juden, Katholiken, bis die multikulturelle Stadt der Überspanntheit des konfessionellen Zeitalters zum Opfer fiel. 1585 eroberten die katholischen Habsburger sie und zwangen alle Protestanten, wovon es viele gab, zur Flucht. Die meisten zogen nach Amsterdam, das Antwerpen nun in jeder Hinsicht beerbte. Amsterdam stieg zur richtungsweisenden Finanz- und Handelsstadt des Kontinents auf. Antwerpen ging zugrunde.

Turrettini war mit den Protestanten aus Antwerpen geflohen, jedoch nicht nach Amsterdam, sondern nach Basel. Francesco Castiglione, ein Locarner aus Zürich, der nun in Basel tätig war, hatte ihn dazu überredet. Gerne hätte Castiglione mit Turrettini hier eine Seidenspinnerei eingerichtet, aber der Rat von Basel hintertrieb das, was Turrettini dazu veranlasste, nach Zürich auszuwandern. Leben im Zeitalter des zünftischen Regulierungswahns: Castiglione hatte eben den umgekehrten Weg zurückgelegt; nur weil die Zürcher Zünfte ihm die Samtweberei verleidet hatten, war er nach Basel gekommen. In Zürich schloss sich Turrettini

1588 mit den Gebrüdern Werdmüller zusammen, zwei aufsteigenden Seidenfabrikanten, und es entspann sich eine grosse Erfolgsgeschichte: Turrettini, der nie richtig Deutsch lernen sollte, als er an der Limmat lebte, verdiente in den fünf Jahren seines Joint Ventures mit den Werdmüller ein gigantisches Vermögen. Zu Recht, steht zu vermuten. Turrettini war für den Durchbruch der Firma unentbehrlich, was sich daran ermessen lässt, dass jeweils 50 Prozent des Reingewinns ihm zustanden. Wenn etwas unbezahlbar war, dann das internationale Netz der Lucchesen, das Turrettini einbrachte und den Werdmüller zur Verfügung stellte: Ob beim Einkauf der Rohseide oder beim Export der fertigen Ware, fast überall hatten Lucchesen ihre Finger im Spiel. 1587 hatte Turrettini übrigens auch geheiratet, wozu er eigens nach Genf gereist war. Seine Frau hiess Camilla Burlamacchi, eine Genferin, die natürlich einer der grossen adligen Familien von Lucca angehörte. In Genf nannte man sich bald Burlamaqui.

1593 kehrte Turrettini mit seiner Familie von Zürich nach Genf zurück. Eigentlich hätte er keinen Tag mehr arbeiten müssen, so reich, wie er war. Selbstverständlich kam das nicht in Frage. Das war Genf, das war Turrettini, beide hatten sich auf immer dem Calvinismus verschrieben. Zeitlebens arbeitete er Tag und Nacht, wenn er nicht betete oder wohltätig wirkte – den Kapitalisten aus Lucca bestimmte ein «tiefes, religiöses Gefühl»[65]. Kaum in Genf zurück, erlangte er sogleich eine überragende Stellung in der Grande Boutique, einer Seidenhandelsgesellschaft, an der sich neben Turrettini so gut wie alle berühmten Luccheser beteiligt hatten, namentlich Cesare Balbani, Pompeo Diodati, Orazio Micheli und Fabrizio Burlamacchi, alles Namen, die bald als klassisch für ein Mitglied der «Grandes Familles» von Genf gelten sollten. Es war ein exklusiver Klub. Andere Italiener oder allenfalls Hugenotten, geschweige denn einheimische Genfer waren als Teilhaber unerwünscht. Der einzige Auswärtige, dem diese Ehre zuteil wurde, war ein Zürcher: Felix Orelli, also eigentlich ein Locarner. In den Büchern der Grande Boutique führte man ihn unter «Felice Orelli».

Die Grande Boutique wuchs unter Turrettini zum erstrangigen Unternehmen der Stadt heran, zum calvinistisch-kapitalistischen Musterbetrieb sozusagen, in rund zwanzig Jahren, von 1593 bis 1615, steigerte er das Gesellschaftskapital von 18 000 Ecus auf 120 000 Ecus, was einer Vermehrung um den Faktor sieben gleichkam. Wenn Turrettini und seine Kompagnons in einem Jahr keine Kapitalrendite von 20 Prozent erzielten, dann musste etwas Ungewöhnliches vorgefallen sein, oft erreichte man gar eine Rendite von 30 Prozent, bald war keine Firma in Genf grösser, keine rentabler. Dabei bestand die Grande Boutique eigentlich aus mehreren Firmen, die Turrettini souverän dirigierte: Man handelte mit Seide, importierte, exportierte, bot aber auch Kredite an und stieg ins Bankgeschäft ein, schliesslich wandte sich die Grande Boutique der Seidenproduktion zu. Auf jeden Fall setzte man auf das Verlagssystem, das man von Italien her kannte, was sich umso mehr aufdrängte, als es in Genf im Gegensatz zu Basel oder Zürich keine Zünfte gab. Mit Widerstand war also nicht zu rechnen. Bald beschäftigte die Grande Boutique Tausende von Heimarbeitern, die in der Genfer Umgebung Seide verspannen und verwoben, ja selbst im Kanton Zürich gab es Bauern, die für Genf produzierten. Es war ein internationales Unternehmen entstanden, mit Filialen bis ins Säuliamt.

1627 wurde Turrettini Bürger von Genf. 1628 starb er. Unter seinen Nachkommen gab es angesehene Kaufleute, Bankiers, Theologen, Professoren und Politiker, Diplomaten und Industrielle. Sie trugen den Namen Genfs in alle Welt. Von Lucca sprach niemand mehr.

Aufstieg einer Dynastie

Wären die Werdmüller genauso zu den Werdmüller geworden, hätte es Turrettini nie gegeben? Das ist eine Frage, die sich nicht klären lässt. Vielleicht hätte ihr Partner einfach nicht Turrettini geheissen, sondern Orelli oder Castiglione. Jedenfalls war es die Symbiose zwischen Einwanderern und Einheimischen, die ganz entscheidend den Aufstieg der Werdmüller ermöglicht hat. Gewiss, talentiert waren auch sie, intelligent sowieso, geschmeidige Unternehmer ebenfalls, aber unter ihren Vorfahren hatten sich bestimmt schon manche mit ähnlichen Gaben befunden – und trotzdem war es ihnen nicht in den Sinn gekommen noch gelungen, die führenden Seidenindustriellen ihrer Zeit zu werden. Auf die Zeit kam es an: Zürich war Mitte des 16. Jahrhunderts eine wirtschaftlich eher schwache Stadt, klein, kleinkariert, zünftig. Von Industrie, von Handel, von kommerzieller Weltläufigkeit war nicht viel zu spüren, ebenso galt der Solddienst nichts mehr. Wer etwas auf sich hielt, wer Karriere machen wollte, kümmerte sich besser um sein Theologiestudium. In der strengen und frommen Zitadelle des Zwinglianismus zählten die Theologen, die Prediger, allenfalls die Politiker, sicher nicht mehr die Offiziere und noch weniger die Kaufleute. Handwerker fertigten Tische an oder nähten lederne Taschen für den Eigengebrauch der Bewohner an der Limmat. Von Export verstand niemand viel.

Doch so konnte es ja nicht weitergehen. Der Stadt fehlte es an Einkommen, den Eliten des Kantons an sinnvoller Betätigung, den Ehrgeizigen am nötigen Auslauf. Ohne Frage war die Stadt reif für eine sozioökonomische Innovation, um das imposant auszudrücken. Die Zürcher sassen in einer Sackgasse fest. Zwar fungierte die Stadt nach wie vor als Vorort der Eidgenossenschaft, ein Ehrentitel schon immer, inzwischen aber entkernt bis auf das Gerippe. Die Eidgenossenschaft war paralysiert infolge der Reformation, und auf der Tagsatzung herrschten die Katholiken, die Zürcher durften die Sitzung leiten, kurzum, selbst politisch hatte

Zürich nicht mehr viel anzubieten. Bis die Locarner kamen. Sie führten Handel und Industrie ein – und retteten damit die Stadt nicht nur wirtschaftlich, sondern eben auch politisch, moralisch und sozial. Ab 1555 verwandelte sich Zürich. 1600 war es zu einer ziemlich beachtlichen Handels- und Industriestadt mutiert.

Was auf den ersten Blick wie ein importierter Erfolg aussehen mag, wäre ohne Einheimische, die die Chancen erkannten, die die Locarner freigelegt hatten, nie etwas geworden. Deren Beitrag zum Zürcher Durchbruch war genauso wesentlich. Wenn es eine Familie gab, die diese wirtschaftliche Wachablösung vollzog, die diese glücklich-unglückliche Symbiose verkörperte, die davon lebte und davon profitierte, dann die Werdmüller.

Um Missverständnissen entgegenzutreten: Ich erzähle ihre Geschichte hier keinesfalls, weil sie die einzige wäre, auf die es ankäme, sondern wie schon Evangelista Zanino oder Francesco Turrettini zuvor stehen die Werdmüller für eine breitere, strukturelle Entwicklung, sie treten als Protagonisten auf in einer Geschichte, an der zahllose Zürcher und viele Einwanderer mitgeschrieben haben. Wenn Zürich in den folgenden Jahren wirtschaftlich so gut gedieh, dann lag das nicht an einer einzigen Familie. Vielmehr waren unzählige Unternehmer, Heimarbeiter, Politiker und Händler dafür verantwortlich. Dabei verschränkte sich die Schweizer Geschichte mit jener von Europa, ja der Welt, wie schon so oft zuvor.

Die Werdmüller, vielleicht die ersten einheimischen Kapitalisten der Schweiz, waren die besten Imitatoren ihrer Zeit – und doch waren sie die Originale zugleich. Ihre Karriere hatte etwas Janusköpfiges – wie es angebracht war für den Beginn einer neuen Epoche. Für gut zweihundert Jahre galten die Werdmüller als eine der besonders besonderen Familien des alten Zürich.[66] Vom Schicksal geradeso begünstigt wie durch eigene Leistung vorangekommen, waren sie als Kaufleute und Industrielle emporgestiegen, bald stellten sie Generäle und Landvögte, ihre Häuser überstrahlten alles in der Stadt, ihr Lebensstil war bombastisch, ja aristokratisch – mit allen Stärken und Schwächen, die das eben mit sich brachte. In den Gassen der Stadt tuschelte, schwatzte und rumorte es: Waren sie nicht verderbt? Wer wusste denn, was sich beim General hinter verschlossenen Türen zutrug? Tatsächlich wohnte einer der schillernden Vertreter der Familie, General Hans Rudolf Werdmüller, in einem Schloss in Au bei Wädenswil. Das war im 17. Jahrhundert. Mit ihm wohnten sechzig Sklaven und Sklavinnen. Das war kein bösartiges Gerücht, sondern entsprach der Wahrheit.

Niemand regte die Fantasie der Zürcher mehr an als diese weltgewandten Millionäre. Waren das überhaupt Zürcher, waren das Reformierte?

Hätte ihr wenig sensationeller Name sie nicht verraten, keiner wäre auf die Idee gekommen, wie einfach, wenn auch grundsolide sie einst begonnen hatten. Sie waren Müller, wie der Name sagt. Das bedeutete keine Schande. Bestimmt in einer Zunftstadt wie Zürich nicht, zumal die Werdmüller urkundlich schon im 14. Jahrhundert erwähnt wurden. Der Aufstieg der Werdmüller verlief langsam, aber stetig. Bis die Reformation ihnen Flügel verlieh.

1429 hatte Otto Werdmüller von der Priorin des Klosters Oetenbach in Zürich eine Mühle als Lehen erhalten. Das heisst, was immer er mit seiner Arbeit verdiente, es ging ein grosser Teil davon ans Frauenkloster, ohne dass die Nonnen sich dafür besonders angestrengt hätten. Gut hundert Jahre lang sollte das so bleiben, und weil es immer die Familie Werdmüller war, die die Oetenbachmühle betrieb, nannte man sie bald die Werdmühle, sie stand am Sihlkanal, bevor dieser in die Limmat mündete, dort, wo es heute in Zürich einen Werdmühleplatz gibt. Er liegt nahe der Bahnhofstrasse, zwischen den Amtshäusern und einem Gebäude der Credit Suisse – also mitten in der modernen Stadt. Von der Mühle ist inzwischen nichts mehr zu sehen. Doch bis 1901 hatte sie überlebt. Im Mittelalter, als die Werdmüller sie führten, galt sie als eine der grossen Getreide- und Sägemühlen von Zürich. Sicher gehörten die Werdmüller daher zu den wohlhabenderen Handwerkern, stabil, angesehen, auch bestens bekannt bis weit ins Land hinaus, da ein fähiger Müller stets Wert darauf legte, von möglichst vielen Bauern Korn und Holz zur Weiterverarbeitung zu erhalten. Bis ins Süddeutsche reichten deshalb die Beziehungen. Allerdings reich waren die Werdmüller auch wieder nicht, ebenso wenig gehörten sie der städtischen Führungsschicht an, die aus Adligen, Kaufleuten und Soldunternehmern bestand.

Behördlicher Raubzug

1525 wurde das Kloster Oetenbach aufgehoben, offiziell auf Beschluss des Rates, tatsächlich auf Befehl von Zwingli, dem faktischen Herrscher von Zürich, das er mit einer Mischung von theologischem Charisma, politischem Talent und handfester Beziehungskorruption regierte. Das Kloster wurde enteignet, und alles, was ihm gehörte, ging an die dankbare

Stadt – die sich so sanierte, zumal das Frauenkloster Oetenbach beileibe nicht der einzige kirchliche Besitz war, den Zürich, besser gesagt Zwingli, jetzt dem Staat zuführte. Es waren hohe Summen, es waren behördlich organisierte Raubzüge – wie überall in Europa, wo die Protestanten sich durchsetzten. Ihr Sieg über die Seelen der Gläubigen ging immer Hand in Hand mit der Enteignung der katholischen Kirche, was ohne Zweifel eine sehr erwünschte Nebenwirkung darstellte. In manchen Ländern war die römische Kirche die grösste Landbesitzerin und vermögendste Institution überhaupt gewesen. Nun setzte sich der moderne Staat an ihre Stelle. Auch der sagenhafte Reichtum der englischen Krone, der bis in die Gegenwart anhält, wurde zu jener Zeit der Reformation begründet, als sämtliche Klöster und alles sonstige Eigentum der katholischen Kirche eingezogen wurden: Ländereien, Gebäude, Leibeigene, Dörfer und Grafschaften. Ob England oder eben Zürich: Die Reformation machte die einen arm, die anderen jedoch reich oder ein bisschen reicher, zum Beispiel die Werdmüller. Entscheidender war allerdings, was sie an Freiheiten gewannen.

Denn mit dem Ende des Klosters wurde auch das Erblehen der Werdmüller, das sie von diesem bekommen hatten, hinfällig. Formell ging es an den Staat über, doch gleichzeitig wurden alle Dienstbarkeiten und Auflagen, Abgaben und Zinsen, Frondienste und sonstige Pflichten abgelöst. Den Werdmüller wurde die vollständige unternehmerische Freiheit eingeräumt. Einzig der Verkauf der Mühle war ihnen nicht erlaubt, ohne dass die Behörden dazu einwilligten. Wenn es im alten Zürich je eine umfassende Deregulierung gegeben hatte, dann vollzog sie sich jetzt im Zuge der Reformation. Die einen erlebten es als Schock, die anderen als Chance. Beat Werdmüller (1517–1574), gemäss Überlieferung ein frommer, redlicher Mann, zählte zu den Letzteren.

Befreit von den zahlreichen Einschränkungen, die die Nonnen seiner Familie einst auferlegt hatten, formte er jetzt aus der Werdmühle innert weniger Jahre ein rentables Unternehmen, so rentabel, dass er seinen vielen Kindern – dreizehn hatten er und seine Frau bekommen, wovon sechs jung starben –, insbesondere den fünf Söhnen, die überlebten, eine gute Ausbildung bezahlen konnte. Zwei erlernten wie erwartet den Beruf des Müllers, um die Werdmühle weiterzuführen, drei schickte er jedoch zu Kaufleuten in die Lehre, wo zwei von ihnen, David und Heinrich, sich das Wissen über den Export und Import von Textilien aneigneten.

Dabei spezialisierte sich David auf das Wolltuch, während Heinrich alles über Baumwolle in Erfahrung brachte. Das dürfte kein Zufall gewesen sein. Keine Branche expandierte stürmischer als das Geschäft mit Stoffen, keine erschien vielversprechender in jenen Jahren, da sich die jungen Werdmüller um ihre Ausbildung kümmern mussten. Denn David, 1548 geboren, und Heinrich, 1554, wuchsen in einem Zürich auf, das die Locarner bereits zu einer florierenden Handelsstadt verwandelt hatten. Bald entstand bekanntlich auch die erste Industrie. Mit anderen Worten, David und Heinrich waren Teil der ersten Generation, die nichts anderes mehr kannte: Für sie war jenes alte Zürich, das sich noch wenige Jahrzehnte zuvor in erster Linie mit Aussenpolitik, mit Solddiensten, Kriegen und dann religiösen Dingen befasst hatte, schon Vergangenheit. Dem Handel, der Industrie gehörte die Zürcher Zukunft. Realistischer hätte Beat Werdmüller, der es inzwischen zu einem angesehenen Getreide- und Holzhändler der Stadt gebracht hatte, die Möglichkeiten für seine Söhne nicht einschätzen können. Er setzte auf das richtige Geschäft. Wie manche Zürcher nutzten David und Heinrich Werdmüller nun ihr Glück der späten Geburt und lernten von den Locarnern, ja sie übertrafen bald alle, ob Locarner oder Einheimische.

Die Karriere der Gebrüder Werdmüller begann – möglicherweise – mit einem Betrug. Dass sie dafür gar verantwortlich waren, können wir ausschliessen, aber Nutzen haben sie allemal daraus gezogen. Was Evangelista Zanino 1570 zurückwarf, als er sich vergeblich um eine Beteiligung der Stadt an seiner Wolltuchproduktion bewarb, half ihnen, ins Geschäft zu kommen. Es lässt sich nicht beweisen, aber manches deutet darauf hin: Als Zanino die Zürcher Räte von seinem neuesten Projekt zu überzeugen versuchte, wurde er hintergangen. Man liess ihn wohl bloss zum Schein Gutachten schreiben, Kosten berechnen und Muster herstellen, während im Hintergrund längst entschieden war, dass man ihn abweisen würde. Warum, war nie ganz klar. Wenn wir aber die weitere Entwicklung in der Stadt betrachten, kommt der Verdacht auf, dass ein paar Räte die Notizen, Zahlen und Bewerbungsunterlagen des Zanino selbst einsteckten oder an gute Freunde weiterreichten – und dafür sorgten, dass Zanino nicht zum Zug kam, sondern sie selbst.

Schon 1573 eröffneten Bannerherr Hans Heinrich Lochmann, Heinrich Thomann, Hans Keller und Hans Conrad Escher vom Glas einen Betrieb, um Wolltuch herzustellen, eine völlig neue Technologie, die man aus Italien bezog, wie es ja Zanino vorgedacht hatte.[67] Vielleicht wandte man sogar dessen Businessplan an, den er den Behörden freundlicherweise überlassen hatte, als sie seinerzeit sein Gesuch prüften. Wenn diese Gründung aber etwas Zürcherisches auszeichnete, dann die Tatsache, wer da in die Wolltuchproduktion investierte. Die Namen der vier Teilhaber sprachen Bände: Bei allen vier handelte es sich um Abkömmlinge der herrschenden Familien von Zürich. Besonders prominent (und wohlhabend) war Lochmann, der unter anderem das Eisenbergwerk Gonzen bei Sargans besass, ebenso gehörte er der Constaffel an, der Gesellschaft der Adligen der Stadt (oder was von ihnen übriggeblieben war). Für diese sass er auch im Kleinen Rat, in einem der einflussreichsten Gremien jener Zeit. Keller war Seckelmeister, also oberster Finanzchef des Kantons, Thomann der Bruder eines amtierenden Bürgermeisters und Escher vom Glas stammte erstens aus einer schon damals hochangesehenen, da mächtigen Familie, überdies hatte er als Tuchhändler ein Vermögen erworben (und geerbt), was er wie alle drei anderen später auch mit politischen Ämtern verknüpfte. Er war Zwölfer der Zunft zur Meisen, was bedeutete, dass er im Grossen Rat sass, schliesslich wurde er zum Landvogt in Baden bestellt, ebenfalls eine begehrte Position, nicht zuletzt wegen der Einkünfte, die sie einbrachte.

Doch der zusätzlichen Einkünfte hätten die vier Teilhaber wohl nicht bedurft. Sie waren bereits wohlhabend, als sie sich verbanden; neben den geschäftlichen Motiven, die sie ohne Zweifel antrieben, gab es auch politische und soziale. In jenen Jahren stellte sich zusehends heraus, dass sich Zürich, indem es auf den Solddienst verzichtete, einige Schwierigkeiten eingebrockt hatte. Betroffen waren vor allem die ländlichen Gebiete: Das Geld aus dem Ausland fehlte, die Stellenangebote auf dem Schlachtfeld ebenso, junge Männer lungerten herum, Kinder verhungerten, Frauen verzweifelten, so dass die Behörden alles unternahmen, um Industrie und Handel zu fördern. Dass Zanino zuerst mit deren Wohlwollen rechnen konnte, hing damit zusammen. In den 1560er und 1570er Jahren ergriffen die Räte verschiedene Massnahmen, um das Tüchli-Gewerbe zu unterstützen, das vielen Bauern Verdienst verschaffte. Woraus auch immer sich ein Engpass ergab – wenn die Preise zerfielen oder der Import von Baumwolle stockte, dem Rohstoff für die Tüchli –, es führte jetzt zu einer mittleren Staatsaffäre.

Das lag auch an der neuen Prioritätenordnung des reformierten Staates. Indem der Zürcher Staat die katholische Kirche vertrieben und sich an deren Stelle gesetzt hatte, waren ihm auch viele Aufgaben zugefallen, die vorher Sache der Kirche gewesen waren. Nirgendwo fiel das mehr ins Gewicht als in jenen Belangen, die wir heute als Sozialbereich bezeichnen würden. Vorher, während des ganzen Mittelalters, war für die Versorgung der Armen und Kranken die Kirche zuständig gewesen. Klöster, Spitäler, Nonnen und Mönche, Priester, ja vor allen Dingen die Fähigkeit der Kirche, mit Verweis auf das Fegefeuer ein überaus wirksames Fund-Raising aufzuziehen, wurden nun schmerzlich vermisst. Der Staat musste einspringen. Dazu hatte er auch die nötigen Institutionen erst einzurichten, vor allem fehlte oft das Wissen, wie soziale Schwierigkeiten zu handhaben waren. Es setzte ein Trial and Error ein, ein ständiger Wechsel von Versuch und Irrtum, unerfahrene Behörden probierten aus, scheiterten oder reüssierten; sie trauten sich Aufgaben zu, die sie vorher nie erwogen hätten. Der interventionistische Staat trat auf den Plan. Das bezog sich nicht bloss auf die Sozialpolitik, sondern ebenso auf die Wirtschaftspolitik.

Als in den 1570er Jahren die internationalen Rohstoffmärkte wieder einmal in Turbulenzen gerieten, entschieden sich die Zürcher Räte dafür, dass der Kanton sich selbst zum Importeur aufschwingen sollte, und man begann, ein staatliches Baumwolllager aufzubauen, um die Preisschwankungen zu glätten. Ebenso ging es darum, sicherzustellen, dass es nie mehr an Baumwolle mangelte. Um diesen Grosseinkauf zu organisieren, setzte der Staat natürlich auf die einheimische Elite, die ja den Staat selbst verwaltete, und einer, der dabei eine Rolle spielte, war der Bannerherr Lochmann. Sein Fall ist aufschlussreich. Zwar hatte er schon etliche Erfahrungen im internationalen Handel gesammelt: Selber Sohn eines Kaufmanns, ausgebildet als solcher in Frankreich und in Württemberg, kannte er sich im Bankgeschäft aus, er hatte unter anderem dem französischen König Anleihen verschafft, aber auch mit Salz und Korn gehandelt, Liegenschaften gekauft und verkauft – doch von Textilien verstand er eigentlich nichts. Erst jetzt, als er von Staates wegen sich damit befasste, kam er auf den Geschmack – und wie. Es sollte ihn nicht glücklich machen.

Kaum hatte er den Auftrag erledigt, mit Subventionen in Zürich ein Baumwolllager einzurichten, schloss Lochmann sich mit den drei Partnern zusammen und stellte bei der Stadt ein Gesuch, ein «Wullengwerb» aufzuziehen – und dieses Mal, anders als im Fall von Evangelista Zanino, hatte der Rat gar nichts einzuwenden. Vielleicht war das Ganze ohnehin eine Farce: «Es war ganz offensichtlich», urteilte der Zürcher Historiker Hans Conrad Peyer, «dass er [der Rat von Zürich] den Refugianten zurückbinden und um so mehr seine eigenen Leute, besonders aber diese Gruppe einflussreicher Kleinräte fördern wollte.»[68]

Ohne viel Federlesen erhielten die vier Partner ein Darlehen von 20 000 Gulden, dem noch zwei weitere folgen sollten. Es war symptomatisch. Man trug diese vier Hochwohlgeborenen auf Händen – und doch scheiterten sie grandios. Womöglich genau deshalb. Die Produktion hatte zwar angefangen, doch das Wolltuch war nie gut genug, um Käufer zu finden, es wurden Schulden gemacht, das falsche Personal mit falschem ersetzt, Qualitätsprobleme verschwiegen oder unterschätzt, kurz, alles, was einem Unternehmer misslingen konnte, misslang. Die Firma kam nie auf einen grünen Zweig.

Als sie Jahre später liquidiert werden musste, riss sie alle Beteiligten in den Abgrund, insbesondere die Erben von Lochmann, der rechtzeitig gestorben war, so dass er sich nicht mehr mit der Hinterlassenschaft seines hochsubventionierten Unternehmens herumschlagen musste. Sowieso stellte sich jetzt heraus, dass er, der vielgelobte Bannerherr, nie ein speziell guter Unternehmer gewesen war. Das Bergwerk hatte er vom Vater geerbt, während er für alle anderen seiner vielen Geschäfte stets mit dem Geld des Staates, nie mit dem eigenen hantiert hatte. Am Ende dürften ihn seine Erben, seine Geschwister und Neffen, verflucht haben. Lochmann war kinderlos verstorben.

Trial and Error. Wenn die Zürcher eines Beweises bedurft hätten, dass staatliche Wirtschaftspolitik auch Risiken barg, dann hatte Lochmann und seine drei Geschäftspartner einen solchen beigebracht. Hans Conrad Peyer hielt fest: «Der erste grosse, fast ganz vom Stadtstaate Zürich finanzierte Versuch, die Wollspinnerei und -weberei im Kanton Zürich einzuführen, hatte so mit einem völligen Fiasko geendet.»[69]

Ein Start-up im 16. Jahrhundert

Das Lochmann'sche Experiment sollte für geraume Zeit das einzige bleiben. Die Zürcher Politiker verspürten lange keine Lust mehr, mit staatlichen Geldern Unternehmen anzufüttern. Und doch erwies sich das Fiasko als ein glückliches – aus Sicht der übrigen Zürcher. Lochmann mochte langfristig noch so versagen, zu Beginn sah das niemand, und weil sich hier mit Lochmann drei weitere angesehene Männer engagierten, musste ihr Unterfangen doch Hand und Fuss haben. Jedenfalls folgten kurz darauf mehrere einheimische Unternehmer ihrem Beispiel. Wer Geld hatte, so schien es, setzte jetzt auf die Wolltuchherstellung.

Unter ihnen befanden sich die beiden sehr jungen Werdmüller David, 27 Jahre alt, und Heinrich, 21. Die Brüder schlossen sich zunächst für zehn Jahre in einem Unternehmen zusammen, um in die Wolltuchproduktion einzusteigen, schon vorher hatten sie ihre je eigenen Firmen ins Leben gerufen, David im Tuchhandel, Heinrich im Geschäft mit der Baumwolle, so dass das nötige Geld vorhanden war. Vom Staat ein Darlehen zu erbitten, wäre ihnen wahrscheinlich nie in den Sinn gekommen, zumal beide auch gut geheiratet hatten. Davids Frau Emerentia war die Tochter des Ratsherrn Rudolf Rahn, dessen Familie ohnehin seit langem zu den vermögenden der Stadt zählte; Heinrich verband sich mit Ursula Kitt, deren Vater aus Feldkirch im Vorarlberg wegen seines reformierten Glaubens nach Zürich geflohen und hier zu Geld gekommen war. Auch die Familie Kitt sollte in den folgenden Jahrzehnten als Unternehmer eine ansehnliche Stellung in Zürich erringen.

Jeder der Brüder investierte 6000 Gulden in die gemeinsame Firma, die somit als sehr gut finanziert galt. Auf heutige Verhältnisse umgerechnet, entsprechen 12 000 Gulden in etwa 1,6 Millionen Schweizer Franken, wobei die Kaufkraft dieser Summe naturgemäss viel höher lag. Was die Gebrüder Werdmüller besser machten als alle übrigen Konkurrenten, ist heute nicht mehr so leicht herauszufinden. Auf jeden Fall machte ihre Fabrik innert kürzester Zeit von sich reden. Sie prosperierte, die Gewinne stimmten, die Gebrüder wurden reicher und reicher. Zanino, der Übergangene, hatte recht bekommen.

Denn das Zürcher Wolltuch durchdrang alsbald die Märkte Europas, weil es billiger war als die Konkurrenzprodukte aus Italien und Flandern. Das lag zu einem wesentlichen Teil daran, dass die Werdmüller eine weitere Innovation von Zanino und all den anderen Locarnern übernommen hatten, den Verlag, jene moderne Organisationsform, die man zuvor in Zürich kaum gekannt hatte. Das senkte die Kosten, das erlaubte es, viel beweglicher auf die Konjunkturen der Wirtschaft zu reagieren, das ermöglichte tiefe Löhne, indem man sich den Regeln der Zünfte entzog. Hinzu kam, dass die Löhne in der damaligen Schweiz ohnehin viel tiefer lagen als etwa in Italien oder in den Niederlanden.

Im Vergleich zu diesen alten Gewerberegionen muss die Schweiz einem Beobachter wie ein Entwicklungsland vorgekommen sein. Mit allen Nachteilen, aber vielen Vorzügen: Wenn ein Unternehmer in Zürich auf dem Land einem verarmten Bauern oder einer klammen Bäuerin einen Nebenverdienst in Aussicht stellte, dann zögerte keiner lange, sondern sagte zu, ganz gleich, wie der Lohn aussah. Was blieb ihnen anderes übrig?

Von Beginn weg setzten die Brüder auf den internationalen Handel. Heute mag uns das selbstverständlich erscheinen. Im Licht der jüngsten Vergangenheit Zürichs, die dem Vater und den Grossvätern der Werdmüller noch so vertraut war, erstaunt jedoch die Selbstverständlichkeit, mit der David und Heinrich plötzlich die halbe Welt bedienten. Wo und wie hatten sie das gelernt? Ihr Vater Beat mag sich als Müller mit den süddeutschen Bauern gut verstanden haben, und eine Reise nach Zurzach, wo wichtige Messen stattfanden, lag allemal drin, aber Mailand, Bergamo, Venedig und Lyon?

David pflegte insbesondere die Beziehungen in Venedig, wo er später auch für Zürich verhandelte und substanzielle Zollerleichterungen herausholte, was ihm die Venezianer mit allerlei Ehrentiteln und einer schönen Gedenkmünze dankten. Heinrich hingegen kümmerte sich um das Geschäft vor Ort, kontrollierte die Zahlen, inspizierte die Waren, führte persönlich mit tüpfligenauer Handschrift das Hauptbuch des Unternehmens. Es hat als eines der ältesten seiner Art in Zürich überlebt.

Das Temperament der beiden war denkbar verschieden: David, der Prächtige. Er genoss seinen Reichtum, stellte ihn zur Schau, während Heinrich zeitlebens eine ältere Version des Buchhalters Nötzli gewesen zu sein scheint, ein «puritanischer Haushälter», wie ein Biograf ihn schildern sollte, ruhig, einfach, zürcherisch.[70] Wenn David auf Reisen ging und andere Kaufleute traf, dann kann man sich leicht vorstellen, wie er Anklang fand: der spendable Plauderer, der ehrgeizige Beziehungsvirtuose, der Verkäufer vor dem Herrn, wogegen Heinrich kein Wort herausbrachte und arbeitete. Lieber blieb er in seinem Kontor. Besser hätte die Kombination der beiden wohl nicht sein können – wie ihr stupender Durchbruch es belegt.

Sie waren Kapitalisten, die nie müde wurden zu expandieren, die kein Geschäft verschmähten, auch wenn sie längstens Umsätze erzielten, die anständig erschienen, sie waren Kapitalisten, die investierten, sparten, den Rappen spalteten und noch mehr investierten, als gäbe es kein Heute und kein Morgen, sondern nur ein Übermorgen, die nie satt werden konnten und es kaum vertrugen, wenn Geld untätig herumlag – Kapitalisten wie aus dem Bilderbuch, sie entsprachen exakt dem Idealtypus, wie ihn Joseph Schumpeter beschreiben sollte, der vielleicht einflussreichste Theoretiker, was die wissenschaftliche Durchdringung des modernen Unternehmers anbelangt: «Der typische Unternehmer fragt sich nicht, ob jede Anstrengung, der er sich unterzieht, auch einen ausreichenden ‹Genussüberschuss› verspricht. Wenig kümmert er sich um hedonistische Früchte seiner Taten. Er schafft rastlos, weil er nicht anders kann, er lebt nicht dazu, um sich des Erworbenen geniessend zu erfreuen. Tritt dieser Wunsch auf, so ist das Erlahmen und nicht eine Station auf bisheriger Linie, Vorbote des physischen Todes und nicht Erfüllung.»[71]

Was aber trieb den Unternehmer an? «Da ist zunächst der Traum und der Wille, ein privates Reich zu gründen, meist, wenngleich nicht notwendig, auch eine Dynastie. Ein Reich, das Raum gewährt und Machtgefühl, das es im Grund in der modernen Welt nicht geben kann, das aber die nächste Annäherung an Herrenstellung ist, die diese Welt kennt und deren Faszination gerade für solche Leute besonders wirksam ist, die keinen andern Weg zu sozialer Geltung haben.»[72]

Gewiss, die Werdmüller stellten nicht unbedingt das dar, was man als Aufsteiger bezeichnen würde. Schon ein Onkel von ihnen, Jakob Werdmüller, war Seckelmeister gewesen und hatte im Kleinen Rat gesessen, ebenso war ihr Vater bereits zu Wohlstand gekommen, sie verfügten über ökonomisches, aber auch soziales Kapital, als sie ihre Karriere begannen, sonst wären sie kaum imstande gewesen, sich so jung so vorteilhaft zu vermählen. Dennoch war ihr Fall bemerkenswert. Innert einer einzigen Generation stiegen sie aus dem kleinen, handwerklich geprägten Bürgertum auf, um schon um 1600 zu den reichsten Schweizern schlechthin zu zählen. Und obschon die Familie nachher nie mehr solche unternehmerischen Talente hervorbringen sollte wie David und Heinrich, blieb sie gesellschaftlich, wirtschaftlich und politisch bis ins frühe 19. Jahrhundert Teil der höchsten Elite im Stadtstaat Zürich, wenn nicht in der Eidgenossenschaft – was umso deutlicher macht, wie aussergewöhnlich die Vermögensbildung war, die David und Heinrich, die Müllerssöhne, in so wenigen Jahren zustande gebracht hatten. Wenn auch feurig der eine und trocken der andere: Beide müssen von einem unerhörten Tatendrang erfüllt gewesen sein.

Die Seidenherren von Zürich

Schon 1582, die Wollproduktion hatte sich gut entwickelt, zog es die Werdmüller in noch aussichtsreichere Investitionsfelder, nämlich die Seidenproduktion, die sich dank der Locarner auch in Zürich verbreitet hatte. Zu diesem Zweck nahmen sie mit Lodovico Ronco Verbindung auf, einem Locarner in Zürich, der als Unternehmer genauso bekannt geworden war wie seinerzeit Zanino.

Ronco verarbeitete in seiner Fabrik sogenannte Florettseide, ein Material, das je nach Epoche auch als Schappe oder Schappeseide bezeichnet wurde. Die Begriffe haben sich bis heute gehalten. Dabei handelt es sich um einen etwas weniger edlen Seidenstoff, da er streng genommen aus den Abfällen hergestellt wird, die anfallen, wenn man die viel wertvollere Rohseide produziert. «Abfälle» weckt allerdings die falsche Assoziation. Auch Florettseide ist hochwertig und begehrt. Der Unterschied liegt in der Qualität der Fasern, die man benutzt.

Um diese Nuance zu erklären, mag es hilfreich sein, in einem kurzen Exkurs auf den Prozess der Seidenherstellung einzugehen. Seide wird ja aus dem Kokon der Seidenraupe gewonnen. Diesen spinnt die Raupe, bevor sie sich verpuppt, um sich nachher in einen Schmetterling zu verwandeln. Soweit kommt es aber im Fall der domestizierten Seidenraupe nicht, sondern sie wird, nachdem sie den Kokon fertiggestellt und sich verpuppt hat, als Puppe getötet. In der Regel geschieht dies, indem man die Kokons dem Wasserdampf aussetzt oder in einem Ofen austrocknet. Danach werden sie in einem heissen Wasserbad eingeweicht, um den Seidenleim zu lösen, der die Fasern zusammenhält.

Jetzt kann die Seide geerntet werden: Dabei entfernt man zuerst die äusseren Fäden vom Kokon, eher ein Gestrüpp, das ihn umgibt. Diese Fasern sind vergleichsweise kurz, vielleicht 20 Zentimeter lang, grob und deshalb weniger kostbar, sie werden als jene Abfälle betrachtet, die man nachher zu Florettseide verfertigt. Sie gleichen durchsichtiger, etwas schmutziger Watte, während der eigentliche Kokon wie ein kleines, kompaktes Ei aussieht und hellweiss leuchtet. In der Regel besteht dieser Kern aus einem einzigen, sehr langen Faden, er kann eine Länge bis zu 3000 Meter aufweisen. Das ist natürlich das wertvollste Material, aus ihm erzeugt man die Rohseide, auch Maulbeer- oder Haspelseide genannt.

Letzterer Name rührt vom sogenannten Abhaspeln her: So heisst die Methode, mit der man jetzt den Seidenfaden aufwickelt. Zu diesem

Zweck zupft ein Arbeiter den Anfang des Fadens aus der Mitte des Kokons heraus, zieht behutsam daran und rollt ihn auf. So erhält man den Seidenfaden, der mit sechs bis acht weiteren dieser Fäden zu Garn versponnen wird.

Die kürzeren Fasern dagegen wandelt man dank eines weiteren komplexen Verfahrens in Florettseide um, die danach gleichermassen verwoben werden kann wie die Rohseide. In Anbetracht der Tatsache, dass zwei Drittel eines Kokons aus solchen Abfällen bestehen, wird verständlich, warum die Florettseide billiger ist. Rohseide ist knapp und exquisit.

Das ist nicht der einzige Grund, warum Seide den Menschen bis heute so gefällt. Bestimmt hat dies auch mit ihren Eigenschaften zu tun. Da die Seidenfaser glatt, reissfest und meistens schneeweiss ist, lässt sie sich gut verarbeiten, auch färben, und da sie überdies aus tierischem Eiweiss besteht, fühlt sich der Stoff angenehm an, besonders auf der Haut. Wenn man zudem berücksichtigt, dass Seide imstande ist, bis zu 30 Prozent ihres Eigengewichts an Flüssigkeit zu absorbieren, ohne dass man das merkt, dann wird vollends verständlich, was sie so komfortabel macht. Sie isoliert gut. Nie wirkt sie nass. Nie schwitzt man übermässig, genauso selten ist einem kalt, zumal sie Feuchtigkeit auch leicht wieder abgibt. Schliesslich weist sie einen hellen Glanz auf, knittert kaum, ist leicht an Gewicht, geschmeidig und weich. Kurzum ist sie die Königin unter den Stoffen, und wer immer sie zu handhaben weiss, wird ein Produkt auf den Markt bringen, das ihm schöne Gewinne einträgt.

Nicht anders erlebten dies die Werdmüller. Waren sie dank des Wolltuchs reich geworden, wurden sie jetzt dank der Seide superreich. Nachdem sie zuerst mit Ronco in dieses Geschäft eingestiegen waren, schlossen sie sich 1587 mit Giacomo Duno zusammen, einem anderen Locarner, der in Zürich heimisch geworden war. Ronco hatte sich inzwischen zurückgezogen. Das war vermutlich leicht zu verschmerzen, denn Duno galt als einer der besten Kenner des Seidenhandwerks. Er war zuvor ein paar Jahre lang in Sachsen tätig gewesen, wo er für den Kurfürsten in Meissen eine Seidenmanufaktur aufgebaut hatte. Aus Zufall, so wurde hinterher berichtet, sei er auf einem seiner Heimaturlaube auf die Werdmüller getroffen, als er in Zürich seinen Vater besucht habe, den Arzt Taddeo Duno. Ob Zufall oder nicht, jedenfalls entschied man sich, ein gemeinsames Unternehmen zu wagen. Die Werdmüller sollten es nicht bedauern. Wenn sie etwas auszeichnete, dann vielleicht ihre gute Nase für die richtigen Leute:

Duno brachte unschätzbare Kenntnisse ein. Auf einer Geschäftsreise nach Spanien war er auf ein neues, orientalisches Verfahren zur Florettfabrikation gestossen, das er unverzüglich erlernt hatte; es handelte sich um eine Methode, die sonst in Europa kaum angewandt wurde, bis er sie jetzt in Zürich einführte. Offensichtlich war es Duno leichtgefallen, die Werdmüller von dieser Innovation zu begeistern, was wiederum zeigt, wie risikobereit und unternehmerisch begabt die beiden jungen Zürcher waren.

1587 stellten die Brüder Werdmüller bei der Stadt ein Gesuch: «Herr Bürgermeister, edel, fromm, feste, fürsichtige und weise gnädige liebe Herren!»[73] Sie baten darum, zwei ausländische Fachkräfte anstellen zu dürfen – da sie sonst nicht in der Lage seien, die Florettseidenfabrikation aufzunehmen. Woran es in Zürich nämlich mangelte, waren Färber und sogenannte Glanzmacher, gefragte Experten, welche es fertigbrachten, die weniger feine Florettseide mittels eines speziellen Verfahrens zum Glänzen zu bringen, so dass sie sich kaum mehr von der wertvollen Haspelseide unterschied. Natürlich kannten die Werdmüller ihre Pappenheimer. Ohne Hinweis auf soziale, christliche Beweggründe war es schwer, die frommen Zünfter dazu zu bewegen, Ausländer einwandern zu lassen. Daher argumentierten die Werdmüller in ihrer Eingabe auf eine Art und Weise, als ginge es ihnen bei ihrem kapitalistischen Unterfangen um eine höhere Form der Sozialpolitik: «Da wir jetzt seit einiger Zeit leider, Gott erbarme sich ihrer, viele arme Leute in offenem Bettel sehen hier umherzugehen und wir etliche angesprochen, warum sie nicht spinnen und etwas arbeiten, ist uns von dem grössten Teil geantwortet und der Bescheid gegeben worden, sie können keine Arbeit finden.»[74] Zumal, so klagten diese Informanten, der Absatz der Stoffe aus Flachs und Baumwollte in letzter Zeit zurückgegangen sei. «Sobald aber irgend jemand ihnen etwas zu gewinnen gebe, wollten sie sich des im Bettel Umherziehens enthalten.»[75]

Wenn wir die Ergebnisse dieser frühen Meinungsumfrage mehr als vierhundert Jahre später zur Kenntnis nehmen, dann erscheint doch bemerkenswert, wie die Brüder Werdmüller sich nicht zu schade waren, bei Bettlern sich zu erkundigen, wie man ihnen am besten helfen könnte.

Ohne Frage taten sie das im Eigeninteresse, um ihr Gesuch glaubhaft zu begründen, und dennoch wäre es falsch, darin allein Eigennutz, ja zynische Berechnung zu sehen: Die Werdmüller waren vielmehr klassische Unternehmer. Das bedeutete eben auch – wie zahlreiche Ökonomen betonen, die sich mit diesem Menschentypus auseinandergesetzt haben –, dass der Unternehmer vor allen Dingen eines besser beherrscht als der durchschnittliche Zeitgenosse: Er besitzt eine Witterung für das Neue, das Ungewöhnliche, aber auch das Marktfähige, er ahnt, was die Konsumenten sich wünschen, bevor diese es selbst erfassen.

Von «Alertness», von Aufmerksamkeit, Witterung, spricht Israel Kirzner, ein eminenter Unternehmenstheoretiker der Gegenwart aus Amerika,[76] von «Spezialisten» redet Mark Casson, sein britischer, nicht weniger bekannter Kollege, «die über die Fähigkeit verfügen, Informationen mit der Aussicht auf Gewinn zu synthetisieren, indem sie Daten, Konzepte und Ideen auswerten, deren Bedeutung anderen Menschen nicht immer bewusst ist. Sie schaffen Organisationen, die wir Unternehmen nennen, um diese Informationen entsprechend ihren Bedürfnissen zu verwerten, und knüpfen soziale Netzwerke, um Informationsströme aus anderen Bereichen der Wirtschaft in ihre Organisationen zu lenken.»[77]

Geradeso wie die Werdmüller sich für jede Zuckung des Marktes interessierten, wollten sie wissen, was ihre potenziellen Arbeitskräfte dachten: «Dieser Bescheid und die klageführende Not hat uns aus herzlichem Mitleid bewegt und veranlasst, seit einiger Zeit, ohne uns damit zu brüsten, einer grossen Zahl von Weibs- und Mannspersonen Wolle zu spinnen und zu verarbeiten zu geben. Doch der Zulauf der Armen ist so mächtig geworden und hat sich in Massen gehoben, dass uns nicht mehr möglich ist, alle mit Arbeit zu versehen (...).»[78] Gewissermassen unter moralischem Druck stehend, diesen Eindruck erweckten die schlauen Werdmüller, hatten sie begonnen, nach Alternativen zu suchen: «Deswegen haben wir nun, aus treuer Wohlmeinung, nachgedacht, was diesen Leuten sonst an Arbeit gegeben werden könnte, damit wenn der Verkauf der einen Gattung Ware stockt, ihnen mit einer anderen Art zur Arbeit und gewinnenden Hand geholfen werden könnte.»[79] Und siehe da, der Zufall wollte es, die Werdmüller hatten Erfolg: «Und da fanden wir eine solche rettende Ware: Eine Gattung Seide, Galetti genannt, wovon die beste aus Spanien kommt, wie Eure Ehrsame Weisheit aus beiliegendem, zur Probe hergestellten Muster ersehen.»[80]

Man möchte deshalb in Zürich sogleich eine Fabrik hochziehen – um in erster Linie das Betteln zu bekämpfen, zu diesem Schluss mussten die Räte kommen – und aus diesem Grunde brauche man die Erlaubnis, zwei Fachkräfte im Ausland zu rekrutieren. «Wir verpflichten uns, diese Personen auf unsere eigenen Kosten herzuschaffen und hier zu halten. Und wenn wir solche Personen mit oder ohne Familie finden (solche ohne Familie wären uns am liebsten, weil dann die Kosten am geringsten wären), versprechen wir Euch, Eurer Weisheit, dass wir weder sie noch ihre Kinder je dem Almosen, oder sonst jemandem zur Last fallen lassen werden (...).»[81]

Es war eine Unbedenklichkeitsbescheinigung in jeder Hinsicht: «Wir begehren auch nicht, die Fremden länger zu behalten, als es Eurer Weisheit gefällt, und sie sich ehrbar und christlich aufführen, die Kirche fleissig besuchen und ausschliesslich unserem Handel obliegen (...).»[82]

Wenn schon der Zuzug von bloss zwei Ausländern einen solchen Aufwand erforderte, kann man ermessen, wie ungewöhnlich es gewesen ist, dass Zürich ein paar Jahre zuvor 150 Locarner (mit Familien) aufgenommen hatte. Nur der gemeinsame Glauben hatte das möglich gemacht. Die Brüder Werdmüller schlossen ihr Gesuch mit den schönen Floskeln jener formalistischen Zeit: «Wir empfehlen uns hierbei in Eurer Weisheit gnädigen Schutz und Schirm dienstlich, als Eurer Weisheit untertänige Bürger (...).»[83]

Der Rat in seiner Weisheit stimmte zu. Weisheit ist nicht ironisch gemeint. Denn es handelte sich tatsächlich um eine Art «Geburtsurkunde» der Zürcher Seidenindustrie, wie es der Wirtschaftshistoriker Leo Weisz ausdrückte,[84] denn das neue Unternehmen der Werdmüller sollte sich zum Kern einer hochprofitablen, mächtigen Industrie entwickeln, die von nun an für mehr als dreihundert Jahre Stadt und Kanton prägte. Zürich stieg im Lauf der Zeit neben Lyon, Basel und Krefeld zu einer der grossen Seidenmetropolen Europas auf. Noch um 1900 gab es im Kanton mehr als hundert Seidenfabriken. Der Export machte die Industrie zu einer der bedeutendsten Branchen des Landes.

Expansion in alle Welt

1588, bloss ein Jahr später, verlängerten die Werdmüller ihren Gesellschaftsvertrag, offensichtlich war das Geschäft gut angelaufen, dabei nahmen sie zwei neue Partner auf, Duno, den Seideningenieur, und den Genfer Francesco Turrettini, das überragende Talent, das – aus Antwerpen vertrieben, in Basel gestrandet – nach einer neuen unternehmerischen Herausforderung suchte. Er sollte den Zürchern helfen, nach Frankreich vorzudringen. Denn der Zeitpunkt der Gründung war nicht ganz zufällig gewählt, er hing eng mit Ereignissen in Frankreich zusammen.

Die Schweizer genossen im Königreich aussergewöhnliche Handelsprivilegien – im Austausch mit den Söldnern, welche die Franzosen dringend für ihre Armee benötigten. Als die Zürcher jedoch begannen, Florettseide zu fertigen, und diese preisgünstige Ersatzseide in Frankreich auf den Markt brachten, sträubten sich insbesondere die Seidenproduzenten und Kaufleute in Lyon dagegen. Diese unliebsame Konkurrenz sollte unter allen Umständen abgewiesen werden. Man kam auf eine listige Idee. Wenn die Eidgenossen sich schon auf den alten Vertrag aus dem Jahr 1521 beriefen, dann sollte dieser, so argumentierten die Franzosen, auch wortwörtlich ausgelegt werden. Im Soldvertrag stand nichts von Florettseide. Wie auch? Die Schweizer hatten Florettseide 1521 noch kaum gekannt. Vertrag ist Vertrag. Wenn von Florettseide nirgendwo die Rede sei, so bedauerten die Franzosen, dann sähen sie auch keinen Anlass, dieser nicht genannten Ware einen reduzierten Zoll zu gewähren. Was spitzfindig wirkt, war es natürlich auch, doch ging es um viel Geld, und der Streit zog sich jahrelang hin, bis sich die Zürcher 1587 durchsetzten.

Damit stand der Markt in Lyon auf einmal offen – und die Werdmüller sowie ihre neuen Partner Duno und Turrettini gehörten zu den Ersten, die daraus Nutzen zogen. Da die Eidgenossen aus ähnlichen, letztlich militärischen Gründen in Mailand (je nach Stimmung in Madrid), Österreich oder Venedig Vorzugsbedingungen antrafen, wenn es darum ging, ihre Produkte zu verkaufen, gelang es den Zürchern (aber auch den Genfern und Baslern) innert kürzester Zeit, mit ihrer Billigseide halb Europa zu beliefern.

Diese Seide erwies sich qualitativ und preislich allen Konkurrenten als überlegen, so dass es sich die Zürcher einige Jahre später, 1602, gar leisten konnten, eine Erneuerung des Vertrages mit Frankreich abzulehnen. Zwar hatten die Kaufleute, darunter die Werdmüller, darauf gedrängt, doch setzten sich die Politiker darüber hinweg: Es kam nach wie vor nicht in Frage, Zürcher den Franzosen als Söldner anzubieten. Also verzichtete man auf ein Bündnis und überliess das den übrigen Eidgenossen.

Den Zürcher Kaufleuten muss das zunächst wie ein Debakel vorgekommen sein. Zeter und Mordio, Sodom und Gomorrha. Um in Lyon nicht völlig benachteiligt zu bleiben, wandten sie sich an die St. Galler Kollegen, die dort schon lange und erfolgreich tätig waren – sie sollten sie vertreten. Das half wenig – und stellte sich als überflüssig heraus. So begehrt wie die Zürcher Billigseide mittlerweile geworden war, konnte kein

Zoll und kein Zöllner sie daran hindern, den Weg nach Frankreich zu finden. Als weitere Destinationen kamen Spanien, Flandern und Deutschland dazu.

Es war ein beeindruckender Durchbruch – und niemand hatte daran wohl mehr mitgewirkt als die Werdmüller. Schon 1591 beschäftigten sie an die tausend Seidenspinnerinnen auf dem Land, im modernen kapitalistischen Verlagssystem organisiert. Ihr Geschäft wuchs im Wochenrhythmus. 1592 wurde es aufgelöst, und man stellte einen Gewinn von 38 500 Gulden fest; heute entspräche das etwa 6 Millionen Franken, kaufkraftbereinigt dürfte es sich um einen Betrag von gegen 17 Millionen gehandelt haben. Je nachdem, wie viel sie investiert hatten, teilten sich die Partner danach den Gewinn auf: 40 Prozent strichen die Werdmüller ein, 10 Prozent erhielt Duno, der Rest, also die Hälfte, ging an Turrettini, was ein Indiz dafür sein mag, wie entscheidend er eingegriffen hatte. Auch in seinem Fall bewiesen die Werdmüller, dass sie genau wussten, auf wen sie zu setzen hatten, falls sie zu Erfolg kommen wollten. Wenn man sich daran erinnert, dass ihr Vater noch eine Mühle an der Limmat betrieben hatte, kann diese Leistung nicht hoch genug veranschlagt werden. Die Zürcher lernten schnell. «Altertness» im Sinne von Kirzner lag ihnen im Blut.

Während Turrettini nach Genf zurückkehrte und seine Karriere noch gewinnbringender weitertrieb, dachten auch die Werdmüller keineswegs daran, sich in den Ruhestand zu begeben, sondern sie erneuerten ihre Partnerschaft und führten das Seidengeschäft bis 1610 weiter, zwei Jahre, bevor David 1612 starb. Ihr Aufstieg setzte sich fort. Wie steil dieser verlief, bemerkten die Steuerbehörden vielleicht am besten: 1595 hatte Zürich den Pfund- und Fabrikzoll eingeführt. Anders als der Name impliziert, handelte es sich nicht um einen Zoll, sondern um eine Steuer, mit der man die einheimischen Unternehmer belastete. Sie bemass sich am Wert der aus Zürich exportierten Waren, mit anderen Worten, wer sehr viel ausführte, zahlte am meisten Steuern. So gut wie jedes Jahr bis 1610 waren das die Werdmüller, manchmal brachten sie 55 Prozent des gesamten Steueraufkommens aller Firmen in Zürich auf, wobei dafür nicht nur das gemeinsame Unternehmen verantwortlich war, sondern auch die beiden Geschäfte, die die Brüder nach wie vor je für sich führten. Allen war klar, wer in der Stadt geschäftlich reüssierte.

Topografie des Reichtums

Das zeigte sich genauso wirtschaftsgeografisch. Je prächtiger die Geschäfte liefen, desto mehr dehnten sich die Werdmüller in Zürich aus: Unmittelbar vor den mittelalterlichen Ringmauern, zwischen Sihlkanal und heutigem Steinmühleplatz, wo jetzt der Jelmoli steht, bauten sie ein Haus nach dem andern. Die stattlichen Gebäude wurden als Seidenhöfe bezeichnet, bald hiess die ganze Gegend «In den Seidenhöfen», ein Name, der sich bis in die Mitte des 19. Jahrhunderts hielt, als dort schon lange keine Seide mehr fabriziert wurde.

Sie errichteten den ersten Seidenhof, der bald Alter Seidenhof hiess, dann den Neuen, den Grünen, schliesslich den Blauen und Gelben, am Ende gab es acht Seidenhöfe, wobei man darunter stets beides verstand: Fabriken, aber auch die Wohnhäuser der Seidenherren. Nie wäre es diesen in den Sinn gekommen, allzu weit weg von ihren Fabriken zu leben. Es gab doch immer etwas zu tun. Da störte sie offenbar auch nicht, dass gerade ihre Produktion zum Himmel stank: Wenn die Seidenabfälle gefäult wurden, das heisst, wenn man sie im Wasserbad kochte, um den Seidenleim zu lösen, gaben sie einen ausserordentlich üblen Geruch ab, so übel, dass die Stadt sie zwang, ihre Fabriken ausserhalb der Stadtmauern zu unterhalten.

Wenn es darum ging zu repräsentieren, wurden allerdings wieder die charakterlichen Differenzen der beiden Brüder sichtbar: Wo David den Alten Seidenhof zu einem Palast umbildete, nahm Heinrich mit dem Neuen Seidenhof vorlieb. Was neu und teuer klingt, war bescheiden. Eigentlich stellte dieses Gebäude zuerst bloss eine Erweiterung der Fabrik dar, was Heinrich aber gar nicht kümmerte. An einen Umbau dachte er nie, und der Neue Seidenhof blieb so praktisch und sachlich zum Anschauen und zum Wohnen, wie es Heinrich selber war. Ein Millionär, wohnhaft in einer Fabrik.

Das Einzige, was er sich an Leidenschaften leistete, war die Liebe zu den Pflanzen. Heinrich wurde berühmt als Hobbygärtner, wobei Hobby ein zu frivoles Wort dafür ist: In seinen Treibhäusern züchtete er mit viel Ernsthaftigkeit seltene exotische Dinge, etwa Spargeln oder Artischocken; beides war in Zürich noch nie versucht worden, beides gelang ihm. «Sein Garten und seine Pflanzungen waren seine Lust», notierte ein Autor viele Jahre später: «Unter seinen Blumen und Gewächsen suchte er lieber Zerstreuung und Erholung als in Gesellschaften, in denen die Prunksucht, die Sinnlust und die Médisance [Sticheleien] ihre bessere Befriedigung finden als der reine Sinn des edlen Menschen.»[85]

Was David von Spargeln und Artischocken hielt, ist nicht überliefert. Weder Spott noch Interesse. Nichtsdestotrotz kamen die beiden Brüder offenbar stets miteinander aus, sie ergänzten sich geschäftlich und wohl auch menschlich so natürlich, dass es nie zum Bruch kam. Sicher fesselten David die Menschen mehr als die Pflanzen. Wenn ihn etwas beschäftigte, dann seine Reputation: Er hielt Hof, lud zu rauschenden Festen ein, kannte jeden in Zürich, auf den es ankam, seinen Alten Seidenhof baute er zum Hauptquartier der Selbstdarstellung um.

Er ruhte nicht, bis sein Seidenhof als schönstes Haus der Stadt galt, immer wurde gebaut, gepützelt, verbessert, und gerne wäre David nie damit fertiggeworden, hätte man ihm das nur erlaubt. Doch er lebte in Zürich, der Stadt von Zwingli, dem Antiästhetiker, dem Bilderstürmer, der einst den ganzen Schmuck in Zürichs Kirchen hatte verbrennen lassen. Ihm und seinen Nachfolgern musste man mit keinem Palast kommen, selbst wenn ein Zürcher Palast in Paris oder Mailand bloss ein Palästchen dargestellt hätte. Prunk? Herrlichkeit? Grandiosität? Im zwinglianischen Zürich wusste man mit dergleichen nichts anzufangen. Es war verboten. Von aussen durfte niemand erkennen, wie ungeheuer reich der Bewohner des Alten Seidenhofs war: Schlicht die Mauern, schlicht das Dach. So schlicht war alles, dass einem der Bauherr leidtat, der sich mit einem Treppengiebel, einigen Figürchen und einem frühbarocken Tor zu begnügen hatte, um seine ästhetischen Prätentionen auszuleben. Die Zürcher hassten jede Verzierung, sie hassten jedes Ornament. Sie bewunderten die Reichen, aber nur solange diese taten, als wären sie arm.

Was ihm aussen missgönnt wurde, kompensierte David mit einer luxuriösen Inneneinrichtung, über welche die Zürcher sich dann gerne den Mund zerrissen: War es nicht unverschämt? War es nicht schön? «Die höchste Pracht», schrieb ein Schriftsteller im 19. Jahrhundert, der im Alten Seidenhof gewohnt hatte, «war aber in den Festräumen des obersten Stockwerkes entfaltet. Ein grosser Saal auf der Südseite, ursprünglich wohl bis zur halben Höhe getäfert, hatte eine vorzüglich schön geschnitzte Decke mit tiefen Kassetten. Das geräumige n.w. [nordwestliche] Eckzimmer sodann war vom Boden bis zur Decke mit einer Wandtäferung verkleidet, die weit und breit ihres Gleichen sucht.»[86] 1955 wurde der Alte Seidenhof abgerissen, nachdem man so gut wie alles, was im Innern kostbar gewesen war, zerstört oder abgeführt hatte. Ein einziges Zimmer hat überlebt, das erwähnte Eckzimmer, es wurde ausgebaut und befindet sich heute im Landesmuseum.

1612 starb David Werdmüller, 1627 sein Bruder Heinrich. David, der aufwendiger gelebt hatte, hinterliess ein Vermögen von 280 000 Gulden, Heinrich, der frugale Gärtner, eines von 350 000. So gut wie niemand in der damaligen Schweiz war je so reich geworden, heute entsprächen 350 000 Gulden schätzungsweise 51 Millionen Franken, kaufkraftbereinigt kämen sie etwa 150 Millionen gleich – das waren Beträge, und darum geht es, die noch wenige Jahrzehnte zuvor undenkbar gewesen wären in der Eidgenossenschaft. Die reichsten Familien hatten früher ihr Geld im Soldwesen gemacht. Dass Kaufleute, Industrielle gar – was es ja kaum gegeben hatte – neuerdings so viel Wohlstand schaffen konnten, deutete an, wie sich die Zeiten geändert hatten. Die Schweiz, ein Land der Bauern und Hirten und Krieger, war schon zu Anfang des 17. Jahrhunderts im Begriff, ein Land der Kapitalisten zu werden.

Heinrich legte übrigens testamentarisch fest, dass 6000 Gulden seines Nachlasses für soziale Zwecke eingesetzt würden. Eine so grosszügige Vergabung war im alten Zürich noch nie vorgekommen. David hatte seinerzeit 400 Gulden gespendet. Das gemeinsame Geschäft der beiden Brüder war schon vor dem Tod von David aufgetrennt worden. Bald übernahmen die Söhne und Schwiegersöhne die diversen Firmen. Erbstreitigkeiten folgten. Vom Können und Glück der beiden Gründer David und Heinrich, vom Wohlstand, von der Risikofreude und den exzellenten internationalen Beziehungen, die sie unterhalten hatten, zehrten ihre Söhne und Schwiegersöhne, Enkel und Enkelinnen noch jahrzehnte-, wenn nicht jahrhundertelang, doch ähnlich talentierte Kapitalisten tauchten darunter nie mehr auf. Eine einzige hochbegabte Generation, so muss man festhalten, reichte aus, um die Familie Werdmüller in die höchsten Sphären der Eidgenossenschaft zu katapultieren, wo sie für geraume Zeit bleiben sollte. Gewiss, es gab nach wie vor fähige Leute in dieser Familie, umsichtige Unternehmer und Kaufleute, angesehene Philanthropen, kluge Pfarrer und Dichter, besonders im Militärischen stachen einige Werdmüller gar international heraus als Generäle in fremden Diensten, aber genauso wimmelte es von missratenen Kindern, Pechvögeln und schwarzen Schafen, die ihr Erbe verprassten oder ins Ausland versetzt wurden, damit sie den Ruf des Familiennamens nicht beschädigten – Triumphe, Tragödien und Farcen, wie das so üblich ist in berühmten, vermögenden Familien.

Wegbereiter einer neuen Ära

-Allerdings liegt die Bedeutung dieser Dynastie nicht im enormen Wohlstand, den sie errungen hatte und über Jahre hinaus bewahrte, sondern die Werdmüller verkörperten vieles, was in der Folge die Geschichte Zürichs, aber auch der Schweiz bestimmen sollte: Sie galten als Aufsteiger, die es innert weniger Jahre bis an die Spitze geschafft hatten. Solche sollte es noch viele geben. Sie waren Unternehmer und Industrielle, die sich auf sämtlichen Märkten Europas bewegten. Sie wirkten als Exporteure und Internationalisten, die aus einer sehr frühen Version der Globalisierung Nutzen zogen. Sie sahen sich aber auch als Schweizer, sie zählten zu den vielen Einheimischen, die dank Ausländern gross geworden waren. Es brach eine neue Ära an, die David und Heinrich Werdmüller selbst mitgestaltet hatten und nun symbolisierten.

Nachdem die Locarner den Zürchern den Weg gewiesen hatten, waren viele von ihnen ebenfalls in den Kapitalismus umgestiegen, zum einen, weil ihnen nichts anderes übriggeblieben war, seit die fremden Dienste für junge ambitionierte Männer nicht mehr offenstanden, zum andern, weil sich hier neuerdings auch Ruhm erwerben liess, indem man arbeitete, investierte, exportierte und Innovationen machte. Dem Unternehmerischen, und das ist eine ganz bedeutsame Entwicklung, wurde in Zürich jetzt Glanz verliehen – dass daraus auch Reichtum entstand, behandelte man nicht als erwünschte Nebenwirkung, sondern als Hauptsache. Diese Protestanten waren Kapitalisten, ohne je ein schlechtes Gewissen zu besitzen. Niemand hatte sich seines Reichtums zu schämen im reformierten Zürich – wenn er hart dafür gearbeitet hatte. Im Gegenteil. Stand nicht in Gottes Gunst, wer zu Erfolg gekommen war?

Was sich ereignet hatte in jenen vielleicht vierzig, fünfzig Jahren seit der Reformation, kam einer Umwertung aller Werte gleich. Es hatte eine soziale Umschichtung stattgefunden, die Spitzen der Gesellschaft waren regelrecht ausgetauscht worden: In einer Stadt, wo bis vor kurzem ehemalige Adlige, Zunftmeister und Soldunternehmer, dann Kleriker den Ton angegeben hatten, trat jetzt eine neue Schicht in den Vordergrund, die bald zur massgebenden Elite heranwachsen sollte: die Unternehmer, Industriellen und Kaufleute.

Sie beherrschen nicht nur den Aussenhandel Zürichs, der sie wohlhabend machte, sondern zunehmend bestimmten sie auch das politische Geschehen nach ihrem Gusto. Zwar blieb Zürich formell eine Zunftstadt, wo die Zünfte nach wie vor eine gewisse politische Macht ausübten, gleichwohl bildete sich unter den Augen der ohnmächtigen Zünfter eine neue Oligarchie heraus. Sie sollte bis 1798 dominieren. Sie bestand im Wesentlichen aus zwei Gruppen: aus den Kapitalisten, die die Exportindustrie betrieben, und aus Rentnern, also vermögenden Leuten, die so vermögend waren, dass sie sich allein der Politik oder allenfalls dem Kriegsdienst widmeten. Noch gab es keine Berufspolitiker, man musste sich den Dienst für den Staat leisten können. Oft handelte es sich bei diesen Rentiers um Abkömmlinge von Familien, die einst als Kapitalisten zu Geld gekommen waren. Mit anderen Worten, man kannte sich, alle waren miteinander verwandt, und zu den führenden Familien dieses sogenannten Regiments gehörten nicht nur die Werdmüller (als Aufsteiger) oder die Escher (aus den alten Herrschaftskreisen), sondern auch Locarner wie die von Muralt, von Orelli oder auch die Pestalozzi, eine Familie, die nicht aus Locarno nach Zürich eingewandert war, sondern aus Chiavenna.[87] Alle drei Familien waren übrigens vor allem dank der Seidenindustrie reich und mächtig geworden.

Diese Integration einiger weniger, aber dafür umso berühmterer Locarner ins Zürcher Regiment mag etwas darüber hinwegtäuschen, dass viele andere Locarner nicht reüssierten oder derart schikaniert wurden, dass sie untergingen oder weiterzogen, insbesondere nach Basel, wo man sie manchmal besser behandelte.

Wenn die Locarner auch einen Beitrag an den Aufstieg Zürichs zu einer europäischen Handels- und Industriestadt leisteten, den man kaum überschätzen kann, so half ihnen das doch wenig: Die Zürcher dankten es ihnen schlecht – sobald Einheimische dazu in der Lage waren, übernahmen diese die neue Industrie und drängten sich in den Handel mit Italien und Frankreich, den die Locarner erst initiiert hatten.

Auf den ersten Blick mag das schäbig wirken – und das war es wohl auch, obschon nicht ungewöhnlich in jenen harten Zeiten. Bei näherem oder nüchternem Hinsehen muss man darin aber auch einen Glücksfall erkennen. Es war nicht selbstverständlich, dass die Zürcher Elite sich so problemlos umorientierte: vom prestigereichen Kriegshandwerk und von der hohen europäischen Politik hin zum Kapitalismus. Vielmehr spricht es für die Einheimischen, dass sie die Einwanderer so rasch und ohne Dünkel kopierten. Es hätte auch anders herauskommen können – und die Locarner wären wie etwa die Inder oder Libanesen später in Afrika zu einer für sich abgeschlossenen Händlerelite geworden. Ähnlich erging es den Juden in Polen oder Russland. Unbeliebt, verhasst, aber unentbehrlich, weil die einheimische Oberschicht sich für zu vornehm hielt, Handel zu treiben, Geld zu verdienen, kurz zu arbeiten. In Zürich stürzte sich die Elite geradezu in die Arbeit – wie in Basel, Genf oder St. Gallen auch –, und das mag am protestantischen Arbeitsethos gelegen haben.

Allerdings waren die Berner genauso Protestanten, und dennoch fand die Elite es hier für unter ihrer Würde liegend, sich ums Kommerzielle zu kümmern. Sie hatten es auch nicht nötig. Wenn es in der damaligen Schweiz eine Art Aristokratie gab, dann stellten das die Bernburger dar, die schicke Berner Führungsschicht, die Herrscher des grössten Kantons der Eidgenossenschaft, denen es glänzend ging dank der sprudelnden Einnahmen aus dem Waadtland und dem Berner Aargau, zwei leistungsfähigen Untertanengebieten, die ihnen gehörten. Ausserdem erlaubte Bern die fremden Dienste früher wieder als Zürich. Der Elite boten sich also genügend Möglichkeiten an, standesgemäss zu leben, ohne sich zu überanstrengen. Industrie? Kapitalismus? Das überliessen die Bernburger gönnerhaft den kleinen Unternehmern in den Landstädten wie Langenthal, Aarau oder Zofingen, ja es wurde den Bernburgern am Ende sogar von Staates wegen verboten, sich mit Handel und Industrie zu befassen – mit Folgen, die sich bis weit ins 19. Jahrhundert auswirkten. Bern, besonders die Stadt, verlor dann für immer den Anschluss.

Wesentlich ist diese Einsicht: Ohne Reformation hätte die schweizerische Wirtschaftsgeschichte einen anderen Verlauf genommen. Vielleicht wäre das Land nie so reich geworden. Die Reformation hob das Land aus den Angeln. Alles wurde neu – in den einen Orten; alles blieb beim Alten – in den anderen. Alles oder nichts.

Zwischen 1555, als die Locarner in Zürich ankamen, und 1610, da David Werdmüller starb, liegen bloss 65 Jahre oder zwei Generationen – doch gemessen an den Veränderungen, die in diesem Zeitraum erfolgten, müssten die Jahre doppelt gezählt werden. Nirgendwo war der Wandel vielleicht drastischer als in Zürich, aber auch in den übrigen reformierten Gebieten, vorab in Basel, Genf und St. Gallen, ereignete sich Gewichtiges, Irreversibles. Kapitalistisch wurden diese Orte alle, in internationale Märkte integriert ebenso, schliesslich innovativ, wohlhabend und konkurrenzfähig in einem Ausmass, wie das vorher kaum eine schweizerische Stadt gewesen war: Wenn ich von einer Karriere dieses Landes spreche, dann begann diese jetzt, wenige Jahre nach der Reformation.

Triumph der Baumwolle

Als Peter Bion, ein Hugenotte aus Strassburg, 1717 das Bürgerrecht der Stadt St. Gallen erhielt, nachdem er zehn lange Jahre darauf gewartet hatte, verlor er keine Zeit und eröffnete endlich seinen eigenen Laden.[88] Zuvor hatte sich das als schwierig herausgestellt. Er war ein Immigrant, zwar mehr oder weniger wohl gelitten, aber ein Aussenseiter. Er hatte sein Geld als Angestellter verdient.

Wenn jemand zu jener Zeit sich als «Krämer» seinen Kunden empfahl, wie das hiess, dann verkaufte er alles, was man in der Stadt sonst nicht kaufen konnte, weil die Handwerker das nicht anboten: Gewürze und Spezereien aus Übersee, auch Kolonialwaren genannt, zum Beispiel Safran, Pfeffer, Ingwer, Muskat, Zimt, aber auch Aromastoffe und Drogen, dann vor allem gefragte Stoffe: Seide aus Zürich und Lyon, Leinwand aus Holland und Schlesien, schliesslich Textilien aus Baumwolle wie Mousseline, Indienne, Barchent und Baumwollgarn. Wir wissen das, weil Bion, der genaue Protestant, in seinem «Laden-Conto»[89], dem Rechnungsbuch des ersten Geschäftsjahres 1717, all diese Waren, deren Wert und deren Eingang, genaustens verzeichnet hat.

Nichts durfte fehlen, was er an Lager genommen hatte, deshalb fand sich unter den Einträgen auch dieser: ein Ballen «Acre'scher Baumwolle»[90]. Damit war rohe Baumwolle gemeint, die aus Acre kam, einer Hafenstadt, die damals in Syrien lag; heute gehört sie zu Israel und heisst Akkon, wie man sie schon im Altertum genannt hatte. Wahrscheinlich war es das erste Mal, dass in St. Gallen, dieser Hochburg der europäischen Leinenindustrie, das Wort Baumwolle in einem Text vorkam. Nur ein Einwanderer, so könnte man spotten, brachte den Mut dazu auf. Ältere Belege sind bisher nicht aufgetaucht.

War es ein Scherz, war es eine Tragödie? Seit dem 14. Jahrhundert hatte St. Gallen von der Leinwand gelebt, im Lauf des 15. Jahrhunderts war die Stadt gar zu einem der wichtigsten Produzenten und Lieferanten in Europa aufgestiegen, was sie bis Anfang des 18. Jahrhunderts bleiben sollte – noch 1714 war als ein sensationelles Jahr in die Bücher eingegangen, als man in einem einzigen Jahr 25000 gute Tuche verkauft hatte. Es war ein Höhepunkt, der letzte. Schon wenige Jahre später versank die Leinenindustrie St. Gallens im Elend. Peter Bion, der Einwanderer, hatte dazu einen entscheidenden Beitrag geleistet – sicher nicht aus Sicht der Leinenweber, für die war es eine Untat, Bion ein Verräter, doch für die Region insgesamt erwies er sich als Wohltäter. Ein Mann zur richtigen Zeit an der richtigen Stelle.

Denn schon wenige Jahre, nachdem er seinen Laden eingerichtet hatte, war Bion auf neue Ideen gekommen. Wenn er schon Baumwolle aus Acre bezog, warum sollte er sie nicht selbst verarbeiten? Er gründete ein Unternehmen, genauer gesagt einen Verlag, und stellte Spinner und Weber an, die nun für ihn die Baumwolle zu Barchent verfertigten, einem Mischgewebe aus Leinwand und Baumwolle, das man in St. Gallen noch kaum kannte. Endlich selbstständig, so macht es den Anschein, wollte Bion seine neue unternehmerische Freiheit nutzen. Wären da nicht die Zünfte gewesen, die unter Wirtschaftsfreiheit etwas anderes verstanden, wenn sie überhaupt in der Wirtschaft irgendeine Freiheit für akzeptabel hielten: Bion hatte sich zwar als Mitglied der Schneiderzunft angeschlossen, doch es war die Weberzunft, die mächtigste in St. Gallen, die sofort einschritt. Man appellierte an den Rat, Bions illegalem Treiben umgehend ein Ende zu setzen. Natürlich hatte der Hugenotte gegen zahllose Satzungen der Zunft verstossen: Als Mitglied der Schneiderzunft hatte er in der Produktion von Stoffen nichts verloren, das war die Prärogative der Weber, und einen Verlag zu etablieren, galt ebenso wenig als etwas, was man einfach von einem Tag auf den andern selbst an die Hand nehmen durfte. Wo wäre man denn da hingekommen?

Das war St. Gallen, das war eine Zunftstadt, wo die Zünfte wie in Zürich, Basel oder Schaffhausen auch seit Jahrhunderten wirtschaftlich und politisch festsetzten, wie sich die Sonne um die Welt zu drehen hatte. Deshalb befand sich Bion in einer verzweifelten Lage. Vom Traum einer eigenen Produktion stand er so weit entfernt wie vom Mond. Tatsächlich urteilte der Rat milder als erwartet: Entweder, verfügte man, müsse Bion seinen Laden aufgeben oder aber seinen Verlag. Beides gehe nicht. Sollte er sich jedoch für die Fabrikation von Stoffen aussprechen, müsse er in die Weberzunft wechseln, was natürlich bedeutet hätte, dass er sich auch den zahllosen Produktionsbeschränkungen unterwarf, die die Zunft vorschrieb.

Bekanntlich waren der zünftischen Fantasie in dieser Hinsicht keine Grenzen gesetzt: Die Zunft ordnete an, welche Rohstoffe gut genug waren und wo man sie zu welchem Preis bezog, sie legte fest, wie viele Gesellen und wie viele Lehrlinge ein Meister höchstens anstellen durfte, und sie gab vor, wie man diese auszubilden hatte. Ferner wachte die Zunft darüber, welches Arbeitsgerät und welche Arbeitsmethoden bewilligt waren, ebenso untersagte sie jede Werbung und bekämpfte das «Doppelverdienertum». Wer als Weber wob, hatte daneben keinem anderen Beruf nachzugehen. Schliesslich steckte sie genau ab, worin ein Beruf bestand: Einem Kürschner war dies und das erlaubt, während der Gerber sich auf genau diese Bearbeitungen des Leders zu konzentrieren hatte und der Sattler sich ja nicht vergessen durfte, indem er auf einmal etwas anderes zusammennähte als einen Sattel.

Wenn eine Regel den Zünftern aber am Herzen lag, warum sie sie auch festschrieben wie ein elftes Gebot, dann war es dieser Gegensatz: Es gab (ehrbare) Handwerker, die etwas Sichtbares, Handfestes schufen, und es gab Krämer, von denen man nie wusste, warum sie überhaupt Geld verdienten. War es eine Kunst, Dinge billig einzukaufen und teuer abzustossen? War das überhaupt ehrbar? Dass Bion alles durcheinanderbrachte, dass er als Krämer Waren herstellen liess, wie es nur einem Handwerker zustand, musste in dieser hochregulierten, geradezu mit parareligiösem Rigorismus eingerichteten Welt wie eine Todsünde wirken.

Vielleicht war in St. Gallen niemand wirklich überrascht. Hatte sich dieser Franzose, auf gut Deutsch ein «Welscher», je um Recht und Ordnung gekümmert? Schon 1718 war er von der eigenen Schneiderzunft gebüsst worden, weil er «am Jahrmarkt neben seinem Laden auch einen Stand bei den Fischbänken gehabt»[91] habe, womit er gegen die Zunftsatzungen verstossen hatte. Es war verboten, an zwei Orten gleichzeitig seine Waren anzubieten. In Anbetracht der Tatsache, dass den Zünftern schon diese Übertretung offenbar die Laune verdorben hatte, können wir uns nur ausmalen, in welche Rage sie drei Jahre später gerieten, als Bion, der Krämer, sich anschickte, Baumwollstoffe zu produzieren – ausgerechnet in St. Gallen, der europäischen Hauptstadt der Leinwand. Bion, der schöpferische Zerstörer. Bion, der fremde Fötzel.

Bion suchte den Kompromiss. Er schlug vor, dass er den Webern die Produktion von Barchent überlassen würde, wenn sie bereit wären, nach seinen Mustern zu arbeiten – wobei er zuerst gerne ein paar Proben in

Auftrag gegeben hätte, um zu prüfen, ob dieser Barchent auch «währschaft» genug wäre, um ihn seiner Kundschaft verkaufen zu können.

Davon wollten die Weber nichts wissen – es sei denn, und das ist eine aufschlussreiche Forderung, Bion würde offenlegen, wie viel es ihn kostete, das Garn zu beschaffen. Ebenso interessierten sie sich für den Import des Rohstoffs. Wie und zu welchem Preis führte er die Baumwolle aus Acre ein? Das wiederum lehnte Bion ab. Vermutlich lag ihm viel daran, seine Kosten als Geschäftsgeheimnis zu schützen, womöglich ein Hinweis darauf, wie sehr er sich bewusst war, dass sein Barchent die Leinwand aus dem Markt drängen würde. Obschon aus dem Nahen Osten importiert, war Baumwolle billiger, vor allen Dingen, weil Bion sie nicht in St. Gallen, sondern im Glarnerland und im Zürcher Oberland verspinnen liess – was den St. Galler Webern offenbar nicht bekannt war. So fiel es ihm leicht, preisgünstiges Barchent auf den Markt zu bringen – die Weber mochten noch so lange Zeter und Mordio rufen, bei seinem Barchent handle es sich um kein «gutes Tuch», noch um «doppel Dicken», noch «halb Dicken» oder «Farbleinwand» oder «Költsch»[92]. Was immer diese einzelnen Begriffe damals bedeuteten: Bions Tuch war gut genug.

Ein Jahr lang wurde gestritten. Schliesslich lenkte Bion ein. Er gab seinen Laden auf, verliess die Schneiderzunft und trat 1723 bei der Weberzunft ein. Was die Weber zuerst mit Genugtuung erfüllen musste, erwies sich als ein Pyrrhussieg. Denn anders als sie sich das wohl vorgestellt hatten, fiel es Bion nicht ein, seine Geschäftspraxis zu ändern. Kaltblütig oder geschickt, jedenfalls schlug er die Weber nun mit deren eigener Waffe, dem Irrsinn der Regulation. Da die Baumwolle ein neuer Rohstoff darstellte, bezog sich keine einzige Satzung der Weberzunft auf sie. Das nützte Bion aus. Barchent bestand zweifellos aus Baumwolle (und Leinwand, aber das übersah Bion geflissentlich), und demnach wusste er nichts von irgendeiner Vorschrift, die sich auf ihn hätte anwenden lassen. Also produzierte er sein Barchent, wie es ihm beliebte – während die Weber sich nach wie vor mit ihren eigenen Regeln das Leben schwer machten.

Und schwer war es – keine Frage. Jedes erdenkliche Detail der Leinwandproduktion hatte man festgelegt: Das Garn durfte ausschliesslich auf dem Garnmarkt bei der St.-Laurenzen-Kirche gekauft und nur von «Weberzünftigen» verarbeitet werden. Ebenso wenig ging es an, irgendein Garn zu verwenden, sondern es sollte aus Flachs bestehen, das von Bauern in der Region angepflanzt worden war, desgleichen bevorzugte man Garn, das von einheimischen Spinnern stammte, wogegen sogenanntes Schwabengarn, also Garn, das auf der deutschen Seite des Bodensees hergestellt worden war, nur ausnahmsweise zugelassen wurde.

Sobald die Weber das Garn zu Leinwand verwoben hatten, mussten sie ihr Produkt der sogenannten Leinwandschau unterbreiten, wo die «Geschaumeister», städtische Beamten, von alters her die Qualität begutachteten. Falls sie das Tuch tadellos fanden, versahen sie es mit dem weltberühmten St. Galler Zeichen, einem grossen G. Dieses stand für die beste Qualität. Natürlich begnügten sich die Geschaumeister nicht mit einer einzigen Bewertungsstufe, es gab diverse davon, zweitbeste Qualität wurde mit einem Krebs gekennzeichnet, drittbeste mit einem Ring, alles darunter mit verschiedenen Kreuzen, erfüllte die Leinwand nicht einmal die tiefste Anforderung, wurde sie an Ort und Stelle zerschnitten. Erst jetzt, nachdem die Weber die Schau überstanden hatten, verkauften sie ihre Ware auf den sogenannten Leinwandbänken den Kaufleuten. Je nach Bedarf war es nun an diesen, die Leinwand zu veredeln: Sie liessen sie bleichen und färben, um sie danach in alle Herren Länder zu exportieren.

Weltberühmt ist keine Übertreibung. Wenn die St. Galler Leinwand so viele Exportmärkte von Spanien bis Russland, von Sizilien bis England eroberte, dann lag es an diesem G – das für eine der strengsten und humorlosesten Leinwandschauen der Epoche stand. Das Vertrauen, das das G überall genoss, erlaubte es den St. Galler Kaufleuten, für ihre Leinwand die höchsten Preise durchzusetzen, oft 50 Prozent höher als jene der Konkurrenz, und weil sie das wussten, achteten sie umso mehr darauf, dass das G von niemandem imitiert wurde. Fälscher – und solche gab es – wurden verfolgt oder wirtschaftlich ruiniert, vor allen Dingen setzte die Stadt alles daran, dass niemand in der Nachbarschaft eine vergleichbar zuverlässige Leinwandschau einrichtete, ja man unterband schon allein deren Existenz, sofern das möglich war. So viel dieser Irrsinn der Regulation also dazu beigetragen hatte, dass die St. Galler jahrhundertelang den Markt für Leinwand beherrscht hatten, so viel lag an diesem Irrsinn auch sein Niedergang.

Bion, der Aussenseiter, war dabei bei weitem nicht der Einzige, der dafür sorgte. Jahrzehnte vor ihm hatten Unternehmer, Handwerker und Bauern in der nächsten Umgebung der Stadt begonnen, das Monopol der St. Galler peu à peu zu brechen: Insbesondere den Appenzellern, aber auch den Fürstenländern und Toggenburgern war es nach mehreren Anläufen endlich gelungen, eigene Schauen ins Leben zu rufen, die man ernst nahm. In der Folge wurde nun auch ausserhalb der Stadt Leinwand gefertigt, kontrolliert und verkauft – und sogar exportiert, ohne St. Gallen als Markt zu benutzen. In Rorschach, Hauptwil, Arbon, Wil, Lichtensteig oder Bischofszell, vor allem aber in Trogen und Herisau waren je eigene Märkte und Produktionszentren entstanden, ohne dass die St. Galler das zu unterbinden vermochten, so sehr sie sich auch bemühten.

So gesehen hatten die Weber (und Kaufleute) von St. Gallen schon einige Niederlagen hinnehmen müssen. Wenn sich Bion jedoch als viel gefährlicher als alle Konkurrenten zuvor erwies, dann ist das darauf zurückzuführen, dass er einen neuen Rohstoff in Umlauf brachte, dass er die Herrschaft der Leinwand an sich untergrub. Das traf die Weber in der Stadt, das traf die Flachsbauern auf dem Land – nicht traf es die Kaufleute. Im Gegenteil. Sie sollten aus der sich nun auch in St. Gallen verbreitenden Baumwolle nur Nutzen ziehen.

Und daran lag es wohl, dass Bion der Weberzunft überhaupt die Stirn bot. Allein hätte er, der Einwanderer, das kaum durchgestanden. Doch im Hintergrund wurde er von mächtigen Verbündeten unterstützt: dem kaufmännischen Directorium, dem Verband und Klub der steinreichen St. Galler Kaufleute. Sie lagen seit Urzeiten mit den Zünften im Konflikt. Um jede Regulierung, um jede Vorschrift, um jeden Preis war gerungen worden – dabei hatten sich die Kaufleute zwar meistens durchgesetzt, ansonsten wäre St. Gallens Leinwandindustrie kaum je so konkurrenzfähig geworden, aber bei weitem nicht immer, weswegen sie sich instinktiv auf die Seite Bions gestellt hatten. Wer den Zünftern den kleinen Finger gab, verlor seinen ganzen Arm. Das hatte sie die Erfahrung gelehrt.

Wenn es in der Schweiz je politisch schlaue, mit allen Wassern gewaschene Kaufleute gegeben hat, dann in St. Gallen. Denn trotz aller Interessengegensätze brachten sie es fertig, dass ihr Verhältnis zu den Zünftern angespannt und friedfertig zugleich blieb. Nie kam es zu einer nennenswerten Revolution, nie wurden die Kaufleute so zurückgebunden wie manchmal in Zürich oder in Basel, nie vergassen die Zünfter, wem sie den ausserordentlichen Reichtum ihrer Stadt zu verdanken hatten: der Leinwand – und den Kaufleuten, die es verstanden, sie in aller Welt abzusetzen. Die St. Galler Kaufleute waren die ältesten und für geraume Zeit die erfolgreichsten Exporteure der Schweiz. Dass sie sich so entschlossen, wenn nicht besessen dem Handel und der Industrie verschrieben hatten –

und nichts anderem –, dass sie seit Jahrhunderten so kapitalistisch handelten und dachten, hing mit der Stadt zusammen, in der sie lebten.

Die Inselrepublik

St. Gallen war vielleicht die kurioseste Stadt in dieser kuriosen alten Eidgenossenschaft. Ohne jedes Umland, ohne auch nur einen einzigen Untertanen, geografisch ungünstig gelegen und immer vom Kloster gegängelt, bis man sich von ihm befreite, ohne es besiegt zu haben, war St. Gallen eine Stadt, die militärisch und politisch eigentlich nie viel zustande gebracht hatte.

Alles war misslungen, oder fast alles. Das hatte schon damit angefangen, dass zuerst das Kloster hier war, 719 gegründet, und die Stadt erst dreihundert Jahre später entstand, als Ersteres in ganz Europa längst berühmt und reich geworden war. Den Namen erhielt die jüngere Stadt vom älteren Kloster – nicht umgekehrt, und diese Reihenfolge sollte das Verhältnis noch lange bestimmen. Jünger – und schwächer. Der Abt herrschte über das Kloster, dann über das Dorf, das sich in dessen Nähe duckte, schliesslich über die Stadt, die daraus hervorging. Manchmal freundlich, dann wieder hochnäsig, immer aber aus einer höheren Position blickten die Mönche auf die Bürger und Handwerker herab.

Zwar erreichte die Stadt schon im 14. Jahrhundert ihre Unabhängigkeit vom ungeliebten Fürstabt. 1457 stieg sie gar zur freien Reichsstadt auf, das heisst, sie sah sich nur mehr dem Kaiser unterstellt. Trotzdem schaffte es St. Gallen nie, sich die Fürstabtei anzueignen und so zu einem Stadtstaat zu werden wie Zürich oder Bern. Dass beide, die Stadt und die Fürstabtei, bald als zugewandte Orte mit der Eidgenossenschaft verbunden waren, machte die Sache noch komplizierter. St. Gallen konnte sich mit dem Fürstabt nicht anlegen – ohne es mit den Eidgenossen zu tun zu bekommen. Doch was lag näher? Die Fürstabtei war ihr natürliches Hinterland, und ein nicht zu knappes: Es handelte sich um ein Gebiet, das halb so gross war wie der heutige Kanton St. Gallen. Im Wesentlichen bestand die Fürstabtei aus dem Fürstenland und dem Toggenburg. Sie umgab die Stadt von allen Seiten. Ihre Bauern versorgten sie.

Die St. Galler versuchten es zuerst mit Geld – schliesslich hatte man genug davon –, und der Abt, hochverschuldet wie so mancher Kirchenfürst, hatte sich bereits dazu entschlossen, sein Land der Stadt zu verkaufen, um sich auf diese Art und Weise zu sanieren. Doch der Konvent des Klosters lehnte ab. Dann probierten es die St. Galler mit Krieg, den sie aber krachend verloren, weil die Eidgenossen sowohl mit der Fürstabtei als auch mit der Stadt verbündet waren, sich jedoch für die Fürstabtei entschieden hatten. Es war ein Debakel. Hätten die Zürcher sich nicht für die Stadt eingesetzt, wäre sie 1490 von den Eidgenossen kassiert und zu einer gemeinsam verwalteten Vogtei herabgedrückt worden.

Danach war das politische Schicksal der Stadt besiegelt. Sie blieb eine freie Reichsstadt, ein zugewandter Ort der Eidgenossenschaft – nicht weniger, aber auch nicht mehr. Mit anderen Worten, ein politischer Non-Valeur. Wer Ambitionen in dieser Stadt hatte, suchte sie daher sicher nicht in der Politik zu befriedigen noch im Solddienst, denn auch Soldaten hatte diese Stadt keine zu vermieten, also blieb nur eines übrig: der Kapitalismus. Früher als in den meisten übrigen Städten in der Schweiz wandten sich die Eliten in St. Gallen ausschliesslich Handel und Industrie zu. Darin lag ein guter Teil ihres Erfolges.

In mancher Hinsicht wurde St. Gallen zu einer Art Genua der Eidgenossenschaft. Mag der Vergleich auch pompös wirken, ganz überzogen ist er nicht: Die eine Stadt eingeklemmt zwischen Rosenberg und Freudenberg, die andere zwischen Apennin und Mittelmeer, beide hatten nur eine Wahl: sich in der grenzenlosen Welt des Handels und der Finanzen auszudehnen. Territorium blieb ihnen verwehrt. Beide wurden damit reich, sehr reich, wenn auch nicht immer glücklich.

Das Verhältnis der Stadt St. Gallen zur Fürstabtei blieb angespannt und unnatürlich. Hier die Zunftstadt, wo die Bürger sich mehr oder weniger selbst verwalteten, dort die Abtei, deren Chef ein Fürstabt war, also ein Reichsfürst, der schaltete und waltete, wie es ihm beliebte; gewählt von seinen Mönchen, eingesetzt vom Papst, regierte er die Fürstabtei wie ein Monarch. Dass er mitten in der Stadt nach wie vor sein Kloster besass, muss sich für beide Seiten wie eine Zumutung angefühlt haben. Alle Versuche, diese unerwünschte Nachbarschaft zu beenden, scheiterten. Gerne hätte der Abt einmal ein neues Kloster bei Rorschach aufgebaut – als die Städter davon Wind bekamen, machten sie die Baustelle dem Erdboden gleich. Dieser eklatante Übergriff war übrigens der Anlass für den erwähnten St. Galler Krieg, der für die Stadt 1490 so unglücklich endete.

Das Kloster tat keinen Wank. Als sich die Stadt 1527 zum reformierten Glauben bekannte, steigerte sich die Situation ins Unerträgliche – oder ins

Tragikomische. Zwar hatte der neue Glauben zu Anfang auch in der Fürstabtei zahllose Anhänger gefunden, nach der Niederlage der Reformierten bei Kappel im Jahr 1531 erfolgte aber eine Rekatholisierung, insbesondere im Fürstenland wurden die Reformierten geradezu unterdrückt, so dass sich am Ende die Stadt St. Gallen noch einsamer vorkommen musste: politisch und religiös eine Insel, umspült von einem Meer, wo sich nur Feinde tummelten. Wie sollte man sich da noch zu helfen wissen?

St. Gallen lebte von Handel und Industrie. Verflochten mit allen Weltmärkten, war es angewiesen auf sichere, zugängliche Strassen, abhängig vom Goodwill aller Nachbarn, damit Import und Export reibungslos abliefen. Mit anderen Worten, es blieb den St. Gallern gar nichts anderes übrig, als sich zu Virtuosen der Kompromissfindung aufzuschwingen, insbesondere die führenden Kreise dieser Stadt, also die Kaufleute, taten gut daran, sich in der Diplomatie, in der Kunst des Ja-Sagens, aber Nein-Denkens, zu perfektionieren. Ohne Fürstabt, der ihnen mehr oder weniger gewogen war, lieferten sie keine einzige Elle Leinwand über ihre Stadtmauern hinaus. Der Fürstabt war ihr Ärgernis, der Fürstabt war ihre Schule der Politik.

Um geradezu empirisch zu erleben, wie anspruchsvoll dieser Ausgleich gewesen sein muss, reicht es, nach St. Gallen zu fahren und die heutige Altstadt zu besuchen, insbesondere den Stiftsbezirk, wo das Kloster liegt. Nirgendwo sonst in der Schweiz lässt sich der konfessionelle Gegensatz auf kleinerem Raum besichtigen. Man erhält einen Eindruck, wie nah sich Freund und Feind kamen.

Nachdem die Stadt den reformierten Glauben angenommen hatte, war der Fürstabt in der Stadt natürlich unerwünscht, und er residierte nun meistens in Wil, doch sein Kloster in St. Gallen gab er keineswegs auf, und der Stadt gelang es nie, die Mönche zu vertreiben. Stattdessen wurde das Kloster eingemauert, und die Mönche lebten ähnlich wie später die Westberliner in einem feindseligen Umfeld. Wollten sie das Kloster verlassen, mussten sie durch die Stadt, erst nach langen Querelen baute man ihnen ein eigenes Tor, das Karlstor, damit sie direkt ins Fürstenland entfliehen konnten, ohne sich in der Stadt anpöbeln zu lassen. Das war oft genug vorgekommen. Den reformierten Städtern erging es übrigens nicht besser. Wenn sie ihre Stadttore passierten und in die Fürstabtei hinausreisten, erfuhren sie umgekehrt, wie unbeliebt sie bei den katholischen Gotteshausleuten waren, wie man die Untertanen des Abtes nannte. Man plagte sich, man schikanierte sich, Missbrauch und Missgunst, Pedanterie und ewiger Verdruss.

Kampf um das korrekte Tragen des Kreuzes

Es blieb nicht dabei. Periodisch wuchsen Mücken zu Elefanten heran. Es begann mit einem kleinkarierten Streit, dieser eskalierte fast zum Krieg. Wenn es dafür ein drastisches Beispiel gibt, dann der sogenannte Kreuzkrieg, der im Jahr 1697 ausbrach, ein Nervenkrieg zuallererst, am Ende bebte die Eidgenossenschaft. Aus nichtigem Anlass. Wie manches Mal im Jahr wollten die Gotteshausleute eine Prozession zum Kloster vornehmen, wozu sie natürlich durch die Stadt ziehen mussten – jedenfalls meinten sie das, denn im Grunde genommen hätten sie ja auch das klostereigene Karlstor benutzen können, aber ein solcher Einzug durch die Hintertüre wäre wohl als zu wenig feierlich empfunden worden. Also schritten die Katholiken vom Land durch die Gassen der Stadt – unter den Augen der Reformierten, denen nichts anderes übrigblieb, als diesen Anblick zu ertragen. Gewiss, es wurde gespöttelt und getuschelt, es zischte und lästerte im Publikum, doch das war man sich ja gewohnt. Nur hatte sich der neue Abt diesmal eine Provokation ausgedacht.

Er hiess Leodegar Bürgisser und befand sich seit einem Jahr im Amt. Auf den ersten Blick könnte man meinen, der neue Abt sei einfach naiv gewesen, doch das scheint unwahrscheinlich, denn hinter ihm standen seine Beamten, die es besser wussten. Die Provokation war gewollt. Sie drehte sich um die bilateral zwischen Katholiken und Reformierten vereinbarte Handhabung des Kreuzes.

Allen Seiten war es todernst: Wenn Katholiken eine Prozession durchführten, trugen sie in der Regel ihre Kreuze auf Stangen, so dass diese weithin gut sichtbar waren. Weil die Reformierten eine solche demonstrative Verehrung des Kreuzes als Gotteslästerung betrachteten, hatten sich Stadt und Fürstabtei vor Jahren auf einen Kompromiss geeinigt: Demnach duldete die Stadt zwar, dass die Katholiken zum Kloster prozessierten, ebenso durften sie ihre Kreuze mitbringen, allerdings war es ihnen untersagt, sie dabei in die Höhe zu strecken, sondern sie mussten sie wie ein Kind auf dem Arm tragen. Um diesen fein austarierten Kompromiss hatte man zäh gerungen, niemand war richtig zufrieden, dennoch hielten sich alle daran.

Bis Leodegar Bürgisser das eben anders sah. Wenn schon eine Prozession, so dürfte er sich gesagt haben, dann nach allen Regeln der römischen Kirche: Also zogen die Gotteshausleute am 5. Mai 1697 durch St. Gallen und hielten ihre Kreuze aufrecht, als ob sie nie etwas anderes getan hätten.

Ein Triumph ohne Frage, eine Katastrophe zugleich. Die Reformierten griffen zu den Waffen. Kanonen wurden aufgefahren, die Luft brannte, es roch nach Gewalt. Hätte der Abt seine Leute nicht nach Hause geschickt, die Lage wäre ausser Kontrolle geraten. Die Eidgenossenschaft zeigte sich alarmiert. Im Wissen, dass ein solcher Streit das Zeug hatte, die ganze konfessionell entzweite Schweiz gegeneinander aufzubringen, stellte der Vorort Zürich umgehend ein Team von Konfliktexperten zusammen und entsandte es nach St. Gallen – eine Art Peace-Keeping-Mission der frühen Neuzeit. Heute würde sich die UNO damit befassen. Es half nichts. Die Städter rüsteten zum Krieg, der Abt mobilisierte seine Truppen.

Was tun? Aufs Höchste beunruhigt, schalteten sich jetzt alle vier Schirmorte ein, Zürich, Glarus, Schwyz und Luzern, jene eidgenössischen Orte, die die Sicherheit von Stadt und Fürstabtei garantierten. Hektisch eilten ihre Diplomaten in die Ostschweiz. Man traf sich in Rorschach. Achtzehn Tage lang wurde verhandelt. Schliesslich schloss man einen Kompromiss: Sobald die Prozession das Stadttor erreichte, hatten die Katholiken die Kreuze von den Stangen zu nehmen – und nur Geistliche durften sie durch die Stadt tragen, Laien stand das nicht mehr zu. Dafür wurde neuerdings akzeptiert, dass die Geistlichen die Kreuze in die Höhe hielten, aber – und das dürfte die verhärteten Fronten aufgeweicht haben – es war ihnen nicht gestattet, sie mit den eigenen Händen festzuhalten, sondern die Kreuze sollten mit Bändern an der Brust des Priesters befestigt werden, so dass sie auf städtischem Territorium «in keiner Weise ausgestreckt oder erhoben werden mögen»[93]. Immerhin stellten die Katholiken sicher, dass die Bänder aus Seide waren. Für ein Kreuz schien nur der beste Stoff gut genug.

Im Übrigen hatte die Stadt dem Fürstabt einen Schadenersatz von 3800 Gulden zu zahlen. Eine Demütigung, ein Skandal, denn wer hatte den Streit eigentlich angezettelt? Den St. Gallern blieb keine Wahl, war doch inzwischen der französische Gesandte Michel-Jean Amelot, Marquis de Gournay, als Vermittler auf den Plan getreten. Er hatte sich auf die Seite des Abtes gestellt. Sollte die Stadt diese Entschädigung nicht leisten, so drohte er, würde Frankreich den St. Galler Kaufleuten den Marktzugang erschweren. Die St. Galler gaben nach.

Wie und unter welchen Umständen darf ein Kreuz aufrecht durch die Stadt geführt werden? Wegen dieser Frage wären beinahe die gesamten Handelsbeziehungen zwischen St. Gallen und Frankreich zusammengebrochen. Immerhin war der Krieg abgewendet worden. Hass und Wahnwitz in St. Gallen.

Wer heute den ehemaligen Stiftsbezirk aufsucht, spürt davon nichts mehr, doch die Grösse der Stiftskirche müsste ihm zu denken geben: Tatsächlich beruhte nichts auf dem Zufall. Als der Fürstabt im 18. Jahrhundert die mehr als tausend Jahre alte Stiftskirche abriss, um stattdessen eine barocke Kathedrale hochzuziehen, konnte sie ihm nicht gross genug sein. Es lag ihm wohl viel daran, den reformierten Städtern jeden Tag zu beweisen, wo Gott hockt: im prächtigen katholischen Dom, der sämtliche reformierten Kirchen der Stadt weit überragte. Kein St. Galler konnte sie übersehen. Immer wurde er daran erinnert, dass die verhassten katholischen Mönche mitten in der reformierten Stadt ausgeharrt hatten. Hundert Jahre später revanchierten sich die Protestanten. Als sie ihre Hauptkirche St. Laurenzen zwischen 1851 und 1854 vollständig renovierten, bauten sie auch in die Höhe. Der neue Turm misst 72 Meter, 4 Meter mehr als jener der Stiftskirche. Allerdings verfügt diese über zwei Türme. Wettrüsten unter Brüdern und Schwestern.

Herrschaft der Kaufleute

St. Gallen, die beengte, belagerte Stadt: Kann es vor diesem Hintergrund erstaunen, dass die Kaufleute sich lieber mit den Zünftern arrangierten – und diese umgekehrt ebenso? Der gemeinsame katholische Feind lauerte nebenan, jede falsche Bewegung, jede Schwäche konnte die Stadt und die Integrität des neuen Glaubens gefährden. Wenn der Fürstabt angriff, was machten dann die Querelen um zünftische Regeln oder unzünftische Produktion noch Sinn?

Man war zum Kompromiss verdammt, vor allem zum Realismus, was, und das mag unlogisch wirken, die Kaufleute begünstigte. Denn in St. Gallen hingen wirtschaftliche Leistungsfähigkeit und politische Unabhängigkeit enger zusammen als irgendwo sonst: Verarmte die Stadt, wäre es nicht lange gegangen, und sie hätte auch ihre Freiheit verloren. Deshalb kam den Kaufleuten grosses Gewicht zu. Sie waren der einzige Aktivposten. Ohne sie, ohne ihr Exportwissen, ohne ihren Handelserfolg und ihre Weltläufigkeit, hätte St. Gallen nicht lange überstanden.

Ein Zweites kommt hinzu: Die Kaufleute konnten die Zünfte auch leichter unter Druck setzen, weil St. Gallen über keinerlei Untertanengebiet verfügte. Die Stadt kontrollierte ihre Landgebiete nicht wie etwa Zürich. St. Gallen sah sich deshalb ausserstande, zünftische Regulierungen seinem Umland aufzuzwingen. Wer etwa im Fürstenland als Handwerker lebte und sich den Vorschriften der Weberzunft nicht unterziehen wollte, konnte das tun, ohne dass er sich Scherereien mit der städtischen Obrigkeit einhandelte. Die Stadt hatte auf dem Land nichts zu sagen – der Fürstabt herrschte hier – und freute sich wohl insgeheim, wenn die Stadt ohnmächtig zuzusehen hatte, wie ihr Monopol durchbrochen wurde. Zürich musste sich das nie gefallen lassen – sondern ihre Gesetze, in der Stadt beschlossen, galten auch für das Land. Ähnlich war es in Basel, Bern oder Schaffhausen. Ob sich die Leute auf dem Land dann auch an solche oft wirtschaftsfeindlichen Gesetze hielten, ist eine andere Frage. In St. Gallen aber konnte man fürs Land nicht einmal solche Gesetze erlassen.

Diese schwache Position der Stadt St. Gallen stärkte die Kaufleute: Wenn es die Zünfte übertrieben, konnte man immer aufs Land ausweichen. Wenn also ein Kaufmann schon nur damit drohte, sein Geschäft und damit auch seine Aufträge nach Gossau oder Rorschach zu verlegen, stürzte er damit die Zünfte in ein Dilemma – nachgeben oder untergehen? Meistens optierten sie für das Erstere. Auch dann kam es übrigens immer wieder vor, dass Kaufleute der Stadt den Rücken kehrten, weil ihnen die Regulationsdichte nicht zusagte. So zog etwa die Familie Gonzenbach, eine alteingesessene Kaufmannsfamilie mit etlichen Meriten, im 17. Jahrhundert kurzerhand nach Hauptwil, wo sie bald einen Konkurrenzbetrieb aufgebaut hatte, der den St. Gallern das Geschäft verdarb. Die Zünfter bekamen das mit. Umso vorsichtiger agierten sie.

Am Ende war die Stellung der Kaufleute in der Stadt politisch so unangefochten, dass es für sie gar in Frage kam, sich formell aus der Stadtregierung zurückzuziehen. Hatten die Kaufleute früher regelmässig den Bürgermeister gestellt und die Räte mit eigenen Leuten besetzt, überliessen sie seit Anfang des 18. Jahrhunderts die höchsten Ämter grosszügig den Zünften – das kaufmännische Directorium war so einflussreich geworden, dass es zu einer Art Nebenregierung aufstieg, die sich immer dann meldete, wenn sich die Politik um die Interessen des Handels und der Wirtschaft drehte. In der Regel übernahmen die Directoren die Politik dann ganz und machten jene Gesetze, die sie für nötig hielten – oder stellten sich gegen die Zünfte, wenn diese überzogen. Wie im Fall von Peter Bion.

Der muss das gewusst haben, so rücksichtslos wie er vorging. Sein Geschäft expandierte auf der Stelle – ohne dass die St. Galler Zünfter viel davon gehabt hätten, aber vielleicht auch ohne dass ihnen dies aufgefallen wäre. Nachdem sie Bion in die Weberzunft genötigt hatten, liess ihr Interesse nach, wohl auch deshalb, weil sich kein Barchentweber in der Zunft befand, der die Konkurrenz des «Welschen» spürte. Die Revolution, die er betrieb, blieb unbemerkt. Dabei war, was er tat, unerhört – für die Zeitgenossen, während wir heute sein Vorgehen wohl für das Selbstverständlichste der Welt halten würden. Der St. Galler Historiker Hermann Wartmann hat das schon 1875 präzis beschrieben: «Peter Bion [liess] seine rohe Baumwolle zu Garn verarbeiten, wo es ihm vorteilhaft war, kaufte er weiteres Garn ein, wo es ihm beliebte, liess er dieses Baumwollgarn von seinen eigenen Leuten mit Leinengarn zu Barchent verarbeiten und vertrieb er selbst seinen Barchent in aller Herren Länder.»[94] Mit anderen Worten, Bion verhielt sich wie ein ganz gewöhnlicher Kapitalist, insbesondere führte er das Verlagssystem ein, das bisher in der Ostschweizer Leinenindustrie kaum verbreitet gewesen war. Stattdessen hatte hier ja seit Jahrhunderten das sogenannte Kaufsystem vorgeherrscht: Der Bauer pflanzte irgendwo in der Ostschweiz (oder in Schwaben) Flachs an, die Bäuerin gewann aus dessen Stängeln Leinenfasern und verspann sie zu Garn. Dieses verkaufte sie an einen Weber, der daraus Stoff machte. In der Regel arbeitete der Weber in der Stadt, es sei denn, er brach die Zunftvorschriften und tat es heimlich auf dem Land. Nachdem er den Stoff fertiggestellt hatte, brachte er ihn zur Leinwandschau in St. Gallen, um ihn nach bestandener Prüfung an einen Kaufmann weiterzuverkaufen. Dieser exportierte die Leinwand schliesslich in alle Welt.

Jeder Beteiligte war für eine Zeitlang Besitzer des Produktes. Im Verlag von Peter Bion sah das anders aus. Vom Moment an, da er die Baumwolle aus Übersee importiert hatte, gehörte zuerst der Rohstoff, dann das weiterverarbeitete Garn und Tuch ihm allein. Damit sparte er Kosten, damit war es ihm möglich, immer den billigsten Anbieter zu wählen, damit blieb er konkurrenzfähiger als die Leinenhersteller, sein Barchent war preisgünstiger, obwohl er den Rohstoff von weit her einführen musste.

Bion optimierte jede Produktionsstufe: Die Baumwolle kaufte er vorwiegend in Acre und Zypern ein, manchmal auch in Saloniki oder Guadeloupe in Westindien, dabei gelangte sie aus dem Osten über Venedig oder Marseille in die Schweiz, jene aus Amerika importierte er über Nantes oder Amsterdam. Kaum angekommen, liess er sie im Glarnerland und in den Zürcher Landgebieten verspinnen. Dass er dort sein Garn gewann – und nicht in der Ostschweiz – war vermutlich eines der Geschäftsgeheimnisse, die er den St. Gallern Zünftern unter keinen Umständen hatte verraten wollen, was darauf hindeutet, dass er hier einen wesentlichen Teil seines Kostenvorteils herausholte. Bald fand er aber offenbar auch in der Umgebung von St. Gallen Heimarbeiter, die für ihn tätig wurden. Um aus seinem Garn Stoff zu fertigen, setzte er in der Stadt unzünftige Weber ein, die – und auch das war neu – im Verlag für ihn arbeiteten, ein weiterer Grund, warum er die Leinenweber preislich weit unterbot. Schliesslich wurde das Barchent, in Kisten oder Ballen verpackt, von St. Gallen aus exportiert. Eine Leinwandschau fand nicht statt. Es gab sie schlechterdings für Baumwollstoffe nicht, obschon ja auch Barchent neben der Baumwolle Leinen enthielt. Wenn die Weber das übersahen oder sich nicht darum kümmerten, zeigt das abermals, wie eigentümlich pedantisch und nachlässig zugleich sie über ihr Gewerbe wachten: Oder war es Arroganz? Zuerst konnten sie Bion, das Mitglied der Schneiderzunft, nicht streng genug massregeln, bis er in ihre Zunft wechselte, dann aber scheint sich die Sache für sie erledigt zu haben. Für Bion fing sie erst an: Er produzierte und exportierte so schwungvoll, dass nach kurzer Zeit auch andere St. Galler Kaufleute in dieses neue Geschäftsfeld drängten und sich von der Leinwand abwandten. Auch sie traten jetzt als Verleger auf, und Hunderte von Heimarbeitern, die vorher für die Leinwand gelebt hatten, stiegen auf die Baumwolle um. Die St. Galler Baumwollindustrie, die es vor wenigen Jahren noch kaum gegeben hatte, war geboren. Sie stieg innert kurzer Zeit zum dominanten Zweig der gesamten Textilindustrie in der Ostschweiz auf. Begonnen hatte es mit einem fremden Fötzel, der sich nicht an die Regeln gehalten hatte.

Wie rentabel das neue Geschäft gewesen sein muss, wie begehrt das Tuch aus Baumwolle geworden ist, zeigt die lange Liste der Destinationen, die Bion mit seinem Barchent beliefert hat: Memmingen, Wien, Innsbruck, Bozen, Basel, Genf, Lyon, Paris, Strassburg, Mailand, Genua, Turin, Livorno – und wieder Venedig.

Wenn wir daran denken, dass er die Baumwolle vorher unter anderem aus Venedig eingeführt hatte, um sie dorthin wieder auszuführen, dann können wir ermessen, um wie viel billiger er offensichtlich in der Schweiz zu produzieren in der Lage gewesen war. Man hätte den Rohstoff ja geradeso gut in Venedig verarbeiten können, um sich die nach wie vor erheblichen Transportkosten über die Alpen zu sparen. Dass ein Glarner in seinem verwunschenen Tal, ein Appenzeller in seinen Hügeln und ein Fabrikant in St. Gallen effizienter als ein Venezianer und mit besserer Qualität den modernsten Stoff der Epoche herzustellen vermochte, ist doch bemerkenswert. Wunder des Kapitalismus. Bald war St. Gallen, die kleine Stadt zwischen Rosenberg und Freudenberg, reicher als die einst erstaunlichste Handelsstadt des alten Europas.

Die dunkle Hinterlassenschaft der Sklaverei

Die Baumwolle, die Bion aus Guadeloupe bezog, war mit Sicherheit von Sklaven angebaut worden. In der Karibik waren seit dem 16. Jahrhundert Plantagen entstanden, die ausschliesslich mit Sklaven betrieben wurden, bald breitete sich diese Produktionsweise über Südamerika aus, insbesondere über Brasilien, schliesslich kam sie im südlichen Teil der heutigen USA auf, im «Old South». Das war ein grausames System. Die Sklaven, mehrheitlich Menschen aus Afrika, die man in diese sogenannte Neue Welt verschleppt hatte, arbeiteten unter härtesten Bedingungen. Sie wurden geschlagen und ausgepeitscht, verkauft und versteigert, auf der Flucht erschossen oder zu Tode gebracht, indem man sie aushungerte oder misshandelte. Ihre Familien wurden systematisch zerstört, ihre Kultur ausgelöscht – was allerdings nicht gelang. Die Widerstandskraft unterdrückter Menschen hat sich immer als viel grösser erwiesen als die Bösartigkeit der Menschen, von denen sie gequält wurden. Es gibt vielleicht keine brutalere Institution in der Menschheitsgeschichte. Darüber kann es keinen Zweifel geben.

In den vergangenen Jahren ist in allen Ländern des Westens eine angeregte Debatte darüber aufgekommen, wie schwer die Schuld der Europäer und der Amerikaner wiegt, die dieses System unterhalten haben. Zum einen geht es um moralische Fragen, die auf der Hand liegen, zum anderen aber auch um ökonomische: Inwiefern erleichterte die Sklavenarbeit, die in der westlichen Hemisphäre für lange Zeit die freie Lohnarbeit sogar übertraf, den Aufstieg des westlichen Kapitalismus? War sie die Voraussetzung dafür? Selbst was die Schweiz anbelangt, stellen sich solche Fragen, obwohl das Land offensichtlich nicht an vorderster Front an der Kolonisierung Amerikas beteiligt war. Weder die alte Eidgenossenschaft noch der moderne Bundesstaat besassen je irgendwo Kolonien wie andere europäische Klein- und Mittelstaaten, von den Grossmächten nicht zu reden. Portugal hatte Kolonien, Holland, Belgien, selbst Dänemark. Um eine politische Vergangenheitsbewältigung geht es im Fall der Schweiz also nicht.

Wirtschaftlich waren die Beziehungen zu Amerika allerdings vielfältig, auch zum Sklavensystem. Wie sollte es anders sein? So früh die Schweiz zu den kapitalistischen Frontrunnern gehörte, so früh war sie in den Handel mit Übersee involviert, ob das nun der Handel mit dem Osten oder mit dem neuen Westen betraf.

Schweizer Bankiers versicherten und finanzierten Schiffe, die Sklaven aus Afrika nach Amerika transportierten, sie besassen Plantagen in der Karibik oder im amerikanischen Süden, sie arbeiteten als Aufseher in Brasilien oder auf Kuba, sie kauften, verkauften und konsumierten Produkte, die letzten Endes aus Sklavenplantagen stammten, etwa Zucker, Tabak, Baumwolle oder Reis. Ebenso gab es im 18. Jahrhundert Kantone, zum Beispiel Bern, die Aktien von Reedereien oder Handelsgesellschaften zeichneten, die mit dem Sklavenhandel ihr Geld verdienten. Schliesslich gab es sogar Schweizer Söldner, die sich in Amerika einsetzen liessen, um Sklavenaufstände zu bekämpfen. Drei konkrete Beispiele sollen veranschaulichen, wie wir uns diese Verstrickungen in die Sklaverei vorzustellen haben.[95]

Der Genfer Christophe Jean Baur (1699–1770) etablierte im Jahr 1740 gemeinsam mit dem Hugenotten Jean-Claude Tourton aus Lyon die Bank Tourton & Baur. Seinen Sitz nahm das Institut in Paris, es zählte bald zu den führenden der Hauptstadt. Mit je 375 000 Livres beteiligten sich die beiden Partner an der Société pour le commerce de la traite des nègres à la côte d'Angola et de là aux îles de Saint-Domingue, die kurz als Société d'Angola bekannt wurde. 1748 in Nantes gegründet, einer wichtigen französischen Hafenstadt, widmete sich die Firma vornehmlich dem Sklavenhandel, wie der Name unmissverständlich klarstellt. Man kaufte in Angola afrikanischen Händlern Sklaven ab und verfrachtete sie in die Karibik. Das war eine entbehrungsreiche, oft tödliche Überfahrt. Man schätzt, dass 10 bis 20 Prozent der Afrikaner auf dem Weg starben. Ihre Leichen warf man in den Atlantik. Baur verschied 1770, seine Bank bestand bis 1780.

1719 erwarb der Staat Bern Aktien der britischen South Sea Company in London. Die Firma hatte 1714 vom König von Spanien das Monopol erhalten, Lateinamerika mit Sklaven zu beliefern. Vorher hatte eine französische Gesellschaft dieses Privileg besessen. Das Monopol wurde für dreissig Jahre gewährt. 1734 stiess Bern die Aktien wieder ab, warum, ist unklar.

In diesen fünfzehn Jahren schickte die Firma rund 20 000 Sklaven von Afrika nach Amerika, wovon gegen 2000 den Transport nicht überlebten.

1720 war die South Sea Company beinahe bankrottgegangen, nachdem sie eine der berüchtigtsten Spekulationsblasen der Weltwirtschaftsgeschichte hervorgerufen hatte, die «South Sea Bubble». Systematisch hatte die Firma in der City of London, auf dem Finanzplatz, Gerüchte gestreut, wonach sie ungeheure Gewinne im Sklavenhandel erzielte. Tatsächlich war das Gegenteil der Fall, man machte nur Verluste. In der City ahnte man nichts davon. Amerika lag weit weg, und die Falschinformationen konnten kaum überprüft werden. Dass man ihnen aufsass, mag damit zusammenhängen, dass es Leute aus den höchsten Kreisen der englischen Aristokratie waren, die die Firma führten, unter anderem der Schatzkanzler persönlich. Wenn eine Geschäftsleitung vorwiegend aus Lords bestand, konnte ja nichts schiefgehen. Korruption, Insiderhandel und andere unorthodoxe Geschäftsmethoden waren ohnehin weitverbreitet im damaligen London.

Auf jeden Fall schraubten sich die Aktien in schwindelerregende Höhen. Hatte man 1719 noch 100 £ für eine Aktie bezahlt, lag ihr Wert ein Jahr später bei 1000 £. Natürlich wollte jedermann an dieser fantastischen Geldvermehrung teilhaben, es war ein Börsenfieber ausgebrochen, das ganz England ansteckte, ja offensichtlich auch die Schweizer im fernen, soliden Bern: Aristokraten, Bankiers, Anwälte, aber auch Pfarrer, Handwerker und Bauern investierten in die Gesellschaft, die im Ruf stand, Geld wie Heu zu machen, ohne dass man genau Bescheid wusste, wie sie das fertigbrachte. Sogar die Mätressen von George I. wurden als Investorinnen gewonnen, zu Vorzugskonditionen, um die Gunst des Königs zu erwirken. Im August 1720 wendete sich das Blatt. Die Aktien begannen zu fallen, in einem Tempo, das innert kürzester Zeit weite Kreise der besten Londoner Gesellschaft in den Ruin trieb. Es folgten parlamentarische Untersuchungen, ein neues Gesetz, Entlassungen und Verhöre, schliesslich kam man dem Betrug auf die Spur, und zahlreiche Lords, die als Direktoren fungiert hatten, endeten in Schande. Die einen starben vorzeitig, die anderen wurden ins Gefängnis geworfen, unter anderem der Schatzkanzler. Selbst die Königsfamilie musste zittern. Nur mit Glück überstand sie den Skandal.

Die Berner behielten die Nerven – und verkauften ihre Aktien selbst dann nicht, als sie im September 1720 fast nichts mehr wert waren und jedermann in der City sie auf den Markt warf. Sie sollten recht bekommen. Die South Sea Company wurde saniert, erholte sich und lieferte endlich jene aussergewöhnlichen Profite, von denen man vorher nur fabuliert hatte. Der Sklavenhandel florierte – und Berns Aktien stiegen. So wuchs der legendäre Berner Staatsschatz jahrein, jahraus. 1723 war Bern sogar der grösste Aktionär geworden, vor der Bank of England und George I. – der König hatte offenbar wieder Vertrauen ins Geschäft geschöpft. Als der Kanton sich 1734 von seiner Beteiligung an der South Sea Company trennte, dürfte er insgesamt beachtliche Gewinne eingestrichen haben. Im Übrigen war Bern nicht der einzige Schweizer Aktionär gewesen, auch die Stadt Zürich hatte 1727 Aktien der South Sea Company gekauft, 120 Stück. Wie lange man sie gehalten hat, ist offen.

Eine Familie und ihre Verstrickungen: de Pury

Ein drittes Beispiel ist eine Familiengeschichte, manchmal eine glückliche, dann wieder eine unglückliche, eine abenteuerliche auf jeden Fall. Jean Pierre Pury (1675–1736) stammte aus einer alten, renommierten Neuenburger Familie, die 1709 vom preussischen König geadelt wurde. Pury fing als Finanzbeamter in Boudry an, um später zum Maire von Lignières ernannt zu werden, nebenbei betrieb er ein Exportgeschäft, unter anderem verkaufte er Wein nach England und Holland. 1711 ging er jedoch in Konkurs, und es blieb ihm nichts anderes übrig als auszuwandern, wollte er die Reputation seiner neuerdings adligen Familie schützen. Zu gross schien die Blamage. Er trat als Gemeindeammann zurück, reiste nach Holland und heuerte dort als Korporal bei der Ostindien-Kompanie an, einer privaten Gesellschaft, die zu jener Zeit als eines der grössten Handelsunternehmen der Welt galt.[96] Wie der Name sagt, konzentrierte sich die Firma auf das Geschäft mit «Ostindien», eine Bezeichnung, womit man seinerzeit ganz Asien meinte, in Abgrenzung zu «Westindien». So nannte man Amerika. Eine groteske Begrifflichkeit, zu der es ja nur gekommen war, weil Kolumbus zeitlebens darauf beharrte, er hätte Indien entdeckt, als er Amerika fand.

1602 von niederländischen Kaufleuten gegründet, hatte die Vereenigde Oostindische Compagnie (VOC) von der eigenen Regierung das Handelsmonopol für den gesamten Fernhandel mit dem Osten erhalten, was sie unendlich reich machte: Im Wesentlichen brachte man Gewürze nach

Europa, vor allem Pfeffer, aber auch Muskat, Zimt und Gewürznelken, später kamen allerlei Textilien dazu, die meisten Güter stammten aus Indien und dem heutigen Indonesien. Wichtigster Stützpunkt der VOC war Batavia, eine Stadt, die sie auf der Insel Java neu gegründet hatte. Heute heisst sie Jakarta und ist die Hauptstadt von Indonesien.

Jean Pierre de Pury blieb vier Jahre im Dienst der VOC. Vermutlich reiste er mehrere Male ums Kap der Guten Hoffnung nach Ostasien. Was er dort genau tat und erlebte, ist unklar, Risiken scheute er keine, so soll er auf der Suche nach neuem Land für Kolonisten sogar das südliche Australien erreicht haben. Fest steht, dass er längere Zeit am Kap stationiert war. Da hatte die VOC 1652 eine Siedlung ins Leben gerufen, aus der das heutige Kapstadt hervorgehen sollte. Weil damals kaum ein Europäer dazu überredet werden konnte, nach Südafrika auszuwandern, herrschte stets Mangel an Arbeitskräften – was die VOC damit behob, dass sie Sklaven einführte. Bei den meisten handelte es sich um Malaien, die man aus Indonesien verschleppt hatte, vereinzelt gab es auch Afrikaner, die einheimischen Händlern abgekauft worden waren. Die afrikanische Urbevölkerung am Kap, vorab Nomaden, liess sich nicht versklaven.

Offensichtlich hatte de Pury, ein gläubiger Calvinist, wenig am Einsatz von Sklaven auszusetzen. Vielmehr schrieb er aufgrund seiner Erfahrungen am Kap zwei Berichte, in denen er die Sklaverei auch für andere Kolonien empfahl, insbesondere in Amerika. Ganz wohl scheint es ihm dabei doch nicht gewesen zu sein. Immerhin war die Sklaverei zu jener Zeit in Westeuropa längst abgeschafft worden und kam kaum mehr vor, ebenso war es verboten, Christen zu versklaven, was de Pury dazu gedrängt haben mag, seine Empfehlung besser zu begründen. Das tat er, indem er auf die Römer verwies, was in jener Epoche, als alles, was mit der Antike zusammenhing, für vorbildlich gehalten wurde, sicher ein valables Argument darstellte. De Pury schlug vor, in Amerika oder Australien eine Kolonie mit Schweizer Siedlern zu gründen – ob mit Sklaven oder ohne, ist offen. Mehr am Herzen lag ihm seine Theorie, wonach der beste Ort für eine Kolonisation sich jeweils auf 30 bis 33 Grad nördlicher beziehungsweise südlicher Breite befinde. Hörte ihm jemand zu? In Holland, wohin er nach vier Jahren bei der VOC zurückgekehrt war, wollte niemand auf seine Pläne eingehen, also wandte er sich an die Franzosen, dann an die Engländer, schliesslich an den Duke of Newcastle, der als Kolonialminister für die «südlichen Gebiete» der Welt zuständig war. Er zeigte sich interessiert, zumal zu jener Zeit South Carolina in Britisch-Amerika dichter besiedelt werden sollte, um es besser gegen die Franzosen und Spanier zu verteidigen. Man zog europäische Protestanten vor, also passte perfekt, was de Pury anbot.

Zufrieden reiste er in die Schweiz und warb in Neuenburg und Genf für sein koloniales Vorhaben. Rund fünfhundert Leute meldeten sich begeistert, doch als sie sich in Neuenburg eingefunden hatten, um die Reise nach Amerika anzutreten, machten die englischen und schweizerischen Investoren der Kolonie einen Rückzieher. Keiner von ihnen wollte, wie zugesichert, für die Überfahrt der Auswanderer aufkommen, alle Kredite wurden storniert, auch vom Land, das man de Pury versprochen hatte, war keine Rede mehr. De Pury bettelte, schimpfte, drang auf sie ein: Es half nichts. Hunderte von Emigranten sassen nun wochenlang in Neuenburg fest. Ohne Plan und Ziel, ohne Essen und ohne Bett. Am Ende musste die Stadt sie versorgen. Manche warfen de Pury vor, sie getäuscht zu haben.

Wenn aber den weltläufigen Neuenburger etwas auszeichnete, dann seine Hartnäckigkeit. Es sollten zwar Jahre vergehen, bis er endlich zum Zug kam, aber de Pury gab nie auf. 1730 stellte er Robert Johnson, dem neuen königlichen Gouverneur von South Carolina, sein Projekt vor, und da sich die militärische Lage dort keineswegs entspannt hatte und man nach wie vor «Protestanten» suchte, willigte dieser auf der Stelle ein. Innert kurzer Zeit sammelte de Pury in der Schweiz abermals Emigranten ein, was verblüfft, wenn man sich daran erinnert, wie viele sich vor Jahren ihm anvertraut hatten, ohne je nach Amerika zu gelangen. Besonders in den Jurahöhen, so hiess es, brach jetzt das «Carolina-Fieber» aus. Schliesslich erklärten sich wiederum rund fünfhundert Leute zum Auswandern bereit, zwei Drittel waren Welsche, ein Drittel Deutschschweizer. De Pury selbst begab sich nun mehrere Male nach Amerika, um alles vorzubereiten. Von 1732 an begann er seine schweizerische Stadt in Amerika zu bauen: Man nannte sie Purrysburg – zu Ehren ihres Gründers. Sie lag an der Grenze zwischen South Carolina und Georgia am Savannah River. Insgesamt wohnten hier schon 1736 rund fünfhundert Schweizer, ergänzt um ein paar protestantische Flüchtlinge aus der Kurpfalz, Salzburg und dem Piedmont. Gut hundert Häuser hatte man errichtet. War es nicht ein Erfolg?

Die Stadt gibt es heute nicht mehr. Tatsächlich überlebte sie kaum mehr als ein paar Jahre. De Pury hatte Glück im Unglück. Er starb schon 1736 an der Malaria – und musste nicht mehr mitansehen, wie sein Lebenswerk zerfiel. Zwar lag die Stadt günstig, doch dann eben wieder nicht: Das Klima war mörderisch heiss und feucht, die Böden lausig, Krankheiten dezimierten die Schweizer, die sich an frischere Luft im Jura gewöhnt waren, und wenn sie Beschwerden an die kolonialen Behörden richteten, erhielten sie keine Antwort. Hinzu kamen interne Querelen, für die wohl auch de Pury verantwortlich war. Man stritt sich um das Land, weil einige Grundstücke anscheinend mehrfach verschenkt worden waren oder sich als wertlos herausgestellt hatten. Manche waren mit ein paar Quadratmetern im Sumpf abgespeist worden. Als sie sich beklagten, bekamen sie kein trockenes Land, sondern einfach doppelt so viel Sumpf. Bald zogen die Leute frustriert aus Purrysburg weg, um sich an besseren, gesünderen Orten in South Carolina oder Georgia niederzulassen. Noch heute zeugen schweizerische Namen auf den Grabsteinen der Friedhöfe in jener Gegend von den ehemaligen Pionieren.

Pioniere, das waren sie auf jeden Fall. Angelockt von der Aussicht auf ein neues Leben, auf eigenes Land, Abenteuer und Aufstieg, hatten sie viel aufs Spiel gesetzt. Umso bitterer die Enttäuschung. Hinterher ist es schwer zu sagen, ob sie gar in die Irre geführt worden waren, wie einige Siedler behaupteten – oder ob das eigene Unvermögen sie ins Verderben gerissen hatte. Die Berichte, die sie nach Hause schickten, widersprachen sich so eklatant, dass die Lage in Purrysburg kaum objektiv abzuschätzen ist: «Was ich in Europa über dieses Land gehört habe, hielt ich damals für eine Fabel», schrieb Anthony Gondy 1733 an seinen Bruder in Lausanne, «aber alles ist noch viel lieblicher, besser und schöner als beschrieben. Wir Europäer besitzen etwa 300–400 Hühner, Gänse und Enten, rund 600–700 Schweine, 200 Kühe und etwa 400 Pferde. Mit anderen Worten, es ist unglaublich, und ich rate allen unseren Freunden und Verwandten, die nicht über allzu viele Mittel verfügen, hierher zu kommen. Sie werden es mir danken.»[97]

Diametral anders klang es bei Samuel Dyssli: «Was die Qualität dieses Landes betrifft, kann ich nur jedermann davor warnen, hierher zu kommen. Krankheiten herrschen vor, und die Menschen sterben in Massen. Die Kinder verlassen ihre Eltern, und die Eltern verlassen ihre Kinder. Und wenn die Kinder dann arbeiten müssen, werden sie wie Sklaven behandelt und aufgezogen wie die Wilden. Ebenso wenig erhalten die Siedler irgendwelche Provisionen wie früher. Ausserdem ist alles sehr teuer.»[98]

Dyssli stammte aus Burgdorf im Kanton Bern. Den Brief hatte er 1737 an seine Mutter und speziell an seinen Bruder gerichtet, den er unbedingt von der Auswanderung abhalten wollte: «Ich kann es nicht genug betonen: Schaut zu, dass niemand sich danach sehnt, in dieses Land einzuwandern. Ich weiss, dass es Leute gibt, die ich gut kenne und die in die Schweiz zurückkommen mit Briefen, wonach Carolina ein gutes Land sei, aber das ist ein verdammter Betrug!»[99] Gondy dagegen hielt fest: «Dieses Land ist ein irdisches Paradies. Da gibt es alles, was man begehrt.»[100]

Die meisten Schweizer waren in der Erwartung gekommen, als Bauern ihr Land zu bewirtschaften, ob sie das mit Sklaven taten, ist unklar, doch deutet manches darauf hin. Ob dies auf de Purys ursprünglichen Plan, den er in Südafrika entworfen hatte, zurückzuführen ist, scheint allerdings wenig plausibel. In South Carolina hatte sich zu jener Zeit das Plantagensystem mit Sklavenarbeit bereits ausgebreitet. Wer dorthin ging, brauchte nicht de Pury, um auf diese Idee zu kommen. Dyssli schrieb: «Carolina sieht mehr aus wie ein ‹Negerland› als ein Land, das von weissen Siedlern besiedelt worden ist. In Charleston und dessen Umgebung kommt auf 20 Schwarze ein Weisser, man nennt sie ‹Negros›, aber sie sind alle Sklaven. Die Weissen mischen sich mit den Schwarzen, und die Schwarzen mit den Weissen, und wenn ein weisser Mann ein Kind erhält von einer schwarzen Frau, tut man, als wäre nichts geschehen. Eine solche Schweinerei wird in diesem Land nicht bestraft.»[101]

Nachdem Jean Pierre de Pury gestorben war, dürfte sich der Niedergang seiner Stadt beschleunigt haben. Selbst seine Familie verlor jedes Interesse. Acht Kinder hatten er und seine Frau Lucrèce, vier starben im Kindesalter, von zwei wissen wir Genaueres, beide wollten mit Purrysburg nichts zu tun haben: David, der jüngere Sohn, war gar nie erst nach Amerika mitgekommen, sondern in Europa geblieben, Charles, der ältere, hatte zunächst zwar als Nachfolger seines Vaters die Kolonie geleitet, zog dann aber weg ins nahe Beaufort. Er nahm ein böses Ende. Einer seiner Haussklaven vergiftete ihn. Jahre später verstarb auch seine einzige Tochter kinderlos, so dass die de Purys in Amerika wieder verschwanden.

Karriere in Lissabon: David de Pury

Beide Söhne blieben allerdings in die Sklaverei verstrickt. Charles als Sklavenbesitzer, David als Investor. Er sollte auch der berühmtere werden, vor allem der reichere. In Neuenburg, seiner Vaterstadt, steht ein Denkmal auf einem schönen Platz, der seinen Namen trägt. Der Mann, 1709 hier geboren und 1786 in Lissabon gestorben, gehört vielleicht zu den bekanntesten Sklavenhändlern der Schweiz, wobei schon dieser Begriff leicht zugespitzt ist: De Pury machte sich nie die Hände schmutzig, indem er etwa selbst Afrikaner eingefangen und nach Amerika transportiert hätte, auch besass er dort keine Plantage und wies seine Leute nicht an, Menschen auszupeitschen. De Pury finanzierte aber solche Tätigkeiten – und wurde damit unermesslich reich. Als er starb – ohne Nachkommen –, vermachte er sein Vermögen der Stadt Neuenburg. Die Summe belief sich auf zwei Millionen Livres Tournois. Auf heutige Verhältnisse umgerechnet, handelt es sich um einen Betrag von rund 600 Millionen Franken, und das kam bloss etwa drei Vierteln seines Reichtums gleich. Er war ein Milliardär avant la lettre.

David de Pury verbrachte seine Kindheit im Waisenhaus von Neuenburg – sein Vater war nach Ostasien verreist, seine Mutter kümmerte sich selten um ihn.[102] 1725, im Alter von sechzehn Jahren, verliess er die Schweiz und machte in Marseille eine Handelslehre. 1730 wechselte er nach London. Hier wurde er für die South Sea Company tätig, später zog er nach Lissabon, wo er zu einem einflussreichen Bankier aufstieg. Wenn man daran denkt, dass dieser Mann sich seit seiner Geburt so gut wie allein durchgeschlagen hatte, war das eine bemerkenswerte Karriere. Gewiss, sein adliger Name und das Netzwerk seines Vaters dürften ihm geholfen haben, dennoch gilt: Das war ein Selfmademan trotz eines Namens, der anderes vermuten liess. Sicher ist sein Erfolg auch in der Tatsache zu suchen, dass es ihm gelang, sich dem Ersten Minister anzudienen, dem Marques de Pombal, einem mächtigen Reformer, der faktisch das Königreich Portugal regierte. Pombal vertraute de Pury, er suchte seinen Rat, und er zeigte sich dafür erkenntlich. 1762 wurde de Pury zum offiziellen Bankier des Königs ernannt. Im Lauf seines langen Lebens erwarb der Protestant aus der Schweiz ein sagenhaftes Vermögen, das er 1755 allerdings im Erdbeben von Lissabon fast vollständig verlor, um es wenige Jahre später wiederherzustellen und dann noch weiter zu vermehren.

Wie er dieses Wunder fertiggebracht hat, ist leicht zu erraten. Denn de Pury hatte nicht nur eine eigene Bank gegründet, sondern sicherte sich auch die Schürfrechte an der grössten Diamantenmine der Portugiesen in Brasilien – das riesige Land befand sich damals als Kolonie in ihrem Besitz. Der Ort hiess Tejuco, bald nannte man ihn richtigerweise Diamantina. Damit hatte de Pury ein ausserordentlich lukratives Privileg erworben, das er zweifellos seinen guten politischen Beziehungen verdankte, zumal es nur sechs Personen zustand. Natürlich wurden für den Abbau Sklaven eingesetzt. In keinem Land der Neuen Welt gab es so viele Sklaven wie in Brasilien. Dabei hatte niemand wohl ein härteres Los als die Sklaven, die in Minen ausgebeutet wurden. Da die Portugiesen Diamantina ausserdem hermetisch abgesperrt hatten, um jeden Diebstahl von Diamanten zu unterbinden, durften sich nur sechshundert Sklaven im Ort aufhalten, was die Arbeitsbelastung zusätzlich steigerte – als wäre die Arbeit in dieser sonst menschenleeren, unwirtlichen Gegend nicht schon brutal genug gewesen. Aus dem gleichen Grund zwang man die Sklaven, allesamt junge Männer, nackt zu arbeiten, bloss einen Lendenschurz gestattete man ihnen – ganz gleich, was für ein Wetter herrschte, ob es kalt war oder regnete. Niemand durfte einen Diamanten heimlich an sich nehmen und verstecken. Trotzdem kam es immer wieder vor. Die Lebenserwartung dieser unglücklichen Menschen erwies sich als sehr kurz.[103]

De Pury beteiligte sich darüber hinaus an weiteren Geschäften, die mit Sklavenarbeit verbunden waren, und auch hier dürfte er enorme Gewinne gemacht haben. Unter anderem besass er ein Monopol für den Import von Tropenhölzern aus Brasilien nach Europa, und selbstverständlich waren diese Hölzer von Sklaven gefällt, entrindet und ans Meer transportiert worden. Schliesslich investierte er als Grossaktionär in eine Gesellschaft, die Sklaven afrikanischen Händlern in Angola abkaufte und nach Südamerika verschiffte.

1786 starb er in Lissabon. Angesehen, geschätzt, legendär, inwiefern man ihn, der auch britischer Staatsbürger geworden war, überhaupt noch als einen Schweizer betrachtete, ist unbekannt. Man begrub ihn auf dem englischen Friedhof von Lissabon.

Offensichtlich hatte de Pury aber im Waisenhaus von Neuenburg eine glückliche Kindheit erlebt. Anders ist es kaum zu erklären, dass er nun fast sein ganzes Vermögen der Heimatstadt überliess. Die Stadt nahm die Erbschaft dankbar entgegen. Woher das Geld kam, interessierte niemanden. Keiner stellte Fragen, und wenn man es gewusst hätte, dann wäre das wohl rasch vergessen worden. Neuenburg errichtete damit zahllose öffentliche Bauten, die meisten existieren nach wie vor. 1855 ehrte man ihn mit dem Denkmal. 2020 wurde es von politischen Aktivisten mit roter Farbe besprüht. Das Rot stehe für das Blut der Sklaven, liessen sie in einem E-Mail an die Medien verlautbaren, ausfindig machen konnte man die Täter trotzdem nicht. Rund 2500 Bürger von überall her unterschrieben eine Petition, worin sie die Entfernung der Statue verlangten. Die Stadt hat bisher nicht nachgegeben. Die Statue steht noch.

Schuld und Sühne

Tourton & Baur, der Staat Bern, die Familie de Pury: Diese drei Geschichten machen deutlich, auf wie vielfältige Art und Weise selbst das Binnenland Schweiz, das über keinerlei Kolonien verfügte, mit Kolonien zu tun hatte – und sich damit häufig auch in die Sklaverei verstrickte. In der Datenbank der Berner Stiftung Cooperaxion finden sich mittlerweile 262 Einträge, die ähnliche Verbindungen dokumentieren. Wie aber ist das Verhalten dieser Schweizer oder dieser schweizerischen Institutionen zu beurteilen?

Moralisch gesehen gibt es keinen Zweifel: Diese Geschäfte waren unerträglich – und man kann sich zu Recht fragen, ob David de Pury ein so prominentes Denkmal in seiner Heimatstadt verdient hat. Er ist kein Vorbild für unsere Zeit, und wenigstens eine Inschrift, die auf den Ursprung seines Vermögens hinwiese, wäre angezeigt. Was er seinem Neuenburg vermachte, hatte er tatsächlich dem Blut, Schweiss und Elend von Sklaven abgepresst. Doch «unsere Zeit» ist das Stichwort, auf das es ankommt. Wenn es uns auch schwerfallen mag: Zu dieser moralischen Verurteilung gelangen wir, weil wir heutige Massstäbe anwenden. Das ist bewusst ahistorisch. Das wird den Menschen der Vergangenheit kaum gerecht. Im 18. Jahrhundert galt Sklaverei als legitim, zumal ausserhalb Westeuropas, moralisch gab es Bedenken, keine Frage, aber nur eine Minderheit, die man für radikal hielt, war der Meinung, man müsste die Sklaverei aufheben.

In der Vergangenheit sind schreckliche Dinge geschehen. Genozide, Vernichtungskriege, Verfolgungen – und oft ist es unmöglich, das zu verstehen. Wer begreift denn wirklich, dass ein Volk wie die Deutschen imstande war, im Holocaust sechs Millionen Juden zu ermorden? Die Vergangenheit irritiert, die Vergangenheit stösst ab, unsere Vorfahren taten Dinge, von denen wir manchmal am liebsten gar nichts wissen möchten. Zahllos sind die Verbrechen und die Irrtümer der Geschichte.

«Wenn Zählebigkeit und Universalität Kriterien sind», so schreibt der amerikanische Ökonom Thomas Sowell, «dann gehört die Sklaverei zu den ersten Kandidaten, wenn es darum geht, die schlimmste Institution der Weltgeschichte zu benennen. Denn es gab die Sklaverei überall, sie überdauerte Tausende von Jahren, ja, sie ist beinahe so alt wie die Menschheit selbst.»[104] Sowell, ein eminenter Kopf, ist ein Konservativer – und schwarz. Er wuchs in bescheidenen Verhältnissen in Harlem auf und brachte es zum Professor an Universitäten der Ivy League. Er gilt als einer der führenden Intellektuellen Amerikas. «Die ganze Tragweite der Sklaverei wird heutzutage allerdings grob unterschätzt, wenn man so darüber debattiert, als hätte sie sich darauf beschränkt, dass eine Rasse eine andere versklavte, wenn die Sklaverei tatsächlich so gut wie überall existierte, wann immer es Menschen möglich war, andere Menschen zu versklaven. In den meisten Fällen gehörten Sklavenhalter und Sklaven der gleichen Rasse an. Das galt für Asien und Europa, das galt für Afrika oder die westliche Hemisphäre, lange bevor Kolumbus' Schiffe auch nur am Horizont aufgetaucht waren.»[105]

Das ist kein Trost, und auch ist es keine Entschuldigung. Aber es macht deutlich, dass die Sklaverei keine westliche oder kapitalistische Erfindung ist. Es handelt sich um eine grauenhafte Produktionsweise, aber um eine universale. Chinesen haben Chinesen versklavt, Afrikaner Afrikaner, Europäer immer auch Europäer. Das Wort Sklave kommt nicht von ungefähr von Slawe. Im Mittelalter war es üblich, Sklaven aus Russland und der Region am Schwarzen Meer nach Europa zu importieren, Genua und Venedig, die dafür besorgt waren, verdienten viel Geld damit. Ob im eleganten Florenz der Renaissance oder im heiligen Rom, der Hauptstadt der Christenheit: Wer etwas auf sich hielt, leistete sich slawische Hausklaven. In Russland selbst wurde die Leibeigenschaft erst im späten 19. Jahrhundert abgeschafft. Der Begriff täuscht darüber hinweg, dass es sich um nichts anderes als Sklaverei gehandelt hatte. Alle Leibeigenen der Russen waren in der Regel ebenso Russen.

Genauso oft wurden Europäer Opfer von nichteuropäischen Sklavenhaltern. So suchten muslimische Piraten regelmässig die südeuropäischen Küsten heim, um Menschen zu jagen, die sie dann auf dem Sklavenmarkt von Algier verkauften. Europäer ruderten als Sklaven in den Galeeren der Osmanen, Europäerinnen verschwanden in den Harems der Sultane. In Sizilien stehen noch heute die vielen Leuchttürme, die die Einheimischen vor diesen muslimischen Raubzügen warnen sollten. Das war so verbreitet, dass in der Neuzeit mehr weisse Europäer von Muslimen versklavt wurden, als man zur gleichen Zeit schwarze Afrikaner nach Nordamerika verschleppte.

Was Afrika betrifft, werden unbequeme Wahrheiten ohnehin lieber verdrängt: Es waren die Afrikaner selber, die andere Afrikaner versklavten, bevor sie sie schliesslich den Europäern oder im Osten des Kontinents den Arabern für teures Geld anboten. Selten machten sich Europäer oder Araber auf Sklavenjagd, da sie sich dafür von den Küsten hätten entfernen müssen. Das Innere des Kontinents war ihnen zu unvertraut und deshalb zu gefährlich. Es war ein Geschäft, das die Afrikaner selbst betrieben, um ihre besten Kunden zu bedienen. Sklaven gab es überall, wo Menschen über andere Menschen herrschten. Als die Briten im 19. Jahrhundert die Sklaverei in Indien beseitigten, lebten hier acht bis neun Millionen Sklaven, und zwar nicht wegen, sondern trotz der Briten. Christliche Klöster besassen Sklaven genauso wie buddhistische. Wenn den Westen etwas einzigartig machte, dann nicht die Sklaverei, sondern die Tatsache, dass es nur hier eine Bewegung gab, die klein begann, es am Ende aber fertigbrachte, dass die Sklaverei zuerst im Westen, dann weltweit abgeschafft wurde.

Es war vielleicht die erfolgreichste NGO aller Zeiten: Im Mai 1787 trafen sich zwölf Männer in einer Druckerei in London und gründeten die Society for the Abolition of the Slave Trade, die Gesellschaft zur Abschaffung des Sklavenhandels.[106] Neun davon waren Quäker, also Mitglieder einer evangelikalen Sekte, die in England mehr verfolgt als geduldet wurde, drei gehörten der anglikanischen, der offiziellen, Kirche an. Vermutlich hatte man diese drei für die Sache angeworben, damit man einen Zugang zum Parlament erhielt. Denn Quäker, verhasste Aussenseiter, konnten sich nicht ins Parlament wählen lassen, solange sie die Church of England nicht anerkannten. Wer sich den Mächtigen nicht fügt, den trifft der Spott: «Quaker» hiessen die Quäker, weil ihre Gegner sie so nannten, um sich über sie lustig zu machen. Quake bedeutet auf Englisch zittern, und die Quäker legten Wert darauf, so unterstellten ihre Kritiker, vor Gott zu erzittern.

Wie dem auch sei, fest steht: Bald erzitterte das British Empire, wuchs doch aus dieser winzigen Bewegung von Leuten, die die Sklaverei aus christlichen Gründen ablehnten, eine Massenbewegung heran, die so stark wurde, dass das Parlament 1807 den Sklavenhandel im britischen Reich untersagte und der Royal Navy, der grössten Flotte der Epoche, den Auftrag erteilte, auf sämtlichen Weltmeeren Sklavenschiffe zu verfolgen und aufzubringen. Zudem sollte die Regierung seiner Majestät auch alle anderen Länder dazu zwingen, den Sklavenhandel einzustellen. Es war ein historischer Schritt. Nachdem man den Handel untersagt hatte, war es nur

Schuld und Sühne

eine Frage der Zeit, bis auch die Sklaverei abgeschafft wurde. 1838 befreite Grossbritannien alle Sklaven in seinen Kolonien, mit Ausnahme Indiens, wo es fünf Jahre später so weit kam. Da die USA nicht mehr zum britischen Reich gehörten, blieb die Sklaverei dort bestehen. Doch Quäker gab es noch viel zahlreicher in Amerika – wie die Sklavenhalter im Süden des Landes bald erfahren mussten.

Wenn wir bedenken, wie mächtig jene waren, die am Sklavenhandel verdienten: Aristokraten, Bankiers, Reeder, Könige – also genau solche Leute wie David de Pury –, dann können wir ermessen, welch grandiose Leistung diese zwölf Christen zustande gebracht hatten. Innert zwanzig Jahren besiegten sie das britische Establishment – mit religiösen und moralischen Argumenten. Wer behauptet, die Menschen setzten sich in der Politik nur für ihre materiellen Interessen ein, wird von den Quäkern eines Besseren belehrt. Es ist ein vulgärmarxistischer Mythos. Wir Menschen wollen auch gute Menschen sein – nicht bloss reiche. Gott sieht alles.

Am Ende kam es auf zwei Länder an, zwei westliche, die fast ganz allein die Sklaverei für sich selbst und für alle andern beseitigten: Grossbritannien und die USA. Die Amerikaner brachten dafür wohl das grösste Opfer: Weil sie sich nicht darauf zu einigen vermochten, wie weit sich die Sklaverei in die neuen Territorien des Westens ausdehnen sollte, beschlossen die Sklavenstaaten im Süden 1861 die Sezession vom Norden. Dieser nahm das nicht hin, und es brach ein Bürgerkrieg aus. In dessen Verlauf hob Präsident Abraham Lincoln die Sklaverei auf. Der Krieg dauerte vier Jahre, geführt mit Erbitterung, Hass und Brutalität von beiden Seiten. Er war blutig. Rund 655 000 Amerikaner starben, 365 000 auf der Seite der siegreichen Union. Das hatte es bisher selten gegeben. Dass Weisse andere Weisse töteten, um die Schwarzen zu befreien.

Moralisch bedeutet das keine Entlastung. Wenn heute aber so gut wie allein der Westen für seine Verstrickungen in die Sklaverei angeprangert wird, dann sagt das mehr über die Kritiker aus als über den Gegenstand ihrer Kritik. Insbesondere wenn sie dann vom Westen gar Reparationen verlangen, stellt sich die Frage: Warum fordern sie keine von den Chinesen, Indern, Russen, Arabern, ja auch von den Afrikanern? Sie alle betrieben als Täter und Ausbeuter die Sklaverei. Dass sie aber kaum in der Kritik stehen, nährt den Verdacht, dass es den Kritikern eigentlich um etwas anderes geht. Nicht das Unrecht der Sklaverei erregt sie an erster Stelle, sondern eine bestimmte Gruppe von Tätern: weisse Europäer und Amerikaner, also die Vorfahren der Bewohner jener Länder, die heute als Hochburgen des Kapitalismus betrachtet werden.

Das irritiert aus verschiedenen Gründen: Zum einen verzerrt es unseren Blick auf die Vergangenheit, zum andern verleitet es uns, die falschen Schlüsse daraus zu ziehen. Nicht der Kapitalismus ist das Problem, sondern der Mensch an sich. Sklaverei war und ist möglich, weil es den Menschen oft viel zu leicht gemacht wird, andere zu unterwerfen. Die Freiheit ist immer bedroht, immer kostbar, und oft ist sie rasch wieder verloren.

Thomas Sowell weist darauf hin: 1888 hat Brasilien als letztes Land des Westens die Sklaverei abgeschafft. Kaum eine Generation später, 1917, ergriffen die Kommunisten in Russland die Macht. Als Erstes richteten sie Konzentrationslager ein, wo sie ihre Gegner versklavten – dieses Mal im Namen einer Ideologie, die den Kapitalismus zu überwinden versprach. Nur 29 Jahre hatte also diese aussergewöhnliche Epoche der Weltgeschichte gedauert, da es offiziell nirgendwo Sklaven mehr gegeben hatte. Bis zu ihrer Auflösung im Jahr 1990 unterhielt die Sowjetunion ein ausgedehntes Lagersystem, wo Menschen aus politischen oder rassischen Gründen gefangen gehalten wurden und unter Zwang arbeiten mussten. Zwischen 1933 und 1945 errichteten die deutschen Nazis zahllose KZs in ganz Europa, um politische Gegner, Juden, Homosexuelle, Roma und Sinti sowie Kriegsgefangene zu versklaven und «durch Arbeit» oder andere Mittel zu vernichten. Neuerdings hören wir von Zwangsarbeit an diversen Orten dieser Welt. In der Regel sind es keine westlichen, kapitalistischen Länder, wo solches vorkommt. Doch die Sklaverei ist mit anderen Worten so aktuell wie je zuvor.

Kapitalismus und Sklaverei

Inwiefern leistete die Sklaverei einen bedeutsamen Beitrag für den wirtschaftlichen Aufstieg des Westens, der seit dem 16. Jahrhundert zu beobachten war? Und verdankt die Schweiz ihren Reichtum und ihren Erfolg am Ende gleichermassen der Sklaverei?

800 Millionen Franken besass David de Pury, als er starb. Der grösste Teil dieses unermesslichen Kapitals war ihm zugeflossen, indem er in die Sklavenarbeit investiert hatte. Wenn wir in Rechnung stellen, dass er 1755 sein Vermögen schon einmal eingebüsst hat, er hätte noch reicher sein können.

Auch die VOC, die Vereinigte Ostindische Kompanie, brachte es nur deshalb auf einen so formidablen Wert, der höher lag als die Kapitalisierung der grössten Unternehmen heute, weil sie sehr viele Güter aus dem Osten nach Europa transportierte, die von Sklaven angepflanzt, geerntet oder hergestellt worden waren. In Niederländisch-Indien, also auf Sumatra, Java oder den Molukken, betrieben die Holländer gigantische Plantagen, wo sie Tabak, Gewürze, Baumwolle, Tee oder Kaffee anbauten, wozu sie meistens Sklaven einsetzten; namentlich Malaien, Chinesen oder Inder, wer immer auf dem Sklavenmarkt im Angebot war.

Angesichts dieser Milliarden, die man in den Kolonien verdienen konnte, scheint es naheliegend, dass die Länder, wo die Investoren und Agenten dieses Geschäfts sassen, davon profitierten. Wenn solche unerschöpflichen finanziellen Mittel zur Verfügung standen, war es denn verwunderlich, dass diese als Risikokapital der heimischen Wirtschaft zugutekamen? Schmierte das Blut der Afrikaner die Maschinen der industriellen Revolution?

Tatsächlich zählten führende Kolonialmächte wie England oder Holland im 18. Jahrhundert zu den reichsten Ländern überhaupt, und insbesondere England sollte alsbald eine Revolution sondergleichen erleben, eben die industrielle, wie man sie später nannte: Maschinen wurden erfunden, die Arbeit effizienter organisiert, Fabriken geschaffen, und eine neue wirtschaftliche Elite kam auf, ehrgeiziger, fleissiger, innovativer, eine Avantgarde von Ingenieuren, Erfindern, Bankiers und Unternehmern, die ganze Branchen umwälzten, zuerst den Bergbau und die Textilindustrie, dann jeden anderen Bereich der britischen Wirtschaft. Wenn es nach der Erfindung der Landwirtschaft vor zehntausend Jahren ein wirtschaftshistorisches Ereignis gab, das man unmöglich überschätzen kann, dann diese industrielle Revolution, die den Lebensstandard der Menschen auf eine Höhe anhob, wie sie in all den Jahren der Menschheitsgeschichte zuvor noch nie erreicht worden war. Bald folgten andere Länder dem englischen Vorbild und industrialisierten sich, in Europa und in Nordamerika, dann in Japan, schliesslich in der jüngsten Vergangenheit in Südostasien.

So gesehen ist dieser Verdacht von grösstem Belang: Wenn die Engländer diese Revolution nur deshalb zustande gebracht haben, weil sie sie mit dem Geld aus der Sklaverei zu finanzieren vermochten, verdanken wir dann nicht unseren ganzen heutigen Wohlstand dem Unglück der Afrikaner? In der Forschung wurde dieser Ansatz als «Williams-These» bekannt, weil sie vom karibischen Historiker Eric Williams zum ersten Mal und vielleicht am eingängigsten formuliert worden war. Er hatte die Theorie in den 1930er Jahren in seiner Dissertation entwickelt, die 1944 als Buch erschien.[107] Politisch natürlich von hoher Anziehungskraft, da sie den Menschen in der damaligen Dritten Welt eine Erklärung bot, warum sie arm geblieben waren, während es dem Westen so gut erging, hat sich diese These wissenschaftlich allerdings kaum gehalten. «Es gibt heute nur noch wenige, die diese These befürworten», stellen David Eltis und Stanley Engerman fest.[108] Der Erstere ein Historiker, der Letztere ein Ökonom, zählen die beiden zu den besten Kennern der Materie. Sie haben jahrelang auf diesem Gebiet geforscht.[109]

Ihre Untersuchungen haben drei wichtige Erkenntnisse zutage gefördert. Sie haben sie in einem gemeinsam verfassten Artikel zusammengefasst: Erstens kam dem Sklavenhandel im Vergleich zum gesamten Überseehandel wirtschaftlich wenig Gewicht zu, insbesondere in England. Um dies zu illustrieren, greifen sie das Jahr 1792 heraus. Zu diesem Zeitpunkt stand der britische Sklavenhandel auf seinem Höhepunkt – nie zuvor und nie mehr danach wurden mehr Sklaven nach Amerika verfrachtet. Jede Woche verliessen im Durchschnitt vier Schiffe England, insgesamt waren es 1792 204 Sklavenschiffe, die zusammen eine Kapazität von 38 000 Tonnen aufwiesen. Im gleichen Jahr bewegte sich der gesamte Überseehandel Englands aber in ganz anderen Dimensionen: 14 334 Handelsschiffe segelten unter britischer Flagge – und sie transportierten 1,44 Millionen Tonnen. Mit anderen Worten, die Sklaverei betraf etwa 1,5 Prozent aller britischen Schiffe und weniger als 3 Prozent der gesamten Tonnage. Ähnlich tief lagen die Anteile des Sklavenhandels am Umsatz und Profit des gesamten Handels. Zwar machten diese Sklavenschiffe einzelne Händler reich, sehr reich sogar, auf die Entwicklung der ganzen Volkswirtschaft übten sie aber eine geringe Wirkung aus. «Das historische Interesse am Sklavenhandel beruht auf dessen augenfälliger Immoralität, nicht auf dessen ökonomischer Bedeutung», schreiben Eltis und Engerman. «Das Geschäft stellte einen relativ kleinen Anteil am gesamten Atlantikhandel dar – und zwar im Fall jedes europäischen Landes. Sein direkter Beitrag an das Wirtschaftswachstum jeder Nation war trivial.»[110]

Wenn wir zweitens das gesamte System betrachten – also nicht bloss den Handel mit Sklaven, sondern ebenso die mit Sklaven betriebene Produktion in den Kolonien sowie die Bedeutung, die diese als Absatzmärkte für das britische Mutterland erhielten –, ergibt sich kein anderer Befund. Eltis und Engerman betonen: «Es existiert kein systematisches Verhältnis zwischen der Grösse des Plantagensystems – sowohl in relativer als auch in absoluter Hinsicht – und der Entwicklung der metropolitanen Wirtschaft.»[111]

Den Beleg liefert Frankreich. Das Königreich, das zu jener Zeit in Europa eine der grössten Volkswirtschaften aufwies, besass in der Karibik ebenfalls zahlreiche Kolonien: namentlich Guadeloupe, dann vor allem Saint-Domingue, das heutige Haiti, die grösste und profitabelste Kolonie, schliesslich Martinique und Saint Lucia. Alle Inseln wurden zu je einer einzigen Plantage umgebaut, überall wurden Sklaven aus Afrika eingesetzt, fast an allen Orten pflanzte man Zuckerrohr an. Die gesamte Produktion übertraf jene der britischen Zuckerinseln in der Karibik bei weitem: 1770 stellten die französischen Kolonien 17 Prozent mehr Zucker her als die britischen Rivalen, neun Mal mehr Kaffee und dreissig Mal mehr Indigo, eine Pflanze, aus der man den blauen Farbstoff gewann, der der Färbung von Textilien diente. 1780 produzierte allein Saint-Domingue 40 Prozent des gesamten Zuckers und 60 Prozent des Kaffees, die man in Europa konsumierte. Eltis und Engerman: «Insgesamt – und das war den Zeitgenossen sehr bewusst – lieferten Frankreichs karibische Kolonien 43 Prozent mehr Ernteertrag ab als die britischen, wenn wir deren Wert in Rechnung stellen.»[112]

Das verdankten die Franzosen zu einem grossen Teil Saint-Domingue, das damals stürmisch expandierte. Es galt als die «Perle der Antillen», die reichste europäische Kolonie in der ganzen Welt. Saint-Domingue war jedoch berüchtigt. Nirgendwo wurden Sklaven brutaler ausgebeutet. Ein Drittel der Afrikaner, die man hierher brachte, starb innert weniger Jahre. Mütter, so wurde berichtet, trieben ihre Kinder selbst ab, damit sie nicht als Sklaven aufwachsen mussten. Zwar erliess der König einen Code Noir, ein Gesetz, das detailliert regelte, wie man seine Sklaven zu behandeln hatte, das war hart genug, doch die französischen Aufseher hielten sich selten daran. Ihre Bestrafungsmethoden waren grenzenlos grausam. Sadisten in der Hölle.

Was hatte Frankreich davon? Gewiss, die Plantagenbesitzer wurden sehr reich, manche Investoren, Händler und Reeder ebenso, darunter sicher auch einige Genfer Bankiers oder Basler und Zürcher Financiers, aber von einer industriellen Revolution war in Frankreich zu jener Zeit nichts zu sehen und zu spüren. Wirtschaftlich löste der karibische Boom im Mutterland so gut wie nichts aus. Hätte Frankreich Haiti schon um 1700 verloren und nicht erst 1804, als es als erstes lateinamerikanisches Land unabhängig wurde: Niemand in Europa hätte etwas davon bemerkt.[113] Stattdessen war es England, das Frankreich bald uneinholbar abhängte, als es die Maschinen erfand, eine Revolution, die völlig neu definierte, was es hiess, Wohlstand zu schaffen.

Drittens – und das ist wohl die zentrale Erkenntnis – kam der kolonialen Wirtschaft im Vergleich zur Gesamtwirtschaft eben doch keine so erhebliche Bedeutung zu – die schillernden, ruchlosen Sklaven-Milliardäre erwecken den falschen Eindruck. Blicken wir zuerst auf die Verhältnisse in Grossbritannien und berücksichtigen dabei die Wirtschaft des ganzen Empires, also jene im Mutterland geradeso wie jene in den zahlreichen Kolonien. Alle zusammen bildeten schon im 18. Jahrhundert einen weltumspannenden Binnenmarkt. Wenn zu jener Zeit im Empire mit Sklaven operiert wurde, dann geschah das zum ganz überwiegenden Teil in den karibischen Kolonien, und im Wesentlichen produzierte man hier Zucker; andere Kolonialwaren waren zweitrangig. Es handelte sich bei dieser Zuckerindustrie zweifelsohne um eine höchst profitable Branche.[114] Doch ihr Anteil an der Wertschöpfung des britischen Volkseinkommens betrug bloss etwa 2,5 Prozent. Desgleichen machte sie nur 3,7 Prozent der Beschäftigung aus.

Das war nicht nichts, aber eben auch nicht alles, besonders wenn man andere, viel grössere Industrien zum Vergleich heranzieht. Ich stütze mich auf Eltis und Engerman, die die entsprechenden Daten für das Jahr 1805 erhoben haben. Am meisten Gewicht war der Eisenherstellung beizumessen: Ihre Wertschöpfung betrug damals 14,7 Millionen £, dann folgte die Wollindustrie mit 12,8, die Baumwollindustrie mit 10,5 und die Schafzucht mit 7,6. Erst jetzt, im fünften Rang, taucht die karibische Zuckerherstellung mit 5,4 Millionen £ auf, unmittelbar vor dem Abbau von Kohle, der es auf 4,6 brachte, und der Leinwandindustrie, die immerhin noch 4,3 Millionen £ erwirtschaftete.

«Zucker war nur eine Industrie unter Hunderten in einer komplexen Wirtschaft», halten Eltis und Engerman fest: «Und wenn Zucker auch eine der grösseren Branchen darstellte, waren ihre Verbindungen mit der übrigen Wirtschaft kaum vorhanden und ihre Rolle als ‹Motor› des Wirtschaftswachstums von untergeordneter Natur, insbesondere, wenn wir sie der Textilindustrie gegenüberstellen, dem Bergbau, der Eisenherstellung oder selbst ausgewählten anderen landwirtschaftlichen Tätigkeiten. Sie alle verliehen der Industrie insgesamt viel mehr Impulse.»[115] Die Zuckerindustrie, die sich wie keine andere auf Sklavenarbeit stützte, war mit anderen Worten keineswegs eine «strategische» Industrie, wenn es darum geht, die Ursachen der industriellen Revolution zu bestimmen. Ihr gesamtwirtschaftliches Gewicht war begrenzt, von ihr gingen keinerlei Innovationen aus, sie befruchtete keine andere Branche, sie generierte vor allen Dingen eines: unanständige Profite.

Doch selbst dieses Kapital, das reichlich in die City floss, machte kaum einen Unterschied. Auch wenn wir annehmen, es wäre zu 100 Prozent in die Schlüsselbranchen der neuen Industrie investiert worden – eine unrealistische Annahme –, hätte es zwar einen hohen Stellenwert erhalten, rund 39 Prozent des gesamten Investitionsvolumens, doch hätte es sich nie um einen unverzichtbaren Beitrag an die Industrialisierung gehandelt. Denn in allen übrigen Branchen wurde genauso viel verdient – wenn nicht mehr. An Kapital hatte es zu jener Zeit in England nicht gemangelt. Tatsächlich, das haben unzählige Untersuchungen ergeben, wurde nur ein kleiner Teil der Zuckergewinne anderen Industrien zugeleitet. Zucker wurde konsumiert. Das Produkt genauso wie die Profite, die man damit erzielte.

Selbstverständlich ist die Debatte nicht abgeschlossen, und es ergeben sich immer wieder neue Erkenntnisse, zumal auch neue Daten greifbar werden. Insbesondere würde es die Debatte entkrampfen, wenn die Bedeutung der asiatischen Sklaverei mehr in den Blick genommen würde. Derzeit wird die Versklavung der Afrikaner in den Amerikas fast obsessiv in den Vordergrund gerückt – was letztlich mehr mit den innenpolitischen Auseinandersetzungen in den USA zu tun hat als mit wissenschaftlichen Erkenntnisinteressen. Das Thema ist inzwischen hoch politisch. Daher sind noch manche neuen Interpretationen zu erwarten – fruchtbare und weniger fruchtbare, überzeugende und weniger überzeugende.

Wissenschaftlich betrachtet dürfte sich allerdings am generellen Befund, wie ich ihn hier gestützt auf Eltis und Engerman referiert habe, wenig ändern. Die industrielle Revolution war so offensichtlich die Folge von technischen und unternehmerischen Innovationen in England, dass die Fragen, woher die dazu erforderlichen Rohstoffe stammten, inwiefern neue Märkte in Amerika dafür nötig waren oder ob Profite aus dem Sklavenhandel Investitionen allenfalls erleichterten, zweitrangig sind. Zumal in allen drei Fällen gezeigt werden kann, dass deren quantitatives Gewicht begrenzt war. Das Kapital konnte geradeso gut aus dem Bergbau, der Eisenindustrie oder dem Handel mit Deutschland kommen.

Selbst wenn sich die Zahlen noch änderten, und das ist wahrscheinlich, wird man die Sklavenökonomie, eine überaus primitive Produktionsweise, kaum zu einem unentbehrlichen Ingrediens des Kapitalismus machen können. Wer, der die Verhältnisse kennt, glaubt denn wirklich, dass die industrielle Revolution nicht stattgefunden hätte, wenn es in Amerika keine Sklaverei gegeben hätte?

So hat etwa der schwedische Wirtschaftshistoriker Klas Rönnbäck unlängst neue Zahlen vorgelegt, die den Befund von Eltis und Engerman auf den ersten Blick in Frage stellen.[116] Er kommt auf höhere Werte, was die Bedeutung der Sklavenökonomie für das Bruttoinlandprodukt (BIP) von Grossbritannien anbelangt. Gemäss seiner Analyse betrug dieser Anteil am BIP 11 Prozent – im Gegensatz zu 2,5 Prozent, wie ihn Eltis und Engerman berechnet haben.[117] Zu dieser doch substanziellen Steigerung gelangt Rönnbäck, indem er nicht bloss die Sklavenökonomie im eigentlichen Sinne in Rechnung stellt, sondern darüber hinaus die ganzen Wertschöpfungsketten über die Kontinente hinweg berücksichtigt, die irgendwie mit dem Plantagenkomplex verknüpft waren. Weil etwa die aufkommende britische Textilindustrie einen Rohstoff wie Baumwolle auch aus Amerika bezog, zählte er deren Wertschöpfung ebenfalls dazu. Das ist fragwürdig. Denn die Baumwollindustrie hätte erstens ihren Rohstoff jederzeit auch von Produzenten in anderen Weltgegenden beziehen können. Man war auf Amerika nicht angewiesen. Zweitens spricht auch die Chronologie dagegen. Wie Rönnbäck selbst aufzeigt, nahmen die Baumwollimporte aus Amerika erst nach der industriellen Revolution zu – und zwar in gewaltigem Ausmass. Sie waren mit anderen Worten nicht deren Ursache, sondern deren Wirkung.

Rönnbäck liefert einen Extremwert und bestätigt damit nur den Befund von Eltis und Engerman. Denn selbst wenn wir seine Zahl von 11 Prozent vollumfänglich akzeptieren, bleibt es dabei: 89 Prozent, also der weitaus überwiegende Teil der Volkswirtschaft, beruhte nicht auf Sklavenarbeit. Es ist schwer vorstellbar, dass ausgerechnet diese toxischen 11 Prozent den Ausschlag gegeben hätten.

Was für England gilt, lässt sich auch für die übrigen europäischen Länder feststellen, die vom Überseehandel und von der Sklaverei lebten.

Überall kam der Sklavenökonomie eine weniger herausragende Rolle zu, als man erwarten würde – wobei diese Erwartung wohl mehr von der moralischen Erschütterung geprägt ist, die die Sklaverei bewirkt, als von wissenschaftlichen Hypothesen. In den Niederlanden, eine genauso prominente Kolonialmacht wie Grossbritannien, betrug der Anteil der Sklavenwirtschaft schätzungsweise 5 Prozent des Bruttoinlandproduktes. In der reichsten Provinz Holland mit der mächtigen Stadt Amsterdam lag er vielleicht gar auf 10 Prozent – allerdings betrieben die Niederländer die Sklaverei, von der wir hier reden, weniger in Amerika, sondern vielmehr in Niederländisch-Indien. In den übrigen Kolonialländern wie etwa Frankreich oder Spanien dürfte die Situation nicht anders ausgesehen haben.

Sind 10 Prozent viel oder wenig? Sven Beckert, ein deutscher Globalisierungshistoriker, und Pepijn Brandon, ein niederländischer Historiker, sind der Meinung, solche Anteile am BIP seien als «bedeutende Zahlen» einzuschätzen, und sie stellen sie modernen Werten gegenüber: So lag der Beitrag der deutschen Automobilindustrie an die Wirtschaftsleistung des Landes im Jahr 2018 bei 7,7 Prozent, und jener der amerikanischen Informationstechnologie erreichte 6,8 Prozent des BIP der USA, mit anderen Worten, in diesem Kontext erscheint die Sklavenökonomie sogar als gewichtiger.[118] Es fragt sich allerdings, ob hier nicht Äpfel mit Birnen verglichen werden. Bei den beiden erwähnten Branchen der Gegenwart handelt es sich um die innovativsten und produktivsten Industrien des jeweiligen Landes, die allein aus diesem Grund sämtliche übrigen Zweige der Gesamtwirtschaft antreiben, wogegen die Sklavenökonomie denkbar unproduktiv war und selten Koppelungseffekte von ihr ausgingen – vergleichbar mit der damaligen Landwirtschaft, die, wenn auch zahlenmässig von viel grösserer Relevanz, wenig zu einem nachhaltigen Wirtschaftswachstum beitrug. Was die Sklavenwirtschaft ihren Investoren und Nutzniessern einbrachte, war vor allem eines: Geld. Doch damit wussten sie wenig Sinnvolles anzufangen. Das Kapital wurde kaum in die moderne Wirtschaft investiert.

Letzten Endes beruht die Williams-These auf einem alten Grundlagenirrtum, der gerade in den 1940er und 1950er Jahren noch sehr verbreitet war: Kapital ist sicher hilfreich, um eine wirtschaftliche Entwicklung auszulösen, aber es handelt sich um eine notwendige Bedingung, keine hinreichende. Modernisierung lässt sich nicht mit Kapital erzwingen, es mag noch so viel davon zur Verfügung stehen. Unternehmer, Innovatoren, risikobereite Investoren, aber auch günstige politische und rechtliche Rahmenbedingungen sind allemal wesentlicher. Die Ökonomen Kevin O'Rourke, Leandro Prados de la Escosura und Guillaume Daudin schreiben: «Es gibt ein fundamentaleres Problem mit der Williams-These, das darin besteht, dass der technologische Wandel und nicht die Kapitalakkumulation die entscheidende Triebkraft hinter der industriellen Revolution war.»[119]

Anders wäre nicht zu erklären, warum ein Land wie Portugal, das wohl wie kein anderes von der Sklaverei profitiert hat, inzwischen zu den ärmsten von Europa gehört. In Portugal fand nie eine nennenswerte Industrialisierung statt. Das Kapital, das sich dank der Sklaven in Lissabon anhäufte, blieb in Lissabon. Es wurde nicht für die Zukunft eingesetzt, sondern verprasst. Statt in Fabriken und Maschinen zu investieren, zogen es die Sklaven-Gewinnler vor, sich Paläste zu bauen, Mätressen zu versorgen, Opern aufzuführen und endlose Feste zu feiern. Das Geld aus Brasilien verdunstete wie der Schweiss der Sklaven, es trocknete ein wie deren Blut, dem es ursprünglich entstammte.

Ob David de Pury, der unverheiratete Protestant, es gleich hielt, ist offen. Wahrscheinlich nicht. Lieber sparte er, sonst wäre er kaum in der Lage gewesen, die 600 Millionen Franken seiner Heimatstadt zu spenden. Doch was löste er damit in Neuenburg aus? So gut wie nichts.

Neuenburg errichtete mit seinem Geld ein Krankenhaus, die erste öffentliche Bibliothek der Schweiz, ein überdimensioniertes Rathaus, das Lateinkolleg, die Mädchenschule, darüber hinaus baute man diverse Strassen und lenkte den Fluss Seyon an der Stadt vorbei in den See. Gewiss, damit verschönerte sich die Stadt, auch sozialer und gesünder wurde sie, und der eine oder andere Neuenburger erhielt eine bessere Ausbildung, nicht zu reden von der Stadtregierung, die seither in einem «Meisterwerk des Klassizismus auf Schweizerboden von europäischem Niveau» sitzt, wie eine Kunsthistorikerin bewundernd festhielt[120] – aber industriell brachte de Purys Blutgeld den Kanton nicht voran. Dazu gab es auch keinen Anlass.

Neuenburg hatte sich zu jenem Zeitpunkt längst industrialisiert, in den Jurahöhen um La Chaux-de-Fonds hatte sich eine der konkurrenzfähigsten Uhrenindustrien der Welt ausgebreitet, ebenso war am See eine namhafte Textilindustrie entstanden, die sich vorab im Zeugdruck auszeichnete, in der Herstellung von sogenannten Indiennes, bedruckten Stoffen, die man in alle Welt exportierte. Das Know-how verdankte man hugenottischen Flüchtlingen. Kein einziger Franken aus der Sklaverei war erforderlich gewesen, um diese frühe Industrialisierung zu finanzieren. Kapital hatte es nie zu wenig gegeben, zumal – das wird heute oft vergessen – diese ersten Industrien ohnehin nicht allzu viel davon benötigten. In der Regel handelte es sich um Heimindustrie, die bei weitem nicht so kapitalintensiv war wie spätere Fabriken, wo kostspielige Maschinen zum Einsatz kamen.

Ein Vergleich mit dem Solddienst drängt sich auf: Wie bei der Sklaverei erzielten die Soldunternehmer in der Schweiz stattliche Profite – ohne allzu viel Risiko einzugehen. Der französische König zum Beispiel als einer der besten Kunden zahlte, ganz gleich, ob sich die Söldner auch bewährten; ebenso flossen die Pensionen, zu Deutsch: Bestechungsgelder, unabhängig davon, ob die französischen Werber ihre Kontingente auch aufzufüllen vermochten. Und genauso wie die Sklavenhändler erwiesen sich die Soldunternehmer als wenig kreativ oder risikobereit. Kaum ein Berner Söldnerführer investierte in die Industrie, kein Luzerner Oberst tat sich mit einem guten Blick für unternehmerisches Talent hervor, kein Bündner Grande sah ein, warum die Industrialisierung, die vor seinen Augen im Glarnerland oder im Rheintal vor sich ging, irgendetwas Gutes haben sollte, geschweige denn, dass er sein leicht verdientes Geld einem Start-up im Appenzellerland zugeleitet hätte. Diversifizieren, Investieren, Probieren geht über Studieren? Wozu auch? Stattdessen bauten sie wie die Lissaboner Milliardäre Paläste, wenn auch kleinere, sie hielten sich wohl ebenfalls Mätressen, wenn auch langweiligere, und sie richteten Dorffeste aus. Es ist ein Irrtum, zu meinen, wer schon reich sei, werde noch reicher oder wünschte unbedingt, noch reicher zu werden. Häufig ist das Gegenteil der Fall. Nur echte Kapitalisten denken an eine Zukunft, die sie in ihrer Gegenwart vielleicht selber nie erleben.

Vor diesem Hintergrund ist es auch kein Zufall, dass genau jene Kantone, die lange und vorwiegend auf den Solddienst gesetzt hatten, am Ende zu den am wenigsten entwickelten der Schweiz herabsanken. Geradeso wurden Portugal, Spanien, aber auch die muslimischen Sklavenhalter im Nahen Osten und in Nordafrika reich, um am Ende arm zu bleiben. Das Gleiche gilt für die vielen afrikanischen Sklavenjäger und Stammeshäuptlinge, die ihre eigenen Leute in die Sklaverei verkauften. Sie erzielten prächtige Gewinne, aber von einer Industrialisierung war in Westafrika, wo sie lebten, nie etwas zu spüren. Bis heute nicht.

Kapitalismus und westliche Sklaverei traten etwa zur gleichen Zeit auf. Doch kausal hingen sie weit weniger direkt zusammen, als man das auf den ersten Blick meinen konnte. Es war auch eine traurige Ironie. Grenzte es nicht an Zynismus? Ausgerechnet im Zeitalter der Aufklärung, im 18. Jahrhundert, als die Europäer Parlamentarismus, Menschenrechte und die Freiheit des Individuums entdeckten, erfuhr die Sklaverei der Europäer eine weltweite Verbreitung wie nie zuvor.

Den Kapitalismus diskreditierte dies nachhaltig. Dass der Westen die Sklaverei mit dem Kapitalismus verband, war zwar nicht einzigartig, verlieh diesem aber einen besonders hässlichen Charakter. Wenn die modernste Produktionsweise, wo freie Lohnarbeit und freie Unternehmer vorherrschten, sich mit der primitivsten verknüpfte, wo Menschen geschlagen wurden, damit sie Profite abwarfen, dann lag der Schluss nahe, dass der Kapitalismus selbst auf der Ausbeutung von Sklaven beruhte. Zumal der Kapitalismus nicht überall auf Gegenliebe stiess.

Peter Bions Baumwolle

Dass der Rückschluss nicht richtig ist, zeigt das Beispiel Peter Bion, des hugenottischen Flüchtlings, der 1721 in St. Gallen die Baumwollindustrie eingeführt hat. Natürlich wuchs in der Schweiz keine Baumwolle. Er musste sie importieren. Zum überwiegenden Teil stammte sie allerdings nicht aus Amerika, sondern aus Syrien, einem Gebiet, das seit Jahrhunderten im Ruf stand, die beste Baumwolle zu liefern, wobei unter Syrien mehr zu verstehen ist als die Syrische Arabische Republik der Gegenwart. Baumwolle wurde in der Gegend von Aleppo und Hama angepflanzt, aber auch in Zentralsyrien und darüber hinaus an der Mittelmeerküste, wo sich heute Libanon und Israel befinden. Berühmt und begehrt war die Baumwolle von Aleppo und Hama und entsprechend teuer, insgesamt gab es fünf Güteklassen, als weniger fein galt die Baumwolle aus Acre, doch Bion, vielleicht weil er kostenbewusst rechnete, zog diese vor.

Baumwolle kam ursprünglich aus Indien, und erst die Araber begannen, sie auch im Nahen Osten anzubauen, in Syrien, aber auch in Kleinasien und Ägypten. Sicher erfolgte diese bedeutsame Innovation schon im 7. Jahrhundert. Das hatte wohl unmittelbar mit Mohammed zu tun, dem Propheten des Islam, der im Koran Kleidung aus Baumwolle empfahl, doch es lag auch daran, dass die Araber zu jener Zeit die globale Wirtschaft ohnehin umwälzten. Anders als den Römern und Griechen zuvor gelang es ihnen, den Nahen Osten, und damit das südliche Mittelmeer, viel enger mit Asien zu verbinden: Ihr Handel über den Indischen Ozean hinaus mit Indien und bis weit in den Osten nach Indonesien und China wurde legendär, und sie verdankten diesem nicht nur die Baumwolle, sondern sie brachten auch wertvolle Nahrungsmittel in den Westen wie Reis, die Kokosnuss, Mango, Bananen, Zuckerrohr, Limetten und saure Orangen, alles Dinge, die man noch im Römischen Reich kaum gekannt hatte, geschweige denn im Europa des frühen Mittelalters.

Man spricht von einer agrikulturellen Revolution, die die Araber zustande gebracht haben: Diese bedeutete nicht bloss, dass sie neue Nutzpflanzen importierten und kultivierten. Vielmehr modernisierten sie die Anbaumethoden, indem sie komplexe Bewässerungsanlagen aufbauten, die Arbeit rationaler organisierten und das Saatgut verfeinerten, so dass am Ende bessere, billigere und vor allem mehr Nahrungsmittel produziert wurden als je zuvor. Insbesondere in Spanien schufen sie ein Mirakel der modernen Landwirtschaft, desgleichen in Marokko, Ägypten und Syrien, wo prachtvolle Gärten, satte Felder und weitläufige Plantagen entstanden.

Von Beginn weg setzten die Araber auch auf Sklavenarbeit, je nach Gegend in unterschiedlichem Masse, nirgendwo ausschliesslich, alles in allem dürfte in der Landwirtschaft noch lange die freie oder halbfreie Arbeit überwogen haben. Das Spektrum war breit. Es gab kleine Bauern, die mit ihren Familien das eigene Land selbst bebauten, es traten Pächter auf, die für einen fernen Besitzer in der Stadt tätig waren, und beiden wurden ab und zu Frondienste aufgebürdet, sei es von einem Emir oder vom Sultan persönlich. Last, but not least kamen natürlich Grossgrundbesitzer vor, die in aller Regel Sklaven verwendeten, so besonders in Marokko, Spanien und Sizilien. Die beiden letzteren, heute wieder christlichen Länder hatten die Araber schon um 711 beziehungsweise 831 erobert.[121]

Wie so oft in der Geschichte, wenn ein Land unter Fremdherrschaft geriet, kam es auch in diesen westlichen «Kolonien» der Araber zu einer perversen Variante der Bodenreform: Die Sieger enteigneten die Verlierer und teilten sich das Land auf, wobei verdiente Offiziere und die beim Emir beliebtesten Günstlinge die umfangreichsten Stücke erhielten. Grossgrundbesitz breitete sich aus. Weil es an einheimischen Arbeitskräften fehlte oder diese sich als zu renitent herausstellten, erschienen Sklaven als die beste Option, um die neu erworbenen Ländereien zu bebauen. Die meisten Sklaven, die die Araber heranzogen, stammten aus Russland, aus Griechenland, dem Balkan und von den Küsten des Schwarzen und des Kaspischen Meeres. Gelegentlich machte man auch Jagd auf Christen in den angrenzenden Regionen, sei es in Aragon und Kastilien oder Süditalien.

Europäische Werkspionage

Von den Arabern lernen hiess damals siegen lernen – so könnte man in Abwandlung einer Losung der ostdeutschen Kommunisten sagen, die damit freilich die Sowjets gemeint hatten. Ob das den Europäern so bewusst war, ist offen, jedenfalls blieb ihnen kaum verborgen, welche technologische, kulturelle und wirtschaftliche Überlegenheit der Orient zu jener Zeit ihnen gegenüber auszuspielen vermochte. Als die Europäer im Jahr 1095 aufbrachen, um das Heilige Land zurückzuerobern, gab es dafür manche Gründe, gewiss auch religiöse und militärische – ein Motiv dürfte aber auch einen wirtschaftlichen Hintergrund gehabt haben. Das galt bestimmt für die Venezianer und die Genuesen, die den Transport der Kreuzritter nach Palästina organisierten, übrigens für ein horrendes Entgelt: Wenn jemand wusste, welche wirtschaftlichen Wunder im Orient vollbracht worden waren, dann die Italiener, die seit geraumer Zeit diese Wunder nach Europa importierten. Wäre es nicht praktisch, wenn ein, zwei Anbaugebiete von Baumwolle oder Zucker in christlichen Besitz gelangten? Lohnte es sich nicht, herauszufinden, wie die Weber in Aleppo, Damaskus und Bagdad es fertigbrachten, so begehrenswerte Stoffe herzustellen? Werkspionage und Diebstahl, die Kontrolle über wertvolle Rohstoffe oder die Suche nach Geheimrezepten erwiesen sich schon immer als unwiderstehlich, wenn einen davon nur ein vermeintlich kurzer Krieg trennte.

Wie wir wissen, endete das Abenteuer ruhmlos. Nach insgesamt sieben Kreuzzügen (je nach Zählung) und einer Besetzung von weiten Gebieten des Nahen Ostens für teilweise mehr als hundert Jahre fiel 1291 mit der Stadt Akkon die letzte Bastion der Christenheit. Fast zweihundert Jahre lang hatten sich die Christen darum bemüht, eine Art religiöses Kolonialreich um Jerusalem zu verteidigen. Dann wurden sie von den Muslimen aus dem Land gejagt.

Militärisch also eher ein Desaster, stellte sich diese aufwendige und zeitraubende, auch gesamteuropäische Expansion nach Osten wirtschaftlich und technologisch als überaus folgenreich heraus, im positiven Sinn. Was die Araber in den vergangenen Jahrhunderten zivilisatorisch errungen hatten, war den Europäern nun sehr viel vertrauter geworden, zumal sie ja mehr als hundert Jahre lang mitten im Orient präsent gewesen waren: Arbeitsmethoden, Techniken, Rohstoffe, Produkte, Wissenschaften und andere wirtschaftlich relevante Fähigkeiten wurden nun kopiert und transferiert; und sie erreichten auf diese Art viel rascher und durchdringender den Westen als je zuvor. Erst jetzt realisierten die Europäer zum Beispiel den Wert der Baumwolle als Rohstoff für Kleidung – und es setzte der Siegeszug der Baumwolle in Europa ein. Zuerst in Italien, dann in ganz Europa, insbesondere in der Schweiz, entstand eine Baumwollindustrie, die bald vorwiegend kapitalistisch betrieben wurde.

Hatte die Sklaverei in Amerika irgendetwas mit diesem Vorgang zu tun? Natürlich nicht. Sowohl Kapitalismus als auch Protoindustrie waren in Italien aufgetreten, lange bevor auch nur ein Europäer geahnt hätte, dass es überhaupt ein Amerika gab. Ohne Frage bahnte die Baumwolle dem Kapitalismus und der damit zusammenhängenden Protoindustrie den Weg: Der neue Rohstoff verschaffte den Kaufleuten und Unternehmern den Vorwand und die Möglichkeit, sich aus dem starren Regime der Zünfte zu befreien und das Verlagssystem durchzusetzen – was ihnen vielleicht nie gelungen wäre, hätte die Textilindustrie weiterhin auf einheimische Leinwand und Wolle gesetzt. Das Verlagssystem war die entscheidende Innovation.

Doch die Baumwolle kam aus dem Orient, aus Syrien, Ägypten, Zypern und Mazedonien. Erst sehr viel später wurde sie grossflächig in den Kolonien angebaut, ob in der westlichen Hemisphäre oder in Niederländisch-Indien. Insbesondere der Süden der USA stieg erst im 19. Jahrhundert zum weltweit grössten Produzenten von Baumwolle auf. Vorher hatte der Rohstoff dort bloss eine marginale Rolle gespielt. Wenn Sklaven in der Neuen Welt zum Einsatz kamen – und das war in einem traurigen Ausmass der Fall –, dann produzierten sie seit dem 16. Jahrhundert in erster Linie Zucker, in zweiter Kaffee, Tabak, Indigo oder Reis.

Baumwolle aus Amerika wurde nach der industriellen Revolution zu einem zentralen Rohstoff der neuen Industrie, nachdem ein Amerikaner 1793 die «Cotton Gin» erfunden hatte, eine Maschine, die das Entkörnen von Baumwolle rationalisierte. Erst zu Beginn des 19. Jahrhunderts entstanden im Süden die unübersehbaren Plantagen, die heute als Inbegriff der Sklaverei gelten. Mit anderen Worten, zuerst wurde mechanisiert und eine moderne Industrie geschaffen, dann weitete man die archaische Produktionsweise der Sklaverei aus. Wäre das nötig gewesen? Sicher nicht. Dass man es tat, hing mehr mit der Tatsache zusammen, dass man es konnte.

In der westlichen Hemisphäre hatte sich die Sklaverei nicht wegen des Kapitalismus verbreitet, noch wäre der Kapitalismus darauf angewiesen gewesen, noch brachte die Sklaverei den Kapitalismus je speziell zum Blühen. Die Textilunternehmer des 19. Jahrhunderts hätten ihre Baumwolle auch anderswo als bei den eleganten und brutalen Plantagenbesitzern des Old South einkaufen können – was sie später ja auch bewiesen, als während des amerikanischen Bürgerkriegs von 1861 bis 1865 die Versorgung mit Baumwolle aus den USA plötzlich abbrach. Man wich auf Importe aus Ägypten aus, das jetzt einen beispiellosen Aufschwung erfuhr. Dort waren es allerdings vorwiegend formell freie Bauern, die die Baumwolle ernteten, wenn auch zu tiefsten Löhnen – selbst das wäre wohl nicht erforderlich gewesen, um die Baumwolle attraktiv zu machen. Die wesentlichen Kosteneinsparungen erzielten die Textilunternehmer nicht beim Einkauf ihrer Rohstoffe, sondern in der Verarbeitung, wozu sie jetzt, im 19. Jahrhundert, nur noch Maschinen verwendeten.

Sogar Peter Bion war bereit, für die Baumwolle aus Guadeloupe mehr zu zahlen als für jene aus Syrien: Für einen Zentner levantinische Baumwolle gab er 31 bis 40 Gulden aus; ein Zentner Baumwolle aus der Karibik kostete ihn dagegen 50 bis 55 Gulden. Der Preisunterschied hatte mit der Qualität zu tun. Karibische Baumwolle erwies sich als weicher und eignete sich besser für die Herstellung von Mousseline, ein lockerer, glatter, feinfädiger Stoff, den Bion auch zu höheren Preisen absetzen konnte. Allerdings widmeten sich nur wenige seiner Spinner und Weber der Mousseline, einem Luxusgewebe; der grössere Teil seiner Produktion bestand aus einfachen, also billigen Stoffen. Dafür war die Baumwolle aus Acre gut genug.

Gewiss, die französischen Plantagenbesitzer auf Guadeloupe strichen weitaus höhere Profite ein als ihre Kollegen in Syrien, aber davon hatte Bion nichts. Was er brauchte, war der Rohstoff, woher er kam, war zweitrangig, solange der Preis stimmte. Kurzum, sein Geschäft hing keineswegs davon ab, ob er nun Baumwolle aus der Karibik importierte, die mit Sicherheit von Sklaven hergestellt worden war, oder ob er solche aus dem

Nahen Osten und Indien bezog, die je nach Lieferanten von freien, halbfreien oder versklavten Menschen herrührte.

Der Fall Guadeloupe

Das Beispiel der Plantagenbesitzer von Guadeloupe mag veranschaulichen, warum die Sklaverei überhaupt in die Neue Welt übertragen wurde. Das hatte weniger mit Kapitalismus zu tun, sondern vielmehr mit Imperialismus, Unterdrückung und Genozid.

Als die Franzosen die Insel 1635 besetzten und unterwarfen, trafen sie auf Einheimische, die sich ihrem Regime keinesfalls beugen wollten. Gewalt auf allen Seiten. Die Franzosen massakrierten die Eingeborenen, diese massakrierten die Franzosen. Wenn die einen etwas aufbauten, rissen es die andern ein. An eine gedeihliche Entwicklung war nicht zu denken, bald ging die Kolonie bankrott. Die wenigen französischen Bauern, die auf die Insel gekommen waren in der Hoffnung, sich hier ein neues Leben einzurichten, zogen resigniert nach Europa zurück oder suchten nach neuen Betätigungen, falls sie überhaupt noch lebten. 1640 überschrieb man die Kolonie faktisch dem Gouverneur, Charles Houël du Petit Pré, einem Aristokraten, der sogleich begann, Zuckerrohrplantagen zu errichten, was vielversprechender schien als der Versuch, den französischen Getreideanbau in die Neue Welt zu verpflanzen.

Weil sich kein Eingeborener dazu zwingen liess, als Sklave auf einer Plantage zu arbeiten, sondern lieber starb oder sich in den Wäldern versteckte, stand der Gouverneur vor einem Problem: Wer sollte für ihn den Zucker herstellen? Franzosen oder andere Europäer, die er anstellen konnte, gab es kaum, er mochte noch so hohe Löhne bieten, zumal sich längst herumgesprochen hatte, dass Europäer das tropische Klima auf den karibischen Inseln nur schlecht vertrugen. Sie gingen ein wie Fliegen, erlagen diversen Krankheiten, verfaulten in der Hitze. So lag es nahe, Sklaven aus Afrika zu importieren. Sie waren das Klima besser gewohnt, und was von Belang war: Man konnte sie auf dem Sklavenmarkt kaufen und in die Karibik verfrachten. Anders wäre Houël du Petit Pré ausserstande gewesen, sein Arbeitskräfteproblem zu lösen.

Schon 1650 trafen die ersten Sklaven aus Afrika ein. Bald stellten sie die Mehrheit der Bevölkerung. Weisse gab es kaum mehr, währenddessen die Eingeborenen einem ungeplanten Genozid zum Opfer fielen. Die Europäer töteten sie – mit Absicht –, oder sie töteten sie, ohne dass sie es wussten. Als die Europäer und Afrikaner nach Amerika gelangt waren, hatten sie unbeabsichtigt Krankheiten mitgebracht, die es hier nie gegeben hatte. Niemand unter den Eingeborenen war dagegen immun. In der Folge starben die indigenen Völker Amerikas zu Millionen – auch in Guadeloupe. In Kürze wäre die Insel leergefegt gewesen, hätten sich nicht immer mehr Afrikaner unfreiwillig eingefunden. Da die wenigen Eingeborenen, die die Epidemien überlebt hatten, sich nach wie vor nicht fügten, griffen die Franzosen zu einem drastischen Mittel. Sie deportierten die letzten Eingeborenen auf eine Nachbarinsel, um ungestört ihre Plantagen zu betreiben. Die wenigen Franzosen, die in Guadeloupe blieben, machte der Zucker glücklich, die Afrikaner stürzte er ins Elend, die Indigenen waren nicht mehr da.

Guadeloupe wurde so reich, dass die Franzosen die Insel nie mehr hergeben mochten. Nachdem die Briten sie im Siebenjährigen Krieg besetzt hatten, unternahmen die Franzosen alles, sie beim Friedenschluss wieder zu bekommen. Dafür waren sie offenbar bereit, alles einzutauschen: Für Guadeloupe gaben sie den Briten Kanada.[122] Die Insel ist etwa so gross wie der Kanton Freiburg, Kanada das zweitgrösste Land der Welt. Guadeloupe muss den Franzosen wirklich viel bedeutet haben. Es gehört noch heute als Überseedepartement zu Frankreich.

Die Geschichte von Guadeloupe hat sich in Amerika tausendfach zugetragen: Die Europäer eigneten sich das Land an und wanderten ein, die Eingeborenen starben nahezu aus, und um sie zu ersetzen, kauften die Europäer in Afrika Sklaven, die für sie die Arbeit zu verrichten hatten. Amerika war gewiss ein spezieller Fall, da es sich um einen Kontinent handelte, der bis 1492 von der übrigen Welt so gut wie vollständig abgeschieden gewesen war. Mit anderen Worten, selten erlagen sonst so viele Einheimische tückischen Krankheiten, die sie nicht gekannt hatten, selten erschien ein erobertes Land den Eroberern so «leer». Das erleichterte den europäischen Kolonisatoren wohl die Beherrschung, verschärfte aber auch den Arbeitskräftemangel und steigerte somit ihren Bedarf an Sklaven.

Doch das Muster, das wir in Amerika in extremis beobachtet haben, war in der Vergangenheit immer wieder vorgekommen. Wer meint, es handelte sich um eine Ausnahme, täuscht sich, es war die Regel. Jeder Eroberer, ob die alten Ägypter, die Römer, die Chinesen, die Araber oder die Mongolen, unterwarf ein Gebiet, vernichtete, enteignete und versklavte einen Teil der Einheimischen – und die Sklaverei breitete sich aus. Nachdem die Römer Britannien besetzt hatten, tauchten innert Kürze britische Sklaven auf den Sklavenmärkten des Imperiums auf – ihr Ruf war allerdings miserabel. Sie galten als überaus dumm. Man empfahl stattdessen Griechen.

Der Ursprung des atlantischen Plantagenkomplexes

Selbst das Plantagensystem in der westlichen Hemisphäre war keine amerikanische Erfindung, auch nicht eine europäische: Als die Kreuzfahrer die Levante mit Krieg überzogen und beachtliche Gebiete besetzten, lernten sie endlich das Zuckerrohr kennen, eine Pflanze aus Südostasien, die die Araber schon vor Jahrhunderten via Indien in den Nahen Osten eingeführt hatten. Wenn es ein Produkt gab, das auf Anhieb die Menschen für sich einnahm, dann Zucker; die Kreuzritter nannten ihn zunächst das «süsse Salz», weil sie nicht fassen konnten, dass ein Pulver so anders schmeckte, aber so ähnlich aussah wie Salz. Bis zu diesem Zeitpunkt hatte man in Europa im Wesentlichen nur Honig gekannt, um Speisen zu süssen, so dass es kaum erstaunt, wie beliebt der Zucker wurde, sobald die Kreuzritter erste Proben davon nach Hause brachten – «ein unerwartetes und unschätzbares Geschenk vom Himmel», schrieb ein zeitgenössischer Chronist.[123]

Allerdings war Zucker teuer. Das lag daran, dass dessen Gewinnung aus dem Zuckerrohr sich als sehr arbeitsintensiv erwies. Um einen halben Hektar Zuckerrohr zu kultivieren, rechnete man mit einem Arbeiter, der zudem eine mühsame, ermüdende Tätigkeit auf sich nahm. Hinzu kam, dass das Zuckerrohr das ganze Jahr hindurch bewässert werden musste und der Anbau daher sehr viel Wasser verbrauchte. Kostspielige Anlagen waren dazu nötig. Schliesslich war Zuckerrohr schwer und sperrig, so dass es sich kaum lohnte, die Ernte zu transportieren. Vielmehr musste noch vor Ort der Zuckersaft aus dem Rohr gepresst und eingekocht werden. Deshalb baute man die Fabriken praktisch auf dem Feld, was wiederum nicht ganz billig war. Immerhin stiess der Zucker auf eine solch grosse Nachfrage, dass man dafür auch sehr hohe Preise durchsetzen konnte.

Es war ein gutes Geschäft, aber auch eines, das beträchtliche Investitionen voraussetzte, viel Land erforderte und noch mehr Wasser: Das konnte sich nicht jeder kleine Bauer leisten. Es war ein Geschäft wie gemacht für

Grossgrundbesitzer. Schon die Araber hatten deshalb riesige Plantagen angelegt, um Zucker zu gewinnen. Dafür benötigten sie viel Personal, und wie immer in solchen Fällen, wenn es nicht an Kapital, aber an Arbeitskräften fehlte, setzten sie auf Sklaven, sofern sie nicht genügend freie Arbeiter rekrutieren konnten. Dieses Plantagensystem sollte weltweit Schule machen. Am Ende breitete es sich bis nach Amerika aus.

Denn kaum hatten sich die Europäer an der Levante festgesetzt, begannen auch sie, Zuckerrohrplantagen zu betreiben, und als sie wieder vertrieben wurden, nahmen sie das Know-how mit. Besonders die Venezianer und die Genuesen, die das Zuckergeschäft binnen kurzem zu monopolisieren wussten, legten nun Plantagen auf Zypern, auf Chios, in Sizilien, auf Kreta und auf Malta an – alles Inseln, wo sie kaum Arbeiter fanden.

Das ist nicht überraschend. Solange es kaum einen freien Arbeitsmarkt gab, oder nur einen sehr beschränkten, fiel es einem Unternehmer oft schwer, Arbeitskräfte zu rekrutieren. In der Schweiz führte das dazu, dass es nur in peripheren, armen Gebieten Leute gab, die der Verleger für die Heimarbeit anstellen konnte, während in den Städten die Zünfte alles hintertrieben. Wenn wie im Süden Europas noch archaische, feudalistische Ordnungen dafür sorgten, dass kein Bauer eine falsche Bewegung machen konnte, sofern es seinem adligen Oberherrn nicht gefiel, dann stellte es sich als ganz unmöglich heraus, dass ein Unternehmer ausreichend Personal für seine Plantage aufspüren konnte – selbst wenn er sich redlich darum bemüht hätte.

Doch in der Regel tat er das nicht. War es nicht viel einfacher, auf Sklaven zurückzugreifen? Die meisten holten die Venezianer und Genuesen in Russland und am Schwarzen Meer oder von noch weiter her: Slawen, Griechen, Tataren, ja Mongolen, gerne auch muslimische Kriegsgefangene. Als ob sich die beiden Seefahrerstädte nicht schon auf allen denkbaren Gebieten gemessen hätten, lieferten sie sich nun auch einen Wettbewerb um Sklaven. Es war eine zwiespältige Revolution. Zu diesem Zeitpunkt, im Mittelalter, war die Sklaverei im Westen nördlich der Alpen faktisch ausgestorben, während sie im Mittelmeerraum zwar noch existierte, aber Sklaven kaum noch in der Landwirtschaft vorkamen. Erst die Zuckerplantagen brachten die Sklaverei auf die Felder der Mittelmeerinseln zurück.

Schliesslich drängten die Genuesen immer weiter in den Westen, mit der Absicht, das Monopol der Venezianer im östlichen Mittelmeer zu durchbrechen; sie beteiligten sich an Plantagen in Granada und versuchten, an der Algarve Zuckerrohr anzubauen, bald verbanden sie sich mit den Portugiesen, und sie inspirierten die Spanier. In beiden fanden sie gelehrige Schüler. Die Portugiesen besetzten das bisher unbewohnte Madeira – und zogen Zuckerplantagen hoch, finanziert von den Genuesen, die Spanier übernahmen die Kanarischen Inseln – wo sie das Gleiche machten, wieder unterstützt von den Genuesen, endlich landeten die Portugiesen in Brasilien – und die einzige wirtschaftspolitische Massnahme, die ihnen einfiel, war die Einführung des Zuckerrohrs – und der Sklaverei. Dass der berühmte Berg von Rio de Janeiro Zuckerhut heisst, kommt nicht von ungefähr. Brasilien wurde zum Zuckerland schlechthin.

Die Spanier führten das Zuckerrohr in der Karibik ein, und fast alle karibischen Inseln verwandelten sich in Zuckerinseln – oder Sklaveninseln. Der amerikanische Historiker Philip D. Curtin hat in diesem Zusammenhang vom «Plantation Complex» gesprochen, der vom Mittelmeer in die westliche Hemisphäre verlegt worden war – noch grösser, noch profitabler, noch brutaler.[124] Im Laufe dieses Transfers in die Neue Welt änderte sich dieser Plantagenkomplex nur in einem Punkt, aber einem wesentlichen: Schon in Madeira und besonders in São Tomé und auf den Kapverden hatten die Portugiesen vorwiegend afrikanische Sklaven zum Einsatz gebracht, vermutlich weil es billiger war, sie im nahen Afrika zu kaufen, als sie vom Schwarzen Meer hierher zu bringen. Die «Innovation» setzte sich durch. Es begann der lange, fürchterliche Leidensweg der Afrikaner nach Amerika.

Zucker und Sklaverei blieben jahrhundertelang ineinander verstrickt. Was für eine sarkastische, grausame Laune der Geschichte: Was, wenn nicht der Zucker, machte die Menschen glücklich, doch um von ihm zu kosten, gingen sie über Leichen. Drei Viertel aller afrikanischer Sklaven im 16. und 17. Jahrhundert arbeiteten für den Zucker. Durchschnittlich sieben Jahre lang, dann starben sie – vor Erschöpfung, weil sie flüchteten, weil sie verzweifelten.

Die Karibik ist heute arm. Wenn es keinen Tourismus gäbe und nicht die eine oder andere Insel sich als Steueroase anböte, wäre sie noch ärmer. Kanada dagegen, das Land der Biberfelle, das die Franzosen 1763 den Briten überliessen, um es gegen die Zuckerinsel Guadeloupe einzutauschen, zählt inzwischen zu den reichsten Ländern der Gegenwart. Die Sklaverei hat den Plantagenbesitzern in der Karibik zuerst unermessliche

Vermögen eingebracht, auf lange Sicht aber jede Entwicklung unterbunden, insbesondere eine kapitalistische. Die Sklaverei war ein Fluch.

Hauptstadt der Mode

Peter Bion hat vielleicht einmal Zucker importiert. Wir wissen es nicht. Jedenfalls bewirkte der Zucker auch in St. Gallen keine wirtschaftliche Entwicklung. Es entstand keine neue Industrie. Umso mehr exportierte Bion seine Baumwollstoffe in alle Welt. 1726 nahm er seinen Angestellten Peter Gonzenbach als Teilhaber in die Firma auf. 1732 zog er sich zurück. Was er danach tat, ist offen, es dürfte ihm bestens gegangen sein. Er hatte als Verleger ein Vermögen erworben.

Unterdessen führte Gonzenbach das Geschäft allein weiter – und wie. Vielleicht war er gar der begabtere Verleger, bestimmt der kreativere. Zunächst liess er weiterhin Barchent herstellen, dann schuf er eine Innovation, die die ganze Ostschweiz für weitere hundert Jahre zu einer der wichtigsten Regionen der schweizerischen Textilindustrie machen sollte. Wenn die St. Galler ihre Leinwand retten wollten, so muss er sich gesagt haben, dann nur in Verbindung mit der Baumwolle. Das galt schon für den Barchent, der aus beidem bestand, nun liess Gonzenbach aber in die Leinwand mit Baumwollgarn grössere und kleinere Tupfen weben, dann auch Blumen, so dass er eine «gemüggelte» oder «geblümelte» Leinwand erhielt. Die Leinwand war bläulich, die Muster blieben weiss, der neue Stoff war hübsch anzusehen. Auf der Stelle gewann Gonzenbach Kunden und Kundinnen in aller Welt, insbesondere im Süden Europas, also in katholischen Gebieten, wo die geblümelten Stoffe sich als Chorhemden rasch wachsender Popularität erfreuten. Wer sein Leben schon der Kirche widmete und im Zölibat auf manches verzichtete, wollte wenigstens teure, feine Kleidung tragen. Die reformierten St. Galler standen gerne zu Diensten. Ermutigt von seinem Erfolg, liess Gonzenbach nun auch Mousseline, also exquisite Stoffe aus Baumwolle, mit allerlei Mustern besticken, 1753 gab er einen entsprechenden Auftrag an Heimarbeiter in Vorarlberg.

Hatte Gonzenbach geahnt, war er auslöste? Wohl kaum, der Nachfahre jener grossen Leinwand-Dynastie, die einst St. Gallen im Zorn verlassen hatte, um in Hauptwil ein Konkurrenzunternehmen aufzubauen, war nach St. Gallen zurückgekehrt. War es Rache, war es Liebe zur Heimatstadt? Auf jeden Fall revolutionierte er die St. Galler Industrie. Die Leinwand, die fast fünfhundert Jahre lang Stadt und Umgebung reich gemacht hatte, trat in den Hintergrund, immer weniger wurde davon produziert, dafür stiegen nun so gut wie alle Verleger in St. Gallen, aber auch in Herisau und Trogen auf die Baumwolle um, schliesslich folgten sie Gonzenbach und setzten auf die Stickerei, da damit noch viel mehr verdient werden konnte. Es passte. Wie früher bei der Leinwand spezialisierte sich nun die gesamte Ostschweiz auf einen sehr kostspieligen, anspruchsvollen Stoff, der nirgendwo sonst in der gleich hohen Qualität hergestellt werden konnte. Schon 1790 stickten 30 000 bis 40 000 Männer, Frauen und Mädchen. Noch überwog Heimarbeit, später kamen Maschinen auf, die den Ausstoss von St. Galler Stickereien noch einmal gewaltig steigerten. Um 1890 standen 18 000 Stickmaschinen in den Webkellern der Ostschweiz. In jedem zweiten Haus, wurde behauptet.

St. Galler Spitzen, wie die feinen, mit erstaunlichen, verspielten, wunderschönen Mustern bestickten Stoffe jetzt hiessen, entsprachen im späten 19. Jahrhundert perfekt dem Geschmack des europäischen Adels und eines kurz zuvor unwahrscheinlich reich gewordenen Bürgertums, das dem Vorbild der Aristokraten nacheiferte. Man lieferte nach Russland, nach England und Frankreich, ins Deutsche Reich, vor allem nach Amerika, wo im Zeitalter der Robber-Barons die Frauen der Herren Carnegie, Rockefeller oder Vanderbilt ihre Vorhänge, Tischtücher, Hochzeitskleider, Roben und Unterwäsche nur aus St. Gallen beziehen wollten. Beinahe zwei Drittel der gesamten Weltproduktion an Stickereien stammten aus St. Gallen. Mit Ausfuhren von 215 Millionen Franken im Jahr 1913 war die Stickerei mit Abstand die bedeutendste Exportindustrie der damaligen Schweiz, Uhren folgten mit 183 Millionen, Maschinen mit 99 Millionen. Ein Sechstel des gesamten Exportes der Schweiz bestand aus Ostschweizer Stickereien. Mit anderen Worten, was die Pharmaindustrie heute ist, war damals die Stickerei.[125]

Während auf dem Land – in der Umgebung von St. Gallen, dem Fürstenland und im Toggenburg, im Appenzellischen und im Vorarlberg – Tausende von Heimarbeitern für den Weltmarkt stickten, wurden in St. Gallen die Muster entworfen, die Kunden betreut und der Handel mit der kostbaren Ware betrieben. In einem stattlichen Gebäude, das heute der UBS als zu gross geratene Filiale dient, trafen sich in der Stickereibörse die Stickereiherren, wie man sie nannte, um ihre Geschäfte abzuwickeln.

Sie galten als so unverschämt reich, dass man sich in der übrigen Schweiz bald wahre und unmögliche Geschichten über sie erzählte. War es Neid, war es Bewunderung? So sollen die St. Galler Textilbarone ihre Zigarren jeweils mit einer Hunderternote angezündet haben.

Im Umkreis dieser Spitzen der Gesellschaft bildete sich in St. Gallen ein ausgesprochen selbstbewusstes, natürlich freisinniges Bürgertum, das sich für vornehmer hielt als die Zürcher, Genfer oder Basler. Reicher war man ohnehin. Weltläufiger auch: «Der St. Galler», schrieb ein Zeitgenosse, «mag auf dem Erdball hingehen, wohin er will, auch im verlassensten Kramladen eines fernsten Erdenwinkels wird er noch ein Stück heimatlichen Fleisses und damit ein Stück Heimat selber finden, etliche Meter St. Galler Stickerei, an deren Erstellung vielleicht gute Bekannte von ihm mittätig waren, ohne dass er es weiss.»[126]

Da Paris als Hauptstadt der Mode alles vorgab, was die Frauen der Welt zu tragen wünschten, reisten die St. Galler regelmässig dorthin, um sich die neuesten Muster anzusehen, die sie dann heimbrachten, um ihre Heimarbeiter entsprechend zu instruieren. Zu diesem Zweck wurde eine direkte Bahnverbindung zwischen St. Gallen und Paris eingerichtet – ohne Halt in Zürich. Den letzten Schrei der Mode zu kennen, war für die St. Galler lebenswichtig. Am engsten knüpfte man die Beziehungen zu Amerika. Scherzweise, erinnert sich ein St. Galler an seine Jugendzeit, habe man den Ort als «Vorstadt» von New York bezeichnet, er berichtet weiter: «Gern nahmen auch etwa Söhne von St. Galler Stickereifabrikanten, die sich eine Zeitlang in der industriellen und kommerziellen Metropole der Vereinigten Staaten aufgehalten hatten, blasierte Allüren junger Yankees an, so dass es schon damals Mode war und in gewissen Kreisen zum guten Ton gehörte, sich ‹amerikanisch› zu benehmen, Englisch mit dem leicht näselnden amerikanischen Akzent zu sprechen und über die bescheidenen kulturellen Leistungen der Heimatstadt zu lächeln (...).»[127]

Um die Bewunderung für ihren besten Kunden zu unterstreichen, gaben die Stickereibarone ihren Firmen und ihren Geschäftssitzen amerikanische Namen: Atlantic, Oceanic, Washington, Pacific, Chicago.[128] Wer heute durch die ruhigen Quartierstrassen des Rosenbergs, der Sonnenseite der Stadt, spaziert, stösst auf die geräumigen Jugendstilvillen der Stickereifamilien in weitläufigen Parks: Denkmäler einer goldenen Zeit. Es war auch die Zeit, da St. Gallen mit dem Bau eines prunkvollen, übergrossen

Bahnhofs begann, wie man heute vielleicht einen Flughafen konzipiert. Bahnhöfe bildeten zu jener Epoche die Tore zur Welt.

Mit dem Ersten Weltkrieg brach die Stickereiindustrie, die so viele Millionen in die Kassen der (freisinnigen und reformierten) Fabrikanten gespült hatte, innert weniger Jahre völlig zusammen. Man erlitt einen Kollaps sondergleichen. Revolutionen und die Entmachtung des Adels hatten den Geschmack so plötzlich versachlicht – keine Blümchen mehr auf der Damenwäsche, keine Girlandenmuster in den Fenstern, sondern rationale Strenge kam in Mode –, so dass die St. Galler hilflos zusehen mussten, wie ihre jahrhundertealten Kenntnisse in der Stoffproduktion über Nacht veralteten. Es ist eine bittere Pointe, dass ausgerechnet die eingefleischten Liberalen St. Gallens, die von den Königinnen und Fürstinnen Europas so herrlich gelebt hatten, nicht in der Lage waren, den demokratischen Wandel wirtschaftlich zu überleben.

Der Untergang der Stickereiexporteure traf den St. Galler Freisinn, der den Kanton – trotz katholischer Bevölkerungsmehrheit (60 Prozent katholisch, 40 Prozent reformiert) – bisher selbstverständlich beherrscht hatte, im Mark. Damit kam der Schweiz eine der liberalsten Abteilungen des Freisinns abhanden. Seit Jahrhunderten radikale Freihändler und Antietatisten, hatten die St. Galler und ihr Wirtschaftsverband, das Kaufmännische Directorium, die schweizerische Wirtschaftspolitik der Gründerzeit stark beeinflusst. Mitten in der Krise, mit einem Fuss im Abgrund, wehrte das Kaufmännische Directorium tapfer jede «staatliche Einmischung» ab und vertrat die Ansicht, dass die Stickereiindustrie, «so gross auch ihre Notlage sein mag, aus eigener Kraft aus dieser herauskommen müsse».[129]

Vor dem Ersten Weltkrieg hatte die Hälfte der ostschweizerischen Industriearbeiter von der Stickerei gelebt, bis in die 1930er Jahre verschwanden so gut wie alle Arbeitsplätze in dieser Branche. Ersatz entstand kaum. St. Gallen schrumpfte. Lebten im Jahr 1912 77 000 Menschen in der Stadt, sank diese Zahl bis 1935 auf 61 000. Ende 2020 kommt St. Gallen wieder auf 79 000 Einwohner.

Den grossen Bahnhof, den man Anfang Jahrhundert mit zwei symmetrisch angeordneten Seitenflügeln entworfen hatte, liess man aus Geldmangel unvollendet. Nur ein Seitenflügel wurde gebaut. Und bis in die 1950er Jahre blieb der Bahnhofplatz ein Kiesplatz, wo die St. Galler bei Regen im Dreck versanken.

Escher Wyss oder wie die Schweiz zur Maschine findet

Als St. Gallens Stickerei nach dem Ersten Weltkrieg unterging, standen Unternehmer in zahlreichen Branchen bereit, um diese einst grösste Exportindustrie des Landes zu ersetzen – vielleicht nicht gerade in der Ostschweiz, was eine Tragödie bedeutete für die Menschen in dieser Region, aber sonst an manchen Orten in der Schweiz. In Winterthur, Oerlikon, Zürich und Baden war inzwischen eine beachtliche Maschinenindustrie entstanden, deren grösste Firma, die Brown, Boveri & Cie. in Baden, eigentlich ein Elektrokonzern war und weltweit Kraftwerke und Eisenbahnen baute, während das zweitgrösste Unternehmen, Sulzer in Winterthur, eine Art Schiffskonzern darstellte: Die Firma rüstete so gut wie sämtliche Schiffe auf den Weltmeeren mit ihren Dieselmotoren aus. In der Westschweiz florierte nach wie vor die Uhrenindustrie, in Basel war längst eine chemische Industrie herangewachsen, aus der Pharmaunternehmen wie Novartis und Roche hervorgehen sollten, die heute zu den grössten der Welt zählt, ebenso wies die Schweiz etliche international bekannte Unternehmen der Nahrungsmittelindustrie auf: Man exportierte Schokolade in allen Varianten oder Maggi-Würfel, man fabrizierte Milchpulver für Babys, man erfand schliesslich den Nescafé. Am Ende hiess (fast) alles Nestlé.

Um 1920 war die Schweiz unbestrittenermassen ein Industrieland. Heimindustrie gab es wohl noch, Reste der Protoindustrie ebenso, doch die Moderne hatte das Land schon lange umgewälzt. In Gang gekommen war alles mit einer Firma, die in den 1920er Jahren nach wie vor bestand. Sie gehörte zu den berühmtesten, ihren Namen wusste jedes Kind, von ihrem Ruf berichtete jeder Ingenieur: Escher Wyss. 1805 in Zürich gegründet, war sie eine der ersten mechanischen Spinnereien auf dem Kontinent, bald auch eine der ersten Maschinenfabriken. Schliesslich wurde sie bekannt für alle erdenklichen Dinge: für Spinnereien und Pumpen, für Sägereien und Dampfmaschinen, für Schiffe, Wasserturbinen und Kälteanlagen, aber vor allem für ihre Qualität und Innovationskraft. Sie war die erste schweizerische Weltfirma. Mit ihr brach eine neue Epoche dieser langen und so erfolgreichen Wirtschaftsgeschichte eines kleinen Landes mitten in Europa an: Früher als die meisten übrigen Länder industrialisierte sich die Schweiz, früher realisierte man hier, was die industrielle Revolution bedeutete, die in England vor sich ging. Kaum eine Firma hat diesen epochalen Wandel besser verkörpert als Escher Wyss.

Die Geschichte von Escher Wyss fing an, lange bevor ihr Gründer, Hans Caspar Escher, auch nur geboren worden war. Genauer im 18. Jahrhundert. Oder gar im 14.? Um Hans Caspar Escher und sein erstaunliches Leben zu verstehen, hilft es, kurz auf die erstaunliche Familie einzugehen, aus der er kam. Escher war Establishment. Mehr Establishment konnte man in Zürich gar nicht sein. Gewiss, auch die Escher waren einst eingewandert, aber das war sehr lange her. 1384 beziehungsweise 1385 liessen sich zwei Escher aus Kaiserstuhl in Zürich einbürgern: Sie hiessen Heinrich und Johannes und waren Brüder. Hatte ihr Vater in Kaiserstuhl noch als Schultheiss fungiert, stiegen sie auch in Zürich rasch auf, so rasch, dass bereits ihre Kinder in die führenden Kreise der damals jungen freien Reichsstadt vordrangen. Es begann die nie mehr abbrechende Chronik einer Familie, die es verstand, im Lauf der Jahrhunderte stets oben zu bleiben. Wenn es einen Namen gab, der zum Inbegriff des «Zürcher Regiments» werden sollte, wie das hiess, also des kleinen, feinen Klubs der herrschenden Familien, dann war das Escher. Die Familie erfreute sich einer verblüffenden genetischen Konstanz. Die Escher vermehrten sich ständig von Generation zu Generation, nie starben sie aus, selten stiegen sie ab, öfter machten sie sich um ihre Heimatstadt verdient. In der Zürcher Geschichte wimmelt es von prominenten und weniger prominenten, von hochbegabten und weniger begabten Escher.

Schon Heinrich und Johannes hatten als Stammväter zwei Linien begründet: Die einen, die Nachfahren von Johannes, nannten sich Escher vom Luchs. Im 15. Jahrhundert wurden sie zu Rittern geschlagen, also Adel, wenn auch von niederem Rang, weshalb man sie im alten Zürich als «Junker» führte, eine Bezeichnung, die den wenigen adligen Familien vorbehalten war. Der andere Zweig, der auf Heinrich zurückging, hiess Escher vom Glas. Dieser blieb bürgerlich. Doch ironischerweise erwies er sich als noch erfolgreicher und angesehener, zuerst in der Politik, dann in der Wirtschaft. In der Familie Escher vom Glas sammelte man Ämter wie in kaum einer anderen Familie des alten Zürich: Insgesamt stellte die Familie 5 Bürgermeister, 45 Mitglieder des Kleinen, 82 des Grossen Rates, 2 Stadtschreiber, 34 Obervögte und 29 Landvögte, davon 7 Mal in Kyburg, der wichtigsten Landvogtei des Kantons, was immer auch hiess: der einträglichsten.

Wenn sich auch viele Escher einen Namen gemacht haben, so sind es im Wesentlichen drei, die in die Geschichte eingegangen sind: erstens Hans Caspar Escher (1775–1859), der Gründer von Escher Wyss, dem wir uns jetzt widmen. Zweitens Hans Conrad Escher von der Linth (1767–1823), ein Aufklärer, Geologe und Bauingenieur, der die sumpfige Ebene zwischen Zürichsee und Walensee entwässerte, indem er den Linthkanal erbaute. Zum Dank verlieh ihm der Kanton Zürich den erblichen Zunamen von der Linth.[130] Drittens der inzwischen wohl berühmteste: Alfred Escher (1819–1882), liberaler Nationalrat und Regierungsrat, wegen seines überragenden Einflusses auf die Politik des jungen Bundesstaates auch Bundesbaron genannt, der Eisenbahnunternehmer schlechthin, Gründer der Schweizerischen Kreditanstalt und der ETH, Spiritus Rector des Gotthardtunnels – ein Gigant der Schweizer Geschichte.[131]

Hans Conrad Escher von der Linth stand in einer engen verwandtschaftlichen Beziehung zu Hans Caspar, dem Escher-Wyss-Besitzer: Er war der Halbbruder von Johannes Escher, dem Vater von Hans Caspar. Der bloss acht Jahre ältere Hans Conrad war somit der Onkel des jüngeren Hans Caspar. Alfred Escher dagegen war mit den beiden nur sehr entfernt verwandt, der letzte gemeinsame Vorfahr hatte von 1626 bis 1710 gelebt: Heinrich Escher, ein langjähriger Bürgermeister, Diplomat und Kaufmann. Für Hans Caspar war dies ein Ururur-Grossvater, für Alfred ein Urururur-Grossvater.

Der Dieb von Bologna

Die Geschichte von Escher Wyss beginnt im Grunde genommen schon beim Urgrossvater des Gründers. Er hiess Heinrich Escher. Im Jahr 1730 oder etwas früher reiste dieser, auch er ein Kaufmann, von Zürich nach Bologna. Er war 42 Jahre alt. Eine solche Fahrt nahm damals gut und gern vier Wochen in Anspruch. Kaum angekommen, verlor Escher keine Zeit. Er begab sich zu den Fabriken, wo allerlei Stoffe hergestellt wurden, und schlich tagelang um die Gebäude herum, in der Hoffnung, irgendetwas zu sehen oder jemanden ausfragen zu können. Weil das den Leuten in Bologna auffiel und sie sich zu wundern begannen, gab er sich bald als Pferdehändler aus, was sein Verhalten offenbar ausreichend erklärte, immerhin fürs Erste. Man liess ihn in Ruhe. Und er wandte sich von neuem dem zu, wofür er den weiten Weg von Zürich nach Bologna auf sich genommen hatte. Escher war gekommen als Spion. Denn nur in Bologna waren die Fabrikanten und deren Arbeiter in der Lage, den teuren, sehr gefragten Bologneser Krepp herzustellen, Veli di Bologna genannt, ein schwarzer, kunstvoll gekräuselter Stoff aus Seide, den besonders die Könige und Fürsten Europas als Trauerflor schätzten, wenn jemand unter ihnen verstorben war. Zu jener Epoche leistete man sich in den herrschenden Kreisen derart aufwendige und hoch regulierte Trauerrituale, vor allem in katholischen Gebieten, dass die Nachfrage nach Trauerflor unerschöpflich schien. Kein Wunder, hüteten die Bologneser Fabrikanten das recht komplizierte Herstellungsverfahren wie ihren Augapfel. Nichts davon durfte an die Öffentlichkeit dringen. Alles galt als streng geheim. Wer bei ihnen arbeitete, wurde überwacht, wer seine Stelle verliess, um woanders tätig zu werden, den verhörte man, bis es ihm verleidete. Das magische Wissen, wie die Veli di Bologna entstanden, sollte für immer in Bologna bleiben.

Wie es Heinrich Escher fertigbrachte, trotzdem an dieses Wissen heranzukommen, ist unklar. Manches wurde nur als Legende überliefert, vielleicht stimmt nicht einmal, dass er sich als Pferdehändler getarnt hatte, wie seine Nachfahren mit etwas verstohlener Genugtuung zu erzählen pflegten, fest steht allerdings, dass Escher alles in Erfahrung bringen konnte, was er wissen musste. Hals über Kopf reiste er aus Bologna ab, in Begleitung einiger italienischer Facharbeiter, denen er vermutlich das Blaue vom Himmel versprochen hatte, damit sie mit ihm über die Alpen nach Zürich flüchteten. Ein beträchtliches Risiko für sie, ein tödliches für Escher. Als die Bologneser den Diebstahl ihres geistigen Eigentums nämlich bemerkten, wurde er in Abwesenheit zum Tod am Galgen verurteilt. Nie mehr fuhr er nach Bologna.

In Zürich gründete Escher seine eigene Kreppfabrik. Schon bald zählte sie zu den grössten der Stadt, dort wurde nun Bologneser Krepp in einer Qualität produziert, die sich kaum vom italienischen Original unterschied. Wenn die Bologneser alles darangesetzt hatten, ihr Verfahren zu verheimlichen, dann spürten sie jetzt, wie recht sie gehabt hatten, denn

Eschers Krepp machte ihnen auf allen europäischen Märkten das Leben schwer, besonders in Deutschland, Holland und Frankreich, wo Eschers Seide sich bestens verkaufte. Für geraume Zeit blieb Escher fast der einzige Fabrikant nördlich der Alpen, der die Herstellung des Bologneser Trauerflors beherrschte, und weil er sich nicht bloss als ein begabter Werkspion erwies, sondern auch als ein tüchtiger Unternehmer, wurde seine Familie, die schon reich war, noch reicher.

Seine Fabrik wurde berühmt, so berühmt, dass sie selbst für Touristen zu einer Attraktion aufstieg, die man besichtigte, als handelte es sich um ein zweites Grossmünster. Tatsächlich war es ein gewaltiges Gebäude, das Escher nahe bei der Stadt an der Sihl hochgezogen hatte, um deren Wasserkraft für seine Spinnräder zu nutzen. «Die Seidenmühle im Sihlhof war die erste Zwirnerei mit Wassermotor», notierte ein späterer Kollektivbiograf der Escher vom Glas mit einem gewissen Stolz – er selber hatte in die Familie eingeheiratet, «und blieb ein Jahrhundert hindurch wohl die einzige dieser Art.»[132]

Vier Stockwerke hoch, ausgestattet mit fast so hohen Maschinen, die durch drei Stockwerke hindurch reichten, was noch Jahre später für Aufsehen sorgte. «Die Maschine der Herren Escher, Gebrüder, ist unter den hiesigen Merkwürdigkeiten die erste, die ich gesehen»,[133] schrieb der deutsche Gelehrte Johann Gerhard Reinhard Andreae im Jahr 1763 nach einem Besuch in Zürich. Zu diesem Zeitpunkt war Heinrich Escher längst verstorben, und die Fabrik war inzwischen an seine beiden Söhne übergegangen: «Welch eine nützliche Erfindung ist nicht diese Maschine! Sie arbeitet ohne Unterlass, jahraus, jahrein, ausser am Sonntag, und gibt dem Aufseher und etwa 40 andern Personen Beschäftigung und Brot. Aber dies ist noch das Geringste. Die fertige Seide schafft hernach noch für 600 Weber Arbeit, die daraus lauter Krepp oder Flor weben, der schwarz gefärbt verkauft wird. Welch ein Gewinn für ein Land oder Stadt durch eine einzige solche Fabrik! Und wie einträglich muss sie ihrem Eigentümer sein!»[134]

Andreae, Hofapotheker des Kurfürsten von Hannover, war eigentlich in die Schweiz gekommen, weil er sich für die Geologie der Alpen interessierte, er war auch Mineraloge. Und in Zürich hielt er sich auf, weil ihn ein bestimmtes, sehr umstrittenes Fossil angezogen hatte, das er inspizieren wollte. Dass er hier auch die Industrie aufsuchte, war wohl nicht beabsichtigt gewesen, doch muss Eschers Fabrik einen derart starken Eindruck auf ihn gemacht haben, dass er sich nun bemühte, alles im Detail zu beschreiben. Insbesondere die Maschine hatte ihn fasziniert. Im Geiste zerlegte er sie in ihre Bestandteile: «1 einziges grosses Kammrad, so von Wasser getrieben wird, treibt zuerst 1 Walze, und durch diese 25 kleine Kammräder, die 6 überaus grosse Stühle um ihre Achse bewegen machen. In diesen Stühlen aber werden zugleich mitbewegt 7776 kleine, vertikale Walzen oder Spulen, 7776 kleine, horizontale dergleichen, und endlich 1116 grosse Haspel, von welchen sich die rohen Seidenfäden auf obige Spulen abwickeln.»[135] Adressat seiner Briefe waren Freunde und Bekannte in Hannover, womöglich auch der Kurfürst. Andreae lag viel daran, eine Art Bauplan niederzuschreiben, als wäre es ihm darum gegangen, die Maschine nachzukonstruieren. Allem Anschein nach hatte er eine solche in Hannover noch nie gesehen. Aber er erkannte ihren Wert: «Und ich wünschte dergleichen und ähnliche Fabriken viele auch in meinem Vaterlande blühen zu sehen.»[136]

Sie blühten – vor allen Dingen in Zürich. Seit den Tagen der Locarner und der Gebrüder Werdmüller war hier eine Seidenindustrie und eine Baumwollindustrie herangewachsen, die alle Zeiten, gute und schlechte, überstanden und sich Jahr für Jahr mehr ausgedehnt hatte. Inzwischen gehörte sie zu den grössten in Europa.

Die Escher vom Glas waren beileibe nicht die Einzigen, die sich der Industrie verschrieben. Zahlreiche vornehme mächtige Familien in Zürich fanden nichts Ehrenrühriges daran, sich als Kaufmann und Fabrikant zu betätigen. Es war eine merkantile Elite, die hier regierte, und es war eine, die vielleicht deshalb die kommenden Herausforderungen besser meisterte. Die industrielle Revolution lag vor ihnen, ein Erdbeben in England, dessen Schockwellen keinen Stein mehr auf dem andern liessen. Die Familie Escher, Seidenfabrikanten mit eigener Fabrik in Zürich, riss es mitten hinein.

Heinrich Escher (1688–1747), der Werkspion, hatte seine Firma den Söhnen übergeben, diese gaben sie ihren Söhnen und Neffen weiter. Einer davon hiess Johannes Escher (1754–1819). Man nannte ihn den Freihauptmann, weil er in den Zürcher Milizen diesen Rang bekleidete, vielleicht auch nur, weil die Escher die schlechte Angewohnheit hatten, sich meistens die gleichen Vornamen zu geben – Heinrich, Hans Caspar oder Hans Conrad –, so dass es Dutzende von Escher gab, die man kaum unterscheiden konnte. Der Freihauptmann war ohne Zweifel ein tüchtiger Kaufmann und Fabrikant. Doch sein Sohn schuf Escher Wyss. Das war nicht unbedingt abzusehen. Bis es so weit war, lag noch ein weiter Weg vor ihm – und vor seinem Vater.

Oben bleiben

Hans Caspar Escher hätte alles werden können. 1775 in Zürich geboren, stammte er aus einer der besten Familien des Kantons, seine Eltern kannten Gott und die Welt, jede Stelle, jedes Amt, jede Karriere stand ihm offen: Warum nicht Offizier in fremden Diensten, etwa in den Niederlanden, wie dies viele andere Söhne aus dem Zürcher Regiment taten? Oder Kaufmann und Fabrikant wie der Vater? Auch das wäre standesgemäss gewesen. Johannes Escher besass jetzt in der dritten Generation den Seidenhof an der Sihl und liess dort Seide produzieren und veredeln. Damit hatte er ein Vermögen angehäuft, nicht das grösste der Stadt zwar, aber auf jeden Fall gross genug, um seinem Sohn jede Ausbildung zu ermöglichen. Auch die Politik kam in Frage. Wer Escher hiess, konnte sich jede Position im Staat aussuchen, sofern er das übliche Mass an Durchschnittlichkeit nicht zu krass unterschritt. Landvogt, Kleiner Rat, Bürgermeister? Im Übrigen kam auch Eschers Mutter, Anna Barbara Landolt, aus einer politischen Familie, wenn auch einer weniger glamourösen. Ihr Vater war Landvogt gewesen.

Doch der junge Hans Caspar Escher hatte anderes im Kopf, wenn überhaupt. Als Schüler versagte er jämmerlich, so dass der eine oder andere Lehrer grundsätzlich an seiner Intelligenz zweifelte, was man dem erschütterten Vater auch mitteilte, wie schonend oder unverfroren, ist offen. Dass die Mutter, wie der Sohn ihr später attestieren sollte, die «schöne Eigenschaft» besass, im Zweifelsfall, «wenn Zwistigkeiten sich entspinnen und Vorwürfe fallen, immer dem leidenden Teile zum Besten zu reden und den Aufgebrachten zu besänftigen»[137], dürfte ihm da nichts geholfen haben. Der Vater, bekannt als ein «energischer, nach Prinzipien handelnder Charakter», wurde wild und quälte sich, zumal Hans Caspar der einzige Sohn war.[138] War das wirklich ein Escher? Nirgendwo kam der Knabe auf einen grünen Zweig.

Zuerst brachten ihn die Eltern an der Gelehrtenschule unter, der jahrhundertealten und angesehenen Lateinschule von Zürich, wo die Schüler früh nur noch Lateinisch reden durften, sie lasen Cicero bis zur Erschöpfung, paukten Griechisch und Hebräisch, Rhetorik und Dialektik, vor allem viel Religion, Hans Caspar litt. Also nahm man ihn aus der Klasse und überwies ihn an die Kunstschule, eine ganz moderne Institution, wo sich die Lehrer vorgenommen hatten, die ausgetrockneten Methoden der Lateinschule zu überwinden. Statt die Schüler mit toten Sprachen und toter Theologie zu narkotisieren, setzten sie auf die sogenannten Realien: Deutsch und Französisch, Geografie sowie Geschichte, ausserdem Mathematik, Naturkunde und Zeichnen, ein frischeres Konzept, das manchen Schüler wieder aufweckte, der in der Lateinschule gescheitert war, nur Hans Caspar stürzte auch hier ab. Ohne nennenswerten Abschluss gab er die Schule auf, unmotiviert und interesselos, bis die Epoche, in die er geboren war, ihn erlöste.

1789 brach in Paris die Französische Revolution aus. Und drei Jahre später, 1792, begann in Europa ein Krieg, der über zwanzig Jahre lang nicht mehr aufhören sollte. Escher kam das recht. In Ermangelung besserer Ideen, mit der Schule fertig, hatte er auf Wunsch des Vaters im Geschäft der Familie angefangen zu arbeiten, was ihn offenbar genauso wenig zu fesseln vermochte wie die Schule, so dass er die erstbeste Gelegenheit ergriff, in den Krieg zu ziehen.

Diese ergab sich, als die Tagsatzung im April 1792 beschloss, vorsichtshalber die Grenzen im Nordwesten der Eidgenossenschaft mit eigenen Truppen zu besetzen. Am Krieg, der bevorstand, wollte man sich keinesfalls beteiligen, umso mehr sollte die Neutralität der Schweiz bekräftigt werden. Tatsächlich drohte das Land zwischen die Fronten zu geraten in einem Krieg, wo Frankreich zunächst gegen Österreich und Preussen kämpfte, bald aber gegen nahezu alle übrigen Staaten – ob Grossmächte, mittlere oder kleine, alle hatten sich gegen Frankreich gewandt. Wen konnte das überraschen? Von den revolutionären Ideen, die in Paris grassierten, Demokratie, Freiheit oder Gleichheit, wollte keiner etwas wissen, sofern er damals an der Macht war. Noch herrschten so gut wie überall Kaiser, Könige und Fürsten. Wenn sie, die so viele Kriege gegeneinander geführt hatten, jetzt eines verband, dann ihr Hass auf die Revolution. Sie waren fest entschlossen, sie rückgängig zu machen. Die Schweiz dagegen blieb neutral. Escher rückte als Scharfschütze in Basel ein.

Offenbar zeigte er hier zum ersten Mal Anzeichen von Talent. Man erkannte seine Übersicht, die Gabe des Organisierens, den Logistiker und potenziellen Chef: Endlich kam der Sohn aus guter Familie voran, er wurde Korporal, dann Feldweibel. Wenn er damit einem eine Freude machte, dann sicher dem Vater, dem Feldhauptmann, der bisher ja nicht gerade verwöhnt geworden war, was Errungenschaften des Sohnes betraf.[139] Alles Militärische begeisterte den Vater. Nun führte auch der junge Escher faktisch eine Kompanie, die Zürcher Jäger, ein Korps von Scharfschützen; allerdings nur, weil der Hauptmann sich kaum darum kümmerte: «Hauptmann U. nahm sich die ganze Zeit seiner Jäger fast gar nicht an», schrieb Hans Caspar Escher in seinem Tagebuch. «Ich darf in Wirklichkeit sagen, es hätte elend ausgesehen, hätte ich nicht so gut wie möglich auf Ordnung gehalten. Er kam nie zum Appell, exerzierte nie, übte uns nie im Schiessen, kurz er überliess mir alles.»[140] Man sprach vom «General Escher».

Es muss ihm gefallen haben in Basel, einer Stadt, die sich jetzt sonderbar anfühlte: Während in der nächsten Nachbarschaft Krieg herrschte und Schlachten ausgetragen wurden, war die überaus elegante Stadt zum eidgenössischen Heerlager geworden. Insgesamt 1375 Soldaten und Offiziere hatten die Kantone ans Rheinknie geschickt. Es war eine Armee der Herumhockenden. Kaum ein Schuss fiel, kein Mensch kam zu Schaden, man langweilte sich, spielte Karten oder ging auf Patrouille in Frenkendorf oder Augst. Als wäre nichts geschehen, kamen auch französische und österreichische Offiziere zur Erholung in die Stadt, wenn gerade keine Schlacht anstand, und man sass zusammen im Basler Konzertsaal, ohne sich an die Gurgel zu springen.

Wenn es zu Tätlichkeiten kam, dann eher zwischen Schweizern und Franzosen. Ihr Verhältnis war inzwischen miserabel geworden. Erst vor kurzem, im August 1792, hatte ein revolutionärer Mob die Tuilerien gestürmt, den Königspalast in Paris. Dabei wurde die Schweizergarde, die den König schützen wollte, geradezu abgeschlachtet. Die Übermacht war gewaltig: Tausende hatten sich auf die rund achthundert Schweizer gestürzt. Mehr als sechshundert fielen, Offiziere, Soldaten, Ärzte und Tambouren, aber auch zehn- oder neunjährige Trommler, die im Regiment ihrer Väter gedient hatten.[141] Tagelang lagen die Leichen in den königlichen Gärten und Teichen herum, man plünderte sie, man liess sie verrotten, Lausbuben weideten die Körper aus, Köpfe wurden aufgespiesst und wie Trophäen durch die Strassen getragen, Beine abgesägt, Arme abgerissen.

Ein Augenzeuge beobachtete mit Entsetzen, wie «gutangezogene Frauen die letzten Unanständigkeiten an den Leichen der Schweizer vornehmen».[142] Der Mann, der das notierte, war sonst sicher nicht so zimperlich. Er hiess Napoleon Bonaparte, ein junger Hauptmann der Artillerie, den damals kaum jemand kannte. Noch Jahre danach und Dutzende von Schlachten später, als er als ehemaliger Kaiser in der Verbannung auf St. Helena lebte, hatte Napoleon nicht vergessen, was er im August 1792 vorfand: «Das Schloss wurde vom allerschlimmsten Gesindel gestürmt. Als der Palast erobert war», erinnerte er sich, «wagte ich es, in den Garten vorzudringen. Seither hat keines meiner Schlachtfelder je ein Bild mit so vielen Leichen geboten, wie die Massen der Schweizer es darstellten (…).»[143]

Obwohl eine der besten Elitetruppen der Epoche, war die Schweizergarde auch vernichtet worden, weil Ludwig XVI. sich als völlig überfordert erwiesen hatte. Ausserstande, den Ernst der Lage zu erkennen, hatte der König ständig seine Meinung gewechselt: Angriff? Rückzug? Er trieb die Schweizer Offiziere in die Verzweiflung. Trotzdem blieben sie loyal bis in den Tod. Manche, auch Schweizer in der fernen Heimat, warfen ihnen das hinterher vor. Keiner floh, keiner ging auf die andere Seite, keiner gab auf. Wer überlebte, wurde gefangen genommen. An die zweihundert verwundete Schweizer setzte man nun in Kerkern fest. Ein paar Wochen später wurden sie alle massakriert. Der Hass auf die Schweizergarde war grenzenlos, sie galt als Inbegriff der königlichen Tyrannei. Danton, Justizminister und Revolutionär, leitete die Hinrichtungen. Als man in der Schweiz vom Untergang der Schweizergarde erfuhr, breitete sich dort eine Stimmung von Rachedurst und Depression aus: «Das ganze Publikum ist voll gerechten Unwillens und Schmerzes über die neuen Gräueltaten in Paris»[144], notierte Hans von Reinhard, der Stadtschreiber von Zürich.

Wenn die Schweiz nicht so föderalistisch und anarchisch verfasst gewesen wäre, dann hätte sie jetzt ihre Neutralität wohl in die Luft gesprengt: Manche Kantone, besonders die Berner, drangen darauf, den Franzosen nun doch den Krieg zu erklären und sich den Alliierten anzuschliessen. Österreich lockte, Preussen winkte. Andere warnten, etwa die Zürcher, weil sie Angst hatten, dass die Schweizer drauf und dran waren, den kollektiven Selbstmord zu begehen. Am Ende setzten sich die Zürcher und Innerschweizer durch. Man blieb neutral, brach aber mutig die diplomatischen Beziehungen zu Frankreich ab. Und in Basel wurde französischen Soldaten ab sofort untersagt, die Stadt zu betreten, was sie bisher in ihrer Freizeit gerne getan hatten. Man befürchtete, dass sie von Schweizern verprügelt würden.

Unterdessen hatte die revolutionäre französische Regierung die verbliebenen Schweizer Regimenter nach Hause geschickt, insgesamt 12 000 Mann. Damit endete eine glänzende und lukrative Tradition der fremden Dienste für Frankreich, wie sie Schweizer Söldner seit gut dreihundert Jahren geleistet hatten.[145] Insbesondere für Familien vom Schlage eines Escher, also jene führenden Kreise in der alten Eidgenossenschaft, die für diese Truppen die Offiziere gestellt hatten, war dies unerfreulich. Ein standesgemässes Auskommen für ambitionierte Söhne versiegte auf immer.

Epoche der Querulanten

Napoleon und Hans Caspar Escher waren fast gleich alt, als der eine 1792 in Paris den Tuileriensturm erlebte, während der andere in Basel die Grenze bewachte. Napoleon war 22, Escher 17. Sie waren Zeitgenossen in einer Zeit, die alle Biografien durcheinanderwirbelte, ob jene von Bonaparte, der auf Korsika, einer Insel, aufgewachsen war, wo seit tausend Jahren nichts geschehen war, oder jene von Escher, einem Sohn aus alter Familie, wo es seit Jahrhunderten ebenfalls nicht allzu viele Überraschungen gegeben hatte.

Doch was 1789 so unvermittelt begann, die Revolution und die darauffolgenden, schier endlos scheinenden Kriege bis 1815, stellte die Welt auf den Kopf. Alles wurde möglich, was vorher undenkbar gewesen war. Aufstiege, frühe Tode, späte Karrieren, tiefe Stürze. Familien gingen zugrunde, neue Dynastien wurden geboren. Könige machte man zu Sträflingen, Verbrecher zu Generälen. Wenn eine Epoche den Aussenseiter, den Aufsteiger, den Querulanten und den Tüchtigen geliebt hat, dann diese, die anfing, als Napoleon und Escher noch kaum erwachsen waren. Es war die Moderne, die wie ein Morgen dämmerte, insbesondere ihre Leistungsgesellschaft, die sich Bahn brach in einem Ausmass wie nie zuvor.

Escher wusste zwar noch immer nicht, was aus ihm werden sollte, weswegen ihm diese verrückte Zeit entgegenkam. Wenn alles so unberechenbar erschien, wer konnte dann von ihm Vernunft in der eigenen Lebensplanung erwarten? Auch der Vater nicht.

Napoleon dagegen stand 1792 unmittelbar vor einem unglaublichen Aufstieg. Aus dem Hauptmann sollte in bloss zwei Jahren, 1794, ein General werden. Indem er von diesem Zeitpunkt an fast jede Schlacht für Frankreich gewann, schoss, stach und bombte er sich gewissermassen an die Spitze eines der grössten und reichsten Länder der damaligen Welt. Ein Liebling der Götter, ein militärisches Genie ohnegleichen und trotzdem mit hohem politischem Talent versehen, was den meisten Generälen nicht vergönnt war, krönte sich Napoleon Bonaparte 1804 selbst zum Kaiser der Franzosen. Keine Sonne schien heller zu strahlen als die seine, nichts konnte seine Macht erschüttern – meinte nicht nur er. Zeitweise beherrschte Napoleon nahezu ganz Europa, auch Eschers Heimat, die alte Eidgenossenschaft, die er zerstörte. Die Revolution, die ihn emporgebracht hatte, erklärte er wohl für beendet, doch schickte er sich nun an, viele ihrer Errungenschaften über den Kontinent zu verbreiten. Gewiss, nicht die Freiheit, aber Gleichheit und Modernität: liberale Gesetze, effiziente Institutionen und leistungsorientierte Schulen, er zog neue Grenzen und schuf neue Staaten. Als er 1815 endgültig besiegt war, versunken in einem Meer von Feinden, hinterliess er ein Europa, das nicht mehr wiederzuerkennen war. Nie hatte er übrigens, ein Korse aus kleinem Adel, vergessen machen können, woher er kam. Zeitlebens sprach er Französisch mit italienischem Akzent.

Dass Napoleon ein Favorit oder, je nach Standpunkt, eine Kreatur der Revolution war, liegt auf der Hand. Dass Escher, der in einem konservativen Haus gross geworden war, wo alle nur angeekelt von den Vorgängen in Paris sprachen, genauso ein Gewinner des Umbruchs werden sollte, war dagegen weniger zu erwarten. Wer hätte darauf gewettet, dass ausgerechnet ein Escher, Zürcher Stadtbürger seit 1385, zum Zerstörer des Alten und Schöpfer des Neuen werden würde? Der junge Escher wäre selbst erschrocken, hätte er darum gewusst.

Tatsächlich sprach alles gegen ihn. War er nicht ein Herrensohn? Ein Günstling eines Zeitalters, das jetzt auf den Misthaufen der Geschichte geworfen werden sollte, wie es Leo Trotzki, der russische Revolutionär, in anderem Zusammenhang ausdrücken sollte? Escher war nicht bloss im Ancien Régime geboren, wie man die Zustände vor der Revolution bald verächtlich nannte, sondern er zählte zu einer Familie, für die dieses Ancien Régime geradezu geschaffen worden war. Zwar waren die Escher weder Könige noch Fürsten, nicht einmal von Adel, sondern Zürcher Stadtbürger, doch für Schweizer Verhältnisse stellten sie ein sehr herausgehobenes Geschlecht dar. Sie gehörten einer Oligarchie an, die wohl bürgerlich von der Herkunft her, auch republikanisch gesinnt im Geist, trotzdem ohne allzu viel demokratisches Aufhebens den Kanton Zürich regierte: manchmal aufgeklärt und milde, dann wieder mit eiserner Hand. Es gab Familien wie die Escher, das waren wenige, und es gab Untertanen – das waren die meisten.

Im Herzen des Kapitalismus: Livorno

«Warum sollte ich zu adelig oder zu vornehm sein, um Architektur zu machen?», schrieb Hans Caspar Escher in einem Brief an seinen Vater. Er befand sich in Rom, sein Vater in Zürich. «Sollte ich mich eher schämen, einen Plan als eine Elle Krepp zu verkaufen?»[146] Was immer Johannes Escher, der Seidenfabrikant, darauf geantwortet hat, es dürfte wenig Enthusiasmus ausgedrückt haben. Architektur galt zu jener Zeit, wir schreiben inzwischen das Jahr 1794, erstens als «brotlos», aber zweitens als kaum standesgemäss für einen Escher. Wenn man in besseren Kreisen abschätzige oder entgeisterte Blicke auf sich ziehen wollte, dann wählte man diesen Beruf: Künstler, Bohemiens, elegante Taugenichtse, vielleicht enterbte Ehebrecher studierten Architektur, wobei schon das Wort «studieren» den falschen Eindruck erweckte: Noch war dies ein handwerklicher Beruf, kaum reguliert, zunftfrei, also ungeschützt, den man in der Praxis lernte, bei einem anderen Architekten oder einem Maurermeister. Dass der junge Escher zudem in Italien auf diese Idee gekommen war, machte die Sache nicht besser. War Italien nicht das Land, das man für seine erhabene Vergangenheit zwar bewunderte, aber für seine frivole, unseriöse Gegenwart mit Bedenken betrachtete? Zumal aus Sicht eines reformierten Zürchers.

Hans Caspar Escher war im Oktober 1793 nach Italien gekommen, um in Livorno bei einem Geschäftspartner des Vaters eine Stage zu machen. Ziel war es, nun doch Kaufmann zu werden, immerhin setzte der Vater nach wie vor auf ihn als Nachfolger für seine Kreppfabrik. Nachdem der junge Escher in der Schule versagt hatte, war er ja im Militär flott vorwärtsgekommen, so sah es die Familie, und sie hoffte mit Grund, doch Hans Caspar blieb unberechenbar, oder besser gesagt: Das beruflich zu tun, was für ihn am einfachsten schien, liess ihn kalt. Wollte er es schwer haben oder den Vater ärgern? Jedenfalls war Livorno bestimmt nicht der Ort, ihm Disziplin beizubringen.

Die toskanische Stadt am Meer war wenige Jahrzehnte zuvor zum Freihafen erklärt worden, worauf ein aussergewöhnlicher Aufschwung eingesetzt hatte. Die Livorner lebten reich, aber auch ausgelassen, wenn nicht amoralisch. Das lag womöglich daran, dass in dieser Stadt Menschen aus aller Welt und fast jeder Religion lebten, herbeigelockt von einem Toleranzedikt, das einst die Grossherzöge der Toskana erlassen hatten, um einen Ort zu bevölkern, der noch im 16. Jahrhundert einem Fischerdorf glich. Es war eine besondere, es war eine junge Stadt: 1551 lebten hier bloss etwa 700 Leute. Weil aber Pisa, der traditionelle Hafen der Toskana, zu jener Zeit zunehmend versandete, sahen sich die Grossherzöge aus dem Haus Medici gezwungen, einen neuen Hafen zu entwickeln. Das war Livorno. Es entstand eine Stadt auf dem Reissbrett.

Schon damals gab es offensichtlich kein besseres Argument, um unternehmerische und ehrgeizige Leute zu gewinnen, als die Freiheit, in diesem Fall die Glaubensfreiheit, und so hatten sich in Livorno Engländer, Holländer und Juden niedergelassen, Franzosen, Spanier, syrische Christen und Muslime, Türken, Deutsche, Griechen, Perser und Armenier. Kaum eine Stadt in Italien, ja in Europa war kosmopolitischer und multikultureller. Es gab Kirchen jeder Konfession, eine Synagoge und eine Moschee, überdies die Inquisition, die sich jedoch nur um die Katholiken kümmern durfte. Frei war nicht bloss der Handel, freizügig waren auch die Sitten: Die Prostitution florierte legal, wenn auch streng reguliert, wie ein deutscher Reisebericht im Jahr 1740 festhielt: «(...) also haben auch die öffentlichen liederlichen Frauenspersonen ihr eigenes Quartier von etlichen Gassen, aus welchen sie ohne Wissen ihres Commissarii und ohne vorhergegangene Zahlung von etlichen Sols nicht gehen dürfen.»[147]

In Livorno herrschten liberale Gesetze, die Zölle waren tief, mild die Steuern, das Leben aber sehr teuer. Wenn eine Stadt so viel Wohlstand und Freiheit bietet, dann zieht sie nicht bloss die Kaufleute und Unternehmer an, sondern auch die Künstler und Schriftsteller, die Schwätzer und Fantasten, die Glücksritter – und die Architekten.

Escher interessierte sich also für die Letzteren. Zwar liess er sich nicht zu dem «liederlichen Leben» verführen, dem sich seine «jugendlichen Standesgenossen» in der Seestadt ergaben, wie ein früher Biograf des späteren Unternehmers versicherte – ob mit Recht oder nicht, ist schwer zu überprüfen, jedenfalls wusste er um die gefährlichen Seiten Livornos.[148] Aber dem Wunsch des Vaters gab Escher ebenso wenig nach. Der kaufmännische Lehrling lernte nichts. Vielleicht hatte der Vater auch einfach Pech, denn in der Firma, wo sein Sohn etwas mitbekommen sollte, gab es für diesen kaum zu tun. Die Chefs hatten andere Sorgen. Seit der Krieg zwischen Frankreich und halb Europa ausgebrochen war, darunter auch in England, stockte das Geschäft, und die Angestellten sassen untätig im Büro herum. Niemand hatte auf einen jungen Schweizer gewartet. Escher fühlte sich überzählig, aber auch unbehaglich, zumal er sich mit Paulin, dem jüngeren Chef und Sohn des Patrons, nicht verstand: «Paulins Gespräche sind grausam reich an Worten und arm an Sinn und Verstand», vertraute er seinem Tagebuch an, «aus Allem leuchtet seine Unerfahrenheit, seine Eigenliebe, Stolz, Verachtung und Geringschätzung des Nebenmenschen hervor (…).»[149]

Er hielt ihn für einen Heuchler und einen «Geizhals» und nahm sich vor: «Mache Dich, wenn Du je einmal Geld hast, nie solcher Raggereien schuldig, sondern handle so, dass Du dich selbst ebenso streng richten darfst als andere.»[150] Paulin hatte an der Tür einen Mann abgewiesen, der für die Armen der Stadt sammelte. Tatsächlich sollte Escher ein überaus sozialer Arbeitgeber werden.

«Täglich und stündlich schwebt mir die liebe Mutter vor Augen. Ich habe an nichts mehr Freude.»[151] Die Mutter war schwer erkrankt, und Escher, der sich selbstverständlich ausserstande sah, innert nützlicher Frist nach Hause zurückzukehren, litt Höllenqualen. Als er von Zürich nach Livorno angereist war, brauchte er dafür fast einen Monat. «Gott! Sollten wir sie verlieren, sie, die der Vater so lieb und die wir Kinder so nötig haben! Keine Viertelstunde vergeht, dass ich sie nicht vor mir sehe, an ihre lieben Gespräche, Ermahnungen und herrlichen Lehren denke – die ich zu Zeiten, wiewohl ich sie stets liebte und schätzte, doch nicht genug genoss.»[152]

Während Escher mit dem Vater ständig über Kreuz lag, war das Verhältnis zur Mutter eng und unbelastet, wie sein Tagebuch nahelegt. Von Konflikten ist nie die Rede. Escher geriet in Panik, was leicht nachzuvollziehen ist. Wer im 18. Jahrhundert auch nur ein Unwohlsein verspürte, musste mit dem Schlimmsten rechnen, und die Mutter lag seit Tagen im Bett, kaum ansprechbar. Anna Barbara Escher hatte sechs Kinder geboren, drei waren früh gestorben. «Die ganze Nacht dachte und träumte ich von nichts als von meiner lieben Mama. Ich glaubte sie gestorben und weinte bitterlich und fand mich beim Erwachen tatsächlich in Tränen schwimmend.»[153] Die Mutter erholte sich. Sie sollte noch mehr als dreissig Jahre leben.

Wenn es für Escher in Livornos Kontoren schon nichts zu gewinnen gab, so nutzte er die Zeit eben anderweitig. Er nahm Unterricht im Französischen und Italienischen, perfektionierte das Fechten, übte das Schwimmen – die Kunst der Zerstreuung dürfte dem Zürcher aus der Jeunesse dorée nicht unvertraut gewesen sein. Statt im Büro Zahlen zusammenzuzählen, reiste er nach Florenz und Pisa, wohin ihn die Kirchen und die Kunst der Renaissance lockten, oder er setzte sich an den Hafen von Livorno, wo er die Schiffe beobachtete, die aus aller Welt einliefen: aus Amsterdam und Alexandria, aus Smyrna und Alicante, aus Liverpool und Konstantinopel. Schiffe wurden geradezu zu einer Obsession. Er zeichnete sie ab, ging wann immer möglich an Bord und liess sich vom Kapitän alles erklären: Konstruktion, Masten, Takelwerk, die Steuerung, um nachher selbst ein Schiff für den Zürichsee zu entwerfen.

Wenn es nicht ein Klischee wäre, würde man sagen: Der junge Mann verfiel dem Meer, weil er aus einem Land kam, wo es kein Meer gab. Dass seine spätere Firma Escher Wyss zu einem der grössten Schiffbauer des Kontinents aufsteigen sollte, wirkt vor diesem Hintergrund noch ironischer. Allerdings konzentrierte man sich gewissermassen gut schweizerisch auf die Binnenschifffahrt. Die Obsession aber war ihm zweifellos geblieben. Schiffe, Gebäude, Maschinen: «Seitdem ich auf der Welt bin», stellte er in seinem Tagebuch fest, «liebte ich solche Dinge und werde mich gewiss, nach meiner Rückkunft in die Heimat, hauptsächlich auf mechanische Künste, Baukunst und Geometrie legen. Mein Kopf begreift solche Dinge leicht und scheint eher dafür, als für die Handlung geschaffen zu sein.»[154] Unter «Handlung» verstand man seinerzeit die Tätigkeit eines Kaufmanns.

Die positive Kraft der Sturheit: Rom

Escher hatte sich entschieden. Er wollte Architekt werden. Kaum hatte er diesen Berufswunsch gefasst, war er nicht mehr davon abzubringen. Stur und leidenschaftlich zugleich. Obwohl er doch so lange nicht gespürt hatte, wofür er brannte – als er dies wusste, liess es ihn nicht mehr los, wie der Vater bald feststellen musste. Er möchte nach Rom fahren, um sich dort zum Architekten ausbilden zu lassen, teilte der Sohn dem Vater mit, zumal Livornos Klima seiner Gesundheit ohnehin schade, der Vater wollte ihn stattdessen für drei Monate auf eine Italienreise schicken, wozu der Sohn einwilligte, um nach den drei Monaten trotzdem seinen ursprünglichen Plan durchzustieren. Nach einem Jahr in Livorno und einem Jahr als kaufmännischer Lehrling erreichte Escher im Oktober 1794 Rom. Er war neunzehn Jahre alt.

Die Stadt dürfte ihm vollkommen anders vorgekommen sein als Livorno. Er hatte eine nervöse, kapitalistische Handelsstadt verlassen und fand sich nun in der Ewigen Stadt wieder, die auch insofern ewig war, als hier noch nie wirklich Geld verdient, sondern vor allem ausgegeben worden war. Rom lebte von der Kirche, Rom lebte vom Tourismus, wobei dieser noch überwiegend religiöser Natur war. Hunderttausende von Pilgern kamen jedes Jahr, um für ihre Sünden Busse zu tun, ob mit Erfolg blieb unsicher, sicher aber gaben sie sehr viel Geld aus. Wenn es eine Stadt gab, die allem widersprach, was Escher aus Zürich oder Livorno kannte, dann Rom, die Metropole der römisch-katholischen Kirche, wo Päpste und Kardinäle über alles entschieden: wer reich war, wer unterging, wer in der Gunst stand, wer und was gefragt war. Köche, Weinhändler, Schneider, Künstler und Architekten gehörten zu den besonders beliebten Berufsgruppen, weil sie dem Klerus das Leben verschönerten.

Escher, so müssen wir annehmen, fühlte sich wohl, denn er blieb drei Jahre, ohne zu arbeiten, sondern allein um seinen Beruf zu finden. Angesichts der Tatsache, dass der gleiche Escher zum Begründer der schweizerischen Maschinenindustrie und zum rastlosen, auch sehr puritanischen Unternehmer aufsteigen sollte, erscheinen diese Jahre des anhaltenden Trödelns bemerkenswert. In Zürich wuchs die Unruhe. Escher nahm davon Notiz: «Papa schreibt mir, die Finanzen erlauben es nicht, das Studium der Architektur weiterzuführen. Das macht mir entsetzlich Mühe, denn ich sehe wohl, dass ich nichts werde, weder Architekt noch Kaufmann. Verfluchte Lage!»[155]

Der Vater, der so oft nachgegeben hatte, war am Ende seiner Geduld angelangt. Bevor er bereit war, das Studium weiter zu finanzieren, verlangte er vom Sohn nach einem Jahr ultimativ einen Entwurf «zur Erprobung der Fortschritte»[156]. Also lieferte Escher die Pläne für ein Landhaus am Zürichsee, das indessen mehr wie ein antiker Tempel aussah, was den Vater gar nicht überzeugte. Zypressen und dorische Säulen am Zürichsee? Der Vater drang auf Bodenständigeres, ein Bauernhaus etwa, was der Sohn prompt nachreichte, wenn auch ohne Begeisterung.

In Rom lernte Escher Friedrich Weinbrenner kennen, einen deutschen Architekten, zu dem er schliesslich in die Lehre ging. Ohne Frage hatte er eine gute Nase bewiesen, denn Weinbrenner, der aus Karlsruhe stammte, sollte zu einem der produktivsten Architekten in seiner Heimat werden. «Weinbrenner gab mir eine sehr schwierige perspektivische Aufgabe; ich nehme mir vor, sie auszuklügeln und wenn die Hölle darin stecken sollte (...).»[157] Offensichtlich war es ihm nun ernst. Aus dem Tagebuch wurde ein Arbeitsjournal: «Quäle mich den ganzen Tag mit meiner Aufgabe, doch am Abend war sie in Ordnung.»[158]

Escher lernte viel, und doch dürfte er sich nicht überarbeitet haben, zumal er in der Ewigen Stadt ebenso viel Zeit in einem Kreis von anderen deutschsprachigen Expats verbrachte: Malern, Dichtern oder Söhnen und Töchtern vermögender Eltern wie er selbst. Man feierte Feste ohne Anlass, fuhr aufs Land zum Picknick oder traf sich im Caffè Greco, an dem Ort, wo Genies und Versager ihr Leben verhockten. La dolce vita. Das süsse Leben. Bis die Französische Revolution, konkreter Napoleon, abermals in sein Leben eingriff.

Im März 1796 war General Bonaparte vom Direktorium, der Regierung der ersten französischen Republik, zum Oberbefehlshaber der Armée d'Italie ernannt worden. Kurz darauf drang er mit 40000 Mann in Oberitalien ein und trug damit einen Krieg ins Land, der alles von Grund auf änderte. Schon bald sah Italien nicht mehr so aus, wie es seit Jahrhunderten geordnet gewesen war. Napoleon entschied jede Schlacht für sich – einmal vier Schlachten in bloss vier Tagen, er vertrieb die Österreicher, errichtete neue Republiken, eroberte die Lombardei, Florenz und Venedig, unterwarf den Kirchenstaat und demütigte den Papst, am Ende, nach bloss einem Jahr, hatte er so gut wie ganz Mittel- und Norditalien unter Kontrolle.

Für den jungen Escher, der nach wie vor in Rom festsass, wurde das süsse Leben bitterer, zumal in Rom zahllose französische Aristokraten Zuflucht gefunden hatten, Gegner der Revolution, die nun von den Einheimischen für die drohende Invasion durch die Franzosen verantwortlich gemacht wurden. Da man nicht unterschied, gerieten alle Ausländer unter Verdacht, auch Schweizer und Deutsche, es baute sich ein Fremdenhass auf, der Escher schliesslich aus der Stadt vertrieb. Wahrscheinlich gab es für ihn sowieso nichts mehr zu tun. Er war Architekt – ohne Projekt. Im Sommer 1797 kehrte er in Begleitung eines anderen Schweizers nach Zürich zurück.

Unruhige, bedrohte Heimat

Hatte Escher gemeint, hier auf ruhigere Verhältnisse zu treffen, sah er sich getäuscht. Auch die Schweiz stand vor dem Zusammenbruch. Napoleon, so schien es, war überall. Der Geist, oder je nach Standpunkt der Ungeist, der Revolution hatte sich in der alten Eidgenossenschaft ausgebreitet wie ein unsichtbares Gift: die einen, die Aristokraten wie etwa die Escher, betäubte es, die anderen, die sogenannten Untertanen, berauschten sich daran. Es rumorte allenthalben: «Die öffentlichen Angelegenheiten sehen in diesem Lande wunderlich aus»[159], schrieb Johann Wolfgang von Goethe in einem Brief an einen Bekannten. Schon damals weltberühmt, war der deutsche Schriftsteller im Herbst 1797 in die Schweiz gekommen, wo er verschiedene Freunde besuchte. Mit Blick auf die aktuelle politische Lage stellte er fest: «Da ein Teil der ganzen Masse schon völlig demokratisch regiert wird, so haben die Untertanen der mehr oder weniger aristokratischen Kantone an ihren Nachbarn schon ein Beispiel dessen, was jetzt der allgemeine Wunsch des Volks ist; an vielen Orten herrscht Unzufriedenheit, die sich hie und da in kleinen Unruhen zeigt.»[160]

Wenn Goethe auf die Tatsache anspielte, dass in der Innerschweiz seit eh und je die demokratischen Landsgemeinden den Ton angaben, dann bewies er, wie gut er sich auskannte. Das mag daran liegen, dass einer seiner besten Freunde ein Schweizer war und aus Stäfa stammte, einem besonders rebellischen Dorf am Zürichsee. Der Freund hiess Johann Heinrich Meyer, ein Maler und Kunstkenner, mehr spöttisch als liebevoll «Kunschtmeyer» genannt in Weimar, wo er bald bei Goethe leben sollte, der hier als Minister in der Regierung tätig war.[161]

Der gleiche Meyer hatte in Rom den jungen Escher kennengelernt. Er war der Mann, der mit Escher in die Schweiz zurückgekehrt war. Und dank seiner Vermittlung suchte Goethe, als er jetzt in der Schweiz herumreiste, auch die Familie Escher auf. Den Vater Johannes Escher, den Seidenfabrikanten, kannte er schon von einer früheren Reise nach Zürich, nun traf er auf den Sohn, den 22-jährigen Architekten, der Meyer in Rom offenbar so positiv aufgefallen war.

Man setzte sich zu einem Mittagessen in der «Schipf» zusammen, wie der schöne Landsitz der Escher am Zürichsee bei Herrliberg hiess; einst erbaut von einem Werdmüller, sollte er noch lange im Besitz der Escher bleiben. Was man hier besprach, ist nicht überliefert, auch Goethe machte bloss knappe Notizen. Dem Vernehmen nach soll er, der Dichter, aber den jungen Escher in dessen künstlerischen Flausen bestärkt haben, wohl sehr zum Missfallen des Vaters. Dass man darüber sprach, belegt ein Brief, in dem der Vater später dem Sohn vorhielt, «auch der Kontakt zu den liebenswürdigen Meyer und Goethe kann Dich nicht retten», womit er darauf ansprach, wie düster die Aussichten für einen Architekten inzwischen geworden waren.[162] Tatsächlich gab es keinen ungünstigeren Zeitpunkt, wenn man Häuser planen und bauen wollte. Der junge Architekt Escher wurde jetzt erst recht Opfer seiner Epoche.

«Über alles dies kommt in dem gegenwärtigen Augenblicke noch eine Sorge und Furcht vor den Franzosen», setzte Goethe den bereits erwähnten Brief fort: «Die Lage ist äusserst gefährlich, und es übersieht niemand, was daraus entstehen kann.»[163] In Anbetracht dieser Unsicherheit, so schloss er sein Schreiben, werde er den «Rückweg baldmöglichst antreten und geschwinder, als ich hergegangen bin, wieder in jene Gegenden zurückkehren, wo ich mir eine ruhigere Zeit unter geprüften Freunden versprechen kann».[164] Keinen Tag zu früh.

Krieg und kein Frieden

Schon wenige Wochen später, im Dezember 1797, besetzten französische Truppen den Jura sowie Biel, und im Januar 1798 marschierten sie in die Waadt ein, um dort eine vermeintliche oder reale Revolution zu unterstützen. Zwar mobilisierte der Kanton Bern seine Truppen, aber allein die Tatsache, wem man sie anvertraute, sprach Bände, es war ein General, der mit der Revolution sympathisierte und sowieso lieber philosophische Bücher schrieb, als Krieg zu führen. Jahre später brachte er sich um. Die Gnädigen Herren in Bern lagen sich in den Haaren, sie wussten nicht mehr ein noch aus. Bald verlor Bern fast alle Schlachten, während die übrigen Eidgenossen kaum einen Finger rührten, da ihre eigenen Untertanen ihnen nicht mehr folgten. So brach die alte Eidgenossenschaft nach gut fünfhundert Jahren innert weniger Wochen zusammen.

Kurz darauf, im April 1798, wurde die Helvetische Republik installiert, ein Marionettenstaat nach französischem Vorbild, hinter den Kulissen hatte Napoleon die Fäden gezogen. Es war eine künstliche Republik, synthetisiert im Reagenzglas, alles war neu: Insbesondere die Kantone verloren jede Eigenständigkeit, Untertanen gab es nicht mehr, sondern nur mehr Bürger (ausser den Juden), es entstand ein zentralistischer, durchaus moderner Staat; und in der neuen Hauptstadt Aarau machte sich ein Regime an die Arbeit, in der Meinung, man sitze am Schreibtisch in Paris. Was als helvetische Revolution in die Geschichte einging, war in Tat und Wahrheit eine eigenartige, tödliche Kombination von französischem Überfall und einheimischer Rebellion: Die Untertanen, ob in den Gemeinen Herrschaften oder auf dem Land in den Stadtkantonen wie Zürich oder Bern, sagten sich von einer inzwischen ungeliebten Obrigkeit los, kaum waren die Franzosen in Sicht.

Ohne Frage, die Eidgenossen hätten eine Invasion nicht abwehren können, zu chaotisch, da föderalistisch organisiert, war die eigene Armee. Dass die Franzosen aber so rasch zum Erfolg kamen, lag am revolutionären Zeitgeist, für den sie standen. Die Schweiz war längst genauso davon ergriffen. Morsch war das Gebälk. Bevor man das eigene Land aufgab, hatte man es selbst zum Verfaulen gebracht.

Es hatte etwas Zwangsläufiges: Mit niemandem waren die feinen, regimentsfähigen Eliten der Schweiz enger verbunden gewesen als mit dem französischen Ancien Régime. Als dieses fiel, war es nur eine Frage der Zeit, bis auch die alte Eidgenossenschaft, die zuverlässigste Verbündete der französischen Könige, stürzte. Die Revolutionäre in Paris hassten besonders die Aristokraten von Bern, Solothurn und Freiburg abgrundtief, nun machten sie sich über deren Hinterlassenschaft her: «Wenn ich mir die in kleine, unabhängige demokratische Republiken geteilte Schweiz vorstelle», sagte Jean François Reubell, ein Mitglied des Direktoriums, «so scheint mir, ich sehe eine Schüssel voll kleiner Pasteten, von welchen man, ohne desgleichen zu tun, die eine nach der anderen wegknarpelt.»[165]

Die Franzosen waren gekommen, weil die Schweiz strategisch so bedeutend war, wenn es darum ging, Österreich zu bekämpfen, aber auch weil sie hier Soldaten rekrutieren wollten, um deren Leistungsfähigkeit man in Paris nur allzu gut wusste. Seit dreihundert Jahren hatte man schliesslich daraufgesetzt.

Vor allem lockte der Reichtum, den die Franzosen in den Alpen vermuteten. Den Berner Staatsschatz, einer der grössten der damaligen Zeit, beschlagnahmten sie sofort, und selbst die Berner Bären führten sie ab.[166] Vorher hatten die Franzosen den Bären die Namen von bekannten Berner Aristokraten gegeben und waren mit ihnen im Triumph durch die Stadt gezogen. Insgesamt entwendeten sie drei erwachsene Bären, ein ganz junger blieb in Bern. Er überlebte nicht. Ob er schon tot war oder verhungerte, weil seine Mutter weg war, ist offen. Ein Berner Patrizier liess ihn später ausstopfen. Heute steht er in einer Vitrine im Bernischen Historischen Museum. Das kleine, ausgemergelte Bärchen, das ein Schwert und einen Schild hält, gilt als Liebling des Publikums. Der letzte Bär des alten Bern. Die gestohlenen Berner Bären landeten in der Ménagerie du Jardin des plantes, dem kurz zuvor, 1793, eröffneten Zoo von Paris. Sie kamen nie mehr zurück, selbst dann nicht, als Frankreich alle Kriege verloren hatte.[167] Herrschen und demütigen. Es waren seltsame Befreier.

1798 begann in der Schweiz eine Zeit der mehr oder weniger permanenten Fremdherrschaft, meistens in Form einer Militärdiktatur von Napoleons Gnaden. Wenn auch die eine oder andere Modernisierung in diesen Jahren das Land voranbrachte, gibt es nichts zu beschönigen: Es war eine Besetzung durch fremde Truppen, wie sie die Schweiz seit römischen Zeiten nicht mehr erfahren hatte, also faktisch noch nie. Sie dauerte siebzehn Jahre lang, bis 1815. Aufstände wurden blutig niedergeschlagen, Dörfer zur Strafe abgebrannt, politische Gegner eingekerkert oder vertrieben. Und es fing eine Zeit an, die Escher zuerst in die Hölle warf, dann in den Himmel beförderte, sofern man wirtschaftlichen Erfolg so beschreiben darf. Noch schien eine solche Wendung zum Guten aber undenkbar.

Im Tal der Tränen

Kaum hatten sich die Franzosen in der Schweiz festgesetzt, zogen sie den europäischen Krieg ins Land. Elend, Hunger und Tod folgten. Zuerst drangen die Österreicher, dann die Russen ein, um das strategisch zentrale Gebiet zurückzuerobern.

Im Sommer 1799 siegten die Österreicher bei Zürich, in einer Schlacht, die Escher gewissermassen vom Fenster aus beobachten konnte. Tatsächlich rückten sie vom Zürichberg, Witikon und dem Seefeld her gegen die Stadt vor, wo die Franzosen sich verschanzt hatten. Einen Tag später gaben sie auf und zogen ab. Kurze Zeit schien es, als ob die Alliierten das Ancien Régime zurückgebracht hätten, immerhin befand sich inzwischen die gesamte Ostschweiz in ihrer Hand. War der französische Spuk schon wieder vorbei? Bald ersetzten die Russen die Österreicher, und insbesondere General Alexander Rimski-Korsakow, der in Zürich sein Hauptquartier aufgeschlagen hatte, beflügelte die Fantasien der alten, eben entmachteten Patrizier. Sie kreisten und warben um ihn, als hielte er hier Hof, als könnte er die gute alte Zeit wiedererwecken. Manch eine vornehme Frau aus dem Regiment, so hiess es, habe nun mit Leidenschaft Russischlektionen genommen.

Vergebens. Im September 1799 meldeten sich die Franzosen zurück, indem sie die Russen in der zweiten Schlacht bei Zürich schlugen und aus der Stadt jagten, im Oktober waren die Alliierten bereits wieder aus der Schweiz verschwunden. Sie sollten für lange Zeit nicht mehr hier auftauchen. Jede Hoffnung, die der eine oder andere aus einer alten Familie auf die Restauration der einstigen Verhältnisse gesetzt haben mag, zerschlug sich. «Unsere oligarchischen Frauen», notierte Jean Jacques Cart, ein Waadtländer Revolutionär, «haben ihre russischen Grammatikbücher schon wieder ins Feuer geworfen – nicht ohne erbärmlich zu schluchzen.»[168]

Besatzung und Krieg verwüsteten das Land. Der Handel brach ein, die Handwerker hatten nichts zu tun, den Bauern ging sogar das Saatgut aus. Eine beispiellose Misere griff um sich, zumal die französischen Truppen sich «vom Land» ernährten: Also plünderten sie alle Vorratskammern, führten das Vieh weg, um es zu schlachten, und sie nötigten die Schweizer, französische Soldaten in den eigenen Häusern aufzunehmen, was enorm ins Geld ging.

Dörfer wurden so regelrecht ruiniert, was nicht erstaunt, wenn man sich die Zahlen vor Augen führt: Ein Dorf in Freiburg zum Beispiel hatte sechs Monate lang 25 000 Mann zu beherbergen, ohne jede Bezahlung, oder ein Tal im Kanton Uri quartierte während eines Jahres insgesamt 700 000 Mann ein, einmal Russen, dann Franzosen. Selbst wohlhabenden Bauern brach dies das Genick. Die Schweizer assen monatelang kein Fleisch mehr, dafür, so ging die Rede, verfütterten die Franzosen es ihren Hunden. Verarmte Bürger liessen sich auch nicht mehr besteuern, so dass die neue helvetische Regierung, kaum an der Macht, schon vor dem Bankrott stand: Elf Monate lang erhielten ihre Beamten kein Gehalt, und Ende 1799 waren nicht einmal die Steuern von 1798 eingegangen. Noch härter traf es die reformierten Pfarrer, die seit dem Untergang der alten Eidgenossenschaft, also seit fast zwei Jahren, kein Salär mehr bezogen hatten. Trotz der Schande, die das bedeutete, schickten sie ihre Kinder auf die Bauernhöfe, wo sie um eine Mahlzeit bettelten.

Hungersnöte hatten den Menschen in diesen vorindustriellen Zeiten, wo es kaum Wirtschaftswachstum gab, immer wieder zugesetzt, eine einzige schlechte Ernte löste eine Katastrophe aus, doch was die Schweizer jetzt erlebten, schien schlimmer als je zuvor, wie auch jene bestätigten, denen die letzte Hungersnot von 1771 noch in den Knochen steckte. Damals konnte man sich am Ende retten, indem die Kartoffel grossräumig eingeführt wurde. 1799 dagegen gab es nichts anzusäen, oder die Ernten verrotteten, weil es an Leuten fehlte, die sie eingebracht hätten. Denn die jungen Männer, die sonst auf den Feldern arbeiteten, wurden stattdessen in die «helvetische» Armee eingezogen, die tatsächlich eine französische war. Je mehr sich die Franzosen in der Defensive befanden, desto mehr Schweizer Truppen hoben sie aus, was leichter gesagt als getan war. Nichts war unbeliebter als dieser Militärdienst, und wer konnte, verschwand in die Berge oder ins Ausland. So dass der helvetischen Regierung, die sich in Paris dauernd zu rechtfertigen hatte, nichts anderes übrigblieb, als mit drakonischen Strafen dagegen anzukämpfen.

Wer sich der Armee entzog, dem drohte neuerdings eine zehnjährige Kettenstrafe, was unter anderem hiess, dass man in Bergwerken oder «beim Austrocknen der Sümpfe» zur Zwangsarbeit eingesetzt wurde, wie dies das neue helvetische «Peinliche Gesetzbuch» vorschrieb, wobei Kettenstrafe wortwörtlich zu verstehen war: «Die zur Kettenstrafe Verurteilten werden an dem einen Fusse eine mit einer eisernen Kette befestigte Kugel nachschleppen (...).»[169] Wer sich weigerte, der helvetischen «Legion» beizutreten, einem militärischen Spitzenverband, der wurde sogar mit dem Tod bestraft. Das gleiche Strafmass galt für jeden, der einen Schweizer für eine alliierte Armee anwarb oder ihm zur Emigration verhalf.

Es ist eine triviale Erkenntnis. Wenn ein Staat seine Bürger nur unter Strafandrohung dazu bringt, ihn zu verteidigen, statt ihm den Rücken zu kehren, dann ist etwas faul in diesem Staat. Die Helvetische Republik war tot, bevor sie begonnen hatte. Innert kürzester Zeit verlor sie jeden Kredit. Wie sollte es auch anders sein? Die Franzosen misshandelten das Land jeden Tag. Und die helvetische Regierung, die sich nur dank der Franzosen an der Macht hielt, musste diese Pest und Cholera schönreden. Darüber konnten ihre Errungenschaften, die es durchaus gab, nicht hinwegtäuschen. Ob Abschaffung der Zehnten, unter denen die Bauern gelitten hatten, ob Handels- und Gewerbefreiheit oder durchgreifende Bildungsreformen: Wenn der Preis dafür die politische Freiheit war, wer wollte ihn bezahlen?

Schon bald zerfiel die Helvetische Republik wie von selbst, ungeliebt von den meisten, von wiederholten Staatsstreichen zerrüttet, und wenn es noch eines Beweises bedurft hätte, wer in der Schweiz das Sagen hatte, dann lieferte diesen Napoleon selbst. 1803 kassierte er die Helvetische Republik und schrieb eigenhändig eine neue Verfassung, die Mediationsakte. Ein paar Schweizer durften ihn dabei beraten.

Das neue Regime glich einer Kreuzung von Alt und Neu, im Wesentlichen wurde der Staatenbund der souveränen Kantone mit je eigener Autonomie wiederhergestellt, was auch bedeutete, dass manch ein Schweizer erleben musste, wie man ihn von neuem zum Untertanen herabdrückte. In vielen Kantonen kehrten die alten Eliten an die Macht zurück, wenn auch ohne Glanz. Im Gegensatz dazu blieben in der Helvetik entstandene Kantone wie etwa die Waadt, das Tessin, der Aargau oder der Thurgau bestehen.

Was nicht änderte, war das Wichtigste: Napoleon herrschte über allem, unauffälliger zwar, nachsichtiger auch, aber mit eiserner Hand, wenn es denn sein musste. Als er Kaiser war, nannte er sich bloss scheinbar bescheiden auch «Médiateur de la Confédération suisse». Der freundliche Diktator. Und bis auf weiteres zwang er Zehntausende von jungen Schweizern in seine Armee. Sie starben für ihn in Spanien und in Deutschland, in Polen und in Österreich, in Italien und in Russland.

Deus ex Machina

Hans Caspar Escher gehörte zu diesen unfreiwilligen Soldaten, aber zu seinem Glück für nicht allzu lange Zeit. 1799 trat er in die helvetische Armee ein, und zwar als Adjutant des Generalinspektors der Artillerie Wilhelm Haas aus Basel, der noch vor kurzem eine der führenden Druckereien der Stadt besessen hatte. Haas nahm Escher in die Ostschweiz mit, wo die helvetischen Truppen zusammen mit den Franzosen die Ufer des Bodensees zu verteidigen hatten. Man baute Batterien auf, richtete Geschütze ein – und wartete. Die Österreicher griffen mit einer kleinen Flotte von Segelschiffen an, unter dem Kommando eines britischen Obersten. Was wie ein eher folkloristischer Beitrag an die Kriegsführung wirken mag, war durchaus ernst gemeint. Die grösseren Schiffe waren mit Kanonen bestückt. Ohne dass die Schweizer das unterbinden konnten, beschossen die Österreicher Arbon und landeten dann in Rorschach, wo sie unter anderem acht Kanonen erbeuteten. Schweizer und Franzosen zogen ab.

Schon im Sommer 1799, als die Österreicher Zürich erobert hatten, verliess Escher offenbar die Armee wieder, unter welchen Umständen, ist unklar, und wandte sich nach Deutschland. Vermutlich entledigte er sich damit auch des Militärdienstes, was ja nicht risikolos war. Doch die Lage für einen jungen Mann war zum Verzweifeln. Entweder starb man im Krieg, oder man verhungerte, weil keine Arbeit zu finden war. «Ja, wohl fiel mein Los auf eine schlechte Zeit, da man allenthalben noch grösseren Mangel und ärgeres Elend sieht, als man selbst erleidet», notierte er in seinem Tagebuch: «Nicht genug, dass mir alle Pläne und Aussichten gänzlich vereitelt werden, wird man noch des letzten elenden Trostes, neue zu schmieden, beraubt, denn um einen ruhigen Flecken Erde zu entdecken, wäre ein zweiter Kolumbus kaum hinreichend; auf unserem alten vaterländischen Boden sieht es vollends erbärmlich aus.»[170] Escher entdeckte keinen neuen Kontinent, er war kein Kolumbus, und doch sollte er in den folgenden Jahren eine neue Welt betreten, weil ihm nichts anderes übrigblieb.

Der Mann, der so lange nicht gewusst hatte, was aus ihm werden sollte, hatte nun, da er es endlich wusste, nichts zu tun. Wer wollte jetzt, 1799 oder 1800, inmitten der tiefsten Krise, ein Haus bauen? Niemand brauchte einen Architekten. Ob er zu jener Zeit auch nur einen einzigen Auftrag ausführen konnte, ist schwer zu eruieren. Zwar sollte er später, als er schon Fabrikbesitzer war, noch einige Bauten verwirklichen, sozusagen in seiner Freizeit, unter anderen stammt die noch bestehende Hauptwache an der Gemüsebrücke in Zürich von ihm. Doch jetzt, da er in den Beruf einsteigen wollte, kam er kaum zum Zug. Weinbrenner, das ist belegt, schanzte ihm eine Bauleitung in Karlsruhe zu, was aber nur auf Zeit war, vielleicht lieferte Escher den einen oder anderen Entwurf für Verwandte oder Bekannte, die sich des arbeitslosen Mannes aus der Oberschicht erbarmten, womöglich durfte er gar etwas bauen, doch ein Leben füllte das nicht aus. Architekt als Berufung, sehr wohl, aber als Beruf?

Es war eine Zeit zusammengebrochen, und das spürten jene am deutlichsten, deren Zeit es gewesen war: der Adel, die Fürsten und Könige in Europa, die Patrizier in der Schweiz. Escher stand keineswegs allein. Beziehungen, Reichtum, politische Protektion: All dies schien für die einst privilegierten Familien des Ancien Régime nun wertlos geworden zu sein. Wer konnte, verliess das Land. Bis nach Amerika und Russland verschlug es manch einen politischen oder wirtschaftlichen Flüchtling aus dem Patriziat. Wie so oft zog es in erster Linie die Jungen weg, die scheinbar mehr zu gewinnen als zu verlieren hatten, und wie genauso oft, wenn

Menschen in die Emigration gezwungen werden, scheiterten die meisten. Von den fünf Söhnen einer Familie Bodmer aus Zürich etwa, ebenfalls regimentsfähig, wanderten vier aus, nur einer fand danach in ein solides bürgerliches Leben zurück, die übrigen strandeten irgendwo, vergessen und ruiniert.

Auch Escher floh ins Ausland, zuerst ohne Ziel, bald aber mit Entschlossenheit. Aus dem unterbeschäftigten Architekten wurde ein Werkspion. Denn inzwischen hatte er etwas entdeckt, das ihn nie mehr losliess: eine Maschine.

Der Legende nach soll Escher in St. Gallen, als er in der Ostschweiz Dienst leistete, die erste Spinnmaschine seines Lebens gesehen haben, vielleicht war es aber auch später, 1800 oder 1801, denn erst dann war hier eine solche Fabrik eröffnet worden. Jedenfalls handelte es sich um einen spektakulären Versuchsbetrieb, von dem sich die St. Galler Kaufleute viel versprachen. So viel, dass sie zu diesem Zweck gemeinsam die erste Aktiengesellschaft der Schweizer Geschichte gegründet und auch den Staat dazu gebracht hatten, die Sache zu unterstützen.[171] Sieben Jahre lang war die Firma von jeglichen Steuern befreit, ein Patent schützte ihre Technologie, vor allen Dingen sorgte die Helvetische Republik dafür, dass die neue Fabrik die Räume, die sie brauchte, kostenlos erhielt. Da man erst vor kurzem das Kloster St. Gallen verstaatlicht hatte, lag es nahe, die Maschinen im Kloster aufzustellen, wo keine Mönche mehr störten und sicher auch kein Gott, denn die Revolution hatte auch ihn abgeschafft. Zugegeben, was hätte man mit den vielen grossen Räumen sonst anfangen sollen?

Doch die Kaufleute, reformiert allesamt, voller Verachtung für die Katholiken, dürften mit einer gewissen Genugtuung ihre neuartigen, unheimlichen Maschinen hier montiert haben. Lärm, Arbeit, Geld, Kapitalismus: Es geschah den Mönchen recht. Was hatten die St. Galler das verschwenderische, barocke Kloster inmitten ihrer reformierten Stadt gehasst.

Leider liegen uns für diese entscheidenden Jahre in Eschers Leben kaum Quellen vor, keine Briefe, kein Tagebuch, wenige Zeugen. Fest steht jedoch, dass er, sowie er in St. Gallen eine Spinnmaschine erblickt hatte, alles daransetzte, eine nachzubauen. Es entbehrt nicht der Ironie. Dass ihm sofort klar war, dass hier die Zukunft lag, dürfte mit jenem Beruf seines Vaters zusammenhängen, den er partout nicht ergreifen wollte. Als Sohn, Enkel und Urenkel von Fabrikanten, die im internationalen Handel tätig waren, hatte er sogleich erkannt, was auch die St. Galler Kaufleute dazu bewogen hatte, so viel Geld in die Hand zu nehmen. Er sah das Potenzial einer Spinnmaschine, und er ahnte, warum keine Zeit zu verlieren war.

Tatsächlich hatte das schweizerische Textilgewerbe eine schwere Krise ergriffen. Die Not war gross. Und in diesem Fall lag das für einmal nicht an den Franzosen, sondern ganz im Gegenteil an den sonst heimlichen Verbündeten der Schweizer, den Engländern.

Englands Revolution

Im letzten Viertel des 18. Jahrhunderts war in England Ausserordentliches vorgefallen. Erfinder, Unternehmer, tüchtige Handwerker und autodidaktische Ingenieure hatten eine Reihe von Maschinen entwickelt, die die Welt in einem Ausmass veränderten, wie sich das damals niemand hatte ausmalen können. Der Vorgang sollte als industrielle Revolution in die Geschichte eingehen. Zu Recht. Es handelte sich um den bedeutendsten historischen Umbruch seit dem Neolithikum, als der Mensch die Landwirtschaft erfunden hatte. Auch dies war ein grosser Schritt gewesen, ohne Zweifel, und doch war der Mensch zugleich an eine Grenze gestossen, die er sehr lange nicht zu überschreiten vermochte.

Wenn es ihm vor rund zehntausend Jahren gelungen war, dank gezielter Eingriffe in die Natur mit seiner Arbeit sehr viel mehr Nahrung und Rohstoffe herzustellen als je zuvor, so war er doch immer auf die eigene körperliche Leistungsfähigkeit angewiesen geblieben. Das meiste machte er selbst von Hand – Tiere, manchmal ein Wasserlauf oder ein Windrad nahmen ihm etwas Arbeit ab. Die Produktivität liess sich zwar steigern, aber in der Regel nur, indem man die Arbeit besser organisierte. Im Einzelnen blieb es vorwiegend bei der Handarbeit.

Erst nach Tausenden von Jahren wurden Maschinen geschaffen, die diesen Engpass überwanden, indem sie den Menschen unendlich leistungsfähiger machten oder dessen Arbeitskraft ganz und gar ersetzten. Ohne das je zu planen, verwandelten die Engländer – es waren fast ausschliesslich Engländer und ein paar Schotten – innert kurzer Zeit, vielleicht dreissig, vierzig Jahren, unsere Welt für immer. Mit ihren Erfindungen wälzten sie den Bergbau um, die Eisenherstellung, die Antriebsmaschinen, und vor allem revolutionierten sie eine der wichtigsten Branchen der damaligen Epoche: Sie mechanisierten die Textilindustrie, ein Gewerbe, das deshalb so wichtig war, weil alle Menschen Kleider benötigten, aber vielen die Zeit und die Fähigkeit fehlten, sie selber herzustellen, besonders den Stoff dafür. So gesehen war es schon immer ein Massenmarkt gewesen, der hier bedient wurde, und es hatte sich schon lange um ein international vernetztes Geschäft gehandelt – spätestens seit die Baumwolle in Europa aufgetaucht war.

International, lukrativ, unentbehrlich. Nichtsdestotrotz erfolgten alle Arbeitsschritte, die nötig waren, um aus Baumwolle am Ende ein Kleid zu fertigen, von Hand: das Sortieren, Reinigen und Kämmen der Fasern, dann das Spinnen und Weben, das Bleichen, Walken, Appretieren, Drucken, Färben und Besticken des Stoffes. Vom Zuschneiden und Nähen nicht zu reden. Die europäische Textilindustrie war eine Industrie der Handarbeit. Dementsprechend viele Menschen waren erforderlich und fanden hier ihr Auskommen – bis 1763 die Society for the Encouragement of Arts, Manufactures and Commerce in London einen Wettbewerb veranstaltete.[172]

Dieser Klub von Unternehmern, Aristokraten und Wissenschaftlern stellte ein Preisgeld von 50 £ in Aussicht für jenen kreativen Kopf, der eines der lästigsten Probleme der Textilherstellung löste: Um einen einzigen Weber mit ausreichend Garn zu beliefern, wurden fünf Spinner benötigt. Oft hatte deshalb ein Weber stundenlang auf sein Garn zu warten – wenn er es überhaupt innert nützlicher Frist erhielt. Es war ein Ärgernis. Wollte man die Produktion ausweiten, musste man immer mehr Spinner einsetzen. Niemand fand eine Lösung.

Dann tauchte James Hargreaves auf, ein Weber, der nicht lesen konnte, aber dreizehn Kinder hatte. Mit seiner Familie lebte er in Lancashire, einer Grafschaft weitab im Nordwesten Englands. Keiner hatte je von ihm gehört. Nun ging er in die Industriegeschichte ein. 1767 erfand Hargreaves die Spinning Jenny, angeblich benannt nach seiner Tochter, und 1769 folgte Richard Arkwrights Waterframe. Während die erstere Maschine sich zwar nach wie vor auf Handarbeit stützte, aber ungewöhnlich feines Garn spann, konnte die letztere mit einem Wasserrad betrieben werden. Beide erhöhten den Ausstoss eines einzigen Spinners ganz beträchtlich, aber erst indem Samuel Crompton 1779 die konstruktiven Stärken beider verband, erzielte er den entscheidenden Durchbruch. Er nannte seine Maschine Mule, Maulesel, und das nicht ohne Berechtigung: Sie sollte die englische Baumwollspinnerei innerhalb weniger Jahre mechanisieren und deren Produktionskapazitäten sprunghaft erweitern. Hatten die Spinner vorher eine beneidenswert starke Position verteidigt, gerieten sie jetzt unter Druck. Schon bald waren sie arbeitslos, die meisten verlegten sich aufs Weben. Die Handspinnerei verschwand.

Es muss eine berauschende, optimistische, kreative Stimmung dieses England des späten 18. Jahrhunderts erfasst haben, vergleichbar mit den Verhältnissen im klassischen Athen des Perikles, Sophokles und Phidias oder mit dem Florenz der Renaissance, heute würde man ans Silicon Valley in Kalifornien denken: Denn die Innovationen folgten sich nun Schlag auf Schlag. Bloss drei Jahre nach der Erfindung der Mule trat ein gewisser James Watt in die Öffentlichkeit und stellte eine Maschine vor, die für gut hundert Jahre so gut wie alles betreiben sollte, was man betreiben wollte: die Dampfmaschine. Er war nicht der Erste, der so etwas Ähnliches entwickelt hatte, eine Art Dampfmaschine war schon einige Jahre bekannt gewesen, aber man hatte sie eher als ein Kuriosum der Tüftler und Bastler angesehen, bis es James Watt 1782 gelang, sie so zu perfektionieren, dass sie in der industriellen Praxis eingesetzt werden konnte. Damit räumte er das Antriebsproblem für die neuen Textilmaschinen aus dem Weg, zumal England über nicht allzu viele Flüsse und Bäche verfügte, deren Wasserkraft sich nutzen liess.

Als wenig später, 1784, der Franzose Claude-Louis Berthollet das Chlor als Bleichmittel entdeckte, und sein Landsmann Nicolas Leblanc herausfand, wie man Soda fabrizierte, ging es nicht lange, bis die sogenannte Schnellbleiche erfunden war. Somit war es nicht mehr nötig, neue Tücher vier Wochen lang an der Sonne bleichen zu lassen, dieser Prozess nahm nur noch acht Tage in Anspruch. Vorher war hier ebenso ein Engpass aufgetreten: In einer Stadt wie St. Gallen zum Beispiel, einem Zentrum der alten Textilindustrie, hatte es zusehends an leeren Wiesen gemangelt, wo man die Tücher aufspannen oder liegen lassen konnte. Baumwolle wirkte von Natur aus gelblich bis grau, je nach Verschmutzung, so dass das Bleichen des fertigen Stoffes unerlässlich war, bevor man ihn färbte oder anderweitig veredelte. 1785 mechanisierte Edmund Cartwright schliesslich den Webstuhl, gleichzeitig erfand Thomas Bell eine mechanische Walze, die in der Lage war, Textilien zu bedrucken.

Zwar setzte sich die mechanische Weberei erst in den 1820er Jahren durch, doch in der Zwischenzeit hatten weitere Innovationen den Handweber laufend produktiver gemacht. Last, but not least steuerte auch ein

Amerikaner eine überaus folgenreiche Erfindung bei: 1793 entwickelte Eli Whitney die Baumwollentkörnungsmaschine, was dazu führte, dass die Plantagen- und Sklavenbesitzer in den Südstaaten der USA in den Anbau von Baumwolle einstiegen. «King Cotton» übernahm die Macht.

Es war erstaunlich. Es war atemberaubend. Angenommen, ein Zeitgenosse hätte im Jahr 1780 die Grafschaft Lancashire besucht, ein Gebiet, wo sich ebenfalls wie in der Schweiz eine Protoindustrie herausgebildet hatte, und er wäre dreissig Jahre später dorthin zurückgekehrt: Er hätte seinen Augen nicht getraut. Wo Heimarbeiter in ihren Höfen von Hand gesponnen und gewoben hatten, standen nun Fabriken, in denen Maschinen pfiffen und zischten, rauchten und dampften. Innert weniger Jahre war die Textilindustrie in England vollkommen umgestellt worden. Gewiss, die Protoindustrie hatte dafür die Voraussetzungen geschaffen, doch die Maschinen steigerten die Stärken dieser kapitalistischen, industriellen Produktionsweise ins Unermessliche. Alles war beschleunigt, verbessert und gleichzeitig verbilligt worden. Viel mehr Arbeitskräfte schufen in weniger Arbeitsstunden sehr viel mehr Garn und Stoff in noch viel höherer Qualität; Maschinen hatten Menschen abgelöst. Um das Jahr 1810 waren in England so gut wie sämtliche Arbeitsprozesse mechanisiert oder auf eine chemische Grundlage gestellt worden: Das Spinnen, das Weben sowie fast alle Veredelungsverfahren, allein das Färben blieb fürs Erste noch traditionell bestimmt, bis 1826 die Anilin-Farben eingeführt wurden und so auch die handwerkliche Färberei unterging. Gegen Ende des 19. Jahrhunderts kam schliesslich dank der Nähmaschine die Konfektionsschneiderei auf, womit auch die letzte Stufe der Kleiderherstellung weitgehend industrialisiert worden war. Es war eine Revolution, ohne Frage.

Massaker des Strukturwandels

Den Zeitgenossen fiel nur allmählich auf, wie tiefgreifend sich die Welt vor ihren Augen verwandelte, und doch gab es solche, die mehr davon betroffen waren und es deshalb sogleich merkten, kaum waren in England die ersten Maschinen in Betrieb genommen worden. Diese Menschen lebten zu einem grossen Teil in der Schweiz.

Wie könnte es auch anders sein? Hier befand sich um 1780 eine der grössten Textilindustrien Europas, nicht mit Maschinen betrieben zwar, sondern durch die Hände von Zehntausenden von Heimarbeitern, aber erfolgreich produzierend für die halbe Welt. Man lebte fast ausschliesslich vom Export. Glück und Verhängnis zugleich: Was immer sich auf den Weltmärkten tat, es machte sich in der Schweiz, jenem vermeintlichen Hinterland der Weltgeschichte, zuerst bemerkbar: Jede Regung, jedes Zittern, jeder Einbruch und jeder Aufschwung spürten die Heimarbeiter in ihren Tälern unverzüglich, ob im Toggenburg oder im Zürcher Oberland, im Baselbiet, im Glarnerland oder im Appenzellischen. Wurde im Ausland gehustet, brach in der Schweiz eine schwere Grippe aus.

Es begann mit einem Preiszerfall. Schon wenige Jahre nachdem James Hargreaves, Richard Arkwright, Samuel Crompton und die grosse Zahl ihrer Imitatoren in England die ersten Spinnmaschinen in Betrieb genommen hatten, spürten das die Schweizer Fabrikanten und Heimarbeiter. Das englische Garn, das nun auch in ihrem Land auftauchte, war qualitativ besser: feiner, regelmässiger gesponnen, schöner zu verweben. Englisches Tuch fühlte sich neuerdings sehr viel weicher und glatter an als alles, was man bisher gekannt hatte. Vor allen Dingen, und das war das stärkste Argument für alle Kunden, war das Maschinengarn billiger, sehr viel billiger, um Faktoren, wie man das nie und nimmer für möglich gehalten hätte. Kein Wunder, eroberte es die Welt.

Die Schweizer gerieten in Panik. Ausgerechnet zu einem Zeitpunkt, da ihre Baumwollindustrie im Zenit stand, nachdem man zwischen 1750 und 1780 gerade eine beispiellose Hochkonjunktur erlebt hatte, sahen sie sich von einer neuartigen Konkurrenz herausgefordert, die nicht einfach lästig war, sondern tödlich. Das erkannten sie sofort. In Appenzell Ausserrhoden war bereits 1780 englisches Garn auf dem Markt. In Zürich ab 1790, in St. Gallen 1793, im Toggenburg 1797.

Unaufhaltsam schien es sich zu verbreiten, der tiefere Preis machte es unwiderstehlich, so dass selbst den Schweizer Fabrikanten nichts anderes übrigblieb, als Garn aus England zu importieren, wollten sie mit ihren fertigen Stoffen konkurrenzfähig bleiben. Die Handspinner in der Schweiz liessen alle Hoffnung fahren. Zuerst wurden die groben Garnsorten billiger, deren Herstellung am einfachsten zu mechanisieren war; ihr Preis fiel um 1786 von 8 Gulden pro Pfund auf 6 Gulden, 1811 lag er noch bei bloss 3½ oder 3¾ Gulden – so tief, dass ein Handspinner fast ohne Lohn hätte arbeiten müssen, um sein Garn abzusetzen.

Rund 100 000 Handspinner verloren innerhalb von vielleicht fünfzehn Jahren ihre Arbeit; im Zürcher Oberland, wo fast die ganze Bevölkerung vom Spinnen gelebt hatte, gab es 1820 keinen einzigen Handspinner mehr. In Glarus waren sie schon 1810 verschwunden. Die meisten hatten zunächst zu überleben versucht, indem sie sich aufs Spinnen der feineren Garne verlegten, und als auch hier die Maschine siegte, begannen sie zu weben, so gut es ging. Es war ein Massaker des Strukturwandels. Das Elend war mit Händen zu greifen.

Selbst Goethe fiel es auf, als er in jenen Jahren die Schweiz und die Escher besuchte, oder er erfuhr später davon, jedenfalls hat er diesen unbarmherzigen Strukturwandel in «Wilhelm Meisters Wanderjahren» verarbeitet. Zwar spielt der Roman irgendwo, doch er beschreibt leicht erkennbar die Verhältnisse in der schweizerischen Baumwollindustrie zu jener Zeit «mitten im Gebirg». In Goethes Roman klagt eine Weberin: «Was mich aber drückt, ist doch eine Handelssorge, leider nicht für den Augenblick, nein! Für alle Zukunft. Das überhandnehmende Maschinenwesen quält und ängstigt mich, es wälzt sich heran wie ein Gewitter, langsam, langsam; aber es hat seine Richtung genommen, es wird kommen und treffen.»[173]

In Weimar, wo Goethe lebte, war von dieser gewaltigen Umwälzung offenbar noch nicht allzu viel zu spüren, weshalb sich der Schriftsteller wohl so eingehend damit beschäftigte. Frau Susanne, so hiess die fiktive Weberin, wusste nicht mehr ein noch aus: «Hier bleibt nur ein doppelter Weg, einer so traurig wie der andere; entweder selbst das Neue ergreifen und das Verderben zu beschleunigen, oder aufzubrechen, die Besten und Würdigsten mit sich fortzuziehen und ein günstigeres Schicksal jenseits der Meere zu suchen.»[174] Auch Frau Susanne hatte mit ihrem Verlobten geplant, nach Amerika auszuwandern, doch bevor man losfuhr, starb er.

Auf den ersten Blick hätte man vielleicht auf den Gedanken kommen können, nur die Handspinner müssten sich fürchten. War es nicht in erster Linie das Handgarn, das von den Engländern aus dem Markt gedrückt wurde? Doch den Webern (wie etwa Frau Susanne), den Baumwollhändlern, den Färbern und den Fabrikanten war nur zu bewusst, dass dieses Schicksal auch ihnen drohte. Wenn den Engländern die Mechanisierung der Weberei gelingen würde, was nur eine Frage der Zeit schien, geriet die gesamte schweizerische Textilindustrie in Gefahr – besonders auf den alles entscheidenden Exportmärkten, zumal der schweizerische Binnenmarkt viel zu nebensächlich war. Es half also den Schweizern nichts, den eigenen Markt mit allerlei protektionistischen Massnahmen abzuschotten, wie das

Frankreich etwa tat, sie machten ihr Geschäft nicht zuhause, sondern auf dem Weltmarkt. Die Exportabhängigkeit der Schweiz war ein sehr altes Phänomen. Wer strukturell arm ist, wird in der Fremde reich. Schon für die Schweizer im 18. Jahrhundert bedeutete sie eine vertraute Herausforderung.

Womöglich hing es damit zusammen, dass die Schweizer nicht so schnell aufgaben. Sie wussten, was auf dem Spiel stand. Wenn man jetzt nicht handelte, so warnte manch ein zeitgenössischer Prophet des Untergangs, würde die Schweiz wieder zu einem Agrarland absinken. Und so folgte eine Aufholjagd des englischen Pioniers, die noch heute beeindruckt. Am Ende retteten die Schweizer nicht nur ihre Textilindustrie, sondern sie bahnten allem den Weg, was später den wirtschaftlichen Triumph ihres Landes begründen sollte. Hans Caspar Escher war dabei einer der wichtigen Protagonisten.

Wettbewerb der Epigonen

Als er 1799 oder 1800 in St. Gallen endlich eine Spinnmaschine sah, war dies keineswegs die erste Maschine gewesen, die man in der Schweiz gebaut hatte. Kaum war auch nur gerüchteweise durchgesickert, was für technische Innovationen auf der Insel erzielt worden waren, hatten die Schweizer alles darangesetzt, die Engländer einzuholen. Bereits 1780 hatte der Mechaniker Hans Ulrich Sonderegger in Herisau eine Maschine konstruiert, die aber nur mässig gut lief, das Garn blieb schwer verkäuflich. Dann folgte 1788 ein Experiment in Genf, wo man eigens englische Ingenieure beigezogen hatte, doch auch dies führte zu nichts. Man scheiterte schon an der Finanzierung. Arrogant, wie nur sein kann, wer über ein Geheimwissen verfügt, hatten die Engländer überrissene Salärforderungen gestellt, worauf man nicht eingehen mochte. Ausserdem lehnte der Genfer Rat es ab, die Maschine allenfalls mit einem Patent zu schützen, was die hohen Investitionen abgesichert hätte.

1794 gelang es Franz Xaver Bronner in Zürich, eine Art Spinnmaschine zu entwickeln, die sich jedoch in der Praxis nicht bewährte. Ebenso gab es in St. Gallen in den 1790er Jahren verschiedene Anläufe, eine Maschine nach englischem Muster zu entwerfen, genauso 1790 in Herisau oder 1798 in Basel: immer vergebens. 1801 erzielten die St. Galler Kaufleute zwar den ersten Durchbruch. Im Gegensatz zu ihren Vorgängern hatten sie es fertiggebracht, zwei englische Mechaniker nach St. Gallen zu locken, man nannte sie respektvoll «Künstler». Wie hoch ihr Salär lag, ist nicht überliefert. Hier montierten die beiden mehr oder weniger authentische Mule-Maschinen, wobei man die Bestandteile importiert hatte, vermutlich aus Frankreich. Die Mules nahmen den Betrieb auf. Die Mechanisierung der schweizerischen Textilindustrie hatte angefangen. Wenig später, 1802, wurde in Wülflingen bei Winterthur eine zweite Spinnerei installiert, auch hier setzte man importierte Maschinen ein – sie stammten aus dem Elsass.[175]

Diese lange Chronologie des Scheiterns war symptomatisch. Zuallererst belegt sie, wie technisch anspruchsvoll es war, eine solche englische Maschine zu konstruieren. Es fehlte an Handwerkern und Technikern, die Bescheid wussten, es mangelte am richtigen Material, manchmal auch an der nötigen Unverfrorenheit. Was man in der Schweiz an Maschinen kannte, beschränkte sich auf so primitive Apparate wie Pumpen, Sägewerke, Mahlmühlen, Feuerspritzen oder Eisenhämmer, angetrieben von Tieren, Wasser oder Wind. Genauso unterentwickelt waren die Werkzeuge – ein Nachteil von nicht zu überschätzender Wirkung. Ob Bohr-, Fräs- oder Hobelmaschinen: alles unbekannt. Es wurde gebastelt, wie man seit Jahrhunderten gebastelt hatte. Oft sah sich ein Erfinder gezwungen, zuerst die Werkzeuge zu erfinden, bevor er sich an den Bau einer Maschine wagen konnte.

Gewiss, die Engländer taten alles, um ihre überlegene Technologie für sich zu behalten. Das war nicht die Zeit einer Open-Source-Doktrin. Stattdessen wurden Werkspione in England polizeilich verfolgt, die eigenen Ingenieure auf Schritt und Tritt kontrolliert, Baupläne wie Gold in Tresoren versteckt und Leute mit Fachwissen daran gehindert, das Land zu verlassen. Repression im Namen der Standortpolitik. Bis 1842 war der Export von Maschinen, Maschinenbestandteilen, ja sogar Plänen und Berechnungen aus Grossbritannien per Gesetz verboten. Als die englischen Ingenieure in Genf so viel Geld für ihren Verrat verlangten, wussten sie schon warum: Sie gingen ein erhebliches Risiko ein. Würden sie je in ihre Heimat zurückkehren können?

Hans Caspar Escher schreckte das alles nicht ab. Wenn sich das unternehmerische Talent dieses jungen Mannes offenbarte, dann jetzt, als er sich vorgenommen hatte, in der Schweiz selber eine mechanische Spinnerei ins Leben zu rufen. Maschinen? Er würde sie finden. Geld? Liess sich auftreiben. Hartnäckigkeit trotz jeden Rückschlages, Ehrgeiz, Mut? Bewies ausgerechnet der grandiose Zeitverschwender, der Bohemien von Rom, der arbeitslose Architekt, der seinem Vater so viele Sorgen gemacht hatte. Möglicherweise lag es genau an dieser unsteten Vergangenheit, vielleicht auch an den unruhigen Zeiten, die jeden Auslandaufenthalt wünschenswert machten, jedenfalls scheint Escher sogleich klar gewesen zu sein, dass es nicht reichte, in der Schweiz zu tüfteln oder Maschinen aus dem Ausland hierher zu bringen, sondern man musste zu den Maschinen ins Ausland fahren. Da die naheliegende Destination England unerreichbar war, solange es sich mit Frankreich im Krieg befand, wandte sich Escher nach Deutschland, genauer nach Sachsen.

Dieses kleine, aber wohlhabende Kurfürstentum hatte im vergangenen Jahrhundert einen ähnlich spektakulären Aufstieg erfahren wie die Schweiz. Trotz der vielen Zerstörungen während des Dreissigjährigen Krieges war es zu einem deutschen Mittelpunkt der Protoindustrie herangewachsen: Zuvor hatte lange der Bergbau dominiert, es wurde Kobalt, Zinn und Silber gefördert, neuerdings war jedoch eine Textilindustrie hinzugekommen, berühmt unter anderem für Strümpfe, Handschuhe und Mützen. Und genauso wie in der Schweiz waren die Handspinner und Handweber in Sachsen von der englischen Herausforderung früh überrascht worden, im Gegensatz zu den Schweizern hatten sie allerdings mehr Glück, was den Nachbau englischer Maschinen anbelangte. Schon 1798 war es einem sächsischen Unternehmer mithilfe eines englischen Fachmannes gelungen, eine mechanische Spinnerei hochzuziehen, weitere folgten. Zentrum der Entwicklung war Chemnitz, eine Stadt, die damals etwa so viel Einwohner wie Zürich zählte. Dorthin reiste Escher jetzt zusammen mit Johann Rudolf Hess, einem Schweizer Freund. Sie nahmen sich vor, so viel über den Chemnitzer Maschinenpark herauszufinden wie möglich – koste es, was es wolle. Hatte Escher sich an seinen Urgrossvater erinnert, den Dieb von Bologna? In der Familie war von den Eskapaden des Heinrich Escher jedenfalls immer gerne erzählt worden.

Tatsächlich handelte es sich um nichts anderes als Industriespionage, was die beiden Zürcher aus bester Familie nun betrieben. Da sich die Sachsen keinesfalls als mitteilsamer erwiesen als die Engländer, wenn es um ihre technischen Errungenschaften ging, und sich daher keine Fabrik offiziell besichtigen liess, gingen Escher und Hess ähnlich vor wie seinerzeit Heinrich Escher: Tagelang lungerten sie wie Bettler vor den Fabriktoren herum, schlichen den Mauern entlang oder kletterten sie hoch, in der Hoffnung, von aussen etwas zu erkennen. Etliche Male, so geht die Legende, soll Escher sich vor einem Kellerfenster geduckt haben und aus dem Hinterhalt eine Maschine ausgeforscht haben. Er merkte sich jedes Rädchen, er prägte sich jede Bewegung ein, er memorierte das ganze Design. Ob er schon jetzt auffiel – oder später: Jedenfalls machten sich die beiden so verdächtig, dass man sie verhaftete und aus Sachsen auswies. Doch Escher trug im Kopf bereits mit, was er wissen wollte, aus dem Gedächtnis zeichnete er die Maschine nach, die Pläne schmuggelte er aus dem Land. Zudem war es ihm geglückt, einen sächsischen Mechaniker davon zu überzeugen, mit ihm in die Schweiz zurückzukehren. Nomen est omen: Der Sachse hiess Spindler.[176] So endete der wohl kürzeste, aber auch ertragreichste Auslandaufenthalt, den Escher bisher absolviert hatte.

Gründung von Escher Wyss

Kaum in Zürich angekommen, machte Escher sich mit Spindler und Hess an die Konstruktion, und bald darauf stand im Keller des väterlichen Geschäfts eine Spinnmaschine. Noch war sie zwar mit einer Handkurbel zu betreiben, worauf es aber ankam: Sie funktionierte. Zum ersten Mal in Eschers Leben zeigte sich auch der Vater tief beeindruckt. Als sich der Sohn kurz darauf, 1805, dazu entschloss, eine Firma zur Verwertung der illegal beschafften Technologie zu gründen, beteiligte auch dieser sich als Aktionär. Er stellte zudem das ganze soziale Kapital zur Verfügung, das er, der angesehene Seidenfabrikant, über die Jahrzehnte hinweg in Zürich angehäuft hatte – alle Beziehungen liess er spielen, um an Geld für die neue Firma zu kommen. Zehn Investoren zeichneten Aktien à 8000 Gulden, allesamt stammten aus dem alten Regiment, darunter ein Bankier namens Salomon von Wyss, und weil dieser sich auch sonst als sehr hilfreich erwies, nannte man die Firma Escher Wyss & Cie.

«Verehrteste Herren und Freunde», sagte Hans Caspar Escher an der Gründungsversammlung seines Unternehmens, «dieses von mir nach seinem ganzen Wert geschätzte Zutrauen, die Erwartung der Regierung und des Publikums und die liebreiche Teilnahme meiner Verwandten, sind Ihnen alles Bürgen, dass ich, soweit meine Kräfte, meine Kenntnisse und meine Gesundheit reichen, allen Fleiss aufzubieten mich verpflichtet fühle, Ihre Hoffnungen und Erwartungen zu erfüllen.»[177]

Die Aktionäre bestimmten Escher zum ersten Direktor. Er war dreissig Jahre alt. Geschäftszweck: der Betrieb einer neuen «Baumwollspinnerei nach englischer Art» mit 5000 Spindeln in Zürich. Als Standort wählte man die Neumühle, ein Grundstück mit einer Mühle an der Limmat gegenüber dem heutigen Landesmuseum am Zürcher Platzspitz.

Später sollten sich die Arbeiter von Escher Wyss deshalb die Neumüller nennen. Was inzwischen eine beste Lage in der Zürcher Innenstadt darstellt, war 1805 ein Ort unmittelbar vor der Stadt, innerhalb des alten Festungswerkes. Nicht unbegehrt, aber doch für schmutziges Gewerbe reserviert. Hier sollte die Firma für geraume Zeit bleiben, obschon sie wie wild wuchs und eine Fabrik nach der andern dicht an dicht an die Limmat baute, während um sie herum Zürich ebenfalls zulegte, so dass Escher Wyss sich bald mitten in der Stadt befand. Erst in den 1890er Jahren wurde es endgültig zu eng, und Escher Wyss gab die Neumühle auf. Man zog noch weiter hinaus vor die Stadt – auf ein nahezu unbebautes Feld im Westen, wo man eine der modernsten Fabriken der Epoche hinstellte. Im Lauf der Jahre kamen weitere Gebäude hinzu, es entstand eine eigene nervöse, vibrierende Industriestadt, wo Arbeiter am Morgen zu Hunderten herbeiströmten, um am Abend die Fabrik zu verlassen. Noch in den 1960er Jahren waren hier über 3000 Arbeiter tätig. Heute ist kaum etwas davon übriggeblieben. Ein paar Gebäude, ein paar Namen wie der Escher-Wyss-Platz.

Hätte dem jungen Escher 1805 jemand vorausgesagt, dass er gerade eine Firma gegründet hatte, aus der eine der ersten Maschinenfabriken des Kontinents hervorgehen sollte – er wäre vielleicht gar nicht so überrascht gewesen. Was nämlich in den folgenden Jahren auffällt, ist, wie ernst er das Versprechen nahm, das er seinerzeit seinen vornehmen Aktionären gegeben hatte.

Vom süssen Leben, das er zuvor jahrelang genossen hatte, konnte keine Rede mehr sein, stattdessen legte er eine fast unheimliche Erfolgsorientiertheit an den Tag, und er schaffte einen Durchbruch, ohne je wieder einen nennenswerten Rückschlag verkraften zu müssen. Escher wird zwar als liebenswürdig und sensibel im Umgang geschildert, gleichzeitig wies er nun eine Zielstrebigkeit und Härte auf, die selbst seine Familie verblüffte. Es ging nur mehr aufwärts, was keineswegs selbstverständlich war.

In jenen Jahrzehnten der frühen Industrialisierung wurden zahllose Unternehmen ins Leben gerufen, die so schnell, wie sie aufgetaucht waren, wieder starben. Escher Wyss' Triumph war die Ausnahme, nicht die Regel. Der Wirtschaftshistoriker Peter Dudzik zählt zwölf grössere Spinnereien in der Schweiz auf, die allein zwischen 1817 und 1829 wieder eingingen, insgesamt stürzten wesentlich mehr ab als reüssierten. Sie existierten im Schnitt an die zwanzig Jahre. Escher Wyss dagegen bestand fast zweihundert Jahre lang.

Bevor Escher allerdings an die Betriebsaufnahme denken konnte, musste er sich um bessere Maschinen kümmern. Was er mit dem sächsischen Schlosser zusammengeklebt hatte, war gut genug gewesen, um den Vater und weitere Aktionäre zu gewinnen, für die Produktion von konkurrenzfähigem Garn jedoch reichte dieser Prototyp keineswegs aus.

Jetzt reiste Escher mehrere Male nach Frankreich, insbesondere nach Rouen in der Normandie, einem zweiten Ort in Europa, wo englische Maschinen bereits mit Erfolg in Betrieb gesetzt worden waren. Die Reise verlief kurios. Escher war alles in einem: technisch interessierter Tourist, Industriespion, potenzieller Geschäftspartner, zahlungskräftiger Kunde, immer ein ausländischer Konkurrent. Jahre danach erinnerte er sich: «Zudem hatten viele Fabrikationszweige, aber besonders die mechanische Spinnerei, seit zwei Jahren in Frankreich so viele Verbesserungen durch englische Überläufer erhalten, dass die wenigen Besitzer solcher vervollkommneter und vereinfachter Maschinen von der gewöhnlichen französischen Liberalität (welcher ich bei meinem ersten Aufenthalt in Frankreich den Zutritt zu mancher Fabrik verdankte) abwichen, und ihre Werke so gut als möglich geheim hielten.»[178]

Aber bei weitem nicht alle, oder nicht konsequent genug. «In Rouen gelang es mir endlich», erzählte Escher, «die erwünschten Modelle der neuern Maschinen für unser Etablissement zu erhalten.»[179] Hier war der Besitzer grosszügig, ein Engländer, und liess Escher sogar «alle Handgriffe nebst den vielen Handwerksvorteilen bei Verarbeitung der Baumwolle» selbst erlernen. Bei anderen Gelegenheiten wurde der Aufseher mit «kleinen Geschenken» gefügig gemacht, also bestochen, um ins Innere einer Fabrik vorzudringen, oder Escher flunkerte etwas vor, damit man ihm die in einer Fabrik «verfertigten eisernen Zylinder» vorführte, «die wir auf den Kauf zu liefern vorgaben». Wenn man Escher etwas nicht vorwerfen kann, dann den Mangel an Chuzpe. Der gute Protestant log, betrog und stahl.

Im Grunde verhielten sich aber auch die französischen Fabrikanten widersprüchlich. Man misstraute ihm, man verkaufte ihm. Dreissig Kisten, vollgefüllt mit Maschinenbauteilen, liess Escher nach Zürich schaffen, wobei er nicht darum herumkam, die französischen Zollbeamten ebenfalls zu bestechen, damit er das wertvolle Material überhaupt ausführen durfte. Auch Frankreich bemühte sich, seine Technologie zu schützen, die es wiederum den Engländern gestohlen hatte. Wirtschaftskriminell waren sie alle, unter Gewissensqualen litt keiner – so viel wir wissen.

1807, nach zwei Jahren des Aufbaus, war es endlich so weit, und Johannes Escher, der stolze Vater, notierte: «Seit ca. 10 Tagen liefert mein Sohn das erste Garn aus seiner Fabrik – und dieser Anfang gibt die besten Aussichten.»[180] In der Tat stimmte die Qualität – womit sich Escher Wyss positiv abhob von den schon bestehenden Spinnereien in St. Gallen und Wülflingen, die beide in dieser Hinsicht mit Schwierigkeiten zu kämpfen hatten. Sie sollten sie nie überwinden. Noch waren die Engländer den Schweizern weit überlegen, wenn es um maschinell hergestelltes Garn ging, umso bemerkenswerter war das Debüt von Escher Wyss. Aber auch der Preis lag tief genug, so dass die Fabrikanten der Region nicht zögerten, das Garn zu kaufen. Ihr Urteil war entscheidend, denn sie waren die ersten, da naheliegenden Kunden von Escher Wyss. Das Geschäft begann vielversprechend. Der Vater führte die Bücher und befasste sich mit dem Absatz, der Sohn organisierte die Produktion, was vor allem bedeutete, ständig nach Möglichkeiten zu suchen, die Maschinen zu verbessern.

Vater und Sohn gemeinsam im Geschäft, vollends versöhnt. Johannes Escher konnte sein Glück kaum fassen, zumal der Sohn sich vor einem Jahr auch verheiratet hatte, standesgemäss Gott sei Dank, mit Anna von Muralt, der Tochter einer reichen, ebenso regimentsfähigen Familie, nachdem er, wie der Vater befriedigt anmerkte, eine «frühere törichte Neigung», zu Deutsch eine andere, weniger glänzende Partie, vergessen hatte.[181] Ob der Vater nachgeholfen hatte? Wir wissen es nicht. Zufriedenstellend war die Verbindung wohl allemal: Das Paar sollte fünf Kinder bekommen, blieb immer zusammen, und Annas Bruder Hans Conrad von Muralt investierte ebenfalls in die Firma.

Es schloss sich der Kreis. Die Escher waren im 14. Jahrhundert eingewandert und galten als zürcherisch wie fast niemand sonst, die von Muralt waren natürlich Locarner und hatten, nachdem sie im 16. Jahrhundert nach Zürich geflohen waren, erst zu beweisen, dass sie zürcherisch genug waren: Nun waren alle Kapitalisten, und gemeinsam begründeten sie die schweizerische Maschinenindustrie.

«Mein Sohn ist wirklich ganz verändert», stellte Johannes Escher fest: «Er geniesst nicht nur einer Gesundheit, die niemals sein Los zu werden schien. Er hat auch eine Heiterkeit, die ihn beinahe keine Stunde verlässt, und auch da, wo ich ihm durch alles Mögliche beistand, die Laufbahn eröffnete, die ihn alle Tage im Jahr von 8 Uhr morgens bis nach 8 Uhr abends beschäftigt (...).»[182] Escher war am Ziel.

Napoleons Fluch

1806 verfügte Napoleon die Kontinentalsperre. Grossbritannien und seinen Kolonien sollte damit der Zugang zum europäischen Markt verwehrt werden. Jeder Handel über den Kanal wurde untersagt – oder mit so grotesk hohen Zöllen belastet, dass niemand mehr Waren aus England kaufen mochte. Kriegsschiffe, Soldaten, Beamte überwachten sämtliche Küsten Europas. Der Schmuggel grassierte, doch wer schmuggelte, lebte gefährlich, manchmal nicht mehr lange, falls man ihn erwischte.

Es war eine sehr französische Antwort, wenn auch europäisch formuliert, auf die industrielle Revolution, die England wirtschaftlich so allmächtig gemacht hatte. Neben militärischen Erwägungen ging es Napoleon in erster Linie darum, die englische Konkurrenz vom französischen, jetzt imperialen Markt fernzuhalten und die eigene Industrie zu protegieren.

Weil die Schweiz als ein Protektorat dieses neuen französischen Empires galt, war auch sie betroffen; weil die schweizerische Industrie sowohl nach England als auch nach dessen Kolonien exportierte, erlitt sie schwere Einbrüche. Johannes Escher war empört: «Ich lege hier die beispiellose Akte bei, die den Handel mit England so in der Lage schildert, in der er sich jetzt befindet. Dieser Zustand aber ist so exzentrisch [extrem], dass dessen lange Fortdauer zur Unmöglichkeit wird. Die Akte selbst ist Zeuge, dass es heutzutage um das Studium des Völkerrechtes eine obsolete Sache ist!»[183]

Was die einen niederschmetterte, richtete die anderen auf. Denn die Kontinentalsperre hatte auch zur Folge, dass das englische Garn kaum mehr in die Schweiz gelangte, was es den hier vor kurzem etablierten mechanischen Spinnereien erlaubte, sich gesundzustossen. Sowohl in St. Gallen als auch in Wülflingen atmeten die Aktionäre auf. Endlich liess sich das suboptimale und zu teure Garn absetzen, ohne dass einem die Engländer dazwischengefahren wären. Bisher hatten die Aktionäre kaum Geld verdient. Selbst Escher Wyss dürfte profitiert haben. Viele nutzten die Gunst der Stunde: Innert kurzer Zeit wurden zahllose mechanische Spinnereien hochgezogen, schon nur im Kanton Zürich entstanden bis 1813 insgesamt 66 solcher Fabriken, und in der ganzen Schweiz zählte man bald an die hundert. Gewiss, die meisten blieben klein, dennoch hatte sich Bemerkenswertes ereignet. Die Schweiz verwandelte sich fast über Nacht in ein Industrieland.

Verschiedene Wirtschaftshistoriker haben diesem vorübergehenden Schutz vor der englischen Konkurrenz eine grosse Bedeutung zugemessen.[184] Mit seiner Kontinentalsperre, so das Argument, habe Napoleon die Industrialisierung in Europa befördert, weil viele Unternehmer sich erst jetzt getraut hätten, die erforderlichen hohen Investitionen vorzunehmen. Wenn sie vorher gezögert hatten, aus Furcht, es fehlte ihnen die Zeit, um zu experimentieren oder auch einmal ein schlechtes Produkt auf den Markt zu werfen, machten sie nun vorwärts. Kein englischer Preisdruck, kein besseres Produkt brachte sie davon ab.

Auf den ersten Blick erscheint diese Annahme plausibel – und belegbar. Tatsächlich erfolgte zu jener Zeit nicht bloss in der Schweiz der industrielle Durchbruch, sondern auch in anderen Regionen Europas, so besonders in Belgien, im Elsass, in Nordfrankreich sowie in Sachsen oder im Rheinland. Vor allem in Sachsen: 1813, als die Kontinentalsperre aufgehoben wurde, gab es hier zwanzig Mal mehr mechanisierte Betriebe der Baumwollindustrie als zu Beginn des Jahrhunderts. Sachsen stieg zu dem am meisten industrialisierten Gebiet Deutschlands auf, was es für geraume Zeit blieb.

Bei näherem Hinsehen ergibt sich jedoch ein vielschichtiges Bild. Es fällt auf, dass so gut wie alle dieser genannten Regionen bereits Schwerpunkte der Protoindustrie dargestellt hatten. Sie standen unmittelbar vor der Industrialisierung, als in England die Maschinen erfunden wurden, wenig fehlte, um die gleiche Entwicklung wie in Manchester und in Birmingham anzustossen. Allein die Maschinen waren nicht vorhanden. Sowie man diese nachgebaut hatte, war es bloss eine Frage der Zeit, bis der englische Vorreiter eingeholt werden konnte.

Denn die übrigen Voraussetzungen für eine Industrialisierung waren vorhanden: das Verlagssystem – eine hoch arbeitsteilige Organisation, wo Hunderte, ja Tausende von Heimarbeitern schon ein Massenprodukt für den Exportmarkt herstellten; dann Unternehmer, die über genug Talent und Erfahrung verfügten, die die Absatzmärkte kannten, die Bescheid wussten, wie man eine Fabrik rentabel betrieb, und die ausserdem Zugang zu Kapital hatten, ferner eine Arbeiterschaft, die sich bereits gewohnt war, pünktlich, diszipliniert und gegen Lohn ihr Pensum zu leisten, last, but not least eine gewisse Rechtssicherheit, insbesondere der Schutz des Privateigentums.

Wenn nun aber die Entwicklung in diesen Pionierregionen beinahe als zwangsläufig erscheint, dann wäre dies allerdings ein Missverständnis. Bankrott, Untergang, Armut, Versagen lauerten überall und immer. Es brauchte innovative, mutige Unternehmer, tüchtige Handwerker und originelle Werkspione, der eine oder andere Bankier war nützlich und ein passendes politisches Umfeld. Nichts fiel den Menschen zu Beginn der Industrialisierung in den Schoss – ob in Belgien, Sachsen, im Elsass oder in der Schweiz.

In diesem Zusammenhang ist es bezeichnend, dass so gut wie alle diese erwähnten Regionen in Kleinstaaten lagen oder es sich um vernachlässigte Provinzen handelte, die sich fernab von den Hauptstädten befanden, wo die Monarchen und ihre Beamten residierten und ihren Regierungsgeschäften nachgingen. Wenn sie regierten, dann regierten sie eben auch in die Wirtschaft hinein, was immer hiess, dass der unternehmerische Spielraum eingeengt wurde – ob mit hohen Steuern oder pedantischen Vorschriften. Dabei vermochten sie diese natürlich im nächsten Umfeld der Hauptstadt viel besser durchzusetzen als in einer fernen Provinz. Wer hier lebte, ging leicht vergessen oder entzog sich der metropolitanen Aufsicht. Vor diesem Hintergrund kann es nicht überraschen, dass die Protoindustrie – und dann die Industrie – zunächst weder in Paris noch in Wien oder Berlin herangewachsen war, sondern an der Peripherie – wenn auch an einer, die wie die Schweiz wirtschaftsgeografisch vorteilhaft positioniert war.[185]

Je weniger die Politiker – also Könige, Fürsten und ihre Minister – eine Rolle spielten, je erfolgloser auch sie waren, desto höher lag offenbar die Wahrscheinlichkeit, dass Unternehmer, Handwerker und Arbeiter zum Zug kamen und die Industrialisierung zustande brachten. Es ist ein ernüchternder Befund – aus Sicht der Politiker und Beamten, er erklärt aber umso mehr, warum ausgerechnet ein politisch so rückständiges, merkwürdiges Gebiet wie die Schweiz zum Pionier der industriellen Moderne aufstieg. Selbst hier zeigte sich im Innern dieser Unterschied.

Nicht im gut verwalteten, mächtigen Bern setzte sich die Protoindustrie zuerst durch, sondern im archaischen Appenzell Ausserrhoden und im hinterwäldlerischen Glarus, wo man sich verwaltungstechnisch etwa auf dem Niveau des 16. Jahrhunderts bewegte.

Aus dem gleichen Grund gilt es, die Wirkung der Kontinentalsperre zu relativieren. Wäre der Schutz vor England so entscheidend gewesen, dann hätten auch andere Regionen zu den Gewinnern zählen müssen. Dass es fast ausschliesslich protoindustrielle Zentren waren, deutet darauf hin, dass die günstigen Bedingungen von grösserem Belang waren. Es hatte hier noch wenig gebraucht, um den Schritt ins Industriezeitalter zu vollziehen, während in so vielen anderen Gebieten Europas nichts dergleichen vorfiel – trotz Napoleons Protektionismus, von dem alle berührt waren. Dass die Kontinentalsperre das Geschäft dieser frühen mechanischen Spinnereien da und dort erleichtert hatte, steht ausser Zweifel, doch in welchem Ausmass ist schwer zu sagen. War es überlebenswichtig oder nur angenehm? Letzten Endes dauerte die Periode des Schutzes derart kurz – bloss sieben Jahre im besten Fall –, dass es schwerfällt, einen derart epochalen und nachhaltigen Wandel wie die Industrialisierung darauf zurückzuführen.

Spätestens 1813 mit dem Kollaps der Kontinentalsperre stand der jungen Industrie Europas die Stunde der Wahrheit bevor. Kaum fielen die Zölle und Verbote, flutete die moderne englische Industrie den Kontinent mit ihren qualitativ hochstehenden und zugleich billigen Produkten, insbesondere dem Garn. Manch ein Betrieb in Europa ging jetzt ein, ohne Frage, doch genauso viele überstanden die Zeit der Bewährung. In keiner der früh industrialisierten Regionen, ob in Sachsen, Belgien, im Elsass, in Nordfrankreich, im Rheinland oder in der Schweiz, wurde die Industrie zurückgebaut. Im Gegenteil. Statt sich den Engländern zu ergeben, setzte man alles daran, es ihnen gleichzutun.

«Das Schönste auf der Erde»: Reise nach England

Mit einer Armee von rund 500000 Soldaten war Napoleon im Frühjahr 1812 ins Russische Reich einmarschiert, um den Zaren in die Knie zu zwingen – nicht zuletzt darum, weil dieser sich nicht an die Kontinentalsperre gehalten hatte. Es handelte sich um die grösste Armee, die in Europa bis zu diesem Zeitpunkt je mobilisiert worden war.[186] Es war ein Versprechen, es war ein Fluch. Napoleon kam bis nach Moskau. Trotzdem erlitt er bald eine der katastrophalsten Niederlagen der Weltgeschichte. Der Winter und der endlose russische Raum vernichteten ihn. Im Glauben wohl, die Oberhand zu besitzen, zumal er ja in Moskau eingedrungen war, hatte Napoleon dem Zaren Friedensverhandlungen angetragen. Doch dieser wollte nichts davon wissen. Napoleon beschloss den Rückzug. Wenn er noch länger in Moskau ausgeharrt hätte, das stand ausser Frage, wäre es um seine Grande Armée geschehen gewesen. Die Versorgung seiner vielen Truppen hatte sich als unmöglich herausgestellt. Auch so kam der Rückmarsch spät genug: Längst war seine Armee zu einem Haufen von Frierenden, Hungernden, Erschöpften, Verwundeten und Demoralisierten herabgesunken. Auf dem Rückzug in den Westen schrumpfte die Grande Armée zu einer Hilfstruppe. Je nach Forschungsstand kehrten von 500 000 Soldaten bloss 10 000 bis 70 000 aus Russland zurück. Von den 12 000 Schweizern, die dabei gewesen waren, überlebten 300. Die meisten waren in der Schlacht an der Beresina gefallen, wo sie den Übergang der Grande Armée über die Brücken gedeckt hatten. Nachdem ihnen die Munition ausgegangen war, hatten sie mit dem Bajonett weitergekämpft.

1813 verlor Napoleon weitere Schlachten, die Kontinentalsperre löste sich auf, 1814 schien er am Ende, nachdem ihn die Alliierten definitiv besiegt hatten. Man liess ihm zwar den Kaisertitel, aber kein Reich, stattdessen lebte er jetzt auf der Insel Elba. Verbannt und verlacht herrschte er noch über 10 000 Seelen, seine Armee zählte 1000 Mann.

Offensichtlich brach eine neue Epoche an – auch für Hans Caspar Escher, die er, der junge Industrielle, bezeichnenderweise so nutzte: Er fuhr nach England, ins Land der industriellen Revolution. «Indessen wüsste ich mir jetzt doch kein Land und keine Stadt auf diesem Planeten zu denken», schrieb Hans Caspar Escher, «die so viel Reiz für mich hätte, als die, der wir entgegen gehen.»[187] Als Escher dies im Sommer 1814 festhielt, befand er sich in Calais und wartete auf das Schiff nach Dover. In drei Briefen, die er bald darauf in einer Zürcher Zeitschrift veröffentlichen sollte, berichtete er über seine Expedition. Ein Wirtschaftsreporter auf dem Weg ins Wirtschaftsparadies. Von Zürich über Basel und Paris war er nach Calais gekommen. Seit gut drei Monaten war Napoleon Geschichte, oder so konnte man es immerhin meinen.

Escher, nie ein Freund der Revolution und nie ein Freund des Kaisers, schrieb auf, was ihm auf der Reise durch Frankreich ins Auge gefallen war: «Selbst für den Fremden ist Frankreich angenehmer als vorher; der übermütige Stolz und die Verachtung alles dessen, was nicht Franzose ist, haben sich merklich vermindert, der persische Luxus des Hofes, bei dessen Anblick man immer zugleich an die Erpressungen erinnert ward, die er erforderte, ist zu kluger Ökonomie übergegangen, und man zittert nicht mehr vor dem Weltherrscher wie sonst (…).»[188]

Zeitenwende. Seit gut fünfzehn Jahren hatten Napoleon und England das Leben von Escher bestimmt. Der Erstere zwang ihn dazu, einen neuen Beruf zu suchen, weil er als Architekt im Krieg keine Arbeit mehr fand. Das Letztere, England, machte ihn zum Unternehmer – kaum hatte er eine Maschine nach englischem Muster gesehen. Bewunderung und Angst. Schon lange wäre er deshalb gerne nach England gefahren, doch der Krieg hatte eine solche Reise stets als zu gefährlich erscheinen lassen. Sowie dieser aber vorbei war, verlor Escher keine Zeit, das Versäumte nachzuholen. Es sollte eine Bildungsreise der besonderen Art werden, eine, die er in den folgenden Jahren noch öfter wiederholte, um dann auch seinem Sohn Albert, dem geliebten Nachfolger, das Gleiche zu empfehlen. Was immer in England erfunden, angewandt oder gepriesen wurde, Escher wollte es aus erster Hand wissen und kopierte es, sobald er zurück war in seiner Fabrik an der Neumühle. Der Triumph von Escher Wyss hing damit zusammen.

Ankunft in London. Escher schrieb: «Die Reise von Dover bis hierher ging durch hübsche Städte, die an Wohlstand und Reinlichkeit Dover noch weit übertreffen. Wir kamen gestern um zwei Uhr hier an. Was ich noch sehen konnte, überstieg alle meine Erwartungen. Paris wird durch die Lebhaftigkeit, Reinlichkeit und den überall sich deutlich aussprechenden Wohlstand [von London] ganz aus dem Gedächtnisse verdrängt. Wer reisen will, um das Schönste, Erfreulichste und Interessanteste auf der Erde zu sehen, muss nach England gehen.»[189]

Am 11. August 1814 nachmittags reiste Escher in London ab und liess sich mit einer Postkutsche nach Manchester bringen, in die Metropole der neuen Textilindustrie. Etwas mehr als 24 Stunden später, am 12. abends, kam er an. Für eine Strecke von rund 270 Kilometern ein beachtliches Tempo. Eine Kutsche brachte es damals auf allerhöchstens 10 Stundenkilometer. Auch die britische Post gehörte zum Modernsten jener Zeit, bald, in bloss zehn Jahren, fuhr die erste Eisenbahn. In Manchester erblickte Escher endlich, was er seit fünfzehn Jahren nur in Form von englischem Garn und englischen Maschinen gesehen hatte: die industrielle

Revolution. «Auf einem kleinen Spaziergange von einer Viertelstunde zählte ich über sechzig Spinnereien; man glaubt nach Ägypten versetzt zu sein: Überall ragen die Schornsteine der Dampfmaschinen wie Obelisken in die Lüfte. Ich sah heute ein halb vollendetes Gebäude, das zu einer mechanischen Weberei bestimmt ist, deren leider täglich mehr errichtet werden (...).»[190] Leider. Wenn Escher künftig so oft nach England fuhr, dann aus diesem Grund. Er wollte die Zukunft sehen, bevor sie die Schweiz zur Vergangenheit verdammte.

Man kann sich heute kaum mehr vorstellen, was es bedeutete, im Jahr 1814 England zu besuchen. Science-Fiction für Anfänger. Weltraumtourismus. Der Kontrast war krasser, als was so viele Europäer später wieder erleben sollten, wenn sie etwa um 1910 nach Amerika kamen, nach New York oder Chicago, auch Reisen nach China, woher die Zeitgenossen heute so beeindruckt zurückkehren, haben doch etwas Vertrauteres. Wir sind uns gewohnt, dass die Welt sich laufend verändert; Eltern finden es normal, dass ihre Kinder Technologien beherrschen, die sie nicht mehr verstehen, und Grosseltern lassen sich von ihren Enkeln ausbilden – wogegen Escher aus einer Zeit kam, die jahrhundertelang sich kaum gerührt hatte, wo Gesellschaft und Wirtschaft sich wie Gletscher langsam vorwärtsschoben oder zurückzogen, wenn sie nicht stillstanden.

Die Obelisken von Manchester. Aus den zahlreichen Fabrikschloten der Stadt stieg so viel Rauch auf, dass man die Sonne kaum mehr sah. «Denn immer ist ein dichter Vorhang von Steinkohlenrauch vor dem glänzenden Gestirne, und hinlänglicher Regen, der selten einen Tag ausbleibt, verwandelt den Staub in eine artige Pomade, welche die Schuhschwärze vollkommen ersetzt. Bei all dem Rauche aber, den sie verursachen, sind die hiesigen Dampfmaschinen bewunderungswürdige Werke.»[191]

Da es in England wenig Flüsse gab, deren Strömung man für die Industrie hätte nutzen können, war man früh gezwungen, nach neuen Energiequellen zu suchen: «Ungeheuer ausgebreitet ist der Gebrauch der Dampfmaschinen in England; alle Fabriken, in denen öfters grosse Lasten gehoben oder anhaltende Bewegungen hervorgebracht werden müssen, besitzen dergleichen. Selbst bei einem Bratspiessmacher sah ich gestern im Vorübergehen eine niedliche kleine Dampfmaschine (...).»[192]

Zu jener Zeit gab es in der Schweiz nirgendwo Dampfmaschinen. Escher kam aus dem Staunen nicht mehr heraus. «Oft treibt eine einzige Maschine vierzig- bis fünfzigtausend Spindeln in einem Gebäude von acht bis neun Stockwerken, und dreissig Fenstern Länge. In einer einzigen Strasse von Manchester sind mehr Spindeln als in der gesamten Schweiz (...).»[193] Seine Fabrik in Zürich verfügte damals über zehntausend Spindeln.

Vier Stunden Predigt, acht Gebete: Schottland

Von Manchester ging es über Liverpool nach Glasgow, zum Mittelpunkt der Industrialisierung in Schottland. Auch diese Stadt hatte einen gewaltigen Aufschwung zustande gebracht, es waren diverse Werften entstanden, die Schiffe bauten. Man produzierte Eisen. Zahllose mechanische Spinnereien und Webereien verarbeiteten Baumwolle zu Stoff. Hier wurden Escher und sein Schweizer Reisebegleiter überaus freundlich empfangen: «Gestern nahmen wir die Einladung zum Frühstück und Mittagessen bei einem sehr wohlhabenden Fabrikanten an»[194], es war ein Sonntag, und die reformierten Zürcher wollten wissen, wie die calvinistischen Schotten diesen Tag begingen: «Um halb zehn Uhr frühstückten wir mit Kaffee, Tee und Butterbrot; vor dem Frühstück und nach demselben verrichtete der Hausvater ein, wie es schien, selbst aus dem Stegreif verfertigtes Gebet.»[195] Es sollte nicht das letzte sein, insgesamt begaben sich die Schotten mit ihren Gästen zwei Mal in die Kirche, frühstückten zwei Mal und assen am späten Nachmittag einen weiteren Lunch – dabei wurde so gut wie jede Etappe mit Gebeten markiert: «Auch der Kaffee, den wir nach Tische in einem andern Zimmer tranken, erhielt seine zwei Segnungen, so dass wir heute vier Stunden Predigt und acht Tischgebete angehört haben», was Escher aber, dem gläubigen Protestanten, keineswegs zu viel schien, er fand es «löblich».[196]

Auf dem Heimweg, nach dem zwölfstündigen Besuch, sah Escher auf dem Clyde, dem Fluss, der Glasgow mit dem Meer verbindet, wohl die ersten Dampfschiffe seines Lebens. «Steam boats» genannt, notierte er gewissenhaft. Glasgow und seine Einwohner begeisterten ihn: «So wie ich mir oft eine wohlgebaute Stadt und ein anständig munteres Volk träumte, so erblicke ich sie beide hier vor mir; ohne unnützen Prunk aber schön und reinlich sind die Privathäuser von aussen, die Gewölbe und Läden reich ohne Flitterwerk, die Strassen von der ansehnlichsten Breite.»[197]

Wenn wir daran denken, dass der gleiche Mann noch vor zwanzig Jahren am Zürichsee einen römischen Tempel bauen wollte, ist bemerkenswert, wie rationell sein Geschmack inzwischen geworden war. Ein

Zwinglianer unter den Calvinisten. «Der oben erwähnten Einfachheit der Häuser im Äusseren entspricht das Innere: es findet sich da nichts Überflüssiges, keine unnützen Dekorationen, keine vergoldeten Möbel, aber eine Reinlichkeit und Eleganz, die über alle Beschreibung geht.»[198]

Der verhinderte Architekt liess sich im Haus jede Einzelheit erklären, er inspizierte die Küche, wo ihm die vielen mechanischen Geräte auffielen, er bewunderte die Wasserleitungen, die mittels Pumpe Wasser in jedes Stockwerk brachten, zählte sogar die Schüsseldeckel und stellte fest, aus welchem Stoff die Vorhänge bestanden (Indienne): Wenn es einen Grund gab, warum Escher einer der besten kontinentalen Imitatoren der industriellen Revolution Grossbritanniens war, dann lag es auch an dieser stupenden, detailversessenen Neugierde, mit der er alles recherchierte und niederschrieb, um es nachher so rasch als möglich in der Schweiz anzuwenden. «Dieses ist die häusliche Einrichtung eines schottischen Spinners [Fabrikanten] von mittlerem Range.»[199] Escher war bewusst, wie reich auch Schottland dank der Industrie geworden war. Er vergass es nie.

Die Abende verbrachten die Zürcher bei schottischen Fabrikanten, die bald als Freunde galten, es wurde gegessen, getrunken, getanzt, geplaudert, und besonders die Frauen, so Escher, «geben sich alle mögliche Mühe, sich verständlich zu machen und von den Sitten und Gebräuchen des Kontinents, besonders des bergigen Schweizerlandes Kunde zu erhalten.»[200] Man sprach Französisch, was der Patrizier Escher glänzend beherrschte, während seine schottischen Gastgeber, meistens Aufsteiger aus dem Handwerk, offenbar mehr damit kämpften.

Eines Abends kam ein Diener in den Salon gerannt, es brenne in der Stadt! Helle Aufregung bei den Zürchern, mässiges Interesse bei den Schotten: «Wie ich aber oben im Hause an ein Fenster kam, sagte unser Freund U. beim Anblick der hoch auflodernden Flamme ganz gelassen: Das mag eine Zuckersiederei oder Herrn D.'s Maschinenfabrik sein (...).»[201] Escher verwendete nur die Initialen. Warum, ist offen, doch passt es sicher zum diskreten Zürcher aus ältester Familie, der hier schottische Aufsteiger vor Sensationshungrigen schützte.

Escher hatte D., einen engen Freund von U., eben erst persönlich kennengelernt. Er war einer der grossen Spinnereifabrikanten von Glasgow und hatte ihn und dessen Reisebegleiter «mit Höflichkeit und Freundschaft überhäuft».[202] Umso erschütterter zeigte sich Escher: «Und jetzt sahen wir die Fabrik eines uns sehr lieb gewordenen Mannes in Flammen aufgehen.

U. bemerkte die Bestürzung und Teilnahme, die sich auf unseren Gesichtern malte, und sagte uns ganz lachend: Oh! Nehmen Sie das ja nicht so zu Herzen; in vier oder sechs Wochen hat Freund D. wieder eine weit schönere Fabrik als die verbrannte, und verliert keinen Heller (...).»[203] Denn wie alle Gebäude in Glasgow, so erfuhr Escher, war auch diese Fabrik gegen Brand versichert. Als Escher am nächsten Tag die Brandruine besichtigte, um dem Fabrikanten zu kondolieren, waren bereits Arbeiter da, die das Grundstück vermassen, um den Bau der neuen Fabrik vorzubereiten. Die Versicherung erklärte sich bereit, schon am nächsten Tag das Geld zur Verfügung zu stellen.

D. besass übrigens vier Spinnereien mit insgesamt an die 50 000 Spindeln, dann viel Land, eine Maschinenfabrik, ein paar Mühlen und Hammerwerke und ein grosses Wohnhaus. Vor fünfzehn Jahren hatte er als einfacher Schlosser angefangen. «Solche Beispiele hörten wir dutzendweise. Die meisten grossen Reichtümer dieser Fabrikstädte wurden von den jetzigen Besitzern derselben erworben.»[204]

Kapitalismus in Schottland. Escher und sein Freund kehrten in die Schweiz zurück. Es muss ihnen vorgekommen sein, als hätten sie am Clyde eine Zeitmaschine bestiegen und wären hundert Jahre zurückgefahren, als sie an der Limmat ankamen. Zurück in Zürich, tat Escher alles, seine Heimatstadt ebenfalls in die Moderne zu katapultieren.

«Die Neueste und das Beste» oder die Geburt einer Maschinenfabrik

Von Anfang an hatte Escher neben seiner Spinnerei in der Neumühle auch eine Reparaturwerkstätte unterhalten, wo ein paar Mechaniker hantierten. Die meisten von ihnen hatte man eigens aus dem Ausland angeworben, da es in der Schweiz an solchen Leuten mangelte. Ihre Aufgabe bestand darin, die Maschinen zu montieren und die Spinner auszubilden, was nötig war, denn kaum einer hatte je an einer solchen Maschine gearbeitet. Alles war neu, alles war unvertraut. Ebenso ging es darum, die Maschinen instand zu halten, zumal Kinderkrankheiten oft auftraten oder dem einen oder anderen Handwerker eine Verbesserung einfiel. Auch Escher brachte immer wieder neue Konstruktionsideen ein. Nach kurzer Zeit baute man Maschinen für andere Kunden, und aus diesem Geschäft wuchs allmählich eine Maschinenfabrik heran: etwas planlos, so nebenbei, schliesslich sollte sich das ändern.

Das entscheidende Jahr war 1810, als die Spinnerei so gut lief, dass manch ein Aktionär auf den Gedanken kam, man könnte nun auf die Reparaturwerkstätte verzichten und sich die zwölf teuren Mechaniker sparen. Insgesamt hatte man zweihundert Leute unter Vertrag. Escher war anderer Meinung: «Mit grosser Mühe bildete ich sie zu geschickten Arbeitern, die unter guter Leitung als ein köstliches Kapital zu betrachten sind (…).»[205] Würde man sie entlassen, so warnte Escher, dürften sie bald von der Konkurrenz übernommen werden oder genauso schlimm: sich selbstständig machen: «Jeder glaubte sich klug genug, Maschinenbauer zu werden und wir hätten den Verdruss, ein Dutzend solcher Werkstätten um uns her zu erblicken und eine Kunst, welche nur als Eigentum weniger grösserer Besitzer ihren Wert behaupten kann, auf eine höchst schädliche Weise verstümpert zu sehen (…).»[206] Um dem vorzubeugen, aber auch aus Vorsicht, weil man ja nie wissen konnte, ob die Nachfrage plötzlich anzog, schlug Escher vor, die Reparaturwerkstätte zu einer Maschinenfabrik umzubauen.

Dabei war er recht ehrlich zu seinen Aktionären, wenn er zugab, dass ihm der Betrieb der Spinnerei inzwischen zu langweilig vorkam. Die Spinnerei sei fertiggestellt und gestatte ihm «keine Anwendung der Früchte eines zehnjährigen Studiums des Maschinenwesens»[207] mehr, was eine interessante Bemerkung ist, denn Escher hatte sich dies alles als Autodidakt beigebracht. «So werden Sie Tit. Herren als Beförderer der Künste und des Gewerbefleisses meine Neigung zu mechanischen Unternehmungen nicht stören und als Kaufleute des ersten Rangs unserer Stadt einem schwachen Anfänger den Wunsch, seine ökonomische Lage zu verbessern, nicht übel deuten wollen», zumal, wie er betonte, dies auch «in genauster Übereinstimmung mit ihren eigenen Vorteilen» liege.[208] Und als ob er, der bloss 35-jährige Gründer eines Start-ups, seine erfahrenen Business-Angels darüber belehren wollte, dass man sich als Unternehmer dauernd bewegen müsste, fügte er an: «Wir verdanken denselben [den guten Ruf von Escher Wyss] nur dem glücklichen Umstand, das Neueste und Beste in diesem Fach akquiriert und wohlgeordnet angewandt zu haben, aber diesem Guten wird Besseres nachfolgen und dadurch das einst Neue veralten.»[209]

Die Aktionäre, allesamt ältere Herren des Zürcher Regiments, also Leute, die von der Tradition lebten, stimmten zu. Das war bemerkenswert.

Und nur Escher war wohl in der Lage, sie davon zu überzeugen. Er, selber ein Traditionalist, was sich in seiner konservativen Haltung in sonst fast allen Lebensbelangen zeigte, ein Reaktionärer gar, wenn es um Politik ging, war eben auch einer der entschlossensten Innovatoren seiner Zeit. Was immer der technologische Wandel brachte, Escher nahm es auf und setzte es um. Escher Wyss wurde zur Maschinenfabrik. Eine der ersten auf dem Kontinent – und bald eine der grössten.

«The Great Enrichment» – die grosse Reichtumsvermehrung

Im Sommer 1815 verlor Napoleon die Schlacht bei Waterloo. Es war seine letzte. Kurz darauf wurde er von den siegreichen Alliierten nach St. Helena verbannt, auf eine Insel im Südatlantik, von der er nicht mehr so leicht entkommen konnte. St. Helena liegt 8200 Kilometer von Paris entfernt – wogegen es von Elba, seinem ersten Exil, bloss 270 Kilometer bis an die französische Küste sind.

Drei Monate zuvor hatte Napoleon die Gunst dieser Lage genutzt und war auf einem Schiff von Elba geflohen, um an der Côte d'Azur zu landen. Mit acht kleinen Booten machte er sich an die Invasion von Frankreich, einem der grössten Länder Europas. Sogleich marschierte er weiter nach Paris. Hatte er zuerst nur rund tausend loyale Soldaten unter seinem Kommando, schlossen sich immer mehr Truppen an, je näher er an die Hauptstadt heranrückte. Die Grande Armée sammelte sich spontan. Schon drei Wochen später zog Napoleon wieder als Kaiser in Paris ein, wo Leute ihm zujubelten, die ihn noch vor vier Wochen nicht gekannt haben wollten. Ohne Frage, es war ein spektakuläres Comeback. Es endete trostlos. Napoleon verglühte. Nach mehr als zwanzig Jahren Krieg waren die Alliierten unter keinen Umständen mehr bereit, sich mit einem Kaiser Napoleon abzufinden, auch wenn dieser nun Frieden versprach. Vier Tage nach Waterloo dankte Napoleon ab. Kaum an der Macht, hatte er sie schon wieder verloren – für immer.

Endlich kehrte in Europa Frieden ein. Es war ein Frieden, der mit einigen wenigen Unterbrechungen bis 1914 andauern sollte, als von neuem ein Weltkrieg heraufzog. Es gab im 19. Jahrhundert Revolutionen und Unruhen, gewiss, auch ein paar Kriege, aber diese waren in der Regel kurz.

Wirtschaftlich gesehen fing jetzt eine der glücklichsten Zeiten Europas an. Die Industrialisierung, die von England ausgehend noch zu Napoleons

Zeiten in ein paar Regionen des Kontinents zu greifen begonnen hatte, sollte sich im Lauf der Jahrzehnte beschleunigen und auf immer mehr Länder ausbreiten.

Lebten noch 1780 die meisten Europäer als Bauern am Rand der Subsistenz – wie übrigens alle Menschen der Erde –, und brauchte es bloss eine einzige Missernte, dass Millionen den Hungerstod erlitten, war dies hundert Jahre später in Europa so gut wie undenkbar. Es hatte ein Wachstum der Wirtschaft stattgefunden, wie es das noch nie zuvor gegeben hatte. Und wenn etwas dieses Wachstum befeuerte, dann ein sich dauernd selbst erneuernder technologischer Innovationsprozess. Spinnmaschinen, Dampfmaschinen, Webmaschinen, Eisenbahnen, Telegraf, Telefon, Elektromotor, Dampfschiffe, chemische Farben, Kraftwerke, das Automobil: Es verging im 19. Jahrhundert kaum ein Jahr, ohne dass ein neues technisches Wunder zustande gekommen wäre. Es wurden mehr neue Dinge geschaffen als in allen zehntausend Jahren zuvor.

Die amerikanische Ökonomin Deirdre McCloskey spricht in diesem Zusammenhang von «the Great Enrichment», der grossen Bereicherung, die sich ergeben hat, weil sich seit etwa 1800 das durchschnittliche Pro-Kopf-Einkommen im Westen nicht etwa bloss verdoppelt, sondern um den Faktor 30 erhöht hat.[210]

Paradoxerweise hatte dieser schwindelerregende Wandel noch während der Napoleonischen Kriege eingesetzt. Ein Paradox, das auch den Zeitgenossen zu denken gab, wenigen vielleicht so deutlich wie Hans Caspar Escher, der 1805, inmitten der tiefsten Misere, seine Fabrik gegründet hatte: «Denkt man sich», sagte er 1814 seinen Aktionären, «den ganz Europa umfassenden furchtbaren Tilgungskrieg, die unermesslichen Erpressungen, die er erforderte, die Stockung aller Schifffahrt und die unsinnigen Auflagen, die auf allen Produkten lasten, welche ein Gegenstand von Handel und Fabriken ausmachen, so muss man sich wahrlich wundern, dass der Kaufmann nicht ausser alle Tätigkeit gesetzt ward.»[211]

Das Gegenteil trat ein, muss man sagen, nicht bloss mit Blick auf Escher Wyss, sondern auch auf die übrige junge Schweizer Industrie. Wenn sich der wirtschaftliche Strukturwandel Bahn bricht, diese Regel könnte man davon ableiten, erweisen sich die politischen Verhältnisse oft als zweitrangig. Zwar waren einige Spinnereien wieder eingegangen, als die billigen englischen Waren seit 1813 den Kontinent zurückeroberten, doch mehr Betriebe überlebten.

Ein früher Global Player

Keine Spinnerei überlebte vielleicht so gut wie Escher Wyss. Die Firma zog jetzt ihren Vorteil daraus, dass sie inzwischen neben der Spinnerei auch eine Maschinenfabrik besass. Brach der Absatz des Garns zusammen, weil das englische Garn es verdrängte, verlegte sich Escher Wyss auf den Maschinenbau – und umgekehrt.

Besonders aus Deutschland, aber auch aus Italien und Frankreich trafen viele Bestellungen ein, zumal man bis 1842 legal keine englischen Maschinen kaufen konnte, also wandte man sich an die Schweiz. Dass Escher stets die letzten technischen Errungenschaften in England im Auge behielt, machte sich jetzt bezahlt: Rascher, innovativer, effizienter als die Konkurrenz verwandelte sich Escher Wyss zum zuverlässigsten Hersteller von Spinnmaschinen auf dem Kontinent. Oft bauten die Schweizer nicht bloss die Maschinen, sondern sie stellten ihren Kunden auch Spezialisten zur Verfügung, die vor Ort die Arbeiter anlernten.

Angesichts der Tatsache, dass in den 1830er Jahren die Verkehrsinfrastruktur auf dem Kontinent sich noch in einem erbärmlichen Zustand befand, mutet es umso verblüffender an, dass sich Escher Wyss unter solchen Umständen zu einem Exportunternehmen entwickelte. Jede Lieferung war ein logistischer Albtraum. Als man einmal einer Papierfabrik im Tessin eine Maschine verkauft hatte, musste sie mit Maultieren über den Gotthard geschleppt werden. Um auf alle Schwierigkeiten vorbereitet zu sein, sorgte Escher dafür, dass die Maultiertreiber mit Pistolen ausgerüstet wurden. Wozu, ist offen. Sollten sie sich damit gegen Räuber verteidigen, oder ging es darum, Tieren, die unter der Last zusammengebrochen waren, den Gnadentod zu geben?

Nach und nach wurde das Fabrikationsprogramm erweitert, Maschinen aller Art kamen hinzu, Mühlen, Pumpen, Sägereien, Papierfabriken, insbesondere Wasserräder oder, moderner, Wasserturbinen. Im Grunde hatte man sich dieser Technologie schon bei der Gründung angenähert, als man die ersten Spinnmaschinen mit der Wasserkraft der Limmat antrieb. Selbst der Urgrossvater, Heinrich Escher, hatte auf die Sihl gesetzt, um seine Kreppfabrik zu betreiben. Wasser blieb gewissermassen in der Familie.

Im Gegensatz zu England kamen Dampfmaschinen in der Schweiz lange kaum zum Einsatz, da es an Kohle fehlte, umso mehr spielte die Wasserkraft eine grosse Rolle, über die das Land ja im Überfluss verfügte. Sie war allerdings eine sehr politische Energie: Da der Platz an einem Fluss beschränkt war und jeder Unternehmer, der das Wasser nutzte, es einem anderen vorenthielt, musste der Staat entscheiden, wer eine Konzession erhielt, was die ganze Sache komplizierte. Wer kam zum Zug? Wer nicht?

Entgegen dem, was man erwarten könnte, hatte Hans Caspar Escher als Abkömmling einer alten regimentsfähigen Familie im damaligen Zürich wenige Jahre nach dem Umsturz schlechte Karten. War er verhasst, weil er mit der Revolution nichts anfangen konnte? Jedenfalls kam die Stadt Escher Wyss kaum entgegen, wenn die Firma sich um mehr Konzessionen bewarb. Das zwang ihn dazu, seine Wasserräder ständig zu perfektionieren, damit sie mehr Energie lieferten. Ironischerweise half dies Escher. Seine Ingenieure waren stets die Innovativsten – weil ihnen nichts anderes übrigblieb.

Wie so oft zog er dafür eine Expertise aus Grossbritannien bei: «Die kurze Anwesenheit des geschickten Mühlbauers Herr Fairbairn [aus Manchester] wurde dahin genutzt, unsere gegenwärtige & noch disponible Wasserkraft sorgfältig zu prüfen»[212], teilte Escher 1823 seinen Aktionären mit: «Die von H. Fairbairn geäusserten Ideen zu diesem Triebwerk überzeugen mich»[213], obschon sie teuer waren, «aber die Kenntnisse & Erfahrungen in Wasserwerken würden wir auf dem ganzen Kontinente vergebens suchen».[214] Sir William Fairbairn, Sohn eines Bauern, war ein schottischer Ingenieur und Unternehmer, den Königin Victoria später zum Baronet erheben sollte. Er stand im Ruf, einer der produktivsten Erfinder seiner Zeit zu sein.

Bald baute Escher Wyss selber Wasserräder und Triebwerke, ohne Fairbairn um Hilfe bitten zu müssen; 1841 die erste Wasserturbine, was die aussergewöhnliche Reputation der Zürcher auf diesem Gebiet begründen sollte. 1904 galt Escher Wyss als weltweit bester Hersteller von Wasserturbinen, das war so unbestritten der Fall, dass die Schweizer Firma auch die Wasserturbinen für das dannzumal grösste Kraftwerk der Welt an den Niagarafällen in Amerika liefern sollte. Es folgten zahllose weitere Wasserturbinen, technologische Meisterwerke allesamt, die die Firma lange profilierten. Die hydraulische Abteilung gab es noch in den 1960er Jahren, bis sie dann an den Sulzer-Konzern in Winterthur verkauft wurde.

Vater und Sohn

«Wäre der Aufenthalt nicht so kostbar», schrieb Escher aus England, als er im August 1814 das erste Mal dort war, «so sollte man alle jungen Leute hierher schicken, statt nach Frankreich; ich glaube, es wäre hier eine bessere Schule für den Kaufmann, und Sitten und Lebensart der mittlern Stände nähern sich weit mehr den Unsrigen.»[215]

Was er sich für alle jungen Schweizer wünschte, setzte er beim eigenen Sohn um: Albert Escher, 1807 in Zürich geboren, fuhr 1823 nach England, wo er bei Fairbairn & Lillie in Manchester eine Lehre antrat. Er war sechzehn Jahre alt und arbeitete jetzt bei der Firma des «geschickten Mühlbauers» Fairbairn, der den Vater so gut beraten hatte.

Hier muss Albert Escher, ein grosses Talent, in kurzer Zeit viel gelernt haben, denn als er nach drei Jahren zurückkehrte, wurde ihm, dem Neunzehnjährigen, die Leitung der Maschinenfabrik in Zürich anvertraut. Wenn der Vater damit ein beachtliches Risiko einging, das ihm die Aktionäre leicht hätten vorhalten können, dann bewies er mit diesem Personalentscheid auch, warum er einer der ersten Industriellen des Landes geworden war: Albert Escher übernahm einen Betrieb mit sechzehn Arbeitern – bloss sechs Jahre später herrschte er über hundert Arbeiter und lieferte in alle Kontinente.

In Feldkirch, in Wien oder in Salerno bei Neapel hatte er eigenständige Spinnereien eingerichtet, dabei den Auftragsbestand unablässig erhöht, so dass ein stolzer Vater die Aktionäre 1832 dazu auffordern konnte, Albert zum Teilhaber zu machen: «Bei seinen letzten Ausflügen nach Österreich und Oberitalien», lobte Caspar seinen Sohn, «sandte er uns Bestellungen für 40 000 Gulden, sein Aufenthalt in Neapel brachte Bestellungen von 61 600 Gulden.»[216]

Albert war erst 25 Jahre alt und gehörte nun zu den Besitzern der mittlerweile grössten Maschinenfabrik der Schweiz. Privilegiert aufgewachsen, ohne Frage, aus zwei der besten patrizischen Familien Zürichs stammend, war er wie der Vater kompetent genug, wenn nicht brillant, um sich durchzusetzen. Die Meritokratie, die dem modernen Kapitalismus eigen war, hatte auch ihm geholfen, der dies kaum nötig gehabt hätte, wenn er nur ein unangestrengtes Leben als Privatgelehrter in Zürich hätte führen wollen.

1837 zählte die Maschinenfabrik bereits mehr als vierhundert Arbeiter, und der Gewinn übertraf bei weitem jenen der Spinnerei: Escher Wyss verdiente mit Maschinen jetzt fünf Mal mehr als mit Garn. Wer unter den

Aktionären noch daran gezweifelt haben mochte, dass es die richtige Strategie gewesen war, die Firma zu diversifizieren, verstummte oder hatte seine Aktien längst abgestossen. Am Ende sollte die Familie Escher das Unternehmen zu hundert Prozent besitzen.

Wenn Albert Escher etwas von seinem Vater geerbt hatte, dann wohl eine Art unternehmerisches Gen. Er besass wie Hans Caspar Escher jene Alertness, von der die Forscher sprechen, diese Mischung von Witterung und Geistesgegenwart, die ihn befähigte, früher als andere zu erkennen, welches Produkt bei den Menschen auf Nachfrage stossen würde. Das bewies er, als er Escher Wyss dazu brachte, die Fabrikation von Dampfschiffen aufzunehmen. Es war sein Entscheid, es war seine Idee. Ausgerechnet Dampfschiffe! In einem Land, das weit weg vom Meer lag und wo seit Jahrhunderten eine Fähre das komplexeste Gerät der Schifffahrt darstellte, das die Schweizer selber bauten. Albert wagte es, Albert gewann. Nichts sollte Escher Wyss profitabler und bei einem breiteren Publikum bekannter machen als die Dampfschiffe.

Dampfschiffe für die Seen der Welt

1835 hatten Zürcher Financiers in England das erste dieser sagenhaften Schiffe bestellt, die sich ohne Segel und ohne Ruderer gleichsam magisch bewegten, schneller, als man sich das je hätte vorstellen können. Zwar hatte Hans Caspar Escher schon vor gut zwanzig Jahren ein solches Schiff in Glasgow gesehen, doch seither war in der Schweiz nicht viel passiert, vermutlich, weil es sich um einen sehr kostspieligen Apparat handelte. Zudem gab es viele Passagiere, die sich davor fürchteten, gewissermassen auf einer Dampfmaschine Platz zu nehmen, die jederzeit in die Luft fliegen konnte – was vorkam, wenn auch nicht sehr häufig.

Um das neue Schiff aus England herbeizuschaffen, war es nötig, es in all seine Bestandteile zu zerlegen, und so kam es in Kisten verpackt via Rhein, Aare und Limmat auf einem Kahn in Zürich an. Wer sollte es hier zusammensetzen? Niemand war dazu in der Lage – ausser den Mechanikern von Escher Wyss. Wenig später wurde die «Minerva» zu Wasser gelassen. Es war das erste Dampfschiff auf dem Zürichsee. Wie so viele Male zuvor hatten die Leute von Escher Wyss die importierten Teile aber nicht einfach zusammengeschraubt, sondern sich auch alles gut gemerkt, so dass man danach imstande sein würde, ein eigenes Schiff nachzubauen. Werkspionage hatte schon immer zur DNA der Firma gehört, und die beiden Escher wurden nicht enttäuscht: 1837 lief bei Escher Wyss das erste Dampfschiff aus eigener Produktion vom Stapel. Es hiess «Linth Escher» und war für den Walensee bestimmt; was folgte, war ein Triumph, eine imaginäre Schiffsparade sondergleichen.

In Kürze stieg Escher Wyss zu einem der grössten Hersteller von Dampfschiffen für Binnengewässer in Europa auf. Schiffe aus Zürich fuhren bald auf sämtlichen Seen der Schweiz, Oberitaliens und Österreichs, Schiffe aus Zürich dampften auf dem Rhein und der Donau, auf der Rhone und auf der Wolga, ja selbst auf dem Amazonas. Es war ein Produkt, das Escher Wyss weltweit zu einem Begriff machte, was allerdings am meisten beeindruckt: Die Zürcher waren technisch schon so versiert, dass sie innert weniger Jahre mit der englischen Konkurrenz gleichzogen, ja sie übertrafen. «Nirgends in England», stellte der «Manchester Guardian» 1845 fest, «kann man so gute technische Kenntnisse erwerben, wie in der Zürcher Neumühle unter Caspar Escher.»[217]

Wenn man daran denkt, was für eine Zeitung zu diesem Schluss kam – das Leibblatt der Unternehmer in Manchester –, dann kann man ermessen, welchen weiten, erstaunlichen Weg Hans Caspar Escher zurückgelegt hatte. Vierzig Jahre zuvor war er mit zwei Kollegen in den Keller gestiegen, um aus Holz eine Spinnmaschine zu basteln – sie wäre den englischen Ingenieuren vorgekommen wie ein Spielzeug –, vierzig Jahre später galt seine Maschinenfabrik in deren Augen als eine ernsthafte Konkurrenz.

Bis zum Ersten Weltkrieg sollten die Schiffbauer von Zürich rund sechshundert Schiffe in alle Welt verkaufen. Selbst die Reichsten und Mächtigsten gewann man als Kunden, nachdem Escher Wyss gegen Ende des Jahrhunderts die sogenannten Naphtaboote entwickelt hatte: Miniatur-Dampfschiffe für den Privatgebrauch, die allerdings mit Benzin statt mit Wasser befüllt wurden, um eine staatliche Vorschrift zu umgehen. Denn ohne Techniker war es zu jener Zeit nicht gestattet, eine Dampfmaschine zu betreiben, lief sie aber mit Benzin, so hatte man schlaumeierisch erkannt, durfte der Millionär sie selbst bedienen, so dass er auch das Boot ohne Kapitän steuern konnte – ein seltenes Vergnügen in jener Zeit der noch wenig individualisierten Technologieanwendung.

Kein Wunder, riss sich, wer zu Geld gekommen war, um ein Naphtaboot, obschon oder gerade weil es sehr teuer war. Kein Produkt machte Escher Wyss bekannter. Vielleicht empfanden dies die Ingenieure in

Zürich selber als etwas ungerecht: Was bildeten sie sich doch darauf ein, die grössten Wasserturbinen und schönsten Schiffsdampfer zu bauen. Stattdessen sprach alles von den Naphtabooten. Escher Wyss, der Hoflieferant: Zu den Kunden zählten der König von Bayern und der Sultan von Marokko, der Khediv von Ägypten sowie Graf Zeppelin und Alfred Nobel, der Erfinder des Dynamits. Selbst der deutsche Kaiser Wilhelm II. erwarb ein Naphtaboot aus Zürich, das er, der Technikbegeisterte, ohne Techniker lenken konnte.

Der Aufbau der Werft war das Gesellenstück des jungen Escher. Der Vater liess ihm offenbar freie Hand. Als die Nachfrage anzog, war er es auch, der 1840 eine zusätzliche Fabrik in Leesdorf bei Wien einrichtete, um von dort aus Schiffe für die Donau und das Schwarze Meer zu liefern. Damit sparte man sich sehr viel Geld, Zeit und Ärger. Noch gab es kaum Eisenbahnen, so dass jedes Schiff in Zürich auseinandergenommen werden musste, um es beim Kunden vor Ort wieder zusammenzufügen. Monatelang waren Arbeiter von Escher Wyss im Ausland mit der Montage beschäftigt, ohne dass man in Zürich genau wusste, was sie taten. Briefe, Pläne, Anweisungen, Korrekturen: Alles wurde noch mit der Pferdepost übermittelt. Wohl handelte es sich um ein globalisiertes Geschäft, aber die Kommunikation, die es lenkte, steckte im Mittelalter. Wenige Jahre später sollte der Telegraf dies definitiv ändern.

Leesdorf war die erste Auslandfiliale von Escher Wyss, weitere sollten in Deutschland und Italien folgen. Albert hielt Osteuropa für den Zukunftsmarkt schlechthin:

«Metternich [der Kanzler Österreichs], der sich sehr für Industrie zu interessieren anfängt, soll vom Frieden immer überzeugt gewesen sein und bleiben (...).»[218] Deshalb drängte Albert den Vater gar, den Hauptsitz von Escher Wyss von Zürich nach Wien zu verlegen, was dieser aber, ein Schweizer durch und durch, ablehnte.

Dampfschiffe waren höchst anspruchsvolle Produkte, vor allen Dingen die Dampfmaschine, die eine immense Energie entfesselte, galt als Kernstück, das bewies, ob sich die Ingenieure und Mechaniker einer Firma technologisch an vorderster Front bewegten. Es war der «noble part», das edle Teil, dessen Konstruktion nur wenige beherrschten und an dem man am meisten Geld verdiente.

Um die neue Abteilung für Schiffbau mit dem erforderlichen Wissen auszustatten, hatte sich Albert Escher nach England gewandt, so wie das der Vater vor ihm so häufig getan hatte. Er warb dort zwei Ingenieure ab, Lloyd und Jackson, die sich im Schiffbau auskannten, und so entstand in Zürich eine Werft;[219] insbesondere Matthew Murray Jackson, der die Abteilung bis 1868 leitete und aus einer renommierten englischen Ingenieursdynastie stammte, sorgte jetzt für eine bemerkenswerte Expansion.[220] Heute erinnert am Escher-Wyss-Platz der «Schiffbau» an diese ruhmreiche Zeit. In dessen Hallen schraubten die Arbeiter von Escher Wyss seinerzeit ihre Schiffe zusammen.

Wenn wir den frühen Erfolg von Escher Wyss analysieren, dann gibt es hierfür verschiedene Ursachen, aber eine sticht heraus: das enge Verhältnis zu England, das im Grunde begann, seit Caspar Escher in St. Gallen eine erste Maschine nach englischem Muster gesehen hatte, woraufhin er regelmässig nach England gereist war. Noch intensiver war der Austausch, den Albert pflegte, was sich nicht zuletzt darin ausdrückte, dass er eine englische Frau heiratete.

In der Neumühle arbeiteten diverse Briten, oft in leitender Position, auch der Chef der Giesserei, die man 1830 eröffnet hatte, war ein Engländer; er hiess King, und selbst dessen Sohn, der in Zürich aufwuchs, begann seine Berufskarriere bei Escher Wyss. Selbstverständlich zogen die Escher gleichzeitig einheimische Fachkräfte heran, wiederum von Briten angelernt, so dass man nach ein paar Jahrzehnten nicht mehr auf so viele Briten angewiesen war. Last, but not least blieb Albert Escher nicht der einzige Schweizer, der in England studierte, im Gegenteil, zahllose Schweizer zogen im frühen 19. Jahrhundert dorthin, geradeso wie man sich ein Jahrhundert später nach Amerika begeben sollte, um sich beruflich und technologisch weiterzubringen.

Gewiss, die Schweizer Firma war keineswegs das einzige Unternehmen, das in jenen Jahren auf englisches Personal setzte, überall auf dem Kontinent sorgten Engländer dafür, dass sich die industrielle Revolution, die sie in ihrer Heimat entfesselt hatten, weiter ausbreitete. Es war für jeden Unternehmer naheliegend, in Grossbritannien nach Ingenieuren zu suchen, zumal es an solchen in Europa mangelte, doch kaum eine Firma betrieb diesen Wissenstransfer so konsequent – und hatte dabei so viel Glück oder bewies so viel Spürsinn. Denn neben brillanten Briten gab es immer auch Versager und Hochstapler, die ihren Arbeitgeber enttäuschten.

Verfall einer Familie

1845 starb Albert Escher nach längerer Krankheit in Manchester an der Tuberkulose. Er war bloss 37 Jahre alt geworden. Für den siebzigjährigen Vater, der im Begriff gewesen war, sich aus dem Geschäft zurückzuziehen und an Albert zu übergeben, zerschlugen sich alle Pläne. Es war eine persönliche und eine geschäftliche Tragödie, von der sich Hans Caspar Escher nie mehr erholte, auch wenn er noch bis 1859 leben sollte. Escher Wyss stand ohne Nachfolger da. Keiner drängte sich auf, zumal Albert der einzige Sohn gewesen war. Drei Kinder hatten Hans Caspar und Anna Escher schon vorher verloren, und von den beiden übriggebliebenen Töchtern hatte sich nur eine verheiratet, so dass eine Unternehmerdynastie auszusterben drohte, die sich so glänzend von der Seidenfabrikation über die mechanische Spinnerei in die Maschinenindustrie verlagert hatte. Endzeitstimmung in der Neumühle.

Caspar Escher blieb vorerst Chef, zog aber den einzigen Schwiegersohn nach, Friedrich von May, ein vornehmer, aber unfähiger Berner Anwalt, der sich nie mit dem Geschäft einer Maschinenfabrik anfreunden mochte, noch es je verstand.

Einige Jahre später folgte ein weiterer Schwiegersohn, genauer der Ehemann von Alberts einzigem Kind Mary, erneut ein Berner Patrizier namens Karl August von Gonzenbach, der noch inkompetenter war. Wenn sich May immerhin bemüht hatte, so liess Gonzenbach nicht einmal Spurenelemente von Engagement erkennen. Die Firma, die er dank seiner Frau zu einem grossen Teil besass, interessierte ihn nicht, ausser der Dividenden – umso intensiver widmete er sich dem Landleben auf Schloss Buonas am Zugersee. Es stammte aus dem 11. Jahrhundert, Gonzenbach hatte es samt weitläufigem Park 1871 erworben. Bald liess er dort zusätzlich ein neugotisches Monstrum errichten, das «Neue Schloss», wo er sich behaglich niederliess.[221] Jagen, Feiern, Reiten oder die hohe Kunst der Zeitvernichtung. Als hätte es noch eines Beweises für seine aristokratischen statt wirtschaftsbürgerlichen Ambitionen bedurft, tat ihm seine Tochter Vera den Gefallen und heiratete in den preussischen Uradel ein – einen von Kleist. Danach übersiedelte sie nach Potsdam.

Es hatte etwas Buddenbrook'sches[222], es trug sich ein «Verfall einer Familie» zu, wie ihn der deutsche Schriftsteller Thomas Mann anhand der Erfahrungen in der eigenen Familie geschildert hatte: Aus einer der tüchtigsten Unternehmerfamilien der Schweiz war binnen kurzem eine Ansammlung von wenig beeindruckenden Erben geworden, die ihren Besitz beinahe ruinierten. Escher Wyss überlebte zwar, doch ohne Glanz. Erst 1889, als mit Heinrich Zoelly ein fähiger Ingenieur und ehrgeiziger Aufsteiger die Führung übernahm, besserte sich die Lage wieder, doch die etwas dekadenten Eigentümer blieben eine Belastung.

«Du hast, lieber Vater, nun sehr grosse Angst um mich gehabt», hatte Albert Escher 1837 nach einem Unfall seinem Vater geschrieben, «was mir sehr leid tut, allein dieser momentane Kummer ist nur eine Kleinigkeit gegen denjenigen, der Dich stündlich, täglich, ja immerwährend niederdrückt, Deine Heiterkeit zerstört, Deinen Lebenswillen zernagt, ich meine denjenigen um den Maschinenbau. Wenn ich Dich nur jetzt in der niedergeschlagenen Stimmung sähe, in welcher Du Dich seit vielen Monaten befindest, so würde ich mich trösten, allein, es war letztes Jahr um kein Haar besser und schon im Jahre 1834 so. Ich fand einen Brief von Dir an den Oberst G., in dem Du ihm sagst, Du beneidest den geringsten Deiner Arbeiter um sein ruhiges Brot.»[223]

Hans Caspar Escher war schon lange am Leben verzagt, bevor er seinen Sohn verlor. Der entscheidungsfreudige, risikobereite, kreative Unternehmer litt unter schweren Depressionen, die ihn ohne Vorwarnung heimsuchten. Das Einzige, was ihm half, war die Religion. Je älter er wurde, desto ergriffener betete er und ging zur Kirche. Er wurde streng, weil er sonst, so macht es den Anschein, auseinandergebrochen wäre. 1859 starb er nach kurzer Krankheit. Seinen Sarg trugen die dienstältesten Arbeiter von Escher Wyss zu Grabe, Leute, die Hans Caspar Escher vierzig, fünfzig Jahre zuvor eingestellt hatte, als er selbst noch ein junger Mann gewesen war.

Land der Unternehmer

Im Jahr 1835 reiste John Bowring, ein Mitglied des britischen Parlaments, in die Schweiz, um im Auftrag des einflussreichen Privy Council for Trade die wirtschaftlichen Verhältnisse in diesem kleinen Land zu erforschen. Man erwartete von ihm einen Bericht in der Hoffnung, ein Rätsel zu lüften, das die Briten zu jener Zeit beschäftigte. Warum trafen englische Unternehmer auf allen Weltmärkten immer wieder auf Schweizer Unternehmer, die ihnen das Leben schwer machten? Gewiss, Konkurrenten gab es viele, Franzosen, Deutsche, Amerikaner, aber die meisten bereiteten den Briten, die dank der Industrialisierung so viel billiger, schneller und besser produzierten, keine Sorgen, die Schweizer dagegen fielen auf, weil ihre Produkte genauso billig und gut waren und weil man wusste, dass in den Alpen nicht nur zahllose mechanische Spinnereien, sondern sogar Maschinenfabriken herangewachsen waren. Wie hatte es dazu kommen können? Nichts sprach für die Schweiz. Bowring stellte in seinem Bericht fest: «Es musste in der Tat die Aufmerksamkeit jedes Nachdenkenden erregen, dass die Schweizer Fabrikanten, fast unbeachtet, gänzlich unbeschützt, sich allmählich siegreich ihren Weg zu allen Märkten der Erde gebahnt hatten, seien sie auch noch so fern oder anscheinend unzugänglich. Offenbar war dies Resultat nicht Folge der geografischen Lage der Schweiz; denn nirgends produziert sie die rohen Stoffe für ihre Fabriken, noch besitzt sie einen Hafen für die Ausfuhr, ausser unter den Bedingungen, die ihre seefahrenden Nachbarn ihr auferlegen.»[224]

Ebenso wenig waren diese Unternehmer je vom Staat gefördert worden, fuhr Bowring fort, keine speziellen Gesetze halfen ihnen, keine Subventionen oder Steuererleichterungen, aber auch keine nennenswerten Zölle, die sie vor der ausländischen Konkurrenz bewahrt hätten – «und doch werden, trotz aller Hindernisse, die Fabrikate der Schweiz auf allen Märkten der Welt gefunden.»[225] Warum?

«Der Grund ist so einfach als handgreiflich. Die Industrie ist sich selbst überlassen. Dem Vermögen sind nicht durch legislative Einmischung seine selbstgewählten Wege beschränkt worden (...).»[226] Da John Bowring ein überzeugter Liberaler und ein ebenso leidenschaftlicher Freihändler war, der sich in England für den Abbau der protektionistischen Corn Laws einsetzte, ist leicht verständlich, warum ihn die Schweiz so begeisterte: Sie schien empirisch zu bestätigen, woran er glaubte.[227]

Bowrings Bericht ist ein formidables historisches Dokument, weil es die aussergewöhnliche industrielle Entwicklung der Schweiz belegt. Schon 1835, zu einem Zeitpunkt, da die meisten übrigen Regionen noch agrarisch geprägt waren, das bestätigte der Engländer, hatte das Land in den Alpen den industriellen Durchbruch erzielt.

Das war spektakulär. Allein im Kanton Zürich zählte Bowring 128 mechanische Spinnereien und 8 Maschinenfabriken, darunter natürlich Escher Wyss, die bekannteste, aber etwa auch Joh. Jacob Rieter & Cie. in Winterthur, eine zweite Fabrik, die bereits weltweit von sich reden machte. Ein Jahr zuvor, 1834, war ebenfalls in Winterthur eine Firma ins Leben gerufen worden, die noch berühmter und noch grösser werden sollte. Sie hiess Sulzer.

1836 hatte der Export von Maschinen zum ersten Mal den Import übertroffen – mit anderen Worten, die Schweiz hatte sich zu einem Exporteur von Technologie gewandelt, was gemeinhin für ein Zeichen von industrieller Reife gehalten wird. Aus dem Agrarland war unwiderruflich ein Industrieland geworden, dem auch mehr und mehr eigene technische Innovationen gelangen. Spätestens Anfang der 1850er Jahre galt die schweizerische Textilindustrie der britischen als ebenbürtig.

Wenn wir uns vor Augen führen, welcher tödlichen Gefahr sich diese schweizerische Schlüsselbranche ab den 1780er Jahren ausgeliefert sah, als das nahezu perfekte Maschinengarn aus England die europäischen Märkte durchdrang, dann können wir kaum überschätzen, was die Schweizer Unternehmer, Ingenieure und Arbeiter fertiggebracht haben. Es war ein bewusster, wenn auch unsystematischer, aber erfolgreicher Aufholprozess in Gang gesetzt worden – von keiner Elite, ohne Beschluss, fast ohne staatliche Intervention. England als Menetekel, England als Vorbild.

Ohne Zweifel war das eine harte und triumphale Zeit zugleich, sehr viele Menschen verloren infolge der Mechanisierung ihre Arbeit, zuerst die Spinner, dann die Handweber, und doch wuchs schliesslich der Wohlstand des Landes insgesamt, und es fanden mehr Leute ein Auskommen als je zuvor. Für die einzelnen Betroffenen und ihre Familien bedeutete das keinen Trost, gewiss, der Strukturwandel schritt unbarmherzig über sie hinweg, kein Sozialstaat rettete sie, keine Hoffnung blieb, manche verarmten völlig oder wanderten aus.

Auch viele Unternehmer litten, zugegebenermassen auf höherem Niveau: Ein Drittel der neu gegründeten Firmen ging nach bloss fünf Jahren wieder ein, Bankrotte und Krisen, Selbstmord und Schande. «Es fand eine negative Selektion von höchster Intensität statt», schreibt der Wirtschaftshistoriker Peter Dudzik. «Wenn veranschaulicht werden soll, dass der Wettbewerb ein Prozess schöpferischer Zerstörung ist, so bietet die Baumwollspinnerei in dieser Zeit dazu das klassische Beispiel.»[228]

Es trug sich ein volkswirtschaftliches Trial and Error zu, ein Ausscheidungskampf und Ertüchtigungsprogramm, was indessen dazu führte, dass die junge schweizerische Industrie nicht bloss überlebte, sondern sich weltweit als konkurrenzfähig erwies. Viele Zeitgenossen ernteten bereits die Früchte ihrer Anstrengungen, erst recht aber ihre Kinder und Enkel; den nachfolgenden Generationen sollte es immer besser gehen. Mit Blick auf die Schweiz zog Bowring 1835 diese Bilanz: «Kein Land hat wohl solche Fortschritte im Wohlstande gemacht; ich kenne mindestens keines, in dem der Wohlstand sich so allgemein und so tief herab erstreckte unter den arbeitenden Klassen der Fabrikgegenden der Schweiz. Ich war erstaunt, wie viele von ihnen durch ihre Ersparnisse Grundeigentum erworben hatten, wie viele in Häusern wohnten, von Gärten und Feldern umgeben, die vermöge ihrer Arbeit ihr Eigentum geworden waren. In den Bergen des Jura wie in Appenzell, längs den Gestaden des Zürich- wie des Bodensees, überall hatte der Arbeiter seinen eigenen Herd, in seiner Wohnung eine Menge Bequemlichkeiten, wie man sie bei wenigen ihres Standes in anderen Ländern findet.»[229]

Wir reden vom Jahr 1835. Erst zwanzig Jahre zuvor war Napoleon endgültig nach St. Helena verbannt worden, das heisst, noch vor bloss etwas mehr als zwanzig Jahren hatten die Schweizer wie die meisten Europäer unter fremder Besatzung und permanentem Krieg gelebt, und trotzdem schufen sie – unter denkbar schwierigen Bedingungen – die Grundlagen für die industrielle Zukunft des Landes.

Diese Tatsache ist umso eindrücklicher, als sich auch nach 1815 die Dinge nicht wirklich besserten, zumal aus einer wirtschaftlichen Sicht.

Zwar hatten sich die politischen Verhältnisse in Europa beruhigt, sofern man die repressiven, undemokratischen Regimes der Restauration, die nun die meisten Länder zu erdulden hatten, als «Beruhigung» bezeichnen will; und sicher mag der eine oder andere Schweizer Unternehmer gehofft haben, dass sich damit auch die Handelsbeziehungen wieder normalisierten. Dem war jedoch ganz und gar nicht so. So gut wie alle Nachbarländer setzten in den folgenden Jahren auf eine äusserst protektionistische Zollpolitik, so dass die Schweiz sich schliesslich vollkommen auf sich selbst gestellt sah.

Frankreich, inzwischen wieder ein Königreich unter der alten Dynastie der Bourbonen, ging voran. Im Grunde genommen setzte es bloss fort, was seit den Jahren kurz vor der Revolution, dann auch unter Napoleon seine Doktrin gewesen war: Um die eigene Industrie zu fördern, schloss Frankreich faktisch die Grenzen, indem es von 1816 an horrende Zölle erhob und für Schweizer Waren sogar den Transit zu den französischen Seehäfen sperrte. Diese unfreundliche Politik zwang die Schweizer definitiv dazu, sich von ihrem jahrhundertealten Handelspartner abzuwenden. Seit 1521 war Frankreich der wichtigste Markt gewesen, nicht zuletzt dank der Handelsprivilegien, die die Eidgenossen seinerzeit für den Solddienst eingetauscht hatten – das war nun Geschichte.

Stattdessen intensivierten die Schweizer den Handel mit den übrigen Nachbarn, so gut sie konnten, was nicht allzu lange vorhielt. Denn schon wenige Jahre später erhöhten auch das Grossherzogtum Baden sowie die Königreiche Württemberg und Bayern ihre Zölle deutlich, genauso die Niederlande, das Königreich Neapel (Süditalien und Sizilien) sowie Spanien; ausserdem erliess das Kaiserreich Österreich für Tirol und seine neuen italienischen Provinzen Lombardei und Venetien gar ein Importverbot für schweizerische Produkte. Als sich Anfang der 1830er Jahre zudem abzeichnete, dass die deutschen Staaten unter Führung Preussens einen geschlossenen Binnenmarkt anstrebten, den Zollverein, der 1834 auch umgesetzt wurde, geriet die schweizerische Industrie vollends ins Abseits. Panik und Ratlosigkeit.

Ganz Europa, so schien es, hatte sich gegen die Schweiz verschworen, die man nicht nur als wirtschaftlichen Konkurrenten fürchtete. Vielmehr war sie an manchen Höfen, vor allem in Süddeutschland, geradezu verhasst, weil sich immer mehr liberale Flüchtlinge aus diesen Staaten hierher retteten. 1830 waren in vielen Kantonen der Schweiz die Liberalen an die Macht gekommen, es wurden recht demokratische Verfassungen beschlossen, Wahlrechte ausgedehnt, progressive Universitäten ins Leben gerufen, die Volksschule neu aufgestellt: Für manch einen europäischen Liberalen galt die Schweiz jetzt als letzter Zufluchtsort in einer verdüsterten Zeit.

Kampf um den Zollverein

Die Schweiz war allerdings isoliert. Guter Rat war teuer. Wenn man schon politisch aneckte, war es sinnvoll, sich auch wirtschaftlich auf einen Sonderweg zu begeben? Die Schweiz war ein Land der Industrie, des Exportes, der Weltverflochtenheit: Sie konnte sich doch damit nur schaden. Was tun? Wäre es eventuell eine Option, dem Zollverein ebenfalls beizutreten? Um diese Frage zu prüfen, setzte der eidgenössische Vorort, die Regierung des Kantons Zürich, eine Kommission ein.

Damit kein falscher Eindruck aufkommt: Wir schreiben das Jahr 1833. Das war noch die restaurierte Eidgenossenschaft, eine Kreuzung aus Alt und Neu, die niemanden befriedigte, seit sie 1815 im Sinne der Grossmächte entstanden war, wo Kantone sich nach wie vor wie eigene Staaten vorkamen – und so eigenbrötlerisch auch handelten. Erst 1848 wurde der moderne Bundesstaat etabliert. Die Kommission umfasste prominente Persönlichkeiten, unter anderem den einstigen Zürcher Staatsrat und Bürgermeister Hans Conrad von Muralt, den Schwager von Hans Caspar Escher und ein Mitbesitzer von Escher Wyss. Darüber hinaus hatte man Eduard His berufen, einen bekannten Seidenbandfabrikanten aus Basel, sowie Johann Caspar Zellweger, einen ehemaligen Textilunternehmer aus Appenzell Ausserrhoden, der bis vor kurzem als eidgenössischer Zollrevisor amtiert hatte, dann François Ganguillet, einst Kaufmann und liberaler Berner Regierungsrat, bald Direktor der neu gegründeten Berner Kantonalbank. Schliesslich stiessen Johann Friedrich Laué und Christian Miescher hinzu, der Erstere ein Textilfabrikant aus dem Aargau, der Letztere aus dem Kanton Bern.

Die Kommission war nicht bloss prominent zusammengesetzt, sondern auch effizient: Schon vierzehn Tage später lieferte sie einen ersten Bericht ab: «Es kann kein Erstaunen erregen», schrieben die Experten, «wenn sich hier und da Stimmen für einen Anschluss der Schweiz an die deutsche Zollunion erheben, um, anstatt des Verlustes der bisherigen deutschen Märkte, einen freien Markt bei vierundzwanzig Millionen von Konsumenten zu gewinnen.»[230]

Dafür zeigten sie zwar Verständnis, auch wenn die Schwierigkeiten «sich vielleicht drückender in den Vorstellungen» erwiesen als in der Realität, dennoch rieten sie dezidiert von einem Beitritt ab; sie stellten mehr Risiken fest als Chancen: «Bleibt die politische Selbstständigkeit und Unabhängigkeit der Schweiz bei einem Anschlusse an die preussische Zollunion durchaus ungefährdet?»[231]

Weil jedermann wusste, dass das autoritäre, allgemein unbeliebte Preussen hinter dem Projekt steckte, denunzierten die Schweizer Experten den Zollverein mit Vorliebe als «preussisch», wo er offiziell doch «deutsch» hiess, was aber niemanden täuschte. Unter dem Vorwand, allein die deutsche Wirtschaft fördern zu wollen, bereitete Preussen tatsächlich die deutsche Einigung vor, ein höchst politisches Unterfangen, wo preussische Interessen als deutsche verschleiert wurden. Nicht ohne Grund war Österreich, die traditionelle deutsche Führungsmacht – und ein Rivale –, im entstehenden «deutschen» Binnenmarkt nicht willkommen. Preussen behielt das Heft in der Hand.

Diese preussischen Vereinnahmungsversuche irritierten auch die Schweizer – und sie durchschauten die Methode, mit wirtschaftlichen Argumenten politische Ziele voranzutreiben: «Die Schweiz müsste sich in Zoll- und Zolldefraudationsangelegenheiten [strafrechtlicher Verfolgung von Zollbetrug] einer fremden oberherrlichen Zollgesetzgebung unterwerfen»[232], und was im Kleinen begänne, führte zu grossen, unberechenbaren Konsequenzen, wie die Experten warnten: «Nach und nach durch die Macht der Umstände und bei dem engen Verbande, welcher von jeher zwischen Staats- und Handelspolitik bestand, dürfte sie [die Schweiz] so umgarnet werden, dass sie unvermerkt aus der Stellung eines freien und unabhängigen Staates in diejenige eines gehorchenden Aggregates der deutschen Zollunion herabsinken würde.»[233]

Ohne Frage gab es in diesem national aufgewühlten Deutschland manch einen Patrioten, dem es genau darum ging: «Die Schweiz ist unser», hielt Heinrich Luden, ein Geschichtsprofessor, schon 1814 fest, «darüber kann kein Zweifel sein.»[234]

Auch Lorenz Oken, ein Mediziner und Naturhistoriker, brachte wenig Verständnis für den schweizerischen Sonderweg auf: «Seit Jahrhunderten hängt die Schweiz als ein lahmes Glied an unserem Leib und saugt unsere

Säfte, ohne sich dafür zu bewegen. Dass man es abhaue, ist Schaden für das Glied, Missgestaltung für den Leib. Also werde es wieder belebt durch innige Verbindung mit dem Leibe (...).»[235]

Oken hielt das für umso dringender, als er überzeugt davon war, dass die Schweizer selbst darunter litten – unter einer Art nationaler Schizophrenie: «Obendrein haben die Schweizer die Wunderlichkeit, nicht Deutsche sein zu wollen, nicht das, was sie in der Tat sind. Ein fürchterlicher Widerspruch zwischen Sein und Wollen, der sich sicher rächt (...).»[236]

Vermutlich dürfte Oken später seine Meinung geändert haben. Als Liberaler verlor er aus politischen Gründen seine Professur und floh in die Schweiz, wo er es 1833 zum ersten Rektor der neuen Universität Zürich bringen sollte. 1814 aber war er noch der Auffassung: «Die Schweizer können nur als ein Kreis Deutschlands glücklich sein. Es brauchte sich dadurch nicht das geringste in ihrer Verfassung zu ändern. Ihr Landammann wäre Reichsglied und besuchte den Reichstag (...).»[237]

Noch 1842 hoffte man da und dort in Deutschland auf den Beitritt der Schweiz, wie eine Aktennotiz des bayerischen Königs Ludwig I. belegt: «Von politischer Wichtigkeit scheint, dass die Schweiz in den Deutschen Zollverein trete, ist sie ja bei weitem grösstenteils deutsch. Wenn auch in diesem Augenblick der politische Nutzen nicht daraus gezogen wird, so möchte vielleicht es doch ein grosser Schritt dazu sein, dass sie künftig in den Deutschen Bund komme, in den sie gehört, wenigstens die deutsche Schweiz.»[238] Doch die Schweizer erlagen den gut oder weniger gut gemeinten Lockrufen aus dem Reich nicht, dem sie 1499 den Rücken gekehrt hatten. Es war zu viel Zeit vergangen.

Allein die Tatsache, wie man diese Kommission besetzt hatte, zeigte, wer damals in der Schweiz die Wirtschaftspolitik bestimmte: Alle fünf Mitglieder waren Unternehmer oder hatten als solche gearbeitet. Wenn sie über wirtschaftliche Krisen und die Unerbittlichkeit des Strukturwandels, aber auch über die Vorzüge des Freihandels und überseeische Märkte redeten, wussten sie, wovon sie sprachen.

Es war ihre eigene Gewinn- und Verlustrechnung. Sie trugen selber die Risiken, von denen andere nur vom Hörensagen berichteten. Wahrscheinlich lag es daran, an diesem ständigen Reality-Check, dem sie unterworfen waren, dass sie sich viel optimistischer äusserten als manche Politiker, Diplomaten oder Publizisten in der Schweiz, die – einmal mehr – den sicheren Untergang erwarteten. Die fünf Unternehmer waren Realisten, weil sie von der Wirklichkeit lebten. Sie hatten schon Schlimmeres durchgestanden, wie sie in ihrem Bericht deutlich machten: «Wer seit einer längeren Reihe von Jahren aufmerksam den Gang des schweizerischen und des ausländischen Handels- und Fabrikwesens verfolgt hat, wird sich erinnern, wie häufig schon die nämlichen Besorgnisse eines gänzlichen Verfalles schweizerischer Industrie obwalteten; (…) allein er wird sich dennoch zur Anerkennung der unumstösslichen Wahrheit gezwungen fühlen, dass, allgemein genommen, die Schweizer durch Nüchternheit bei ihren Unternehmungen, durch aushaltenden Fleiss und durch einsichtsvolle Tätigkeit auch die gefahrvollsten Epochen glücklich überwunden haben (…).»[239]

Man kann den Umstand, dass in der Schweiz die Unternehmer und Kaufleute selbst den Ton angaben, als es 1833 um den Beitritt zum Zollverein ging, kaum überschätzen, denn auf der anderen Seite der Auseinandersetzungen befanden sich vorwiegend Monarchen, adlige Diplomaten und eine professionelle Bürokratie. Das war ein fundamentaler Unterschied. Gewiss, auch in Baden, Württemberg oder Preussen wurden ab und zu Unternehmer beigezogen, aber entschieden wurde am Hof.

In der Schweiz des frühen 19. Jahrhunderts wurde wenig entschieden, es existierte weder ein Hof noch eine Zentrale, und selbst der Vorort Zürich, eine scheinbar herausragende, in Tat und Wahrheit eher zeremonielle Position in einem anarchischen Bund von jetzt 22 Kantonen, hatte wenig zu melden. An der Tagsatzung, wo man sich traf, konnte man sich auf nichts einigen, auch keine gemeinsame Zollpolitik, was den Unternehmern umso mehr Gewicht gab.

Selbstbewusst diktierten sie dem Staat, was dieser zu tun und zu lassen hatte: Freihandel auf jeden Fall, kein Anschluss an irgendeinen Zollverbund, weder an «die preussische Zollunion», also den deutschen Zollverein, noch an die «Mautlinien Frankreichs», sondern handelspolitische Neutralität.[240] Last, but not least gab man sich überzeugt, dass nur der Freihandel den Wohlstand des Landes sicherte. Von Gegenmassnahmen, wie etwa eigenen höheren Zöllen, hielt man nichts.

Stattdessen drang man auf eine Revitalisierung der eigenen Wirtschaft: «Im Innern der Schweiz soll dieselbe alles dasjenige begünstigen, was die Industrie heben, alles dasjenige möglichst beseitigen, was derselben nachteilig sein kann: Das eine wie das andere jedoch, ohne sich in die innern Verhältnisse der Kaufleute und der Fabrikanten einzumischen.»[241] Es war ein Manifest des Liberalismus, das die Experten hier vorlegten, und es machte den Politikern dermassen Eindruck, dass von einem Anschluss an den Zollverein nie mehr ernsthaft die Rede sein konnte.

Brach die schweizerische Wirtschaft nun zusammen, wie man das da und dort vorausgesagt hatte? Keinesfalls. Sie erlebte im Gegenteil einen Aufschwung wie nie zuvor. Denn um den möglichen Verlust der deutschen Kunden wettzumachen, wandten sich die Schweizer Unternehmer vermehrt nach Übersee: besonders nach Amerika, das bald zum allerwichtigsten Exportmarkt aufstieg, und nach Ostasien. Als wenige Jahre später die Engländer die Corn Laws aufhoben und ebenfalls zum Freihandel übergingen, stand den Schweizern das ganze, so unfassbar grosse British Empire offen. Was man in Europa an Marktanteilen verloren hatte, wurde anderswo tausendfach zurückgewonnen.

Zwischen den deutschen Staaten und der Schweiz herrschte nun jahrelang ein vertragsloser Zustand. Erst 1869 kam es zu einem neuen Handelsvertrag, jetzt mit dem neuen Norddeutschen Bund, dem Vorläufer des Kaiserreichs. Selbst dieser neue Vertrag schien nicht so dringend gewesen zu sein. Offensichtlich hatten die Schweizer Unternehmer über all die Jahre in Deutschland genauso gute Geschäfte gemacht wie vorher – Zollverein hin oder her.

«Wesentliche Schwankungen hatten zu allen Zeiten stattgefunden und werden unter allen Umständen in Handel und Gewerbe stattfinden; sie sind durch unabwendbare Ursachen bedingt; weder Staatseinrichtungen noch Vorsichtsmassregeln sind imstande, denselben allen vorzubeugen.»[242] Dies hatten die Experten, allesamt Unternehmer, in ihrem Bericht geschrieben. Die beste Wirtschaftspolitik war, keine Wirtschaftspolitik zu haben.

Wenn die Schweiz seit der Reformation eine unwahrscheinliche Karriere erfahren hatte und schon 1830 zu den wenigen Industrieländern der Welt zählte, die es damals gab, dann lag dies an diesem unwahrscheinlichen Vorzug: In der alten Eidgenossenschaft hatte niemand etwas zu sagen, zu dezentral, zu eigensinnig, zu verknöchert war das System, und Politiker, wenn sie irgendetwas umsetzen wollten, zerschellten häufig an der Wirklichkeit eines Unstaates, der wie ein Untoter nie verendete, aber eben auch nie auflebte.

Es war die Schwäche der alten und dann der restaurierten Eidgenossenschaft, die sich als Stärke erwies. Denn wo der Staat sich nicht durchsetzte, konnte er auch die Freiheit nicht begrenzen. Man war liberal – nicht unbedingt aus Überzeugung, sondern weil einem nichts anderes übrigblieb. So herrschte in der Schweiz mehr Wirtschaftsfreiheit als anderswo. Den Tüchtigen, den Innovativen, den Neugierigen und den Wagemutigen gehörte das Land, nein es gehörte ihnen die Welt.

Bilanz

Warum die Schweiz? Wenn ich hier versuche, dieses Wirtschaftswunder analytisch zu erklären, dann sind es im Wesentlichen zwei Merkmale, auf die es angekommen ist. Die Geografie und die politische Sonderentwicklung, die das Land schon früh genommen hat, viel früher, als dies den meisten bewusst ist. Beide Merkmale hängen eng miteinander zusammen.

Die Geografie machte die Schweiz zu einer paradoxen Region, als es die Schweiz noch gar nicht gab. Sie war immer beides: Zentrum und Peripherie. Denn das Land besteht zu zwei Dritteln aus Bergen, mitunter hohen Bergen, also Gebieten der Unwirtlichkeit und Vereinsamung, kurz der Peripherie. In gleicher Weise sitzt die Schweiz aber mittendrin, im Zentrum Europas, wo sich die zwei massgebenden Kulturräume des Westens berühren, der romanische Süden und der germanische Norden. Dabei handelt es sich nicht bloss um eine kulturelle und sprachliche Grenze, sondern lange bestand auch ein signifikantes Entwicklungsgefälle zwischen den beiden Grossregionen, das sich erst mit der Zeit ausglich. Am Ende kehrte es sich gar um. Zuerst war Italien allen überlegen, dann holte der westeuropäische Norden es ein – schliesslich überragte der Norden den Süden, besonders wirtschaftlich, ein Zustand, der bis in die Gegenwart anhält. Der Osten des Kontinents blieb immer zurück.

Aufgrund ihrer Lage lebte man in der Schweiz während Jahrhunderten in der besten aller Welten: Wer immer den Ton angab, ob der Süden oder der Norden, das Land befand sich in unmittelbarer Nachbarschaft, und da es stets einen intensiven Austausch zwischen den beiden Räumen gab, kam der Schweiz als Transitland der Zivilisationen eine erhebliche Bedeutung zu. Die Betonung liegt auf Transit: Zwar kam an der Schweiz niemand vorbei, aber es mochte auch niemand bleiben. Man kam, weil man musste. Man verliess das Land, sobald man konnte. Vor allen Dingen in der Mitte breitete sich eine Wildnis aus, die man am liebsten rasch hinter sich liess.

Natürlich waren das die Alpen, das grösste Verkehrshindernis des Kontinents – und ohne sie wären die beiden Kulturräume ja auch gar nie entstanden. Sicher hätten sie nicht alle Epochen überdauert. Tatsächlich ragen die Alpen wie eine schier unüberwindliche Mauer in die Höhe, eine Mauer, die sich in einem Bogen von Wien im Osten bis nach Nizza im Westen ans Mittelmeer zieht, 1200 Kilometer lang, so dass Italien aus Sicht des Nordens beinahe vollständig abgesperrt wird, während sich die Menschen im Süden einem abschreckenden Koloss gegenübersehen, der ihnen den Zugang zum restlichen Kontinent erschwert.

Die Schweiz liegt aber nicht nur im geografischen Zentrum des Kontinents, sondern sie befindet sich auch mitten im wirtschaftlichen Kraftfeld Europas, in der sogenannten blauen Banane. Damit wird eine ständige Wachstumsregion des Kontinents beschrieben, die sich seit dem Mittelalter herausgebildet hat. Sie erstreckt sich von Norditalien über die Schweiz, das Elsass, das Rheinland bis hin nach Belgien, den Niederlanden und Südengland – sie besteht bis heute und dominiert nach wie vor die europäische Wirtschaft. Man nennt sie die blaue Banane, weil sich diese Form aus der Optik eines Satelliten im Weltraum erkennen lässt, wenn das überaus bevölkerungsreiche Gebiet in der Nacht aufleuchtet. Blau wurde sie getauft, weil die meisten Länder, die daran teilhaben, Mitglieder der Europäischen Union sind, deren Flagge blau ist.

Was im Grunde ein Missverständnis bedeutet, denn die blaue Banane zeichnet gerade aus, dass sie seit rund tausend Jahren überlebt hat – ungeachtet aller Regimes, Kriege, Revolutionen und Katastrophen; es handelt sich um eine Ballung des unternehmerischen und industriellen Genies, eine brummende Industrielandschaft, die offenbar nicht zu zerstören ist, was immer Politiker – ob als Könige, Diktatoren oder Ministerpräsidenten – anrichteten. Immer erholte sich das Gebiet.

Es ist auch eine Region des urbanen Triumphes: Kaum etwas bestimmt die blaue Banane mehr als die vielen erfolgreichen Städte, die sich hier dicht an dicht drängen – die meisten, im 11. oder 12. Jahrhundert gegründet, blieben erfolgreich, ein paar stiegen ab, neue kamen hinzu, allerdings wiesen nur wenige die gleiche Konstanz auf wie jene, die heute in der Schweiz liegen, namentlich Basel, Genf, Zürich und St. Gallen. Gnade des Standorts. Sie alle waren günstig positioniert, nahe den undurchdringlichen Alpen, und doch bevorteilt, weil die Pässe zu ihnen hinführten und schiffbare Gewässer sie mit dem übrigen Europa verbanden, ob Rhein,

Bodensee oder Rhone. Das war ein Vorzug, den nicht alle Regionen in den Alpen teilten.

Berge sind Gebiete der Armut, oder wie es der französische Historiker Fernand Braudel einmal gesagt hat, Berge bilden «eine Welt abseits der Kulturen, abseits jener Werke, die in den Städten und im Flachland geschaffen werden».[243] Die meisten Gebirgsregionen der Welt gelten daher als die ärmsten überhaupt. Wer zu Wohlstand kommen will, zieht besser weg: hinunter in die Städte im Flachland.

Der gleiche Braudel hat aber auch darauf hingewiesen, dass es zu dieser Regel Ausnahmen gibt, allen voran die Alpen, «die Alpen sind eben die Alpen, das heisst, ganz aussergewöhnliche Berge – aussergewöhnlich wegen ihrer Ressourcen, der kollektiv bewältigten Aufgaben, der Leistungsfähigkeit der menschlichen Bevölkerung und der zahlreichen grossen Strassen».[244]

Aussergewöhnlich in der Tat. Es gibt weltweit keine Gebirgsregion, die so dicht besiedelt und inzwischen so reich geworden ist wie der Alpenraum. Die Schweiz ist freilich nicht das einzige Land in den Alpen. In der Hauptsache sind es drei Regionen, die es zu beachten gilt: die Schweiz im Zentrum, das Tirol im Osten und Savoyen im Westen. Alle drei wurden von ihrer Lage mitten in Europa und in den Bergen geprägt, alle drei weisen wichtige Alpenpässe auf – und doch erfuhr nur die Schweiz eine politische und wirtschaftliche Sonderentwicklung.

Politisch, weil sich ausschliesslich im Raum der späteren Schweiz drei frühe, archaische Republiken herausgebildet hatten, nämlich die Eidgenossenschaft und ihre beiden alpinen Verbündeten, das Wallis und Graubünden.[245] Im Gegensatz dazu blieben Tirol und Savoyen über weite Strecken ihrer Geschichte Monarchien: Die Dynastie der Habsburger regierte im Tirol, das Haus Savoyen herrschte im Westen über sein gleichnamiges Herzogtum. Beide Familien harrten lange an der Macht aus. Die Habsburger für 555 Jahre von 1363 bis 1918, die Savoyer von 1034 bis 1860, das waren gar 826 Jahre.

Wirtschaftlich sticht die Schweiz heraus, weil sie sich früh zu einem Industrieland verwandelt hat – wogegen Tirol und Savoyen keinen auch nur im Ansatz vergleichbaren Aufstieg zustande gebracht haben. Zwar zählen diese beiden Regionen heute ebenfalls zu den wohlhabenden in Europa, doch die Schweiz liegt ihnen nach wie vor weit voraus. Von Industrie war weder im Tirol noch in Savoyen je viel zu sehen, man lebte und lebt vorwiegend vom Tourismus und der Landwirtschaft.

Warum entwickelten sich das Tirol, Savoyen und die Schweiz so verschieden – obwohl die geografischen Voraussetzungen so ähnlich waren? Es ist dies vielleicht die zentrale Frage der Schweizer Geschichte. Dabei ist sie von Belang, ganz gleich, ob man sich für das politische oder das wirtschaftliche Geschehen interessiert. Der politische Sonderfall beeinflusste die wirtschaftliche Karriere – und umgekehrt. Jedenfalls drängt sich ein Vergleich der drei Regionen auf.[246]

Insgesamt führen etwa hundert Pässe über die Alpen, aber nur ein paar wenige sind für ein breites Publikum und regelmässigen Transit interessant: Von Westen nach Osten sind das der Mont Cenis, der Grosse und der Kleine St. Bernhard, der Gotthard, die Bündner Pässe (Septimer, Lukmanier, Splügen, Julier, San Bernardino) und vor allem der Brenner.[247] Es gab mit anderen Worten nur ganz wenige Nadelöhre durch die Alpen, so dass es nicht überrascht, dass manch ein Herrscher des Flachlands sich bemühte, sie an sich zu bringen. So wurde man reich, so wurde man mächtig. Niemanden beschäftigte das mehr als die deutschen Kaiser. Denn wer sich deutscher König auch Kaiser nennen wollte, musste nach Rom fahren, um sich dort vom Papst zum Kaiser salben zu lassen. Keiner nahm eine solche Reise auf sich, ohne dass ihn eine Armee begleitet hätte, die ihn beschützte. 20 000 bis 30 000 Mann hielt man für das Mindeste, was dazu erforderlich war. Natürlich ging es den Kaisern auch darum, das reiche Italien vom Norden her zu beherrschen. Jederzeit in den Süden ziehen zu können, wurde zu einer Art Staatsräson der mittelalterlichen Kaiser.

Allerdings stellte sich heraus, dass es gar nicht so leichtfiel, diese Pässe vom Flachland aus in den Griff zu bekommen. Wildnis war das eine, eigensinnige Bergbewohner das andere. So sah manch ein Kaiser zu, dass wenigstens Leute, die ihm ergeben waren, das für ihn erledigten. Oft setzte er auf geistliche Herren, die als unverheiratete Priester ihr Gebiet an keine Nachkommen vererben durften. Das erschwerte den Aufbau einer eigenen Herrschaft. Die Kaiser förderten deshalb die Bischöfe von Chur, die bald die Bündner Pässe kontrollierten, desgleichen übergaben sie das Land am Brenner den Bischöfen von Regensburg, Brixen und Trient.

Über kurz oder lang nahmen die Menschen vor Ort die Dinge aber in die eigene Hand. Sie bildeten sogenannte Passstaaten, ein moderner Begriff, der gut erfasst, dass der Pass die Staatsbildung bewirkt hatte. Wie das vor sich ging, variierte von Region zu Region, und hier offenbart sich eine bedeutsame Nuance zwischen der Innerschweiz und Savoyen sowie Tirol.

In den zwei letzteren Gebieten vollzog sich die Staatsbildung anders als in der Innerschweiz – gewissermassen auf die normale Art und Weise. Eine einzelne adlige Familie schaltete alle Konkurrenten aus und setzte sich fest. In den Westalpen waren dies die Grafen von Savoyen, die so gut wie alle Pässe in ihren Besitz brachten. Entlang den Strassen vom Norden nach Italien gründeten sie ihren Passstaat, den sie auf Jahrhunderte hinaus aufrechterhielten. Am Ende ging gar das Königreich Sardinien-Piemont mit der Hauptstadt Turin daraus hervor, das schliesslich die Einigung Italiens im Jahr 1860 erkämpfte.[248] Das Haus Savoyen stieg zur königlichen Dynastie des neuen Italiens auf. Erst 1946 gab es seine Macht ab, als die Italiener entschieden, ihr Land zu einer Republik umzubilden. Eine Karriere ohne Frage für eine Familie aus den Bergen.[249]

Ähnliches, wenn auch weniger Spektakuläres, trug sich im Tirol zu, wo die Grafen von Tirol den Brenner zum Kern ihres Passstaates machten. Systematisch hatten sie ihr kleines Stammland im Vinschgau im Südtirol ausgedehnt, bis die Bischöfe von Brixen und Trient, zuvor ihre Herren, sich kaum mehr rührten und sie das ganze Tirol beidseits des Brenners besassen. Sie hatten sich eine Perle angeeignet. Denn das Tirol war überaus reich an Silber und Salz. Symbol der neuen Herrschaft war die Burg Tirol bei Meran, ein Bollwerk des Ehrgeizes, das nach wie vor steht. Bevor die Grafen von Tirol allerdings die Früchte ihrer Anstrengungen auskosten konnten, starben sie aus. 1363 fiel die Grafschaft per Erbvertrag den Habsburgern zu, den erfolgreichsten Erben der Weltgeschichte.

In den Zentralalpen dagegen geschah Sonderbares. Zwar entstand um den Gotthard herum genauso ein Passstaat, doch war es hier kein Fürst, der ihn errichtete, sondern ein Bund von drei Orten, der einen hohen Grad an Selbstorganisation aufwies. Gewiss, es waren der lokale Adel und reiche Bauern, die zunächst den Ton angaben, dennoch unterschied sich diese frühe «Eidgenossenschaft», wie sie bald genannt wurde, grundsätzlich von den Verhältnissen im Tirol und in Savoyen.

Das war keine Monarchie, und eine solche sollte es nie werden – in einer Zeit, wo das die Regel war. Die meisten politischen Gebilde in Europa wurden bis ins 20. Jahrhundert von einem einzigen Mann regiert (selten einer Frau), und wenn auch von Land zu Land verschieden war, wie viel

Macht er auszuüben vermochte – an seiner Alleinherrschaft änderte das nichts. Die Schweiz hingegen war eine Republik, wenn auch eine seltsame.

Sie wuchs organisch, ohne jeden Plan, dabei bezeichnete man sich selbst keinesfalls als Republik, vielmehr sahen die Schweizer den Kaiser des Heiligen Römischen Reiches Deutscher Nation noch lange als ihr Oberhaupt an. Regelmässig liessen sie sich ihre alten Rechte von ihm bestätigen. Man fühlte sich als Teil des alten Reiches – und dann doch wieder nicht. Dieses umfasste zeitweise halb Europa: die heutigen Staaten Deutschland, Österreich, Luxemburg, Belgien, die Niederlande, die Schweiz, Tschechien, Slowenien, dann Nord- und Mittelitalien, überdies beachtliche Teile Frankreichs und Polens. Es bestand bis 1806.

Von einem Grafen von Tirol oder einem Grafen von Savoyen wollte in den Zentralalpen niemand etwas wissen. Eine Festung von der gewaltigen Grösse der Burg Tirol steht nirgendwo in Uri oder Schwyz. Warum? Vermutlich lag es am Gotthard.

Der unmögliche Pass

Im Gegensatz zu allen wichtigen Alpenpässen war der Gotthard lange eigentlich kein Pass gewesen. Erst um 1200 war er erschlossen worden – wann genau, ist umstritten. Noch wenige Jahre zuvor hatte man ihn kaum genutzt, weder zur Römerzeit noch im frühen Mittelalter, zumal er nicht vollständig begehbar war. Wenn auch der Pass an sich keine Schwierigkeiten bereitete, so galt die tiefe Schöllenschlucht bei Göschenen als unüberbrückbar.[250] Wer trotzdem über den Gotthard reiste, musste der Schlucht ausweichen und einen Umweg in Kauf nehmen, was nur wenige wollten.

Der Gotthard war zu, bis die Urner – wahrscheinlich mithilfe von Spezialisten aus dem Wallis – die Schöllenenschlucht mit zwei Brücken bezwangen. Diese zu bauen, war technisch anspruchsvoll und teuer, woran man erkennt, was sich die Urner an neuen Einnahmen versprachen. Hätten sie nicht geahnt, was für ein Potenzial in diesem Übergang nach Italien lag, wäre es ihnen wohl nie in den Sinn gekommen, so viel Geld auszugeben.

Dass es ihnen daran nicht mangelte, steht dabei ausser Frage: Zu jener Zeit waren die Urner wie viele Alpenbewohner auf die Viehzucht umgestiegen, ein Exportgeschäft, das ihnen viel Geld einbrachte, Bargeld notabene, was ins Gewicht fiel in einer Epoche, in der die meisten Menschen von der Subsistenzwirtschaft lebten. Womöglich lag in diesem Strukturwandel der Grund, warum die Urner den Gotthard überhaupt ausbauten. Es handelte sich um eine Exportförderungsmassnahme. Der Pass erleichterte es ihnen, ihr Vieh auch in den Süden zu treiben, wo sie es auf den Viehmärkten in Lugano, Como und Mailand verkauften. Wenn eine Stadt nach viel Fleisch und Milch verlangte, dann Mailand. Die Stadt zählte schon zu Beginn des 13. Jahrhunderts 200 000 Einwohner.

Es ist allerdings schwer, herauszufinden, wie rasch der Gotthardpass populär wurde und wie viele Güter man anfangs auf diesem Weg transportierte, genaue Zahlen fehlen. Wohl verstrich einige Zeit, bis der Gotthard jene herausragende Bedeutung als Alpenpass erhielt, die er in der Gegenwart besitzt.

Trotzdem waren die Folgen der Erschliessung sofort spürbar. Der Gotthard rückte eine Region in den Blick der Geopolitiker, um die sich vorher keiner gekümmert hatte. Besonders Uri muss den Zeitgenossen wie eine Insel vorgekommen sein. Auf drei Seiten schraubten sich hohe Berge in den Himmel, im Norden lag der Vierwaldstättersee, dessen Ufer hier so steil abfielen, dass man noch lange keine Strasse bauen konnte. Uri war einzig per Schiff zu erreichen.

Als die Urner den Gotthardpass nach Süden öffneten, änderte sich dies alles. Karriere eines verwunschenen Winkels: Wenn Uri vorher so unattraktiv wie die Wüste Gobi gewirkt haben mag, dann lag es jetzt am Weg nach Italien, dem begehrtesten Land Europas. War es nicht verständlich, dass manch ein Herrscher sich nun auf einmal dafür interessierte? Unter diesen war auch eine Familie, von der man wusste, dass sie vor Ehrgeiz brannte: die Habsburger.

Aufstieg I: die Habsburger

Im Nachhinein betrachtet, kann es kaum ein Zufall sein, dass der Aufstieg der Habsburger, jener erstaunlichsten Dynastie der Weltgeschichte, genau zur gleichen Zeit einsetzte, als der Gotthard erschlossen wurde. Ursprünglich aus dem Elsass stammend, hatte diese kommune Grafenfamilie es bis Anfang des 13. Jahrhunderts verstanden, bedeutende Teile der heutigen Nordschweiz an sich zu bringen: durch Eroberung und Kauf, durch Heirat, vor allem dank genetischen Glücks. Während andere Rivalen im Südwesten des damaligen Reiches wie etwa die Zähringer und die Kyburger ausstarben, erbten die Habsburger. Ihre Stammburg, die ihnen den Namen gab, lag im Aargau. Dort steht sie noch heute.

Als der Gotthard aufging, beherrschten die Habsburger bereits weite Strecken der Gotthardroute: Brücken, Strassen, Anlegestellen für Fähren, Zollstationen. Das hatten sie so wohl nicht geplant, endlich schien es sich auszuzahlen. Was den Grafen von Tirol und von Savoyen geglückt war, einen eigenen Passstaat aufzubauen, das strebten nun auch die Habsburger in den Zentralalpen an. Lag ihre Zukunft nicht am Gotthard, an dem neuen Tor nach Italien, zum Mittelmeer, in die grosse weite Welt?

Zunächst verlief alles nach Wunsch. Schon 1218 übergab ihnen Kaiser Friedrich II. von Hohenstaufen die Reichsvogtei in Uri. Da ihnen zu diesem Zeitpunkt schon viele Gebiete des Mittellandes und der Innerschweiz gehörten, stand ihnen nun fast der gesamte Zoll von Reiden bis Hospental zu. Um diesen einzutreiben, hatten sie in Luzern eine Zollstelle eingerichtet. Noch war die Stadt habsburgisch. Da in Luzern alle Waren aufs Schiff umgeladen wurden, um sie nach Flüelen zu verfrachten, liess sich hier der Zoll am einfachsten erheben. Um 1300 warf dieser Zoll den höchsten Ertrag ab. In keiner ihrer übrigen Besitzungen nahmen die Habsburger mehr ein.[251]

Waren die Habsburger zuvor die mächtigste Familie in der heutigen Schweiz gewesen, stiegen sie jetzt auch zu einer der reichsten auf. 1273 errang Rudolf I., einer der fähigsten Herrscher, den die Dynastie je hervorbringen sollte, die deutsche Königskrone, was faktisch bedeutete, dass er auch Kaiser war. Vorausgegangen war seiner Wahl ein Missverständnis: In der Meinung, Rudolf I. sei mit 55 Jahren schon zu alt, als dass er noch allzu viel anstellen könnte, hatten ihn die sieben Kurfürsten zum König gewählt. Sie täuschten sich. Hätten sie es nicht besser wissen müssen? Ohne Bestechungsgelder wurde niemand König. Dass die Habsburger in der Lage waren, solche so generös auszuschütten, verdankten sie auch dem Gotthard. Ihr Passstaat hatte Formen angenommen.

Aufstieg II: die Eidgenossen

Natürlich gab es Rückschläge. Einer sollte ungeahnte Folgen haben. Er führte am Ende zu einem neuen Passstaat am Gotthard, einem allerdings, in dem die Habsburger nichts mehr zu sagen hatten.

1231 war es den Bewohnern von Uri gelungen, den Kaiser dazu zu bewegen, seinen Entscheid von 1218 umzustossen. Die Reichsvogtei wurde den Habsburgern entzogen. Stattdessen erklärte Heinrich VII. das Land für reichsunmittelbar.[252] Das hiess, dass Uri nur mehr dem Kaiser unterstand, keinem Fürsten mehr, keinem Kloster, niemandem. Im Freiheitsbrief, den König Heinrich VII. den Urnern am 26. Mai 1231 in Hagenau im Elsass ausstellte, hielt er fest: «Des Willens, allezeit das zu tun, was zu eurem Nutzen und Vorteil dienen kann, haben wir euch hiermit von dem Besitze des Grafen Rudolf von Habsburg losgekauft und gefreit und versprechen euch, dass wir euch niemals weder durch Verleihung noch durch Verpfändung von uns veräussern, sondern euch stets zu unseren und des Reiches Dienstes handhaben und schirmen wollen.»[253]

Im mittelalterlichen Kontext hiess dies keinesfalls, dass Uri etwa unabhängig geworden wäre, im Gegenteil, dessen Zugehörigkeit zum Reich hatte der Kaiser ja gerade bekräftigt. Was aber ausgeschlossen wurde: dass sich eine dritte Autorität zwischen Urner und Kaiser schob. Damit hatte Heinrich VII. den Habsburgern einen Strich durch die Rechnung gemacht. Wer den Gotthard durchgehend beherrschen wollte, konnte das ohne Uri nicht tun. Das fiel den Habsburgern nun schwerer. Oder anders gesagt: Wenn jemand die Herrschaft in diesem Raum intensivierte, dann waren das die Urner selbst.

Denn der Kaiser blieb weit weg, so dass es an den Urnern war, sich zu organisieren, und das dürften sie ohnehin beabsichtigt haben, zumal ihnen die Reichsfreiheit ja nicht kostenlos zufiel. Um die Habsburger als Reichsvögte loszuwerden, hatten sie dem Kaiser eine beachtliche Ablösesumme zu bezahlen, was sich die Viehzüchter offenbar leisten konnten, wie das bereits beim Gotthardausbau deutlich geworden war. Hier wie dort sollten sich beide Investitionen lohnen.

Ohne Frage war auch Heinrich VII. nicht von Selbstlosigkeit getrieben. Er war ein Staufer, kein Habsburger, es kam ihm gelegen, eine aufkommende Konkurrenz zu schwächen. Zwar dienten sich die Habsburger zu jener Zeit noch den Staufern an – doch man konnte nie wissen. Die Rivalität unter den deutschen Fürstenfamilien, die kaiserliche Ambitionen verfolgten, sollte den Eidgenossen noch öfter helfen.

Uri ist 1231 reichsunmittelbar geworden. Es ist ein historisches Datum – selbst wenn Uri damit nicht allein stand. Im 13. Jahrhundert brachten es zahlreiche Städte, Talgemeinschaften und Bauernbünde fertig, von den Kaisern «ans Reich genommen» zu werden, also die Reichsfreiheit zu erwirken. In nächster Umgebung bekam Schwyz 1240 das gleiche Privileg,

Unterwalden folgte 1309. Dasselbe ereignete sich in den Südtälern der Alpen, wo diverse Talgemeinden die Reichsfreiheit erhielten, so im Val Camonica, im Bergell, im Bleniotal oder in der Leventina. Allen war gemeinsam, dass sie Übergänge in den Süden sicherten.

Die Reichsfreiheit, die Uri, dann Schwyz und Unterwalden errangen, hätte natürlich keineswegs auf einen neuen «Staat» hinauslaufen müssen, der heute noch existiert. Das alles war nicht vorauszusehen. Zwar waren die Habsburger 1231 kaum erfreut, als sie die Reichsvogtei in Uri verloren, aber beunruhigt fühlte sich keiner. Niemals schien dies einen Rückschlag darzustellen, der sich nicht mehr korrigieren liesse. Doch es kam anders. Zweifelsohne erleichterte die Reichsfreiheit es den späteren Eidgenossen, sich zu Konkurrenten der Habsburger in den Zentralalpen emporzuschwingen.

Revolution in Uri

Als sich im August 1291 Vertreter von Uri, Schwyz und Unterwalden irgendwo trafen – möglicherweise auf dem Rütli –, um ihre «Eidgenossenschaft» zu beschwören, gab es dafür verschiedene Gründe, ein Motiv bestand jedenfalls darin, diese Reichsfreiheit abzusichern, indem man sich gegenseitige militärische Hilfe versprach. Sollten sich die Habsburger – oder irgendeine Macht – anschicken, in die Innerschweiz einzudringen, dann wollte man sich auf diese alten kaiserlichen Privilegien berufen. Man betrachtete die eigene Autonomie als legitim.

Das war das eine, das andere ist vielleicht noch wichtiger: Diese Reichsfreiheit kam ja nicht einem Fürsten, Kloster oder einer Oligarchie zugute, sondern von Anfang an allen Bürgern von Uri. Das war revolutionär. Denn als Uri 1231 die Reichsfreiheit erlangte, wurde gleichzeitig die Landsgemeinde eingeführt. Es entstand eine frühe Version von Demokratie, mit langfristigen Implikationen: 1231 riefen die Urner ihre Landsgemeinde ins Leben, 1928 schafften sie sie wieder ab – nach fast siebenhundert Jahren.

Schon an der Landsgemeinde von 1231 erhielten alle Männer ab vierzehn Jahren ein Stimm- und Wahlrecht. Sie wählten einen Landammann, dem sie nun viele Aufgaben übertrugen, um die sich die Habsburger noch so gerne gekümmert hätten. Die «universitas vallis Uranie», zu Deutsch die «Gemeinde des Tals zu Uri», wie die Landsgemeinde in den Urkunden

Bilanz

hiess, zog die oberste Gewalt an sich. Sie setzte sich an die Stelle des Reichsvogts.

Die Landsgemeinde erliess Recht, sie übte die hohe Gerichtsbarkeit aus (Mord, Brandstiftung, Raub), berief ihre (einheimischen) Richter, wählte die Truppenführer, ja zog die Steuerhoheit an sich. Zur gleichen Zeit schuf Uri auch ein eigenes Siegel, was im Mittelalter ein untrügliches Zeichen der «Rechts- und Geschäftsfähigkeit» darstellte, wie der Berner Historiker Peter Blickle betont.[254] Was sich in Uri vollzog, trug sich wenig später gleichermassen in Schwyz und Unterwalden zu. Damit waren neue Akteure auf die politische Bühne getreten – die weder König noch Fürst waren, sondern aus einem Kollektiv von Bürgern bestanden, die sich aus freien Stücken zusammengeschlossen hatten.

Dass sich diese sogenannten Waldstätten bald verbündeten – anscheinend bereits vor 1291, der Bundesbrief spricht von einem früheren Bund –, erstaunt vor diesem Hintergrund nicht. Man war ähnlich organisiert. Man hatte die gleichen Gefahren zu befürchten. «Im Hinblick auf die Arglist der Zeit», hiess es im lateinisch abgefassten Bundesbrief, dessen Echtheit inzwischen zweifelsfrei feststeht.[255] Man hatte einen Bund gegründet, den man defensiv verstand. Man schützte, was man besass.

Noch kümmerte das die Habsburger wenig. Schliesslich sprossen überall solche Bünde hervor, Bauern hatten sich zusammengefunden, Städte ebenso, reichsunmittelbar waren oft auch sie. Dass diese Eidgenossen den Habsburgern bald das Leben derart schwer machen würden: Wer glaubte das im Ernst? Es kam schneller dazu, auch brutaler, als sich das irgendwer je vorgestellt hätte.

1315 schlugen die Eidgenossen ein habsburgisches Ritterheer bei Morgarten. Dass Bauern, mithin Fusssoldaten, so etwas zustande brachten, war eine Sensation, die in ganz Europa zu reden gab. Ritterheere waren die Panzertruppen des Mittelalters. Sie hatten bis zu diesem Zeitpunkt als unüberwindlich gegolten. Diesen Nimbus hatten die Eidgenossen wie weggeblasen, ihrem Durchbruch kam in der Militärgeschichte welthistorische Relevanz zu, umso mehr, als sie 1386 bei Sempach die Sensation wiederholten, als sie ein zweites Ritterheer besiegten, dieses Mal sogar auf offenem Feld, ohne wie bei Morgarten die Vorteile einer schwierigen Topografie nutzen zu können.

Dieser zweite Sieg begründete den legendären Ruf der Eidgenossen als härteste Krieger in Europa. Wer sie hasste, schimpfte sie «Schwytzer», weil unter ihnen die Schwyzer als die blutrünstigsten und daher verabscheuungswürdigsten betrachtet wurden. Bald sollten die Schweizer diese Kompetenz zur Anwendung von Gewalt überallhin exportieren.

Unmittelbar nach Morgarten erneuerten die Waldstätten ihren Bund in einem nun auf Deutsch abgefassten Vertrag, wobei sie jetzt auch aussenpolitische Ziele festlegten. Zwar nicht explizit, aber deutlich genug, wandten sie sich gegen einen Feind vor allen andern: die Habsburger.

Was mit militärischen Siegen bei Morgarten und Sempach anfing, stellt sich im Rückblick als eine Revolte gegen einen frühen Staatsbildungsprozess heraus, den die Habsburger auch in der Schweiz vorzunehmen versucht haben – wie es sich zu jener Zeit in vielen anderen Gegenden Europas abspielte. Verschärft wurde der Gegensatz aber, weil es um mehr ging als um die Frage, wer die Herrschaft in der Schweiz ausübte: ein Bund von einheimischen Bauern und Städtern oder das mächtigste einheimische Adelsgeschlecht? Vielmehr war der Gotthard der Preis, ein Pass, der so neu wie vielversprechend war. Die Revolte wickelte sich in einer fast endlosen Auseinandersetzung mit dieser bemerkenswerten Familie aus dem Aargau ab, die gleichzeitig zu einer europäischen Grossmacht aufstieg. Sie zog sich fast zweihundert Jahre hin. Zwischen 1315 und 1511, als Eidgenossen und Habsburger endlich einen dauerhaften Friedensvertrag abschlossen, hatten die beiden Kontrahenten so gut wie alle vier Jahre einen Krieg ausgetragen.

Insgesamt war es von 1315 bis 1511 zu 48 militärischen Konflikten zwischen Eidgenossen und Habsburgern gekommen. Davon entschieden die Eidgenossen 42 für sich, wogegen die Habsburger 6 gewannen – und dabei handelte es sich bei 3 nicht einmal um Schlachten, sondern um Belagerungen. 1443, 1444 und 1445 waren die Eidgenossen gegen Rapperswil vorgegangen, und die Habsburger hatten die Stadt, die in ihrem Besitz war, wirksam verteidigt. Trotzdem wurde Rapperswil wenig später eidgenössisch.[256]

In den Jahren nach dem Sieg von Morgarten bildete sich ein immer grösserer Bund heraus. 1332 schloss sich mit Luzern die erste Stadt an, kurz darauf folgten Zürich (1351) und Bern (1353), zwei einflussreiche, freie Reichsstädte, mithin Städte, die wie die Waldstätten nur dem Kaiser unterstanden. Die Erweiterung um Zürich und Bern erwies sich als Meilenstein, weil sich die junge Eidgenossenschaft jetzt endgültig zu einer Allianz von Städten und Ländern umformte. Das war ein Unikum im Reich. Zwar gab es manchenorts Bauernbünde, geradeso Städte, die sich verbündeten, dass aber Länder und Städte kooperierten, also Bauern, Adlige, Handwerker und Händler: Das kam so gut wie nie vor. Es wurde Teil einer stupenden Erfolgsgeschichte.

Bis 1513 wuchs die Eidgenossenschaft auf dreizehn Orte heran, jeder für sich souverän: Zürich, Bern, Luzern, Uri, Schwyz, Unterwalden, Glarus, Zug, Freiburg, Solothurn, Basel, Schaffhausen und Appenzell.[257] Dazu stiessen Verbündete, die man zugewandte Orte nannte, wie etwa das Wallis oder Graubünden, schliesslich gab es Untertanengebiete, eroberte Gebiete, die man gemeinsam oder in unterschiedlicher Zusammensetzung verwaltete. Es war ein komplexes Bündnissystem, mehr «Bundesgeflecht» als Bund[258], sicher kein Staat, was sich da als «Eidgenossenschaft» konstituiert hatte. Seit dem 15. Jahrhundert wurde sie auch «Alter grosser Bund oberdeutscher Lande» genannt, bis sich im 18. Jahrhundert offiziell die «Schweizerische Eidgenossenschaft» einbürgerte.

Dreierlei Passstaaten

Wenn ich jetzt zur ursprünglichen Frage zurückkehre – warum sich die Schweiz so anders als Tirol und Savoyen entwickelte –, dann bleibt sie offen. Ganz befriedigend lässt sie sich nicht beantworten. Eine Differenz fällt jedoch ins Auge – und weil sie auf den ersten Blick die einzige ist, muss sie eine Rolle gespielt haben. Im Gegensatz zu allen anderen wichtigen Pässen gab es den Gotthard lange nicht. Der Pass war ein Nachzügler. Mit anderen Worten, es lag am Timing.

Bis um 1200 interessierte sich kein Herrscher für Uri, geschweige denn für Schwyz, noch weniger für Unterwalden. Wenn sich jemand hierher verirrte, zog er schnurstracks wieder ab. Die politische Durchdringung des Raumes lohnte sich kaum, sie ergab keinen Sinn, und in der Peripherie des Vierwaldstättersees lebte man unter Ausschluss der Weltgeschichte, aber unbehelligt. Man könnte eine solche Existenz auch als frei bezeichnen.

Wie anders die Situation in Savoyen und Tirol, wo sich seit römischen Zeiten die Transitachsen Europas hindurchzogen. Ob Kaiser, Bischöfe oder Fürsten: Niemand konnte es sich leisten, diese Gebiete links liegen zu lassen. Sie waren umkämpft. Daher hatten sich hier die Mächte längst etabliert, als im 13. Jahrhundert die Territorialbildung einsetzte, der Raum war abgesteckt, als Bevölkerung und Wirtschaft wuchsen und damit der Verkehr, was die Pässe noch einträglicher machte. Das wiederum veranlasste die arrivierten Herrscher, also die Grafen von Savoyen oder von Tirol, den Zugriff auf ihre Passstaaten zu verstärken.

In der Innerschweiz dagegen waren die Machtkämpfe noch unentschieden. Warum sie auch anstrengen? Das war wertloses Gebiet. Konkurrenz kam kaum vor. Zwar besassen Klöster aus dem Unterland ein paar Rechte oder Ländereien, zwar tauchte ab und zu ein auswärtiger Adliger auf und legte seine Hand auf eine Vogtei, ansonsten blieb man unter sich.

Als der Gotthard erschlossen wurde, fing ein völlig neues Spiel an. Dabei kam zu spät, wer nicht schon da war. Und da gewesen waren die Urner, Schwyzer und Unterwaldner seit langem. Den Habsburgern musste missraten, was den Grafen von Tirol und Savoyen noch gelungen war. Dabei half den Habsburgern sicher nicht, dass die Gebiete in den Zentralalpen ausgerechnet jetzt die Reichsfreiheit erhielten, als sie sich dafür zu erwärmen begannen – was natürlich kein Zufall war, auch die Staufer hatten ihr Auge plötzlich auf den Gotthard geworfen. Weil die Waldstätten autonom waren und dort Landsgemeinden herrschten, erwiesen sich die Eidgenossen militärisch als unwiderstehlich. Hier zogen nicht Ritter und ihre mehr schlecht als recht behandelten Untertanen in die Schlacht, sondern hochmotivierte Volksheere, die sich nach dem Vorbild der Landsgemeinden selbst einberiefen. Vor allen Dingen kamen die Eidgenossen aus den Bergen.

Bergbewohner sind fast überall auf der Welt kriegstüchtig. Warum, liegt auf der Hand: In den Bergen sich zu behaupten, macht die Menschen hart und gewalterprobt, zumal sie meist als Hirten oder Viehzüchter ihr Leben fristen, womit Revierkämpfe um Weiderechte und geraubte Tiere zum Alltag gehören. Auch die Ernährung durch Milch und Fleisch leistet einen Beitrag. Sie macht die jungen Männer grösser und leistungsstärker. Schliesslich zwingt die Armut manche, im Flachland nach Arbeit zu suchen. Wieso sich nicht in den Krieg stürzen, wenn man dieses Handwerk so gut beherrscht? Auch in den Alpen lebten besonders kriegstüchtige Männer. Noch im 16. Jahrhundert galten etwa die Tiroler Bauern als «die einzige wirklich gute Infanterie in den österreichischen Erblanden», wie Hans Conrad Peyer berichtet.[259] Doch weder die Grafen von Savoyen noch die Grafen von Tirol wussten mit diesem Vorzug viel anzufangen. Sie wollten nicht.

Entweder misstrauten sie ihren Untertanen in den Bergen und zogen sie bewusst nicht für ihre Kriege heran wie die Grafen von Savoyen – oder sie nutzen deren militärischen Fähigkeiten einzig für die Landesverteidigung, wie dies die Grafen von Tirol taten und nachher auch deren Nachfolger, die Habsburger. Hin und wieder setzten diese eine geringe Zahl von Tirolern in ihren diversen Kriegen ein. Kaum einen Tiroler liessen sie aber als Söldner in die Welt hinausziehen, womit sie es versäumten, dessen Know-how zu verbessern.

In der Innerschweiz wie auch im Oberwallis und in Graubünden lagen die Dinge anders. Da hier kein Fürst darüber entschied, wen er militärisch brauchte, sahen sich die Bauern in den Bergen in der Lage, ihre überdurchschnittliche kriegerische Begabung nach eigenem Gutdünken umzumünzen, im buchstäblichen Sinn – für die eigenen Interessen, wenn es darum ging, allzu übergriffige Fürsten abzuwehren, vermehrt aber im Dienst eines fremden Monarchen in einem fremden Land.

Nur den Eidgenossen (und Wallisern und Bündnern) war es als Alpenbewohnern möglich, sich als Söldner auf einem wachsenden internationalen Kriegermarkt anzubieten, während dies den Savoyern und den Tirolern verwehrt blieb. Die Schweizer besassen Talent, und sie hörten nicht auf, es ständig zu trainieren. Dass dies ihren Kampfwert steigerte, versteht sich von selbst. Bald gab es kaum mehr einen europäischen Krieg, an dem nicht eidgenössische Söldner teilgenommen hätten. Im Vergleich zum Tirol und zu Savoyen war die Schweiz spätestens am Anfang des 16. Jahrhunderts zum Sonderfall geworden.

Marignano, Zwingli und die neue Schweiz

Dieses 16. Jahrhundert sollte zur Schlüsselzeit der Schweizer Geschichte werden. Noch im August 1515 galten die Eidgenossen als unschlagbar, das Land setzte kommerziell und politisch auf seine militärische Konkurrenzfähigkeit, es flossen ungeheure Reichtümer in die Alpen, während die eigene Wertschöpfung in Handel und Industrie immer unwichtiger erschien. Warum auch nicht? Den einfachen Leuten ging es gut, den Eliten prächtig – dann verloren die Eidgenossen im September 1515 eher überraschend die Schlacht von Marignano gegen die Franzosen. Der Ort liegt bei Mailand. Es war ein Debakel. Zehntausend Schweizer fielen – so viele wie nie zuvor.

Und so manches wurde anders. Natürlich nicht über Nacht und weitaus nicht alles, doch war der Wandel fundamental genug. Denn auf Marignano folgte die Reformation, als Zwingli, der den Krieg in Italien als

Feldprediger mitgemacht hatte, im Jahr 1519 in Zürich sein Amt als Leutpriester antrat. Unverzüglich begann er gegen die Auswüchse des Solddienstes zu predigen. Das begründete seinen Aufstieg als Reformator, kurz darauf stellte er die Stadt auf den Kopf, dann die Schweiz. Die Glaubensspaltung wurde Tatsache.

Die Ereignisse – Marignano und Reformation – hingen zusammen, wenn es auch für beide tiefere Ursachen gab, jedenfalls bestimmten sie das Land auf Jahrhunderte hinaus, auch wirtschaftsgeschichtlich. Wenn die Schweiz schon vorher ein Sonderfall in Europa gewesen war, eigentlich seit Beginn ihrer Existenz, wie ihre frühe Geschichte zeigt, dann wurde sie es jetzt erst recht.

Es waren vor allem drei Merkmale, die das Land zum Sonderling gemacht hatten. Erstens: Die Eidgenossenschaft war eine Republik, auch wenn man pro forma den Kaiser als Oberhaupt akzeptierte. Wohl gab es in Europa damals auch andere Republiken wie etwa Venedig oder Genua, aber nur wenige. Monarchien überwogen eindeutig. Und kaum eine dieser alten Republiken besteht noch heute – ausser der Eidgenossenschaft. Zweitens hatten die Eidgenossen 1499 faktisch ihre Unabhängigkeit errungen, nachdem sie im Schwabenkrieg Kaiser Maximilian I. und dessen süddeutschen Verbündeten besiegt hatten. Es war zugleich der letzte Krieg gegen einen Habsburger gewesen. Zwar verliess die Eidgenossenschaft das Reich formell erst 1648 – aber das war bloss eine Formsache. Drittens gab es kaum ein chaotischeres und dezentraleres Gebilde als diesen Bund von dreizehn Orten, die je ihre Souveränität einmal stolz, dann wieder eigensüchtig verteidigten. Letztlich war dies die zentrale Ursache, warum das Land nie eine Grossmacht werden konnte – obwohl es militärisch zeitweise wie eine Grossmacht auftrat.

Marignano und die Reformation sollten alle diese Elemente des Sonderfalls weiter ausprägen. Weil das Land eine Republik war, setzte sich hier ein eigenwilliger, gewissermassen republikanischer Protestantismus fest. Wenn man den neuen Glauben annahm, dann den reformierten, nicht den lutherischen, wie er in den meisten deutschen, protestantischen Regionen vorherrschte. Damit löste sich die Schweiz auch religiös vom Reich, nachdem es ihm kurz zuvor politisch den Rücken gekehrt hatte.

Da die Eidgenossenschaft aber eine Ansammlung souveräner Ministaaten war, setzte sich die Reformation bei weitem nicht in allen Orten durch, stattdessen wurde das Land zerrissen. Vier Orte wurden reformiert, sieben blieben katholisch, zwei konnten sich nicht entscheiden und spalteten sich lieber selbst (Glarus und Appenzell). War die Schweiz vorher dezentral gewesen, wurde sie jetzt superdezentral. Von Dorf zu Dorf wechselte zuweilen die Konfession, und die dreizehn Orte waren häufig nicht einmal mehr in der Lage, sich auch nur zu einer gemeinsamen Sitzung zu treffen. Hass und Zwietracht lähmten das Land.

Nach der Schlacht von Marignano hatte sich die Schweiz abrupt aus der Weltpolitik zurückgezogen. Ob aus Einsicht oder Erschöpfung, ist nicht ganz klar, jedenfalls schloss man schon 1516 den «Ewigen Frieden» mit Frankreich, was auf Erschöpfung hinweist. Die Niederlage hatte den Eidgenossen die Lust auf weitere Kriege gründlich verdorben. Man zog es vor, Kriege nur noch im Auftrag anderer als Söldner zu führen statt auf eigene Rechnung. Das war kein Beschluss. Das hatte sich einfach so ergeben.

Als wenig später die Reformation ausbrach, blieb der Rückzug in die welthistorische Provinz unumkehrbar. Das Land war intern so zerstritten, dass man es sich schlicht nicht leisten konnte, in irgendeinem Krieg Partei zu nehmen. Von 1517 bis 1648 drehten sich die meisten Kampfhandlungen in Europa um den Glauben, jede Beteiligung daran hätte die Schweiz auseinandergerissen. Die katholischen Orte hätten sich den Katholiken angeschlossen, die Reformierten wären den Protestanten gefolgt. Hätte die Schweiz das überlebt? Wohl kaum. Nolens volens entdeckte man die Neutralität als einzige vernünftige Aussenpolitik. Ohne sich dessen bewusst zu sein, festigten die Eidgenossen damit auch ihre Unabhängigkeit. Die Neutralität war wohl nicht der einzige Faktor, aber ein wichtiger.

Mit einem Wort, die Schweiz wurde nach Marignano und infolge der Reformation noch republikanischer, sie blieb unabhängig, wurde bald neutral und trennte sich noch mehr auf, was jede Herausbildung einer zentralen, effizienten, aber oft auch allzu erdrückenden Staatsmacht hintertrieb. Es hatte etwas Paradoxes: Der archaische Bund aus dem Mittelalter überstand alle Zeiten, weil er womöglich viel moderner war, als dies die Zeitgenossen wahrhaben wollten. Das sollte sich zeigen, als sich das Land zu einem Pionier des Kapitalismus verwandelte.

Eine ungefährliche Liebschaft: die Schweiz und Frankreich

Die Schweiz erreichte früh die Unabhängigkeit – dabei handelte es sich natürlich nicht um eine Souveränität im modernen Sinn. Worauf es aber ankam: Die dreizehn Orte regelten ihre Dinge selbst, autonom, ohne einen Kaiser oder einen König, der ihnen hereinregiert hätte. Gesetze, Gerichtsbarkeit, Steuer- und Wirtschaftspolitik, Aussenpolitik, Krieg und Frieden: Alles wurde hier, oft ziemlich demokratisch, beschlossen.

Last, but not least war es eine Unabhängigkeit, die ab 1499 kaum jemand mehr je angefochten hätte – ausser Napoleon Bonaparte, der 1798 die einzige Eroberung des Landes anordnete, die es seither erlitten hatte. Über Jahrhunderte hinweg lebten die Menschen in der Schweiz im Frieden – es sei denn, sie fielen selbst übereinander her. Bürgerkriege wegen des Glaubens brachen bis ins 19. Jahrhundert immer wieder aus.

Dass die Schweiz vom Krieg verschont blieb, verdankte sie wohl in erster Linie einem interessanten Arrangement mit Frankreich. Nach der Niederlage von Marignano schloss die Schweiz 1521 auch einen äusserst vorteilhaften Soldvertrag ab. Der französische König hatte ihn angeboten, was belegt, wie intakt die Reputation der Schweizer Truppen nach wie vor war: Darin räumten die Schweizer dem König einen privilegierten Zugriff auf ihre Söldner ein. Bis zur Französischen Revolution wurde der Vertrag laufend erneuert. Die Schweizer Söldner bildeten künftig den infanteristischen Kern der französischen Armee. Ohne sie ging, was Krieg betraf, nichts mehr im Königreich.

Als Gegenleistung zahlte Frankreich sehr viel Geld in Form von Sold, Pensionen und Bestechungsbeiträgen für die Anwerbung von Soldaten, es lieferte Salz (was die Schweizer für ihre Käseproduktion unbedingt brauchten, aber nicht hatten), vor allem gewährte Frankreich den Schweizer Kaufleuten Handelsprivilegien. Es wurde ihnen der praktisch ungehinderte Zugang zum französischen Binnenmarkt eröffnet, zu dem grössten zu jener Zeit. Kein anderes Land genoss eine solche Vorzugsbehandlung.

Hätte die Schweiz zu jenem Zeitpunkt nicht über die besten Soldaten der Epoche verfügt, niemals wären die Franzosen auf die Idee gekommen, ihr einen solchen günstigen Vertrag anzubieten. Und wäre das Land nicht längst unabhängig gewesen, hätte es einen solchen auch gar nicht unterzeichnen können. War es nicht ideal? Die Schweiz war unabhängig, weil ihre Krieger dies erkämpft hatten – und sie blieb unabhängig, weil sie diese Krieger nun an einen Dritten vermietete. Im Grunde erkauften sich die Eidgenossen damit eine Sicherheitsgarantie. Denn der französische König konnte nie mehr zulassen, dass ein anderer Herrscher sich das Reservoir seiner Infanteristen aneignete, deswegen schützte er die Schweiz, ohne das speziell hervorzuheben. Allen europäischen Grossmächten war das klar. Niemand forderte Frankreich heraus, niemand vergriff sich an der Schweiz. Die Sicherheitsgarantie blieb fast dreihundert Jahre lang gültig.

Das Verhältnis der Franzosen zu den Schweizern hatte etwas Sonderbares: Zwar übten sie objektiv einen überdurchschnittlichen Einfluss auf das Land aus, es fühlte sich aber nicht so an. 1676 schrieb der französische Gesandte Melchior de Harod de Senevas, Marquis de Saint-Romain, einen Bericht nach Paris. Er klang entnervt: «Der Freiheitsgeist der Schweizer macht ihnen alle Verpflichtungen lästig und sie wollen nichts davon wissen. Dies geht so weit, dass, als ich in der ersten Zeit nach meiner Ankunft bisweilen äusserte, sie könnten ohne Verletzung unseres Bündnisses dieses oder jenes nicht tun, sie darüber zürnten und mir erwiderten, sie seien souverän und niemand als sie habe in ihrem Lande etwas zu befehlen.»[260] Warum so schwierig? Saint-Romain geriet ins Grübeln: «Die Schweizer glauben wirklich, dass sie niemanden nötig haben, Frankreich aber ihres Beistandes nicht entbehren könne.»[261]

Tatsächlich schätzten die Schweizer dies nicht so falsch ein. Saint-Romain folgerte: «Die Schweizer merken wohl, dass wir bloss wegen ihrer Truppen in unserem Dienst an ihnen hängen und dass der Vorteil, den wir besonders während eines wichtigen Krieges daraus ziehen, uns zu sehr am Herzen liegt, als dass wir denselben um einiger Unannehmlichkeiten willen fahren liessen. Das macht sie kühn und in vielen Dingen hart gegen uns. Dagegen behandeln sie das Haus Österreich, das ihres Dienstes nicht bedarf und ihnen keck droht, mit der grössten Schonung.»[262]

Das war der springende Punkt: Obschon eng mit Frankreich verbunden, ja manchmal mehr wie ein französisches Protektorat als dessen Partner wirkend, verliess sich die Schweiz nie allein auf diesen Verbündeten, sondern achtete stets auf Äquidistanz zu allen Mächten, selbst wenn das in Paris für Irritation sorgte. Gewiss, man lieferte die meisten Truppen nach Frankreich, aber man gewährte sie auch Spanien, Holland, Venedig, England, dem Papst, ja selbst dem Kaiser: Man liess alle im Glauben, ihnen nahezustehen, was man als «Neutralität» festschreiben sollte – nachdem man sich in der Praxis schon lange neutral verhalten hatte. Diese Existenz zwischen Stuhl und Bank als neutraler Kleinstaat inmitten der Grossmächte hatte politische und militärische Konsequenzen, aber auch wirtschaftliche.

Natürlich waren die Handelsprivilegien in Frankreich hilfreich. Sie wurden bald ergänzt durch ähnliche Abkommen mit Venedig, Mailand (Spanien) oder Österreich – auch hier erleichterten Truppenlieferungen und die Neutralität den Abschluss. Was eine Grossmacht einem Rivalen an Handelsvorteilen lieber verweigerte, gewährte sie einem neutralen Kleinstaat ohne Bedenken, besonders wenn er so klein erschien. Understatement als Geschäftsprinzip.

Wenn sich aber der Sonderweg der Schweiz auszahlte, dann lag das vor allem an der Tatsache, dass sich das Land damit einen langen Frieden sicherte. Nichts veranschaulicht das besser als der drastische Niedergang, den das sogenannte Oberdeutschland erlitt, das industrielle und finanzielle Kraftwerk des alten Reiches. Noch um 1500 lagen hier die vermögendsten Städte, vorab Augsburg, Ulm und Strassburg. Es waren Pioniere des Frühkapitalismus nördlich der Alpen. Sie kontrollierten den Handel mit Italien, ihre Kaufleute und Bankiers – allen voran die Familien Fugger und Welser in Augsburg – entschieden über das finanzielle Schicksal manch eines Kaisers. Sie schienen unzerstörbar.

Mit der Reformation setzte für diese Städte ein Zeitalter der nicht abreissenden Katastrophen ein, unaufhörliche Kriege zwischen Katholiken und Protestanten, Flucht und Tod ruinierten sie. Hinzu traten Staatsbankrotte, die ihre Bankiers, die Fugger und Welser, die Financiers der Kaiser, ins Elend stürzten. Vom Dreissigjährigen Krieg zwischen 1618 und 1648 erholten sich die oberdeutschen Städte nie mehr.[263]

Währenddessen blieb die Schweiz, obschon konfessionell genauso gespalten, neutral, selbst im Dreissigjährigen Krieg, als dies alles andere als leicht fiel. Verzweifelt hatten die deutschen Protestanten ihre reformierten Glaubensgenossen in der Schweiz um militärische Hilfe gebeten, was jene mit schweren Gewissensbissen abschlugen – aus Angst, sonst die Katholiken der Innerschweiz ins Lager des (katholischen) Kaisers zu treiben.

Man blieb neutral – und zog daraus Nutzen. Der Aufstieg der schweizerischen Protoindustrie begann im 16. Jahrhundert und setzte sich ungestört bis ins 18. Jahrhundert fort. Kriege, wie sie das übrige Europa dauernd heimsuchten, töteten und verkrüppelten nicht bloss Menschen und verwüsteten ganze Länder, sie unterhöhlten Planungssicherheit, Vertrauen und Investitionsbereitschaft. Kriege machen wirtschaftlich so gut wie nie Sinn.

Wer keinen Krieg führen muss – oder nur solche Kriege, für die die entsandten Männer als Söldner bezahlt wurden –, sieht sich auch nicht veranlasst, viel Geld ins Militär zu stecken. Das war der Fall in der neutralen Schweiz. Im Gegensatz zu fast allen europäischen Ländern verzichteten die Kantone der alten Eidgenossenschaft auf eine stehende Armee, das kostspielige Accessoire eines jeden Monarchen. Kriege waren teuer. Und sie fanden immer irgendwo statt, zumal sie damals zum üblichen Instrumentarium der Politik zählten. Deshalb blieb den Staaten Europas nichts anderes übrig, als den Zugriff auf das Geld ihrer Bürger laufend zu verstärken. Die Steuern stiegen.

In der Eidgenossenschaft dagegen hatten es die dreizehn Orte nie für nötig befunden, eine gemeinsame Finanzpolitik zu betreiben, geschweige denn einen «modernen Staat» auszubilden. Wenn sie etwas einte, dann die Übereinkunft, nichts Einheitliches haben zu wollen. Mehr Einnahmen schienen überflüssig. Von einem Staatsbankrott vernahm man nur aus dem Ausland. Manchen kleinen Kantonen flossen dermassen hohe Pensionen aus Frankreich, Venedig oder Spanien zu, dass sich damit der grössere Teil der Staatsausgaben bestreiten liess. Generell waren deshalb Steuern und Abgaben, meist indirekter Natur, niedrig – deutlich niedriger als im übrigen Europa. Wenn es dafür auch verschiedene Gründe gab, so bestand doch der vorrangige darin, keine stehende Armee unterhalten zu müssen.

Tiefe Steuern befördern meistens die unternehmerische Initiative. Ebenso war das Eigentum im Wesentlichen geschützt. Selbst wenn dies in der Theorie nicht überall zutraf, so sorgte in der Praxis die anarchische Struktur der Eidgenossenschaft dafür. Hier gab es keinen Fürsten, der seine Schulden nicht mehr zurückzahlen mochte und deshalb lieber die Steuern in groteske Höhen trieb. Stattdessen standen alle Orte im Wettbewerb. Wenn es einem Unternehmer an einem Ort nicht passte, zog er um. Das war den herrschenden Kreisen in St. Gallen, Zürich, Genf oder Basel nur zu bewusst, zumal hier die Kaufleute und Fabrikanten selbst die Politik machten. Sie wussten Bescheid. Sie bezahlten die Rechnungen.

Der organisierte Wahnsinn

Die Schweiz war dezentral – und die Reformation machte sie noch dezentraler. Was manchen ausländischen Beobachter ratlos liess, stellte sich als Vorzug heraus. War es nicht ironisch? Die Glaubensspaltung paralysierte das Land politisch – aber sie entfesselte es wirtschaftlich, wenn auch niemand das begriff. Es ergab sich von selbst.

Wäre das Land politisch und konfessionell nicht dermassen aufgesplittert gewesen, hätten sich protestantische Flüchtlinge womöglich gar nie hier niedergelassen. Die Flucht der Locarner nach Zürich illustriert das gut. Während selbst die reformierten Basler und Berner die Nase rümpften und die Katholiken sowieso jede Einreise ablehnten, waren die Zürcher die Einzigen, die sich ihrer annahmen. Zähneknirschend, gewiss, aber ohne dass sie es merkten, fällten sie damit den wohl wichtigsten, weil segenreichsten standortpolitischen Entscheid der zürcherischen Wirtschaftsgeschichte. Ohne die Locarner hätte sich Zürich kaum je zu einer der führenden Seidenstädte Europas entwickelt. Das Gleiche stimmt für Genf, das die Lucchesen aufnahm, oder Basel, wo Hugenotten und reformierte Flamen Zuflucht fanden. Dass jeder Kanton für sich handeln konnte, stellte sich als entscheidender Vorzug heraus. Ansonsten wären manche Flüchtlinge abgewiesen worden.

Das religiöse Patt zwischen Katholiken und Reformierten hatte auch sonst etwas Gutes. Es beugte Massakern vor. Da beide konfessionellen Lager in etwa gleich stark waren, kam es für keines in Frage, das andere zu überwältigen oder aus der Eidgenossenschaft zu vertreiben. Niemand war dazu in der Lage, selbst wenn man es gewollt hätte. In den meisten Ländern Europas geschah das Gegenteil. Eine Mehrheit setzte sich durch, und die Minderheit hatte abzuziehen oder ihrem Glauben abzuschwören.

So trug es sich in England zu, wo die Protestanten triumphierten und die Katholiken zur diskriminierten Minderheit herabdrückten, so war es in Frankreich, wo der konfessionelle Konflikt mit dem umgekehrten Ergebnis endete: Der König und die katholische Mehrheit führten so lange Krieg gegen die protestantische Minderheit, bis diese aufgab. Am Ende flohen so viele in die Eidgenossenschaft, vorab in deren französischsprachigen Teil, dass man sie Hugenotten nannte. Vermutlich handelte es sich um eine Verballhornung des Wortes Eidgenossen. In französischen Ohren klang Eidgenosse wie Huguenot. Die französischen Protestanten waren auch sprachlich zu Eidgenossen umgetauft worden.

Auf jeden Fall wanderte man in die Schweiz ein – nicht aus. Kein Mensch hatte dieses Land wegen seines Glaubens zu verlassen, sondern es reichte, den Kanton zu wechseln. Schon in der ersten Hälfte des 16. Jahrhunderts wurde die Schweiz zum erstrangigen Zufluchtsort – besonders für Protestanten. Das Land war sicher, das Land war unabhängig. Weder Papst noch Kaiser konnte einem hier etwas anhaben.

So gelangten im Laufe der kommenden drei Jahrhunderte immer wieder tüchtige, hochqualifizierte Einwanderer in die Schweiz. Gewiss, die Schweiz war keineswegs das einzige protestantische Land in Europa, das sich dieser Emigranten annahm, genauso beliebte Orte des Exils lagen in Holland, England, später in Amerika und Südafrika oder in den protestantischen Gebieten des Reiches, ob Kurpfalz, Hamburg, Frankfurt oder Kurfürstentum Brandenburg, das unter dem Namen Preussen bald besser bekannt werden sollte.

Nirgendwo, so schien es, entfalteten die protestantischen Zuwanderer jedoch so viel Betriebsamkeit, nirgendwo war ihr Beitrag so kritisch wie in der Schweiz. Warum? Möglicherweise profitierten sie auch als Unternehmer, was sie ja öfter waren, von der dezentralen Struktur des Landes. Allen Bewohnern dieses merkwürdigen Gebildes eröffneten sich hier mehr Gestaltungsräume als anderswo – besonders den Unternehmern und Kaufleuten unter ihnen.

Der organisierte Wahnsinn: In der alten Eidgenossenschaft wurde einem Unternehmer mehr Wirtschaftsfreiheit geboten, ohne dass dies irgendein Politiker beabsichtigt hätte. Niemand war richtig liberal aus Überzeugung, sondern eine strukturelle Liberalität stellte sich ein, weil man sich auf wenig Gemeinsames einigen konnte – weder auf das Liberale noch das illiberale Gegenteil. Es war von Kanton zu Kanton verschieden. So lautete der geheime Bauplan der Eidgenossenschaft schon zu jener Zeit.

Leben in der Republik

Gewiss, die alte Eidgenossenschaft war keine moderne Leistungsgesellschaft, wo vor allem Leistung – immerhin in der Theorie – festlegt, wer oben und unten in der sozialen Hierarchie zu stehen kommt. Doch sie war weit weniger ständisch aufgebaut als üblich, da es keinen Adel mehr gab und kein Hof die Rangordnung vorgab. Mit der Macht der Distinktion war es nicht weit her. An der Spitze erhob sich kein König, sondern allenfalls ein Bürgermeister, dessen Vater noch ein namenloser Metzger gewesen war. Die Eidgenossenschaft war eine Republik, das machte das Leben für Aufsteiger und Einwanderer simpler – bei allen Widrigkeiten, die sie manchmal erdulden mussten.

Wenn in einer Stadt wie Zürich oder Genf zwei (bürgerliche) Theologen darüber entschieden, wer einwanderte und wer nicht, nämlich Heinrich Bullinger, der Nachfolger von Zwingli, im Fall der Locarner und Jean Calvin mit Bezug auf die Hugenotten, dann ist das eine kaum zu überschätzende Nuance zu den Verhältnissen in den meisten europäischen Staaten, wo Monarchen oder deren Einflüsterer solche Fragen beantworteten.

Schliesslich kam dem Leistungsprinzip bei allem zünftischen Widerstand doch mehr Bedeutung zu: Das Beispiel von Evangelista Zanino zeigt, wie weit ihn dieses trug, wie hoch er stieg – weil er Dinge meisterte und Märkte kannte, wo die Einheimischen zunächst nicht mithalten konnten, Ähnliches traf für die übrigen Locarner zu. Dass danach genauso talentierte Zürcher wie die Werdmüller deren Erbe antraten, ist kein Widerspruch, sondern unterstreicht die Möglichkeiten der sozialen Mobilität, die sich im Zürich der nachreformatorischen Zeit ehrgeizigen Leuten darbot. Die Werdmüller waren Müller – keine Adligen.

Ohne Frage, solche Karrieren gab es auch in England, Frankreich oder in den vielen Ländern im Reich, doch dort – in typischen Monarchien – stiess der Aufsteiger irgendwann an die Grenzen seines Standes. In der Regel blieben ihm zwei Optionen. Entweder überschritt er sie, indem er ein Adelsprädikat erlangte, was nicht von ihm allein abhing, oder aber er brachte es fertig, derart gute Beziehungen zum Hof zu unterhalten, dass die ständische Ordnung für ihn aufgehoben schien. Wer mit dem König ins Geschäft kam, genoss Privilegien – er begab sich allerdings auch in eine riskante Abhängigkeit. Könige neigten zur Geldverschwendung. Wer ihnen Geld lieh, erlebte Himmel und Hölle, und zwar in dieser Reihenfolge. Legion sind die berühmten Bankiers Europas, die untergingen, weil ihre königlichen Schuldner ihren Verpflichtungen nicht mehr nachkamen.

Die Eidgenossenschaft war eine Republik – und sie war ein Land ohne Adel. Schon im 14. Jahrhundert hatten die Schweizer diesen aus dem Land verjagt, zuerst den fremden – worunter man Gefolgsleute der Habsburger verstand –, dann aber selbst den einheimischen, also Leute, die bei der Revolte durchaus mitgeholfen hatten. War es Hass? War es die Demokratie? Peter Blickle urteilt: «Dem egalitären Zug der Länderverfassungen [Uri, Schwyz, Unterwalden], die ja alle Landleute an den politischen Entscheidungen beteiligten, widersprach es, fremde Gerichtsbarkeiten, Formen der Unfreiheit und damit solche im Land zu dulden.»[264]

Dieser republikanische Charakter der alten Eidgenossenschaft lagerte nicht nur in den Institutionen, sondern durchdrang alles: Die soziale Hierarchie, dann das Selbstverständnis, dem etwas Rebellisches, ja Klassenkämpferisches eigen war – die Eidgenossen selber sahen sich als Antithese zum Heiligen Römischen Reich –, schliesslich – und das war von eminenter wirtschaftshistorischer Tragweite – erleichterte er den Eliten, den Strukturwandel zu bewältigen.

Als Zwingli 1521 durchsetzte, dass Zürich als einziger Kanton den Soldvertrag mit Frankreich nicht unterzeichnete, schaffte er faktisch den Solddienst ab. Bald folgte ein Verbot. Damit wurde auch den Eliten der Stadt die zentrale (und prestigereiche) Einkommensquelle zugeschüttet, so dass diesen nichts anderes übrigblieb, als sich umzuorientieren. Wären sie Adlige gewesen, wer weiss, ob sie sich je so problemlos in Textilunternehmer verwandelt hätten? Dass sie sich gar ein Vorbild an fremdsprachigen Immigranten aus Locarno nehmen mussten, machte diese berufliche Umstellung umso bemerkenswerter. Das Kommerzielle, die Ausrichtung auf den Markt, eine zutiefst kapitalistische Tätigkeit lagen diesen bürgerlichen Eliten in einer Republik allemal näher als jeder Aristokratie.

Gewiss, was in Zürich erfolgte, fand in anderen eidgenössischen Orten eben gerade nicht statt, weil man den Solddienst weiter betrieb, was hier einerseits die wirtschaftliche Entwicklung behinderte, weil die Eliten keinerlei Anlass sahen, sich in Handel und Industrie zu engagieren, andererseits liess er sich besser mit einer pseudoaristokratischen Lebensweise vereinbaren. Selbst in dieser Republik waren nicht alle Republikaner die gleichen Republikaner.

Die Reformation des Sonderfalls

Gut zwei Jahrhunderte lang hatte die Eidgenossenschaft expandiert, Kriege gewonnen, Ansehen und Vermögen erworben – dementsprechend strotzten die Eidgenossen vor Selbstbewusstsein. Noch zu Beginn des 16. Jahrhunderts bewegten sich die dreizehn Orte mit den Grossmächten auf Augenhöhe, jedenfalls konnten sie sich das einbilden, ohne dass man sich um ihren Verstand hätte Sorgen machen müssen. An Tagsatzungen standen sich die Botschafter der Könige gegenseitig auf den Füssen, in der Hoffnung, die militärisch so wertvollen Schweizer für sich zu gewinnen. Goldschätze wurden dafür bereitgestellt. Es war üblich, dass eine Stadt wie Zürich direkt mit Venedig verhandelte, mit dem Papst oder dem König von Frankreich – man nahm sie ernst.

Dieses Selbstbewusstsein bestimmte die Reformation in der Schweiz – weil das Land einen Sonderfall darstellte, verlief sie anders, die Reformation wurde selbst zum Sonderfall, der am Ende sogar exportiert wurde – mit weitreichenden Konsequenzen.

Die Schweizer wählten theologisch ihren eigenen Weg. Nichts kann dies vielleicht besser verdeutlichen als ihre Reaktion auf die Reformation im nahen Deutschland. Als Kaiser Karl V. 1521 Martin Luther endgültig zum Schweigen bringen wollte und das Wormser Edikt erliess, hätte er es gerne gesehen, wenn sich auch die Eidgenossen dem angeschlossen hätten. Das Edikt belegte Luther mit der Reichsacht: Alle seine Schriften wurden verboten; wer ihn sah, sollte ihn verhaften und an Rom ausliefern; wer ihn beherbergte, machte sich strafbar. Die Schweizer taten keinen Wank. «Die Regierungen in der Eidgenossenschaft», schreibt der britische Religionshistoriker Diarmaid MacCulloch, «waren nicht bereit, vor den Habsburgern den Kotau zu machen, indem sie das Wormser Edikt gegen Luther ebenfalls publizierten – noch wünschten sie allerdings, einem Unruhestifter im fernen Norddeutschland ihre Unterstützung zu geben.»[265]

Was immer in Zürich, Basel, St. Gallen oder Genf gepredigt wurde, Karl V. konnte nichts dagegen ausrichten – während er Luther vorlud und dessen Anhänger im Reich mit Krieg überzog. In der Eidgenossenschaft hatte er nichts zu sagen. So vollzog sich hier eine eigenständige, von Deutschland weitgehend unabhängige Reformation.

Die reformierte Kirche war nicht bloss eine sehr schweizerische Institution, sie erwies sich auch als wirtschaftsfreundlicher als die lutherische Variante; ebenso fehlte ihr das antisemitische Gift, das Luther höchstpersönlich in seinen Schriften versprizt hatte. Vom Zinsennehmen hielten zwar weder Luther noch Zwingli oder Calvin allzu viel, dennoch fanden sich alle drei auf die eine oder andere Art damit ab. Vom formell strengen, katholischen Zinsverbot, das den Kapitalismus oft behinderte, blieb in allen protestantischen Ländern nicht mehr viel übrig.

Entscheidend war aber etwas anderes: Je nachdem, auf wen sich ein Reformator politisch (und militärisch) stützte, um seine Botschaft zu verbreiten, verhielt er sich auch theologisch, wenn es um politische und wirtschaftliche Fragen ging.

Luther setzte auf die Fürsten – nicht auf die Städte, und ohne seinen Protektor Kurfürst Friedrich III. von Sachsen hätte er kaum überlebt. Friedrich III. war nicht der einzige Förderer, sondern ihm stellten sich weitere protestantische Reichsfürsten zur Seite, um den neuen Glauben im Reich gegen den katholischen Kaiser zu verteidigen – was ihnen am Ende auch gelang.

Dass Luther die Interessen der Reichsfürsten daher näher lagen als jene der Bürger in den Städten, ist verständlich – hatte aber Folgen. Es waren die Fürsten, die in Deutschland die Oberhand gewannen, nicht die freien Reichsstädte, jene Zellen des frühen Kapitalismus und Republikanismus zugleich. Antikapitalistische Regungen kennzeichneten das Luthertum auf lange Sicht.

Von den Kapitalisten in den Städten hielt Luther wenig. Was er sich erlauben konnte, zumal er nicht auf sie angewiesen war. Über Jakob Fugger, den grössten unter ihnen, sagte er: «Man müsste wirklich den Fuggern und dergleichen Gesellschaften einen Zaum ins Maul legen (...).»[266] Ein anderes Mal verglich er ihn mit einem «Hecht, der im Wasser die anderen Fische»[267] schluckt.

Hätte er je über einen protestantischen Fürsten so despektierlich gesprochen? Auch ein Luther biss nicht in die Hand, die ihn fütterte. Da Luther ideologisch unerhörten Einfluss ausübte, begleiteten seine Allergien und Vorlieben die deutschen Protestanten auf Jahrhunderte hinaus: Wenn es hart auf hart ging, galt die Monarchie mehr als jede Republik, im Zweifelsfall überwog antikapitalistische Skepsis. Weil die Fürsten als Landesherren die evangelische Kirche dirigierten, richteten sich auch deren leitenden Angestellten danach aus: Die Pastoren als Kern des deutschen Bildungsbürgertums sollten sich nie ganz mit dem Kapitalismus anfreunden. Lange hielten sie ebenso wenig von der Demokratie.

Wie anders stellten sich die Dinge in Zürich und Genf dar. Zwingli fühlte sich geradeso als Politiker, wie er Theologe war, er regierte über Zürich, ohne dass man ihn je in ein politisches Amt gewählt hätte, ja er erlag zuweilen einem protestantischen Grössenwahn, der ihn dazu verleitete, Bündnisse mit Strassburg, mit dem Landgrafen von Hessen, ja mit Frankreich und Venedig anzustreben, in der Absicht, einen Krieg gegen die Habsburger auszulösen. Nach günstigem Abschluss hätte Zwingli gerne das Elsass und die österreichischen Vorlande in Süddeutschland an eine durchwegs reformierte Eidgenossenschaft angeschlossen. Zwingli, der Weltpolitiker.

Um seine geopolitischen Pläne umzusetzen, starb er zu früh – was er aber hinterliess, war eine hochpolitische, vor allem republikanische Kirche. Die reformierte Kirche von Zürich unterstand nicht wie bei den Lutheranern einem Landesfürsten, sondern den Räten der Stadt, und statt eines protestantischen Bischofs wie in den deutschen Staaten gab es hier die Synode, eine Art Parlament, wo Geistliche und Laien gemeinsam und recht demokratisch über die kirchlichen Angelegenheiten befanden.

Weil Zwingli für seine Kirche von der Zustimmung der Bürger in Zürich abhing, also der Leute, die vom Markt lebten, beeinflusste dies auch seine Auffassungen über Handel und Industrie. Warum theologisch verdammen, wer ihm die politische und kirchliche Macht verlieh? Es stellte sich eine Wechselbeziehung ein, die Zürich immer bestimmen sollte: hier die reformierte Kirche, dort die Stadtrepublik, die beide von den gleichen Leuten – Handwerkern, Kaufleuten und Unternehmern – beherrscht wurden. Am Kapitalismus störte sich kein reformierter Pfarrer. Er wusste, wer seinen Lohn zahlte: die Kapitalisten von Zürich.

Am pragmatischsten war Calvin. Bevor Calvin ab 1541 in Genf zum starken Mann emporstieg, hatte die Stadt einen wirtschaftlichen Zerfall erlitten. Gleichzeitig war ihre Bevölkerung geschrumpft, was sich beschleunigte, als der Genfer Rat 1536 für den neuen Glauben optierte. Wer dagegen war, zog weg. Die Stadt büsste bis zu einem Drittel seiner Einwohner ein. Um die Stadt wieder anzufüllen, rief Calvin alle nach Genf, die wegen ihres protestantischen Glaubens verfolgt wurden – er selbst war aus Nordfrankreich hierher geflüchtet. Auf der Stelle strömten Tausende von ausländischen, vorab französischen Protestanten an die Rhone; bis zu achttausend wurden gezählt, bald machten die Flüchtlinge einen Drittel der Bevölkerung aus. Darunter viele Unternehmer – ohne Unternehmen.

Genf, wirtschaftlich ausgezehrt und militärisch bedroht, war dringend auf mehr Kapitalismus angewiesen. Dafür ging Calvin weiter als Luther und Zwingli: Nach ausgiebigen Studien war er zum Schluss gekommen, dass sich das Zinsverbot nicht in der Bibel begründen liesse, und hob es kurzerhand auf. Nicht einmal einen Höchstzinssatz legte er fest wie Zwingli. Weil er die Kaufleute, Unternehmer und Handwerker für sich gewinnen wollte, predigte er entsprechend: Seine Theologie fand an einer kommerziellen Betätigung wenig auszusetzen, im Gegenteil, Calvin feierte sie, so dass der «Calvinismus», wie man seine Lehre zuerst spöttisch nannte, über kurz oder lang zum Inbegriff einer «protestantischen Ethik» wurde, die dem «Geist des Kapitalismus» den Weg zum weltweiten Durchbruch bahnte. So lautete eine berühmte These, die der deutsche Soziologe Max Weber aufgestellt hatte.[268]

Ob sie zutrifft, darüber gehen die Meinungen seither auseinander. Fest steht, sowohl Zwinglis als auch Calvins Variante des Protestantismus beförderten den Kapitalismus mehr als Luthers theologische Schule. Genf bietet dafür bestes Anschauungsmaterial. Kaum hatte sich der Calvinismus dort festgesetzt, stieg die Stadt zu einem führenden kapitalistischen Zentrum auf – dank Immigranten aus aller Welt, dank einer Theologie, die den Erfolg zum Beweis der eigenen Erlösung erklärte. Zwar mögen die Genfer unter dem rigorosen calvinistischen, also immer humorlosen Regime geächzt haben, ihre Stadt verpuppte sich aber gleichzeitig zum Kraftort, wo die Macher und Gestalter der Epoche sich verwirklichten. Auf die religiöse Revolution war das Wirtschaftswunder gefolgt.

Es war eine zutiefst bürgerliche Glaubenslehre, wo sich das Bürgertum gewissermassen in das eigene Spiegelbild verliebte. Es wurden jene Werte heiliggesprochen, denen das Bürgertum so viel zu verdanken glaubte: das Leistungsprinzip, Sparfreude, Rationalität, Pünktlichkeit, also ein effizienter Umgang mit der Ressource Zeit, schliesslich das Ethos der harten Arbeit, was sich speziell gegen den Klerus und den Adel richtete, zwei Stände, deren Müssiggang man immer verachtet hatte und die man nun auch von höchster, göttlicher Instanz diskreditieren liess.

Wer in Genf lebte, musste arbeiten, ja durfte arbeiten, ganz gleich welcher Herkunft er war. Selbst von Aristokraten wurde das erwartet, und diese unterwarfen sich dieser Doktrin ohne Murren. Wollten nicht auch sie fromme Protestanten sein?

Wenn französische Aristokraten zu Besuch kamen, die den neuen Glauben nicht teilten, trauten sie ihren Augen nicht. Er habe es als einen Schock empfunden, berichtete etwa Pierre de Bourdeille Brantôme, als er in Genf auf den ehemaligen Adligen François d'Aubeterre traf und feststellte, dass dieser jetzt als Knopfmacher seinen Lebensunterhalt verdiente: «Warum», rief er aus, «sollte ein Mann von so hoher Geburt sich dermassen erniedrigen lassen und Knöpfe herstellen?»[269]

Die Calvinisten waren auch die erfolgreicheren Missionare. Während die Lutheraner auf Deutschland und Skandinavien beschränkt blieben, verbreiteten die Calvinisten ihre Lehre in der ganzen Welt. Natürlich in Frankreich, wenn auch ohne Glück, vor allem eroberten sie die Niederlande und Schottland. Und sie gewannen in England viele Anhänger. Diese nannten sich Puritaner, köpften 1649 den König, um daraufhin eine, wenn auch kurzlebige, Republik unter Oliver Cromwell, einem tiefgläubigen Calvinisten, zu etablieren. Schon vorher hatten sich die Puritaner nach Amerika gewandt, wo sie Neuengland gründeten. Calvinisten wanderten nach Südafrika aus, und sie fanden selbst in Deutschland Freunde, wo die Kurpfalz zu ihrem Schwerpunkt wurde. Sie drangen in Osteuropa vor, in Siebenbürgen, Ungarn und Polen.

Es war eine internationale Bewegung. Und es war eine Bewegung, die, ohne dass dies deren Anhängern bewusst gewesen wäre, etwas zutiefst Schweizerisches in die Welt hinaustrug: einen hartnäckigen Republikanismus, darüber hinaus einen demokratischen, antimonarchischen, bürgerlichen Reflex, ein Ingrediens, das die reformierte Kirche wohl am meisten von derjenigen Luthers abhob, geschweige denn von der römisch-katholischen Kirche.

Wie konnte es anders sein? Es waren die Mittelschichten gewesen, die sich in Zürich und in Genf bereits selbst regiert hatten, als sie auch eine eigenständige Reformation ohne Hilfe irgendwelcher Fürsten vollbrachten. Was man an der eigenen Republik schätzte, wollte man nun in der eigenen Kirche ebenso sehen: Selbstregierung, Wahlverfahren, Beteiligung aller. Deshalb führte Zwingli die synodale, also parlamentarische, Verfassung in seiner Kirche ein, darum übernahm sie Calvin im Wesentlichen, am Ende sollte sie weltweit alle reformierten Kirchen in der einen oder anderen Form kennzeichnen.

Es handelte sich wohl um den grössten schweizerischen Exporterfolg aller Zeiten. Diese ausgesprochen eidgenössische Auffassung der Selbstorganisation: Sie fand ihren Weg nach Holland, nach England, nach Schottland, vor allen Dingen nach Amerika, mit enormen Implikationen: «Oft weisen die Engländer etwas eingebildet auf ihr Parlament als die ‹Mutter der Parlamente› hin und sehen darin den Ursprung des westlichen demokratischen Ideals», urteilt der britische Historiker MacCulloch: «Sie vergessen, dass ihr parlamentarisches System über weite Strecken seiner Geschichte wenig Demokratisches an sich hatte, wenn man es an modernen Standards misst, wogegen die synodale, repräsentative Form der kirchlichen Regierung im reformierten Christentum weit weniger dazu neigte, sich der etablierten gesellschaftlichen Hierarchie zu fügen, als dies bei den englischen Parlamentariern zu beobachten war. Das synodale Modell erhielt besondere Relevanz, als die Führer der Amerikanischen Revolution 1776 sich von der eigenen Erfahrung in ihren reformierten Kirchen inspirieren liessen, um neue Formen der politischen Regierung zu schaffen.»[270]

Kirche des Individualismus

Nichts unterschied den Protestantismus wohl mehr vom Katholizismus als die individualistische Revolution, die er entfesselte. Diese Revolution der psychologischen, motivationalen und sozialen Eigenschaften des Menschen sollte die westlichen Gesellschaften auf immer umwälzen, am Ende auch die katholischen, mit Auswirkungen, wie sie lange Zeit nur im Westen festzustellen waren. Der Kapitalismus zählte dazu.

Im protestantischen Glauben wurde der Christ zum eigenen Pfarrer promoviert. Jedem Individuum stand es zu, sich mit Gott in Verbindung zu setzen, ohne dass er auf die Vermittlung durch den (katholischen) Priester angewiesen geblieben wäre. Deshalb wurde der Bibel eine ungeheure Wertschätzung entgegengebracht. Von jedem Gläubigen erwartete man nun, dass er sie las.

Dazu musste er allerdings zuerst in die Lage versetzt werden. Kaum ein Mensch konnte im 16. Jahrhundert lesen – ausser den Klerikern, und selbst unter diesen gab es viele Analphabeten. Was jetzt in den protestantischen Ländern anrollte, kam einer Bildungsexpansion gleich, wie sie sich in der Geschichte der Menschheit noch nie ereignet hatte. Die Reformatoren übersetzten die lateinische beziehungsweise griechische Bibel ins Deutsche, Französische oder Englische, mithin in jede Sprache, die man sich denken konnte. Und kaum waren solche Bibeln greifbar, begann man möglichst viele Gläubige zu unterrichten. Überall wurden Schulen gegründet, manchmal wie in Schottland in jeder einzelnen Gemeinde.

Wenn sich diese Alphabetisierung auch über lange Zeit hinzog, so war das Resultat doch sensationell. In der zweiten Hälfte des 18. Jahrhunderts wiesen die reformierten Gebiete in der Schweiz weltweit höchste Alphabetisierungsraten auf. In Genf waren schon um 1730 schätzungsweise 92 Prozent der Männer des Lesens mächtig, und bei den Frauen waren es bis

1780 64 Prozent. Im Kanton Zürich galten 1774 70 bis 90 Prozent der Bevölkerung als alphabetisiert. Noch verblüffender sind die Werte für den Kanton Basel, wo 1774 sage und schreibe 98 Prozent der Buben und 99 Prozent der Mädchen einen Text lesen konnten.[271]

Auf derart imposante Alphabetisierungsraten wie in der Schweiz traf man zu jener Epoche nur in protestantischen Regionen. Ähnlich hoch wie in der Schweiz lagen sie in Schottland, wo um 1750 an die 100 Prozent der Einwohner der bevölkerungsreichen Lowlands wussten, wie man las. Besonders eindrucksvoll erwies sich das Alphabetisierungsniveau im puritanischen Neuengland in Amerika, wo kurz nach der Unabhängigkeit, also um 1776, etwa 97 Prozent der Männer und 70 Prozent der Frauen zu lesen imstande waren.

Wenn der Protestantismus reformierter Prägung in den Menschen so viel Energie freisetzte, dann hing dies damit zusammen, dass er dem Menschen viel zutraute. Das Menschenbild war menschenfreundlich. Optimismus überwog, trotz alledem, obschon diesem die Angst vor der Hölle zugrunde lag. Wem gehörte die Welt? Dem Tüchtigen. Es war eine Kirche der Aufsteiger und Herausforderer. Man glaubte an die eigene Kraft, man kümmerte sich um die Welt, man war bereit, in sie einzugreifen, mit Innovation, mit Gewinn, mit Selbstvertrauen.

So hohe Erwartungen die Führer der reformierten Kirche auch in den Menschen setzten, so überzeugt waren sie auch, dass er diesen gewachsen war. Man forderte und förderte. Von einem Can-Do-Spirit im sehr modernen Sinn könnte man sprechen, wonach dem Individuum die Welt offenstehe, sobald es sich nur in sie hineinstürze. Im Gegensatz zum eher düsteren, wenn nicht melancholischen Luthertum zeichnete sich die reformierte Version des Protestantismus durch eine Zuwendung zur Welt aus. Sie aktivierte den Menschen, sie legte dessen Produktivkräfte frei, sie gab ihm die Zuversicht, dass es ihm zustünde, die Welt zu formen – um Gott zu gefallen. Der Glaube versetzte Berge – in der Schweiz im wörtlichen Sinn.

Ausgewählte Literatur

Allen, Robert C., The British Industrial Revolution in Global Perspective, Cambridge 2009.
Anonym, Hans Kaspar Escher vom Felsenhof. Biographische Skizze seinen Freunden, Gehülfen und allen seinen Arbeitern gewidmet, Zürich 1859.
Bergier, Jean-François, Die Wirtschaftsgeschichte der Schweiz. Von den Anfängen bis zur Gegenwart, Zürich 1983.
Bericht über die schweizerischen Handelsverhältnisse zu den verschiedenen Staaten des Auslandes, 26. Dezember 1833, Zürich 1833.
Blackburn, Robin, The Old World Background to European Colonial Slavery, in: The William and Mary Quarterly 54,1 (1997), 65–102.
Blickle, Peter, Friede und Verfassung. Voraussetzungen und Folgen der Eidgenossenschaft von 1291, in: Innerschweiz und frühe Eidgenossenschaft. Jubiläumsschrift 700 Jahre Eidgenossenschaft, Bd. 1: Verfassung, Kirche, Kunst, Olten 1990.
Bodmer, Walter, Der Einfluss der Refugianteneinwanderung von 1550–1770 auf die schweizerische Wirtschaft. Ein Beitrag zur Geschichte des Frühkapitalismus und der Textilindustrie, Zürich 1946.
Bodmer, Walter, Die Entwicklung der schweizerischen Textilwirtschaft im Rahmen der übrigen Industrien und Wirtschaftszweige, Zürich 1960.
Bowring, John, Report On The Commerce And Manufactures Of Switzerland: Presented To Both Houses Of Parliament By Command Of His Majesty, London 1836.
Braudel, Fernand, Das Mittelmeer und die mediterrane Welt in der Epoche Philipps II., Bd. 1 (Paris 1949), Frankfurt/Main 1994.
Braun, Rudolf, Das ausgehende Ancien Régime in der Schweiz. Aufriss einer Sozial- und Wirtschaftsgeschichte des 18. Jahrhunderts, Göttingen, Zürich 1984.
Braun, Rudolf, Industrialisierung und Volksleben. Veränderung der Lebensformen unter Einwirkung der verlagsindustriellen Heimarbeit in einem ländlichen Industriegebiet (Zürcher Oberland) vor 1800, Göttingen 1979.
Breiding, R. James, Wirtschaftswunder Schweiz. Ursprung und Zukunft eines Erfolgsmodells, Zürich 2011.
Broadberry, Stephen; O'Rourke, Kevin H., The Cambridge Economic History of Modern Europe, 1: 1700–1870, Cambridge 2012.
Casson, Mark, The Entrepreneur. An Economic Theory, Oxford 1982.
Coxe, William, Travels to Switzerland, Dublin 1789.
Curtin, Philip D., The Rise and Fall of the Plantation Complex: Essays in Atlantic History, Cambridge, England 1998.
Dändliker, Karl, Die Geschichte der Schweiz mit besonderer Rücksicht auf die Entwicklung des Verfassungs- und Kulturlebens von den ältesten Zeiten bis zur Gegenwart, 3 Bde., Zürich 1893 ff.
De Capitani, François, Beharren und Umsturz (1648–1815), in: Geschichte der Schweiz und der Schweizer, Basel 2006[4].
De Zwart, Pim; van Zanden, Jan Luiten, The Origins of Globalization. World Trade in the Making of the Global Economy, 1500–1800, Cambridge 2018.
Dierauer, Johannes, Geschichte der Schweizerischen Eidgenossenschaft, Bd. 4, Gotha 1921.

Ausgewählte Literatur

Dudzik, Peter, Innovation und Investition. Technische Entwicklung in der schweizerischen Baumwollspinnerei 1800 bis 1916, Zürich 1987.
Ebel, Johann Gottfried, Schilderung der Gebirgsvölker der Schweiz, 2 Bde., Leipzig 1802.
Eltis, David, The Rise of African Slavery in the Americas, Cambridge 2000.
Escher Wyss, Hg., 150 Jahre Escher Wyss, 1805–1955 (*Escher Wyss Mitteilungen* 27/28), Zürich 1955.
Findlay, Ronald; O'Rourke, Kevin, Power and Plenty: Trade, War, and the World Economy in the Second Millennium, Princeton 2007.
Fässler, Hans, Reise in Schwarz-Weiss. Schweizer Ortstermine in Sachen Sklaverei, Zürich 2005.
Geschichte des Kantons Zürich, Bd. 2: Frühe Neuzeit – 16. bis 18. Jahrhundert, Zürich 1996.
Goethe, Johann Wolfgang von, Wilhelm Meisters Wanderjahre (1829), Leipzig 1923.
Greenfield, Sidney M., Plantations, Sugar Cane and Slavery, in: Historical Reflections/Réflexions historiques 6,1 (1979), 85–119.
Grell, Ole Peter, Brethren in Christ. A Calvinist Network in Reformation Europe, Cambridge 2011.
Hartmann, Alfred, Hans Kaspar Escher, in: Gallerie berühmter Schweizer der Neuzeit, Baden 1864, Nr. 9.
Heussler, Heinz, Die Auseinandersetzungen über den Beitritt der Schweiz zum Deutschen Zollverein und ihre Auswirkungen auf die Entstehung des schweizerischen Bundesstaates, Diss. Universität Zürich, Zürich 1971.
Hoigné, Franz H., Gründung und Entwicklung der Spinnerei und Maschinenfabrik Escher Wyss & Cie., 1805–1859, Zürich 1916.
Jenny-Trümpy, Adolf, Handel und Industrie des Kantons Glarus. Geschichtlich dargestellt, Glarus 1898–1900.
Jung, Joseph, Alfred Escher (1819–1882). Der Aufbruch zur modernen Schweiz, 4 Bde., Zürich 2006.
Jung, Joseph, Alfred Escher 1819–1882. Aufstieg, Macht, Tragik, Zürich 2014^5.
Jung, Joseph, Das Laboratorium des Fortschritts. Die Schweiz im 19. Jahrhundert, Zürich 2019.
Keller-Escher, Carl, Fünfhundert und sechzig Jahre aus der Geschichte der Familie Escher vom Glas, 1320–1885, Zürich 1885.
Kirzner, Israel M., Competition and Entrepreneurship, Chicago 1973.
Körner, Martin, Glaubensspaltung und Wirtschaftssolidarität (1516–1648), in: Geschichte der Schweiz und der Schweizer, Basel 2006^4.
Kriedte, Peter, Spätfeudalismus und Handelskapital: Grundlinien der europäischen Wirtschaftsgeschichte vom 16. bis zum Ausgang des 18. Jahrhunderts, Göttingen 1980.
Kriedte, Peter; Medick, Hans; Schlumbohm, Jürgen, Hg., Industrialisierung vor der Industrialisierung. Gewerbliche Warenproduktion auf dem Land in der Formationsperiode des Kapitalismus, Göttingen 1977.
Landes, David S., The Unbound Prometheus. Technological Change and Industrial Development in Western Europe from 1750 to the Present, Cambridge 2008^2.
Landes, David S., The Wealth and Poverty of Nations. Why Some Are So Rich and Some So Poor, New York, London 1998.

MacCulloch, Diarmaid, Reformation. Europe's House Divided, 1490–1700, London 2003.
Malanima, Paolo, Pre-Modern European Economy: One Thousand Years (10th–19th Centuries), Leiden/Boston 2009.
Mazzaoui, Maureen Fennell, The Italian Cotton Industry in the Later Middle Ages, 1100–1600, Cambridge 1981.
McCloskey, Deirdre Nansen, The Bourgeois Virtues: Ethics for an Age of Commerce (Bd. 1 der Trilogie «The Bourgeois Era»), Chicago 2006.
McCloskey, Deirdre Nansen, Bourgeois Dignity: Why Economics Can't Explain the Modern World (Bd. 2 der Trilogie «The Bourgeois Era»), Chicago 2010.
McCloskey, Deirdre Nansen, Bourgeois Equality: How Ideas, Not Capital or Institutions, Enriched the World (Bd. 3 der Trilogie «The Bourgeois Era»), Chicago 2016.
McCraw, Thomas K., Prophet of Innovation: Joseph Schumpeter and Creative Destruction, Cambridge MA 2007.
McGrath, Alister E., A Life of John Calvin, Oxford 1990.
Menzel, Ulrich, Auswege aus der Abhängigkeit. Die entwicklungspolitische Aktualität Europas, Frankfurt/Main 1988.
Meyer, Ferdinand, Die evangelische Gemeinde in Locarno. Ihre Auswanderung nach Zürich und ihre weitern Schicksale. Ein Beitrag zur Geschichte der Schweiz im 16. Jahrhundert, 2 Bde., Zürich 1836.
Mokyr, Joel, A Culture of Growth. The Origins of the Modern Economy, Princeton, Oxford 2016.
Mokyr, Joel, The Enlightened Economy. Britain and the Industrial Revolution 1700–1850, London 2011.
Mousson, Albert, Lebensbild von Johann Caspar Escher im Felsenhof, in: *Neujahrsblatt zum Besten des Waisenhauses in Zürich* 31 (1868), 1–32.
Neal, Larry; Williamson, Jeffrey G., Hg., Capitalism, 2 Vol., Cambridge 2014.
Ogilvie, Sheilagh; Cerman, Markus, Hg., European Proto-Industrialization. An Introductory Handbook, Cambridge 1996.
Peyer, Hans Conrad, Leinwandgewerbe und Fernhandel der Stadt St. Gallen von den Anfängen bis 1520, 2 Bde., St. Gallen 1959–1960.
Peyer, Hans Conrad, Verfassungsgeschichte der alten Schweiz, Zürich 1978.
Peyer, Hans Conrad, Von Handel und Bank im alten Zürich, Zürich 1968.
Pfister, Ulrich, Die Zürcher Fabriques. Protoindustrielles Wachstum vom 16. zum 18. Jahrhundert, Zürich 1992.
Pollard, Sidney, Peaceful Conquest. The Industrialization of Europe 1760–1970, Oxford 1981.
Pomeranz, Kenneth, The Great Divergence: China, Europe, and the Making of the Modern World Economy, Princeton 2000.
Rady, Martyn, The Habsburgs. The Rise and Fall of a World Power, New York 2020.
Sankt-Galler Geschichte 2003, Bd. 3: Frühe Neuzeit: Territorien, Wirtschaft; Bd. 4: Frühe Neuzeit: Bevölkerung, Kultur, Rorschach 2003.
Schaltegger, Christoph A., et al., Napoleons reiche Beute, Eine aktuelle Einordnung zur Bedeutung des gestohlenen Berner Staatsschatzes von 1798, Bern 2020.
Schmid, Stefan G., David Werdmüller (1548–1612), Heinrich Werdmüller (1554–1627). Gründer der Zürcher Seidenindustrie (Schweizer Pioniere der Wirtschaft und Technik 73), Zürich 2001.

Ausgewählte Literatur

Schulthess, Hans, Die von Orelli von Locarno und Zürich. Ihre Geschichte und Genealogie, Zürich 1941.

Schumpeter, Joseph, Capitalism, Socialism and Democracy (1942), New York, London 2010.

Schumpeter, Joseph, Theorie der wirtschaftlichen Entwicklung. Eine Untersuchung über Unternehmergewinn, Kapital, Kredit, Zins und den Konjunkturzyklus (Wien 1911[1], Berlin 1934[4]), ND Berlin 1997[9].

Slicher van Bath, Bernard H., The Agrarian History of Western Europe A.D. 500–1850, London 1963.

Somm, Markus, Marignano. Warum die Schweiz keine Grossmacht wurde, Bern 2019[5].

Sowell, Thomas, Wealth, Poverty and Politics. An International Perspective, New York 2015.

Stanyan, Abraham, An Account of Switzerland, Edinburgh 1714.

Stucki, Lorenz, Das heimliche Imperium. Wie die Schweiz reich wurde, Bern, München 1968.

Tanner, Albert, Spulen, Weben, Sticken. Die Industrialisierung Appenzell Ausserrhodens, Zürich 1982.

Thürer, Georg, St. Galler Geschichte: Kultur, Staatsleben und Wirtschaft in Kanton und Stadt St. Gallen von der Urzeit bis zur Gegenwart, 2 Bde., St. Gallen 1953–1972.

Van Zanden, Jan Luiten, The Long Road to the Industrial Revolution: The European Economy in a Global Perspective, 1000–1800, Leiden 2009.

Wartmann, Hermann, Industrie und Handel des Kantons St. Gallen auf Ende 1866. In geschichtlicher Darstellung, St. Gallen 1875.

Weisz, Leo, Die Werdmüller. Schicksale eines alten Zürcher Geschlechts, 3 Bde., Zürich 1949.

Weisz, Leo, Die wirtschaftliche Bedeutung der Tessiner Glaubensflüchtlinge für die deutsche Schweiz, Zürich 1958.

Weisz, Leo, Die zürcherische Exportindustrie. Ihre Entstehung und Entwicklung, Zürich 1937.

Williams, Eric, Capitalism and Slavery (1944), New York 1966.

Anmerkungen

1. Vgl. Rey, Claudia, Politische Debatten werden über Strassenschilder ausgetragen: Zürcher Jungpolitiker überkleben Lenin-Gedenktafel mit Alfred-Escher-Schild, in: *NZZ*, 4. Dezember 2020, https://www.nzz.ch/zuerich/zuerich-jungfreisinnige-und-jusos-ueberkleben-strassenschilder-ld.1590366, abgerufen am 6. Juli 2021.
2. Heinrich Escher, der Vater, starb 1853 in Zürich.
3. Beckert, Sven, Brandon, Pepijn, Mit Blut und Schweiss, in: *NZZ am Sonntag*, 28. Juni 2020: «Die Schweizer Familie Escher besass im 19. Jahrhundert eine Kaffeeplantage auf Kuba, auf der Sklaven schuften mussten. Dies bescherte den Eschers einen erheblichen Teil ihres Vermögens. Alfred Escher erbte das Geld und verwendete es für den Bau der Gotthardbahn.» Das ist eine groteske Annahme: Insgesamt kostete die Gotthardbahn am Ende rund 230 Millionen Franken, heute entspräche das einem Betrag von 12,6 Milliarden Franken. So viel dürfte die Kaffeeplantage in Kuba nicht abgeworfen haben. – Die Finanzierung des Tunnelbaus war übrigens hochkomplex. Es beteiligten sich das Deutsche Reich, das Königreich Italien, die Eidgenossenschaft, diverse Kantone und Gemeinden sowie ein internationales Finanzkonsortium, das unter der Führung der Berliner Disconto-Gesellschaft stand, sowie die beiden Kölner Institute A. Schaafhausen'scher Bankverein und Salomon Oppenheim junior und Compagnie. Das Konsortium umfasste auch zahlreiche renommierte Schweizer Firmen, darunter die Schweizerische Kreditanstalt oder verschiedene Bahngesellschaften.
4. Jung, Joseph, Aufgewärmte «teuflische Angriffe», in: *Tages-Anzeiger*, 10. Juli 2017, https://www.tagesanzeiger.ch/schweiz/standard/aufgewaermte-teuflische-angriffe/story/26467853, abgerufen am 13. Juli 2021.
5. International Monetary Fund, GDP per capita, current prices U.S. dollars per capita (2021), https://www.imf.org/external/datamapper/NGDPDPC@WEO/OEMDC/ADVEC/WEOWORLD, abgerufen am 13. Juli 2021; The World Bank, GDP per capita, current US $ (2020), https://data.worldbank.org/indicator/NY.GDP.PCAP.CD?most_recent_value_desc=true, abgerufen am 13. Juli 2021; UNECE, Gross domestic product (GDP) per capita (2019), https://w3.unece.org/PXWeb/en/CountryRanking?IndicatorCode=12, abgerufen am 13. Juli 2021.
6. Für alle folgenden Titel finden sich die präzisen bibliografischen Angaben im Literaturverzeichnis.
7. Savary des Brûlons, Jacques; Savary, Philémon-Louis, Dictionnaire universel du commerce, Bd. 4: commerce et compagnies, Genf 1750, Sp. 309 f.
8. Ebd.
9. Neues Conversations-Lexikon für alle Stände, H.J. Meyer, Hg., Hildburghausen, New York 1857, 1058, Stichwort Basel.
10. Ebel, Johann Gottfried, Schilderung der Gebirgsvölker der Schweiz, 2 Bde., Leipzig 1802, II 279.
11. Ebd.
12. Menzel, Ulrich, Auswege aus der Abhängigkeit. Die entwicklungspolitische Aktualität Europas, Frankfurt/Main 1988, 31.
13. Ebd.
14. Ebd.
15. Die «schöpferische Zerstörung» ist inzwischen zu einem Household-Name

geworden, wenn es darum geht, den wirtschaftlichen Entwicklungsprozess zu beschreiben. Beeinflusst von Karl Marx und Werner Sombart, führte Schumpeter diesen Begriff in seinem Werk «Capitalism, Socialism and Democracy» ein, das 1942 auf Englisch publiziert worden war («Creative Destruction»), vgl. ders., Capitalism, Socialism and Democracy (1942), New York, London 2010, 73. Schumpeter (1883–1950), ein Volkswirtschaftler, stammte aus Österreich-Ungarn, wo er auch als Professor tätig war, er emigrierte später in die USA, um an der Harvard University in Cambridge, Mass., einen Lehrstuhl zu besetzen. Er gilt als einer der wichtigsten Ökonomen des 20. Jahrhunderts, unter anderem machte er sich einen Namen als Begründer einer Unternehmertheorie.

16 Vgl. Menzel, Auswege aus der Abhängigkeit, 33 f.
17 Ebd., 34.
18 Sigg, Otto, Zunftherrlichkeit: die Zürcher Zünfte 1336 bis 1798, in: 650 Jahre Zürcher Zünfte, Fs, Zentralkomitee der Zünfte Zürichs, Hg., Zürich 1986, 12–32.
19 Vgl. Maddison, Angus, Monitoring the World Economy, 1820–1992, Paris 1995; sowie Statistics on World Population, GDP and Per Capita GDP, 1-2008 AD, http://www.ggdc.net/maddison/Historical_Statistics/horizontal-file_02-2010.xls, abgerufen am 13. März 2021.
20 Ebel, Gebirgsvölker, 271.
21 Ebd., 272.
22 Ebd., 272.
23 Ebd., 272.
24 Ebd., 272.
25 Zit. n. Meyer, Ferdinand, Die evangelische Gemeinde in Locarno. Ihre Auswanderung nach Zürich und ihre weitern Schicksale. Ein Beitrag zur Geschichte der Schweiz im 16. Jahrhundert, 2 Bde., Zürich 1836, 324; für die übrigen Informationen über Greco siehe 323 ff. und 417 ff. Meyer hat Grecos Fall ausführlich dargestellt, das gilt im Übrigen auch für die gesamte Geschichte der Locarner Flüchtlinge. Ich stütze mich daher vorwiegend auf diese Studie, zumal Meyer damals so gut wie alle greifbaren Quellen ausgewertet hat. Seither wurde nur mehr wenig Neues zutage gefördert. Meyer (1799–1840) arbeitete als Historiker, Staatsschreiber und wirkte darüber hinaus als Politiker. Als Konservativer brachte er es unter anderem zum Regierungsrat des Kantons Zürich. Ausserdem war er der Vater des Schriftstellers Conrad Ferdinand Meyer. Vgl. darüber hinaus Bodmer, Walter, Der Einfluss der Refugianteneinwanderung von 1550–1770 auf die schweizerische Wirtschaft. Ein Beitrag zur Geschichte des Frühkapitalismus und der Textilindustrie, Zürich 1946, 24 f., sowie Weisz, Leo, Die wirtschaftliche Bedeutung der Tessiner Glaubensflüchtlinge für die deutsche Schweiz, Zürich 1958, dann Pfister, Rudolf, Um des Glaubens willen. Die evangelischen Flüchtlinge aus Locarno und ihre Aufnahme zu Zürich im Jahre 1555, Zürich-Zollikon 1955, schliesslich Canevascini, Simona; Bianconi, Piero; Huber, Rodolfo, L'esilio dei protestanti locarnesi, Locarno 2005.
26 Zit. n. Meyer, evangelische Gemeinde, 324.
27 Zit. n. ebd., 151.
28 Zit. n. ebd., 152 f.
29 Ausser Appenzell, das in der Vogtei Locarno nichts zu sagen hatte. Denn die Herrschaftsverhältnisse im damaligen Tessin waren höchst komplex. Die vier ennetbirgi-

schen Vogteien im engeren Sinn: Maggia (seinerzeit auf Deutsch Maiental genannt), Locarno (Luggarus), Lugano (Lauis) und Mendrisio (Mendris) wurden von 1512 bis 1798 von den zwölf Orten (ohne Appenzell) regiert, wobei sich die Landvögte jedes zweite Jahr im Turnus abwechselten. Dagegen gehörte die Leventina (Livinental) allein dem Kanton Uri, während Bellinzona (Bellenz), Blenio (Bollenz) und Riviera (Reffier) von den drei Urkantonen Uri, Schwyz und Unterwalden kollektiv verwaltet wurden.

30 Zit. n. Meyer, evangelische Gemeinde, 418.
31 Ebd., 418.
32 Zit. n. ebd., 419.
33 Georgius Lätus, ehemaliger Stadtschreiber von Augsburg, an Heinrich Bullinger, 5. Mai 1555, zit. n. ebd., 462.
34 Zit. n. ebd., 336.
35 Zit. n. ebd. 450.
36 Zit. n. Weisz, Tessiner Glaubensflüchtlinge, 16.
37 Seckler waren Handwerker, die sich auf die Herstellung von Lederwaren spezialisiert hatten, insbesondere Seckel, die man am Gürtel trug. Sie fertigten aber auch Ranzen, Taschen oder Lederhandschuhe. Sie waren sowohl in Zürich als auch in Basel Mitglied der Saffran-Zunft (Safran in Basel). Diese Zunft vereinte die Krämer, also Händler, Kaufleute im weitesten Sinn, dann aber auch Apotheker, Buchdrucker, Bürstenbinder, Gürtler, Posamenter, Zuckerbäcker, Knopfmacher, Strehlmacher oder Nadler.
38 Zit. n. Weisz, Tessiner Glaubensflüchtlinge, 20.
39 Zit. n. ebd., 18.
40 Zit. n. ebd., 18.
41 Zit. n. ebd., 18.
42 Inhaber einer Metzgerei in Schönenwerd/Niedergösgen, zit. n. Braun, Rudolf, Sozio-kulturelle Probleme der Eingliederung italienischer Arbeitskräfte in der Schweiz, Erlenbach-Zürich 1970, 233.
43 Zit. n. ebd., 233.
44 Vgl. Bodmer, Refugianteneinwanderung, 24f., sowie Schulthess, Hans, Die von Orelli von Locarno und Zürich. Ihre Geschichte und Genealogie, Zürich 1941.
45 Mitteilung der Mailänder Gesandten an der Tagsatzung in Baden, 3. Juli 1555, zit. n. Weisz, Tessiner Glaubensflüchtlinge, 13.
46 Vgl. ebd., 13.
47 Zit. n. ebd., 34.
48 Pfister, Ulrich, Die Zürcher Fabriques. Protoindustrielles Wachstum vom 16. zum 18. Jahrhundert, Zürich 1992, 39.
49 Vgl. Mazzaoui, Maureen Fennell, The Italian Cotton Industry in the Later Middle Ages, 1100–1600, Cambridge 1981.
50 Vgl. ebd., 154ff.
51 Pfister, Fabriques, 40. Das zweite Zitat stammt aus Coleman, Donald C., An Innovation and its Diffusion: The «New Draperies», in: *Economic History Review*, 22 (1969), 417–429.
52 Vgl. Weisz, Tessiner Glaubensflüchtlinge, 21f., alle folgenden Zitate stammen aus der Enquete, auf die sich Weisz beruft.

Anmerkungen

53 Pfister, Fabriques, 40.
54 Zit. n. Weisz, Tessiner Glaubensflüchtlinge, 45.
55 Zit. n. ebd., 25.
56 Zit. n. ebd., 52.
57 Zit. n. ebd., 54.
58 Zit. n. ebd., 54.
59 Zit. n. ebd., 58.
60 Zit. n. ebd., 59.
61 Teile dieses Porträts von Turrettini sind bereits in der *SonntagsZeitung* veröffentlicht worden: Somm, Markus, Monument falscher Politik, in: *SonntagsZeitung*, 5. Juli 2020. Zum protestantischen Lucca und Turrettini vgl. Grell, Ole Peter, Brethren in Christ. A Calvinist Network in Reformation Europe, Cambridge 2011, 19 ff. Ebenso ergiebig: Bodmer, Refugiantenbewegung, 41 ff.
62 Zit. n. Grell, Brethren in Christ, 33.
63 McNair, Philip, Peter Martyr in Italy. An Anatomy of Apostasy, Oxford 1967, 221. Als Rektor amtierte Peter Martyr Vermigli (1499–1562), ein einflussreicher reformierter Theologe aus Florenz. Er floh 1542 nach Zürich, wo er später als Professor für das Alte Testament an der Hohen Schule lehrte, der Akademie. Zuvor hatte er in Basel, Strassburg und Oxford im Exil gelebt. Er starb 1562 in Zürich.
64 Die italienische Kirche von Genf war schon 1556 gegründet worden. Ihr erster Pfarrer war Celso Massimiliano Martinengo (1515–1557), ein reformierter Prediger aus Brescia. Er hatte in Lucca an der Akademie San Frediano gelehrt. Er starb 1557 in Genf.
65 Bodmer, Refugiantenbewegung, 82.
66 Zur Geschichte der Familie Werdmüller vgl. Weisz, Leo, Die Werdmüller. Schicksale eines alten Zürcher Geschlechts, 3 Bde., Zürich 1949; und Schmid, Stefan G., David Werdmüller (1548–1612), Heinrich Werdmüller (1554–1627). Gründer der Zürcher Seidenindustrie (Schweizer Pioniere der Wirtschaft und Technik 73), Zürich 2001, ausserdem: Pfister, Fabriques, 50 ff., 155 f.
67 Bannerherr oder Pannerherr war ursprünglich der Fähnrich eines militärischen Aufgebotes. Je nach Kanton bezeichnete der Rang später verschiedene militärische Funktionen (zum Teil auch zivile). In Zürich – und Lochmann war Zürcher – verstand man darunter einen rein militärischen Rang, vergleichbar mit einem Stabschef. Oft behielt man den Titel auch als Ehrentitel, lange nachdem man an einem Feldzug teilgenommen hatte.
68 Peyer, Hans Conrad, Von Handel und Bank im alten Zürich, Zürich 1968, 25.
69 Ebd., 27.
70 Schmid, Werdmüller, 66.
71 Schumpeter, Joseph, Theorie der wirtschaftlichen Entwicklung. Eine Untersuchung über Unternehmergewinn, Kapital, Kredit, Zins und den Konjunkturzyklus (Wien 1911^1, Berlin 1934^4), ND Berlin 1997^9, 137.
72 Ebd., 138 f.
73 Werdmüller, David u. Heinrich, Eingabe von 1587 an den Rat der Stadt Zürich, zit. n. Schmid, Werdmüller, 74 f., modernisierter Wortlaut. Das Original findet sich zit. bei Weisz, Werdmüller, 90 ff.
74 Zit. n. Schmid, Werdmüller, 74.

75 Zit. n. ebd., 74.
76 Vgl. Kirzner, Israel M., Creativity and/or Alertness: A Reconsideration of the Schumpeterian Entrepreneur, in: *Review of Austrian Economics* 11 (1999), 11. Oder grundlegend: Kirzner, Israel M., Competition and Entrepreneurship, Chicago 1973.
77 Casson, Mark, Der Unternehmer. Versuch einer historisch-theoretischen Deutung, in: *Geschichte und Gesellschaft* 27 (2001), 525; vgl. ausserdem ders., The Entrepreneur. An Economic Theory, Oxford 1982.
78 Zit. n. Schmid, Werdmüller, 74.
79 Zit. n. ebd., 74.
80 Zit. n. ebd., 74.
81 Zit. n. ebd., 74 f.
82 Zit. n. ebd., 75.
83 Zit. n. ebd., 75.
84 Weisz, Werdmüller, 90.
85 Otto Anton Werdmüller, Otto Werdmüllersche Familiengeschichte, aus Quellen gesammelt und bearbeitet, Theil I, in: Zentralbibliothek Zürich, Handschriftenabteilung, ZBZ Ms. P 149, zit. n. Schmid, Werdmüller, 67.
86 Vögelin, Salomon, Das alte Zürich historisch und antiquarisch dargestellt, Bd. 1, Zürich 1878², zit. n. Schmid, Werdmüller, 49.
87 Der erste Zürcher Pestalozzi, Johann Heinrich, war allerdings nicht aus religiösen Gründen von Chiavenna nach Zürich gekommen, sondern um sich hier zum Kaufmann ausbilden zu lassen. Er blieb.
88 Peter Bion (oder dessen Familie) kam ursprünglich zwar aus Strassburg, doch hatte er lange in Heidelberg gelebt, bevor er nach St. Gallen floh.
89 Zit. n. Wartmann, Hermann, Handel und Industrie des Kantons St. Gallen auf Ende 1866. In geschichtlicher Darstellung, Kaufmännisches Directorium in St. Gallen, Hg., St. Gallen 1875, 87.
90 Zit. n. ebd. 88.
91 Verfügung der Schneiderzunft, St. Gallen, 1718, zit. n. ebd. 88.
92 Zit. n. ebd. 88.
93 Konferenz der Schirmorte, 20. Mai–7. Juni 1697, Rorschach, zit. n. Dierauer, Johannes, Geschichte der Schweizerischen Eidgenossenschaft, Bd. 4, Gotha 1921, 186.
94 Wartmann, Industrie, 90.
95 Die Beispiele stammen aus der umfassenden Datenbank, die Cooperaxion, eine «Stiftung für nachhaltige Entwicklung und interkulturellen Austausch» in Bern, aufgebaut hat, um möglichst viele Beispiele zu dokumentieren, siehe: Cooperaxion, Hg., Datenbank der im Sklavenhandel involvierten Schweizer, in: https://www.cooperaxion.org/sklavenhandel/, abgerufen am 19. Juni 2021.
96 Die Ostindien-Kompanie wäre noch heute das grösste Unternehmen der Welt. Umgerechnet auf aktuelle Verhältnisse wiese es eine Börsenkapitalisierung von 7,9 Billionen $ auf, das wäre umfangreicher als das BIP von Deutschland und Japan zusammen. Apple, die derzeit wertvollste Firma der Welt, ist mit einer Börsenkapitalisierung von 2,2 Billionen $ (2020) fast viermal kleiner, vgl. Desjardins, Jeff, How today's tech giants compare to the massive companies of empires past, in: *Insider*, 13. Dezember 2017, https://www.businessinsider.com/how-todays-tech-giants-compare-

to-massive-companies-of-empires-past-2017-12?r=US&IR=T, abgerufen am 20. Juni 2021.
97 Anthony Gondy, Charleston, an seinen Bruder in der Nähe von Lausanne, 28. Mai 1733, in: Kelsey, R. W., Swiss Settlers in South Carolina, in: *The South Carolina Historical and Genealogical Magazine* 23,3 (1922), 88, https://www.jstor.org/stable/27569585?seq=3#metadata_info_tab_contents, abgerufen am 20. Juni 2021.
98 Samuel Dyssli, Charleston, an seine Mutter und seine Brüder sowie Freunde, 3. Dezember 1737, in: ebd., 89 f.
99 Dyssli an Mutter etc., in: ebd., 91.
100 Gondy an Bruder, in: ebd., 87.
101 Dyssli an Mutter etc., in: ebd., 90.
102 Teile dieses Porträts sind schon im *Nebelspalter* veröffentlicht worden: Somm, Markus, Die dunkle Hinterlassenschaft der Sklaverei. Wie schwer wiegt unsere Schuld?, in: *Nebelspalter*, 26. Juni 2021.
103 Vgl. Ramos, Donald, Slavery in Brazil: A Case Study of Diamantina, Minas Gerais, in: *The Americas* 45,1 (1988), 47–59.
104 Sowell, Thomas, Wealth, Poverty and Politics. An International Perspective, New York 2015, 219 f.
105 Ebd., 220.
106 Teile dieser Entstehungsgeschichte der abolitionistischen Bewegung wurden bereits in der *SonntagsZeitung* publiziert: Somm, Markus, Gott sieht alles, in: *Sonntags-Zeitung*, 14. Juni 2020.
107 Williams, Eric, Capitalism and Slavery (1944), New York 1966. Williams begann seine Karriere als Wissenschaftler, wechselte dann aber in die Politik. Er stammte aus Trinidad und Tobago, einem karibischen Inselstaat, der 1958 seine Unabhängigkeit von Grossbritannien erlangte. Schon 1956 zum Chief Minister aufgestiegen, amtierte Williams von 1958 bis zu seinem Tod im Jahr 1981 als Premierminister von Trinidad und Tobago. Faktisch regierte er als Alleinherrscher.
108 Eltis, David; Engerman, Stanley L., The Importance of Slavery and the Slave Trade to Industrializing Britain, in: *The Journal of Economic History* 60,1 (2000), 123–144.
109 Eine Auswahl: Eltis, David, The Rise of African Slavery in the Americas, Cambridge 2000; ders., The Slave Economies of the Caribbean: Structure, Performance, Evolution and Significance, in: The UNESCO General History of the Caribbean, 3: The Slave Societies of the Caribbean, Knight, Franklin, Hg., London 1997, 104–137; Engerman, Stanley L., The Slave Trade and British Capital Formation in the Eighteenth Century: A Comment on the Williams Thesis, in: *Business History Review* 46, 4 (1972), 430–443; ders., The Atlantic Economy of the Eighteenth Century: Some Speculations on Economic Development in Britain, America, Africa and Elsewhere, in: *Journal of European Economic History* 24,1 (1995), 146–175.
110 Eltis, Engerman, Importance of Slavery, 129.
111 Ebd., 130.
112 Ebd., 130 f.
113 Diese Unabhängigkeit hatten die Sklaven selbst in mehreren, überaus blutigen Aufständen errungen.
114 Vgl. Thomas, R.P., The Sugar Colonies of the Old Empire: Profit or Loss for Great Britain?, in: *Economic History Review* 21,1 (1968), 30–45.

115 Eltis, Engerman, Importance of Slavery, 135.
116 Rönnbäck, Klas, On the economic importance of the slave plantation complex to the British economy during the eighteenth century: a value-added approach, in: *Journal of Global History*, 13,3 (2018), 309–327.
117 Wobei sich Eltis und Engerman allein auf die Zuckerindustrie konzentrierten. Mit Recht, da diese die mit Abstand grösste Plantagenwirtschaft in der Karibik darstellte.
118 Beckert, Sven, Brandon, Pepijn, Mit Blut und Schweiss, in: *NZZ am Sonntag*, 28. Juni 2020.
119 O'Rourke, Kevin H.; Prados de la Escosura, Leandro; Daudin, Guillaume, Trade and Empire, in: Broadberry, Stephen; O'Rourke, Kevin H., The Cambridge Economic History of Modern Europe, 1: 1700–1870, Cambridge 2012, 118.
120 Castellani Zahir, Elisabeth, Ledoux oder Paris? Franz. Pläne für das Rathaus im preussischen Neuenburg (1783–1790), in: *Schweizer Ingenieur und Architekt* 21 (1999), 455–460.
121 Spanien, genauer Teile davon, blieben in der Hand der Muslime, bis 1492 ihr letztes Gebiet, das Emirat von Granada, den christlichen Königreichen Kastilien und Aragon unterlag. Sizilien hielten die Araber bis 1091 besetzt, als die Normannen sich die Insel aneigneten.
122 Mit Guadeloupe tauschten die Franzosen 1763 noch zwei weitere Zuckerinseln ein, die die Briten ihnen im Siebenjährigen Krieg abgenommen hatten: Martinique und Saint Lucia. Erstere ist bis heute bei Frankreich geblieben, letztere ging an die Briten, und ist seit 1979 ein unabhängiger Kleinstaat. Staatsoberhaupt ist die britische Königin.
123 Zit. n. Greenfield, Sidney M., Plantations, Sugar Cane and Slavery, in: Historical Reflections/Réflexions historiques 6,1 (1979), 85–119. Zur Geschichte des Plantagensystems im Mittelmeer vgl. Mazzaoui, Italian Cotton Industry; Heyd, Wilhelm v., Geschichte des Levantehandels im Mittelalter, 2 Bde., Stuttgart 1879; Galloway, J. H., The Mediterranean Sugar Industry, in: *Geographical Review* 67,2 (1977), 177–194; Greenfield, Sidney M., Plantations, Sugar Cane and Slavery, in: *Historical Reflections/Réflexions Historiques* 6,1 (Roots and Branches: Current Directions in Slave Studies) (1979), 85–119.
124 Vgl. Curtin, Philip D., The Rise and Fall of the Plantation Complex: Essays in Atlantic History, Cambridge, England 1998.
125 Teile dieser Geschichte der St. Galler Stickerei wurden schon in der *Weltwoche* veröffentlicht: Somm, Markus, Last der Geschichte, in: *Die Weltwoche*, 6. März 2008.
126 Baumberger, Georg, Handelsplatz St. Gallen, zit. n. Thürer, Georg, St. Galler Geschichte: Kultur, Staatsleben und Wirtschaft in Kanton und Stadt St. Gallen von der Urzeit bis zur Gegenwart, 2 Bde., St. Gallen 1953–1972, 465 f.
127 Nef, Willi, St. Gallen vor der Jahrhundertwende, zit. n. Thürer, St. Galler Geschichte, 468.
128 Vgl. Röllin, Peter, Hg., Stickerei-Zeit. Kultur und Kunst in St. Gallen, 1870–1930, St. Gallen 1990, 10.
129 Zit. n. Leuenberger, Hans Rudolf, 500 Jahre Kaufmännische Corporation St. Gallen, St. Gallen 1966, 87.

130 Vgl. Solar, Gustav; Hösli, Jost, Hans Conrad Escher von der Linth. Ansichten und Panoramen der Schweiz, Zürich 1974; Speich Chassé, Daniel, Linth Kanal. Die korrigierte Landschaft – 200 Jahre Geschichte, Glarus 2002.
131 Die Literatur über Alfred Escher ist unübersehbar. Massgebend: Jung, Joseph, Alfred Escher (1819–1882). Der Aufbruch zur modernen Schweiz, 4 Bde., Zürich 2006; ders., Alfred Escher 1819–1882. Aufstieg, Macht, Tragik, Zürich 2014^5.
132 Keller-Escher, Carl, Fünfhundert und sechzig Jahre aus der Geschichte der Familie Escher vom Glas: 1320–1885. Festgabe zur Feier des 500. Jahrestages ihrer Einbürgerung zu Zürich. 2 Bde., Zürich 1885, 77.
133 Andreae, Johann Gerhard Reinhard, Briefe aus der Schweiz nach Hannover geschrieben in dem Jahre 1763, Zürich, Winterthur 1776, 49.
134 Ebd., 49.
135 Ebd., 49.
136 Ebd., 50.
137 Hans Caspar Escher 1794 im Tagebuch über seine Mutter, zit. n. Mousson, Albert, Lebensbild von Johann Caspar Escher im Felsenhof, in: *Neujahrsblatt zum Besten des Waisenhauses in Zürich* 31 (1868), 8. Escher führte, seit er 18 Jahre alt geworden war, ein Tagebuch, eine Praxis, die er bis ins hohe Alter beibehielt. Hatte er als Jugendlicher noch sehr detailliert und subjektiv berichtet, als handelte es sich um einen Roman, notierte er dann als Unternehmer in erster Linie Zahlen, Geschäftsideen, Personalentscheide oder Marktbeobachtungen, vgl. Mousson, Lebensbild, 5.
138 Ebd., 6.
139 Freihauptmann war eine ehrenvolle Position, woran wohl lag, dass man Johannes Escher auch lange nach seinem Militärdienst noch so bezeichnete. Der Militärhistoriker Jürg Stüssi-Lauterburg schreibt: «Der Freihauptmann war Kommandant einer Freikompanie, also einer ausserhalb der beschlossenen oder fest besoldeten Formationen, nicht ohne Zutun des Freihauptmanns selbst aufgestellten Kompanie. Diese ist nicht etwa als kleine Privatarmee zu verstehen, sie gehörte zur obrigkeitlichen bewaffneten Macht, verursachte aber weniger Kosten und verschaffte dem Freihauptmann den gesellschaftlich erstrebenswerten militärischen Grad. In der gleichen Epoche wurden in Frankreich und England militärische Grade noch gekauft und als Geburtstagsgeschenke etc. eingesetzt.» Persönliche Mitteilung an Markus Somm, 26. April 2020.
140 Escher, Tagebuch, 1793, zit. n. Mousson, Lebensbild, 7. Escher fing während des Militärdienstes sein Tagebuch an.
141 Die genauen Zahlen sind unsicher – auf beiden Seiten. In der Literatur schwanken die Schätzungen zwischen 300 und 800 Schweizern, die insgesamt zu Tode kamen. Wenn es um die Zahl der toten Revolutionäre geht, ist der Kenntnisstand noch prekärer: Man geht von 300 bis 4000 Toten aus. Vgl. Czouz-Tornare, Alain-Jacques, Tuileriensturm, in: HLS, https://hls-dhs-dss.ch/de/articles/008916/2014-02-25/, abgerufen am 6. April 2020; nach wie vor von Interesse: Vallière, Paul de, Treue und Ehre. Geschichte der Schweizer in fremden Diensten, Lausanne 1940 (franz. 1913), 631 f.
142 Napoleon Bonaparte über den Tuileriensturm im Tagebuch des Emmanuel Comte de Las Cases: ders., Mémorial de Sainte-Hélène, ou journal où se trouve consigné, jour par jour, ce qu'a dit et fait Napoléon durant dix-huit mois, 5, Paris 1840, 241

(Eintrag vom 3. August 1816). De Las Cases (1766–1842) hatte als Offizier unter Napoleon gedient und war diesem in die Verbannung nach St. Helena gefolgt. Er blieb anderthalb Jahre, bis ihn die britischen Behörden, die Napoleon festhielten, auswiesen. In dieser Zeit diktierte ihm Napoleon seine Memoiren. Deutsch zit. n. Vallière, Treue und Ehre, 629.
143 Ebd., 630.
144 Hans von Reinhard (1755–1835) versah zahlreiche Ämter in Zürich und der Eidgenossenschaft, insbesondere amtierte er von 1803 bis 1831 als erster beziehungsweise zweiter Bürgermeister, zit. n. Dändliker, Karl, Geschichte der Schweiz mit besonderer Rücksicht auf die Entwicklung des Verfassungs- und Kulturlebens von den ältesten Zeiten bis zur Gegenwart, Bd. 3, Zürich 1895, 284.
145 Der Solddienst für den französischen König hatte schon im Lauf des 15. Jahrhunderts eingesetzt. 1453 schlossen die eidgenössischen Orte ein erstes Bündnis mit Frankreich, das die Beziehungen diplomatisch ordnete, und 1480 stellte man König Ludwig XI. zum ersten Mal reguläre Schweizer Truppen zur Verfügung, gut 6000 Mann. Alle Soldaten trugen als Erkennungszeichen das Schweizerkreuz. 1497 machte König Karl VIII. eine Kompanie von Schweizer Söldnern zu seiner Leibgarde, damit begann der Aufstieg der legendären «Hundertschweizer», die künftig stets den König, dessen Familie und das Innere des Palasts zu beschützen hatten. 1516, nach der Niederlage bei Marignano (1515), schlossen die Eidgenossen mit Frankreich einen Friedensvertrag, den «Ewigen Frieden», worauf 1521 ein umfassendes Soldbündnis folgte, das bis Ende des 18. Jahrhunderts ständig erneuert wurde. In diesem Rahmen dienten Tausende von Schweizer Truppen in Frankreich, das Land war der wichtigste Partner in diesem Geschäft, aber lange nicht der einzige. Das Schweizergarderegiment, oder kurz Gardes suisses genannt, das im Tuileriensturm aufgerieben wurde, war 1616 geschaffen worden. Es war im Gegensatz zu den Hundertschweizern für die äussere Sicherheit des Palastes zuständig und galt als ausgesprochene Elitetruppe. Von 1621 bis 1792 nahm die Schweizergarde an fast jedem Krieg Frankreichs teil: insgesamt an 71 Feldzügen, 154 Schlachten und 30 Belagerungen. 1792 wies das Regiment einen Sollbestand von etwa 2400 Mann auf, tatsächlich waren es bloss 1200. Das Löwendenkmal in Luzern erinnert seit 1821 an den Untergang der Schweizergarde im Tuileriensturm. Vgl. Fuhrer, Hans Rudolf; Eyer, Robert-Peter, Schweizer in Fremden Diensten, Zürich 2005; Henry, Philippe, Fremde Dienste, in: HLS, https://hls-dhs-dss.ch/de/articles/008608/2017-12-08/#HVonden AnfE4ngenbiszurMittedes19.Jahrhunderts, abgerufen am 6. April 2020.
146 Zit. n. Schnyder-Seidel, Barbara, Goethes letzte Schweizer Reise, Frankfurt/Main 1980, 375. Eine Elle ist eine alte Längenmasseinheit, die besonders unter Textilfabrikanten und Schneidern verbreitet war. Je nach Region und Material, das man abmass, war sie unterschiedlich lang, in der Regel mass eine Elle zwischen 0,5 und 1 Meter.
147 Keyssler, Johann Georg, Neueste Reisen durch Deutschland, Böhmen, Ungarn, die Schweiz, Italien und Lothringen, Hannover 1751, 332.
148 Wartmann, Hermann, Escher, Johann Kaspar, in: Allgemeine Deutsche Biographie, Bd. 6, Leipzig 1877, https://de.wikisource.org/w/index.php?title=ADB:Escher,_ Caspar&oldid=-, abgerufen am 18. April 2020, 360. «Sol» ist die ältere Bezeichnung

für den französischen Sou, eine Silber- beziehungsweise Kupfermünze, die damals recht verbreitet war.
149 Escher, Tagebuch, 1794, zit. n. Mousson, Lebensbild, 8.
150 Ebd., 8; rag bedeutet auf Englisch «Lumpen», vermutlich bedeutete «Raggereien» Lumpereien.
151 Ebd., 8.
152 Ebd., 8.
153 Ebd., 8.
154 Ebd., 10.
155 Ebd., 11.
156 Zit. n. Schnyder, Goethe, 380.
157 Escher, Tagebuch, zit. n. Mousson, Lebensbild, 12.
158 Ebd.
159 Johann Wolfgang von Goethe an Geheimrat Christian Gottlob von Voigt, 25. September 1797, zit. n. Stapf, Paul, Hg., Goethes Schweizer Reisen, Basel, Stuttgart 1958, 231 f. Goethe reiste Mitte September 1797 in die Schweiz ein und blieb bis Ende Oktober. Der Aufenthalt ging als seine dritte (und letzte) «Schweizer Reise» in die Literaturgeschichte ein.
160 Ebd.
161 Zu jener Zeit fungierte Goethe bereits seit längerem als Geheimrat (Minister) im Herzogtum Sachsen-Weimar-Eisenach. Das kleine, aber berühmte Gebiet ist heute Teil des deutschen Bundeslandes Thüringen. Zu Meyer vgl. Klauss, Jochen, Der «Kunschtmeyer». Johann Heinrich Meyer: Freund und Orakel Goethes, Weimar 2001.
162 Zit. n. Schnyder, Goethe, 376.
163 Zit. n. Stapf, Schweizer Reisen, 232.
164 Ebd.
165 Zit. n. Dändliker, Geschichte der Schweiz, 3, 312.
166 Vgl. Schaltegger, Christoph A., et al., Napoleons reiche Beute, Eine aktuelle Einordnung zur Bedeutung des gestohlenen Berner Staatsschatzes von 1798, Bern 2020.
167 Vgl. Abplanalp, Andrej, Die Entführung der Berner Bären, in: Blog. Schweizerisches Nationalmuseum, https://blog.nationalmuseum.ch/2018/03/die-entfuehrung-der-berner-baeren, abgerufen am 23. April 2020, sowie Thönen, Simon, Das Bärchen des Ancien Régime, in: *Der Bund,* 2. August 2010. Napoleons Armeen raubten übrigens in allen Ländern, die sie erobert hatten, Tiere, ob in Italien, Deutschland, Holland oder Ägypten. Die meisten brachte man in den Pariser Zoo.
168 Zit. n. Hilty, Carl, Öffentliche Vorlesungen über die Helvetik, Bern 1878, 311.
169 Peinliches Gesetzbuch der helvetischen einen und unteilbaren Republik, beschlossen vom Grossen Rat am 1. April 1799, § 7,2.
170 Escher, Tagebuch, zit. n. Mousson, Lebensbild, 17.
171 Das Unternehmen hiess «General-Societät der englischen Baumwollspinnerei in St. Gallen». Die Kaufmännische Corporation, der jahrhundertealte Verband der St. Galler Kaufleute, zeichnete zehn der fünfzig Aktien, die übrigen wurden von St. Galler und Appenzeller Fabrikanten übernommen.
172 1754 unter diesem Namen ins Leben gerufen, besteht diese Gesellschaft noch immer. Sie heisst heute allerdings Royal Society of Arts.

173 Goethe, Johann Wolfgang von, Wilhelm Meisters Wanderjahre (1829), Leipzig 1923, 3. Buch, Kap. 13, 988 f.
174 Ebd., 989.
175 Wülflingen ist seit 1922 ein Stadtteil von Winterthur.
176 Spindler hiessen im Mittelalter die Handwerker, die die Spindeln für die Spinnräder fertigten.
177 Hans Caspar Escher, 10. März 1805, Rede anlässlich der Gründungsversammlung von Escher Wyss, zit. n. Hoigné, Franz H., Gründung und Entwicklung der Spinnerei und Maschinenfabrik Escher Wyss & Cie., 1805–1859, Zürich 1916, 17.
178 Hans Caspar Escher, o.J., zit. n. ebd., 18.
179 Ebd., auch für die folgenden kurzen Zitate.
180 Johannes Escher, Tagebuch, Februar 1807, zit. n. Peyer, Hans Conrad, Familie, Geschäft und Politik, 1806–1810, in: *Zürcher Taschenbuch* 78 (1958), 100 f.
181 Ebd., 97.
182 Ebd.
183 Johannes Escher, Tagebuch, Februar 1807, zit. n. Peyer, Familie, Geschäft und Politik, 103.
184 Ein wichtiger Vertreter dieser Theorie ist Ulrich Menzel, so vor allem in: ders., Auswege aus der Abhängigkeit, 49 ff.
185 Das eine: wirtschaftliche Kraft, und das andere: politische Macht, scheinen sich auszuschliessen. Kaum eine einzige der grossen imperialen Hauptstädte Europas liegt in einem der frühen Industriegebiete. Weder Paris noch Madrid, noch Wien oder Berlin, geschweige denn Moskau oder Rom. London ist die bezeichnende Ausnahme.
186 Die Zahlen sind umstritten. Gemäss neuestem Forschungsstand variieren die Angaben zwischen 422 000 und 685 000. Auch die Zahl der Gefallenen und Verwundeten steht nicht definitiv fest, folglich auch jene der Rückkehrer nicht: Hier schwanken die Schätzungen zwischen 10 000 und 70 000.
187 Escher, Hans Caspar, Briefe aus England, 1, in: Zürcherische Beyträge zur wissenschaftlichen und geselligen Unterhaltung, 1/2 (1815), 102.
188 Ebd., 101.
189 Ebd., 105.
190 Ebd., 112 f.
191 Ebd., 114.
192 Escher, Briefe aus England, 3, in: Zürcherische Beyträge zur wissenschaftlichen und geselligen Unterhaltung, 1/3 (1815), 106.
193 Escher, Briefe aus England, 1, in: Zürcherische Beyträge zur wissenschaftlichen und geselligen Unterhaltung, 1/2 (1815), 114.
194 Escher, Briefe aus England, 3, in: Zürcherische Beyträge zur wissenschaftlichen und geselligen Unterhaltung, 1/3 (1815), 106.
195 Ebd., 106 f.
196 Ebd., 108.
197 Ebd., 108 f.
198 Ebd., 109.
199 Ebd., 112.
200 Ebd., 111.

201 Ebd., 113.
202 Ebd., 113.
203 Ebd., 113.
204 Ebd., 116.
205 Hans Caspar Escher, Zirkular an die Aktionäre, 1810, zit. n. Hoigné, Escher Wyss, 37.
206 Ebd., 37.
207 Ebd., 38.
208 Ebd., 38.
209 Ebd., 38.
210 McCloskey, Deirdre Nansen, Bourgeois Equality: How Ideas, Not Capital or Institutions, Enriched the World (Bd. 3 der Trilogie «The Bourgeois Era»), Chicago 2016. Vgl. ausserdem: Landes, David S., The Wealth and Poverty of Nations. Why Some Are So Rich and Some So Poor, New York, London 1998; Mokyr, Joel, The Enlightened Economy. Britain and the Industrial Revolution 1700–1850, London 2011 und neuerdings ders., A Culture of Growth. The Origins of the Modern Economy, Princeton, Oxford 2016.
211 Hans Caspar Escher, Protokoll von Escher Wyss & Cie. vom 27. April 1814, zit. n. Hoigné, Escher Wyss, 44.
212 Hans Caspar Escher, 22. Dezember 1823, zit. n. Dudzik, Peter, Innovation und Investition. Technische Entwicklung und Unternehmerentscheide in der schweizerischen Baumwollspinnerei, 1800 bis 1916, Zürich 1987, 123 f.
213 Ebd., 123.
214 Ebd., 124.
215 Escher, Briefe aus England, 1, in: Zürcherische Beyträge zur wissenschaftlichen und geselligen Unterhaltung, 1/2 (1815), 109.
216 Escher Wyss, Hg., 150 Jahre Escher Wyss, 1805–1955 *Escher Wyss Mitteilungen* 27/28, Zürich 1955, 5.
217 *The Manchester Guardian*, 1845, zit. n. 150 Jahre Escher Wyss, 18. Im Jahr 1821 von Unternehmern in Manchester gegründet, galt die Zeitung als führendes liberales, freihändlerisches Blatt der Epoche. 1959 verkürzte die Zeitung ihren Namen auf *The Guardian*, 1964 zog man nach London um. Heute ist der *Guardian* links der Mitte positioniert.
218 Albert Escher, Brief an den Vater, 1840, zit. n. 150 Jahre Escher Wyss, 20.
219 Als Escher Wyss in den 1890er Jahren seine Fabriken an den heutigen Escher-Wyss-Platz verlegte, wurde auch für die Schiffsproduktion eine neue Halle hochgezogen, die als «Schiffbau» bekannt wurde. Heute unterhält das Schauspielhaus Zürich hier eine zweite Bühne.
220 Matthew Murray Jackson (1821–1892) war in Leeds geboren worden, sein Grossvater hatte hier eine eigene Firma gegründet. Berühmt und kreativ, galt dieser seinerzeit als Konkurrent von George Stephenson, dem Erfinder der Eisenbahn, sowie James Watt, der der Dampfmaschine zum Durchbruch verholfen hatte. Jacksons Vater hatte ebenfalls als Ingenieur und Unternehmer die familieneigene Firma geführt.
221 Es wurde 1970 abgerissen – um einem kommunen, halbmodernen Landhaus zu weichen. Das «Alte Schloss» dagegen steht noch. Das Anwesen gehört inzwischen der Pharma-Firma Roche. Sie nutzt es als Weiterbildungszentrum für ihre Kader.

222 Vgl. Mann, Thomas, Buddenbrooks, Berlin 1930.
223 Albert Escher, Brief an den Vater, 1837, zit. n. 150 Jahre Escher Wyss, 4.
224 Bowring, John, Report On The Commerce And Manufactures Of Switzerland: Presented To Both Houses Of Parliament By Command Of His Majesty, London 1836, 3, zit. n. der deutschen Übersetzung, die schon 1837 in Zürich erschien, was zeigt, auf welches Interesse dieser Bericht auch in der Schweiz gestossen war: Bowring, John, Bericht an das Englische Parlament über den Handel, die Fabriken und Gewerbe in der Schweiz, Zürich 1837, 1. Dass dieser Bericht von Orell, Füssli & Cie. veröffentlicht wurde, dem Verlag der alten Seidenfabrikantenfamilie von Orelli, mag ein Zufall sein – und passt dennoch. Die Zürcher Kaufleute und Fabrikanten waren sich von jeher gewohnt, alles genau zu registrieren, was die internationale Konkurrenz umtrieb, und sie hatten ein Interesse, dass möglichst viele Geschäftsleute in der Schweiz davon erfuhren.
225 Ebd., 3.
226 Ebd., 3.
227 Mit den Corn Laws (mit «Corn» meinte man alle Getreidesorten) versuchte Grossbritannien zwischen 1815 und 1846 seine Landwirtschaft vor billigen Importen zu schützen; unter anderem wurden hohe Zölle auf Getreide und andere Nahrungsmittel vom Kontinent erhoben, ausserdem weitere Importeinschränkungen eingeführt. Um stattdessen den Freihandel durchzusetzen, gründeten Liberale 1831 die Anti-Corn Law League, und es entspann sich eine der heftigsten innenpolitischen Auseinandersetzungen, die Grossbritannien im 19. Jahrhundert erlebte. Unter grossem politischem und publizistischem Druck sah sich die konservative Regierung von Robert Peel 1846 veranlasst, die Corn Laws aufzuheben. Grossbritannien galt seither als Champion des Freihandels. John Bowrings Bericht leistete zu diesem Durchbruch zweifelsohne einen Beitrag.
228 Dudzik, Innovation und Investition, 129.
229 Bowring, Bericht an das Englische Parlament, 10.
230 Bericht über die schweizerischen Handelsverhältnisse zu den verschiedenen Staaten des Auslandes, 26. Dezember 1833, Zürich 1833, 6.
231 Ebd., 7.
232 Ebd., 7.
233 Ebd., 7 f.
234 Luden, Heinrich, Das Vaterland, III: Die höchste Aufgabe der Politik, in: Nemesis. Zeitschrift für Politik und Geschichte 1 (1814), 311.
235 Oken, Lorenz, Die Schweizer, in: Nemesis. Zeitschrift für Politik und Geschichte 1 (1814), 511 f.
236 Oken, Lorenz, Neue Bewaffnung, neues Frankreich, neues Teutschland, Jena 1814, 111 f.
237 Ebd., 112.
238 Ludwig I., König von Bayern, 17. Januar 1842, zit. n. Inauen, Josef, Vom «Schurkenstaat» zur vertrauenswürdigen Republik. Die Beziehungen zwischen Baden, Württemberg und Bayern und der Schweiz im Vormärz 1840–1848 und der Wandel in der Wahrnehmung der Eidgenossenschaft durch die süddeutschen Staaten bis 1871, Diss. Universität Freiburg (Schweiz), Freiburg i. Ue. 2013, 388.
239 Bericht über die schweizerischen Handelsverhältnisse, 12 f.

240 Ebd., 23.
241 Ebd., 23
242 Ebd., 13.
243 Braudel, Fernand, Das Mittelmeer und die mediterrane Welt in der Epoche Philipps II., Bd. 1 (Paris 1949), Frankfurt/Main 1994, 45.
244 Ebd., 45.
245 Graubünden hiess bis 1803 «Freistaat Gemeiner Drei Bünde» und bestand aus dem Gotteshausbund, dem Grauen Bund und dem Zehngerichtenbund. Das Wallis war bis 1802 als «Landschaft Wallis und Republik der sieben Zenden» bekannt.
246 Merkwürdigerweise wurden bisher nur wenige Versuche unternommen, dem Phänomen der frühen Eidgenossenschaft mit internationalen Vergleichen beizukommen. Immerhin hat der Zürcher Wirtschaftshistoriker Hans Conrad Peyer eine solche Analyse vorgenommen, auf seine Erkenntnisse stütze ich mich hauptsächlich ab: ders., Der Einfluss der Alpen auf die Strategie im Früh- und Hochmittelalter (8.–13. Jahrhundert), in: Krieg und Gebirge. Der Einfluss der Alpen und des Juras auf die Strategie im Laufe der Jahrhunderte, Schweizerische Vereinigung für Militärgeschichte und Militärwissenschaft, Hg., Hauterive 1988, 57–75.
247 Die Auswahl bezieht sich auf das Mittelalter und die frühe Neuzeit, wobei man heute zu einem fast identischen Befund käme. Fast alle erwähnten Pässe gehören nach wie vor zu den wichtigsten von Europa: vorab Brenner, Gotthard, Grosser St. Bernhard und Mont Cenis, weniger stark befahren sind die Bündner Pässe, abgesehen vom San Bernardino. Ganz in der Bedeutungslosigkeit versunken ist der einst so vielgenutzte Septimer. Nur Wanderer kennen ihn noch.
248 Schon 1563 hatten die Savoyer ihre Residenz von Chambéry nach Turin verlegt, damit verlagerte sich der Passstaat nach Süden. Die Einigung Italiens, die sie 1860 verwirklichten, gelang ihnen nur, weil Frankreich sie im Krieg gegen Österreich unterstützt hatte. Zum Dank traten sie 1860 ihr Stammgebiet, das Herzogtum Savoyen, sowie die Stadt Nizza an Frankreich ab.
249 Umberto II. hiess der letzte König von Italien. Im Exil lebte er unter anderem in Genf, wo er auch starb. Noch heute leben manche Nachfahren der königlichen Familie in der Rhonestadt. Was nicht der Ironie entbehrt: Die Savoyer hatten als Herzöge wieder und wieder versucht, Genf zu erobern. Vergebens.
250 Die Schöllenen liegt zwischen Göschenen und Andermatt. Beide Brücken, die diese Schlucht der Reuss überwinden, die Twärrenbrücke und die Teufelsbrücke, liegen auf diesem Streckenabschnitt. Streng genommen gehört er nicht zum Gotthard. Der eigentliche Pass beginnt in Andermatt und endet in Airolo auf der Alpensüdseite.
251 Vgl. Glauser, Fritz, Der internationale Gotthard-Transit im Lichte des Luzerner Zentnerzolls von 1493 bis 1505, in: *Schweizerische Zeitschrift für Geschichte* 18 (1968), 181. Ebenso informativ: ders., Handel und Verkehr zwischen Schwaben und Italien vom 10. bis 13. Jahrhundert, in: Maurer, Helmut; Schwarzmaier, Hansmartin; Zotz, Thomas, Hg., Schwaben und Italien im Hochmittelalter (Vorträge und Forschungen des Konstanzer Arbeitskreises für mittelalterliche Geschichte 52), Stuttgart 2001, 229–294.
252 Heinrich VII. von Hohenstaufen (1211–1242) war 1220 zum deutschen König gewählt worden, als sein Vater, Friedrich II., noch Kaiser war. Heinrich regierte als Mitkönig neben seinem Vater. Er wurde nie zum Kaiser gekrönt.

253 Freiheitsbrief der Urner, gewährt von König Heinrich VII. am 26. Mai 1231, Hagenau i. Elsass, zit. n. Stadler-Planzer, Hans, Geschichte des Landes Uri, 3 Bde., Schattdorf 2015³, I 221.
254 Blickle, Peter, Friede und Verfassung. Voraussetzungen und Folgen der Eidgenossenschaft von 1291, in: Innerschweiz und frühe Eidgenossenschaft. Jubiläumsschrift 700 Jahre Eidgenossenschaft, 2 Bde. I: Verfassung, Kirche, Kunst, Olten 1990, 89.
255 Zit. n. Der Bundesrat. Das Portal der Schweizer Regierung, Bundesbrief von 1291, https://www.admin.ch/gov/de/start/bundesrat/geschichte-des-bundesrats/bundesbrief-von-1291.html, abgerufen am 27. August 2021.
256 Vgl. chronologische Liste aller Schweizer Schlachten auf Wikipedia: https://de.wikipedia.org/wiki/Liste_der_Kriege_und_Schlachten_der_Schweiz, abgerufen am 24. April 2021.
257 Diese Rangordnung wurde in der Bundesverfassung von 1848 festgeschrieben, ergänzt mit den neuen Kantonen, die seit der napoleonischen Zeit hinzugekommen waren. Sie findet sich auch in der jüngsten Bundesverfassung aus dem Jahr 1999. Die Reihenfolge, wo Zürich als erster (und damit führender) Ort angeführt wird, hatte man schon mit dem Beitritt von Zürich im Jahr 1351 festgelegt (!).
258 Den Begriff Bundesgeflecht hat der Zürcher Historiker Hans Conrad Peyer geprägt, vgl. ders., Verfassungsgeschichte der alten Schweiz, Zürich 1978, 21 ff.
259 Peyer, Einfluss der Alpen, 71.
260 Melchior de Harod de Senevas, Marquis de Saint-Romain, Denkschrift des französischen Botschafters über die Schweiz, 1676, in: Oechsli, Wilhelm, Quellenbuch zur Schweizergeschichte. Für Haus und Familie, Zürich 1901, 505.
261 Ebd., 505 f.
262 Ebd., 506.
263 Vgl. Deininger, Heinz Friedrich, Hg., Das reiche Augsburg. Ausgewählte Aufsätze Jakob Strieders zur Augsburger und süddeutschen Wirtschaftsgeschichte des 15. und 16. Jahrhunderts, München 1938, darin besonders: Strieder, Jakob, Der Zusammenbruch des süd- und mitteleuropäischen Kapitalismus, 45–49.
264 Blickle, Friede, 93.
265 MacCulloch, Diarmaid, Reformation. Europe's House Divided, 1490–1700, London 2003, 139.
266 Luther, Martin, An den christlichen Adel deutscher Nation von des christlichen Standes Besserung (1520), in: ders., D. Martin Luthers Werke (Weimarer Ausgabe, 120 Bände), Weimar 1883–2009, Bd. 6, 27. Punkt, 466, 31 f. Vgl. auch Häberlein, Mark, Die Fugger. Geschichte einer Augsburger Familie (1367–1650), Stuttgart 2006, 171 f.
267 Luther, Martin, Predigten und Schriften (1524), in: ders., D. Martin Luthers Werke (Weimarer Ausgabe, 120 Bände), Weimar 1883–2009, Bd. 15, 312, 9 f.; vgl. auch Prien, Hans-Jürgen, Luthers Wirtschaftsethik, Göttingen 1992, 120 f.
268 Vgl. Weber, Max, Die protestantische Ethik und der Geist des Kapitalismus. Eine Aufsatzsammlung, Winckelmann, Johannes, Hg. (1904/05; Tübingen 1920¹), Gütersloh 1984⁷.
269 Die geschilderte Anekdote findet sich bei McGrath, Alister E., A Life of John Calvin, Oxford 1990, 232 f., wobei McGrath das Zitat allerdings in indirekter Rede wiedergegeben hat.

270 MacCulloch, Reformation, 176.
271 Angaben gemäss Schmidt, Heinrich Richard, Neue Ergebnisse der Alphabetisierungsforschung für die Schweiz und Südwestdeutschland um 1800, in: Tröhler, Daniel, Hg., Volksschule um 1800. Studien im Umfeld der Helvetischen Stapfer-Enquête 1799, Bad Heilbrunn 2014, 149–172.

Personenregister

Alexander I., Pawlowitsch Romanow, Zar von Russland 211 f.
Amelot, Michel-Jean, Marquis de Gournay 124
Andreae, Johann Gerhard Reinhard 172 f., 284
Appiani, Francesco 54
Appiano, Filippo 54
Arkwright, Richard 196, 199
Aubeterre, François d' 268
Balbani (Familie aus Lucca) 83
Balbani, Cesare 87
Baur, Christophe Jean 131
Beccaria, Giovanni 46
Beckert, Sven 151, 277, 283
Bell, Thomas 197
Bergier, Jean-François 12, 273
Berthollet, Claude-Louis 197
Bion, Peter 114 ff., 126 ff., 130, 154, 158, 164, 281
Blickle, Peter 250, 263, 273
Bodmer (Familie in Zürich) 194
Bodmer, Walter 12, 273, 278 ff.
Bonaparte, Napoleon I., Kaiser der Franzosen 176 ff., 185 ff., 189, 192, 208 f., 211 ff., 219, 232 f., 257, 275, 284 ff.
Bourdeille Brantôme, Pierre de 268
Bowring, John 230 ff., 273, 289
Brandon, Pepijn 151
Braudel, Fernand 242, 273, 290
Braun, Rudolf 13, 55, 273, 279
Bronner, Franz Xaver 201
Bullinger, Heinrich 50 ff., 54, 64, 263, 279
Burlamacchi (Burlamaqui), (Familie aus Lucca) 83, 87
Burlamacchi, Fabrizio 87
Bürgisser, Leodegar 123
Calandrini (Familie aus Lucca) 83
Calvin, Jean 45, 51, 263, 265, 267 ff., 275, 292
Carnegie, Andrew 165
Cart, Jean Jacques 190
Cartwright, Edmund 197

Carvalho e Melo, Sebastião José de, Marquês de Pombal 138
Casson, Mark 103, 273, 281
Castiglione, Guarnerio 64, 74 f.
Castiglione, Francesco 86, 89
Cevio, Andrea 64 f., 69 f., 75
Cicero, Marcus Tullius 174
Crompton, Samuel 196, 199
Cromwell, Oliver 269
Curtin, Philip D. 163, 273, 283
Danton, Georges Jacques 177
Daudin, Guillaume 152, 283
De Zwart, Pim 13, 273
Diodati (Familie aus Lucca) 83, 86
Diodati, Pompeo 87
Dudzik, Peter 12, 206, 232, 274, 288 f.
Duno (Familie aus Locarno) 46
Duno, Giacomo 101 f., 104 ff.
Duno, Taddeo 51, 101
Dyssli, Samuel 136 f., 282
Ebel, Johann Gottfried 18, 41 f., 274, 277 f.
Eltis, David 146 ff., 274, 282 f.
Engerman, Stanley 146 ff., 282 f.
Escher (vom Glas, Familie in Zürich) 94, 111, 169 f., 172 ff., 178 ff., 186, 207, 224, 274, 277, 284
Escher (vom Luchs, Familie in Zürich) 111, 169
Escher (-Kennedy), Albert 223 ff., 288 f.
Escher, Alfred (1819–1882), 7 f., 13, 170, 274, 277, 284
Escher (-Kennedy), Anne 227
Escher (-Landolt), Anna Barbara 174, 182, 284
Escher (-von Muralt), Anna 207, 228
Escher, Hans Caspar (1775–1859) 6 f., 169 f., 174 ff., 178 ff., 189, 192 ff., 200 ff., 212 ff., 234, 273 ff., 284 ff.
Escher, Hans Conrad (1544–1590) 93 f.
Escher von der Linth, Hans Conrad (1767–1823) 170, 284
Escher (vom Glas), Heinrich (geb. 14. Jhdt.) 169
Escher, Heinrich (1626–1710) 8, 170

293

Escher, Heinrich (1688–1747)   170 ff., 203, 221
Escher, Heinrich (1776–1853)   7, 277
Escher (vom Luchs), Johannes (geb. 14. Jhdt.)   169
Escher, Johannes (1754–1819, der «Freihauptmann»)   170, 173 ff., 178, 180 ff., 186 f., 200, 204, 207 f., 284, 287
Escher, Johannes (Kaiserstuhl, geb. 1294)   169
Fairbairn, William   222 f.
Friedrich II., von Hohenstaufen, Kaiser des Heiligen Römischen Reiches   247, 291
Friedrich III. (der Weise), Kurfürst von Sachsen   266
Fugger (Familie in Augsburg)   36, 259, 266, 291
Fugger, Jakob («der Reiche»),   266
Ganguillet, François   234
George I., König von Grossbritannien und Irland   132 f.
Goethe, Johann Wolfgang von   186 f., 200, 274, 285 ff.
Gondy, Anthony   136 f., 282
Gonzenbach (-Escher), Mary von   228
Gonzenbach (Familie in St. Gallen)   126, 164
Gonzenbach, Karl August von   228
Gonzenbach, Peter   164 f.
Gossweiler, Hans Conrad   14 f.
Greco, Nicolao   43, 46 ff., 278
Haas, Wilhelm   192
Habsburg, Grafen von (Familie)   47, 57, 86, 242, 244, 246 ff., 253 ff., 263, 265, 275
Hargreaves, James   196, 199
Harod de Senevas, Melchior de, Marquis de Saint-Romain   258
Heidegger, Andreas   41
Heinrich VII., von Hohenstaufen, deutscher König   248, 291
Hess, Johann Rudolf   203 f.
His, Eduard   234
Houël du Petit Pré, Charles   159

Jackson, Matthew Murray   227, 288
Johnson, Robert   135
Joseph I., König von Portugal   138
Jung, Joseph   7, 13, 274, 277, 284
Karl V., von Habsburg, Kaiser des Heiligen Römischen Reiches   265
Karl VIII., von Valois, König von Frankreich   285
Keller, Hans   93 f.
King (Vorname unbekannt), englischer Giesser   227
Kirzner, Israel M.   103, 106, 274, 281
Kitt, Sebastian   97
Kleist (-von Gonzenbach), Vera, Freifrau von   228
Kleist, Ewald Karl Heinrich, Freiherr von   228
Kolumbus, Christoph   57, 133, 141, 193
Laué, Johann Friedrich   234
Leblanc, Nicolas   197
Lenin, Wladimir Iljitsch   13, 277
Lloyd (Vorname unbekannt), englischer Ingenieur   227
Lochmann, Hans Heinrich   93 ff., 280
Luden, Heinrich   235, 289
Ludwig I., von Wittelsbach, König von Bayern   236, 289
Ludwig XVI., von Bourbon, König von Frankreich   177
Luther, Martin   44 f., 265 ff., 291
MacCulloch, Diarmaid   265, 269, 275, 291 f.
Maddison, Angus   33, 278
Mann, Thomas   228, 289
Martinozzi, Filippo   54
Marx, Karl   25, 278
Maximilian I., von Habsburg, Kaiser des Heiligen Römischen Reiches   255
May (-Escher), Friedrich von   228
May (-Escher), Anna Barbara von   228
McCloskey, Deirdre Nansen   13, 220, 275, 288
McCraw, Thomas   13, 275
McNair, Philip   85, 280
Medici, de (Familie in Florenz)   36, 181
Mei (Familie aus Lucca)   83

Menzel, Ulrich   13, 20, 29, 275, 277f., 287
Metternich, Klemens Wenzel Lothar, Fürst von   226
Meyer, Johann Heinrich («Kunschtmeyer»)   186f., 286
Micheli (Familie aus Lucca)   83
Micheli, Orazio   87
Miescher, Christian   234
Muralt (Muralto), von (Familie aus Locarno)   46, 111, 207
Muralt, Hans Conrad von (1779-1869)   207, 234
Muralto, Giovanni   46, 51
Muralto, Martino   46, 51, 74
Nobel, Alfred   226
Oken, Lorenz   235f., 289
Orell, Melchior   79
Orelli (Orello, Orell), von (Familie aus Locarno)   46, 56, 75, 89, 111, 276, 279, 289
Orelli (Orell), Filippo   54, 65
Orelli (Orello), Aloisio   54, 56, 64, 75
Orelli (Orello), Bartolomeo   54, 64
Orelli, Felix   87
Orelli, Hans Heinrich von   56
O'Rourke, Kevin   152, 273f., 283
Pagierano, Antonio   54
Parks, Rosa   7
Pebbia, Stefano   54
Pelham-Holles, Thomas, 1. Duke of Newcastle   134
Perikles   197
Pestalozzi (Familie aus Chiavenna)   111, 281
Peyer, Hans Conrad   12, 96, 253, 275, 280, 287, 290f.
Pfister, Ulrich   12, 60, 63, 67, 275, 279f.
Phidias   197
Philipp II., von Habsburg, König von Spanien   57, 273
Pius VI., Papst, (Giovanni Angelo Graf Braschi)   185
Prados de la Escosura, Leandro   152, 283
Pury, Charles de   137
Pury, David de   137ff., 143f., 152
Pury, Jean Pierre de   133ff.

Pury, Lucrèce de   137
Rahn, Rudolf   97
Reinhard, Hans von   177
Reubell, Jean François   188
Rimski-Korsakow, Alexander   189
Rockefeller, John D.   165
Ronco (Familie aus Locarno)   46
Ronco, Lodovico   64, 75, 100f.
Rosalino, Gianambrosio   74
Rosalino, Gianantonio   64
Rozzolo, Bernardo   54
Rudolf I., von Habsburg, deutscher König (1218–1291)   247f.
Rönnbäck, Klas   150, 283
Savary des Brûlons, Jacques   15f., 20, 40, 277
Savoyen, Grafen von (Familie)   244f., 247, 253, 290
Schumpeter, Joseph   13, 24, 99, 275f., 278, 280f.
Sonderegger, Hans Ulrich   201
Sonnenberg, Wendel   48f.
Sophokles   197
Sowell, Thomas   140f., 144, 276, 282
Spindler (Vorname unbekannt), sächsischer Mechaniker   204, 287
Thomann, Heinrich   93f.
Tirol, Grafen von (Familie)   244f., 247, 253f.
Tourton, Jean-Claude   131
Trotzki, Leo   179
Turrettini (Familie aus Lucca)   83, 88f.
Turrettini (-Burlamacchi), Camilla   87
Turrettini, Francesco   83ff., 104ff., 280
Turrettini, Regolo   85
Vanderbilt, Cornelius   165
Van Zanden, Jan Luiten   13, 273, 276
Verzasca (Familie aus Locarno)   64
Victoria, Königin des Vereinigten Königreichs von Grossbritannien und Irland   222
Wartmann, Hermann   127, 276, 281, 285
Watt, James   197, 288
Weinbrenner, Friedrich   184f., 193
Weisz, Leo   12, 104, 276, 278ff.
Welser (Familie in Augsburg)   259

295

Werdmüller (-Kitt), Ursula 97
Werdmüller (-Rahn), Emerentia 97
Werdmüller (Familie in Zürich) 5, 89 ff., 92, 109 ff., 186, 263, 275 f., 280 f.
Werdmüller, Beat 92 f.
Werdmüller, David 5, 87, 93, 97 ff., 101 ff., 109 f., 112, 173, 186, 263, 275 f., 280 f.
Werdmüller, Hans Rudolf 90
Werdmüller, Heinrich 5, 87, 93, 97 ff., 101 ff., 109 f., 173, 263, 275 f., 280 f.
Werdmüller, Jakob 99
Werdmüller, Otto 91
Whitney, Eli 157, 198
Wilhelm II., von Hohenzollern, deutscher Kaiser, König von Preussen 226

Williams, Eric 146, 276, 282
Wyss, Salomon von 204
Zanino, Evangelista 67, 69 ff., 75 ff., 90, 93 ff., 97, 100, 263
Zanino, Girolamo 73
Zanino (-Cevio), Lucrezia 69, 79
Zanino, Paolo 71 f., 79
Zareto, Giacomo 54, 64
Zellweger, Johann Caspar 234
Zeppelin, Ferdinand Adolf Heinrich August, Graf von 226
Zoelly, Heinrich 229
Zwingli, Huldrych (Ulrich) 43 ff., 49, 53, 60, 89, 91 f., 108, 254 f., 263 ff.